과학적 근거에 기반을 둔

학습장애 교육

Jack M. Fletcher · G. Reid Lyon · Lynn S. Fuchs · Marcia A. Barnes 공저

여승수 · 홍성두 · 손지영 공역

Learning Disabilities

From Identification to Intervention

학지사

Learning Disabilities: From Identification to Intervention

by Jack M. Fletcher, Phd, G. Reid Lyon, PhD, Lynn S. Fuchs, PhD,
and Marcia A. Barnes, PhD

Korean Translation Copyright © **2014** by Hakjisa Publisher, Inc.
The Korean translation rights published by arrangement with
Guilford Publications, Inc.

Copyright © 2007 The Guilford Press
A Division of Guilford Publications, Inc.

All rights reserved.

역자 서문

　대학을 갓 졸업하고 처음으로 새내기 특수교사로 근무했던 안산 고잔 초등학교의 5학년 현우(가명)는 내가 만났던 첫 번째 학습장애 학생이었다. 통합반에 소속된 현우는 조용한 성격이며 책 읽는 것을 좋아하는 그야말로 모범생으로 보였다. 심지어 쉬는 시간에도 현우는 언제나 책을 손에 놓지 않고 있던 학생이었다. 그러던 중 우연히 방과 후에 통합반을 방문하게 되었는데, 마침 몇몇 학생들이 수학교과에 대한 나머지 공부를 하고 있었다. 담임 교사는 낮은 수학 점수를 받은 학생들만을 모아서 수업을 하고 계셨는데 그중 한 명이 놀랍게도 현우였다. 다른 교과에 비해서 수학 점수만 항상 낮은 점수를 받는다고 담임선생님께서 설명을 하면서 현우가 수학을 너무 싫어하고 공부를 열심히 하지 않는다고 설명하셨다. 그 일이 있은 지 2~3일 후에 현우와 이야기를 할 기회가 있었는데, 현우는 아무리 수학을 열심히 공부해도 문제를 풀기가 너무 어렵다고 이야기하였다. 현우는 스스로의 노력만으로는 수학의 어려움을 극복하기 어려운 수학 학습장애 학생이었다. 하지만 안타깝게도 그 당시에는 학습장애에 대한 경험과 전문성이 부족하여 현우에게 아무런 도움을 주지 못했다.

　특수교사로 현장에서 일을 하다가 대학원에서 공부할 기회가 있었다. 이제 와서 생각해 보니 아마도 내가 석사와 박사 과정의 전공으로 학습장애를 선택했던 가장 결정적인 사건은 현우와의 만남이 아니었나 한다. 특수교육에 소속된 학습장애 학생뿐만 아니라 현우와 같이 일반교육에 소속된 잠재된 학습장애 학생들을 위해서 이 번역서가 조금이나마 학교 현장에 도움이 되었으면 하는 작은 소망으로 이 책의 번역을 시작하였다.

원제목이 『Learning Disabilities: From Identification to Intervention』 인 이 책을 처음 접하게 된 것은 미네소타 대학교에서 코스워크를 마치고 논문을 막 준비하는 시기였다. 학습장애 영역은 2000년 이후 제기된 새로운 학습장애 선별방법인 중재반응(RTI) 모형으로 인해 급격한 변화를 겪고 있었다. 따라서 이러한 새로운 추세를 반영하는 새로운 학습장애 전공 서적이 절실히 필요했으며, 이 책이 바로 이러한 변화를 충실히 다루고 있는 장점을 갖고 있었다. 즉, 이 책은 가장 최신의 학습장애 이론에 초점을 맞추고 있기 때문에 논문을 쓰는 동안 항상 곁에 두고서 참고했던 책이었다.

이 책이 더욱 의미 있는 것은 4명의 저자들이 지난 20년 동안 학습장애 연구를 꾸준히 수행하고 있는 열의에 찬 연구자이며, 지금도 학습장애 분야에서 선도적인 연구를 이끌고 있다는 사실이다. 이 책은 4명의 저자들이 그동안 진행했던 연구결과물을 집대성한 노력의 산물이었다.

이 책은 총 10장으로 구성되어 있다. 제1장은 이 책의 소개와 함께 전반적인 책의 구성 방식을 개관하고 있다. 제2장은 그동안 축적되어 온 학습장애의 연구결과를 요약하면서 향후 진행될 연구방향에 대해서 제시하고 있다. 제3장은 최근에 가장 이슈가 되고 있는 학습장애의 분류, 정의 그리고 판별방법에 관하여 설명하고 있다. 제4장은 학습장애를 판별하고 진전도를 모니터링할 수 있는 평가방법에 관하여 설명하고 있다. 제5장부터 제7장은 읽기장애를 단어재인, 유창성, 읽기 이해로 구분하여 각각의 개념에 대한 이해와 함께 효과적인 중재전략을 소개하고 있다. 제8장은 수학, 제9장은 쓰기표현장애에 관한 개념 소개와 함께 효과적인 중재전략에 관한 논의를 제공하고 있다. 제10장은 이 책의 결론을 다루고 있으며

제1장부터 제9장의 내용을 종합적으로 논의하였다.

이 책은 3명의 역자가 공동으로 번역작업을 하였다. 역자들은 이 책을 번역하느라 본의 아니게 가족들과의 시간을 소홀히 했던 것이 사실이다. 더 많은 시간을 가족과 함께 보낼 수 있었음에도 불구하고 이 책의 번역에 흔쾌히 시간을 할애해 준 역자들과 그 가족들에게 심심한 위로와 감사의 마음을 전하고 싶다.

번역을 하는 동안 3명의 역자는 완벽한 번역이란 무엇인가에 대해서 끊임없이 질문을 제기했다. 그만큼 타언어로 작성된 전문서적을 한국어로 번역하는 과정은 매순간 도전의 연속이었던 것 같다. 최대한 비전공 학생들도 쉽게 이해할 수 있도록 번역을 준비했지만, 역자들의 이러한 노력이 독자들에게도 동일하게 받아들여질 것이라 기대한다는 것은 큰 욕심일 수도 있을 것이다. 마지막까지 수정하면서 부족함을 느꼈지만, 정해진 기간에 마무리해야 되는 작업이라 그만 번역서를 우리의 손에서 놓아주기로 하고 출판작업에 들어가게 되었다. 아직도 부족한 점이 많아서 세상에 이 번역서가 나온다는 사실이 역자들의 마음을 무겁게 한다. 독자들에게 너그러운 양해를 바라며, 추후에 여러 독자들의 의견을 반영하여 수정할 수 있는 기회가 있으리라 기대해 본다.

끝으로 이 책의 시작과 마침을 도와준 학지사 김진환 사장님과 편집부 여러분께 감사의 말씀을 드린다. 또한 이 역서가 나오는 데 도움을 주었던 대학원 은사님이신 서울대학교 김동일 교수님과 특수교육과 대학원 학생들에게 감사의 인사를 전하고 싶다.

2014년 9월

대표역자 여승수

저자 서문

다양한 교육 실제를 지원하는 증거 기반에 관심이 증가하는 시기에, 이 책에서는 학습장애와 관련된 다양한 측면의 과학적 연구, 실제, 정책들을 통합적으로 다루었다. 이 책은 심리학과 교육학의 영역들을 제시하면서, 지난 30년 동안 연구되어 온 학습장애의 과학적 연구 기반을 제시하고 분석하였다. 구체적으로 학습장애의 판별과 진단에서부터 인지적 및 신경생물학적 요인, 중재까지 다양한 범위의 연구들을 다루었다. 이 책은 읽기(단어재인, 유창성, 읽기 이해), 수학(연산, 문제해결), 쓰기(글씨 쓰기, 철자, 작문)와 관련된 다양한 학습장애 연구에 초점을 두고 있다. 그리고 이러한 학업 기술들의 전형적인 발달은 무엇인가와 학습장애 학생들을 어떻게 가르쳐야 하는가를 명확하게 연결하였다. 즉, 학습장애의 학업 문제가 질적으로 별개의 독립적인 것이 아니고, 학업 능력의 연속적인 체계에서 더 낮은 수준을 의미하는 것이라는 증거들을 통해 이러한 연결을 명확히 하였다.

예기치 못한 저성취(unexpected underachievement)의 중요 요인들을 제시하면서 학습장애 정의와 판별방법을 도출하는 분류 모형(classification model)을 통해 학습장애를 이해해야 한다. 또한 이러한 분류를 기반으로 하여 핵심적인 학업 결손에 따라 특정 학습장애가 판별될 수 있다. 그리고 이것은 학습장애에 영향을 미치는 신경생물학적 요인이나 환경적 요인에 대한 체계적 연구를 통해 가능해질 것이다. 이 책은 연구에 초점을 맞추고 있지만, 학습장애의 여러 영역에서 효과성이 입증된 진단과 중재 방법에 관심을 두면서 이러한 연구들을 교육 실제로 확장하였다.

미국 교육 관련 정책의 주된 변화가 이 책을 저술하는 데 관심을 갖게 만들었다. 구체적으로 2001년의 「아동낙오방지법(No Child Left Behind Act)」을 거쳐서 「초중등교육법(Elementary and Secondary Education Act)」의 재승인을 통해서 과학적 방법 기반의 교수에 초점을 두기 시작하였고, 「장애인교육법(Individuals with Disabilities Education Act: IDEA)」이 2004년 도에 재승인되면서 이러한 강조는 계속되었다. 1975년에 IDEA를 지원하 는 초기의 법률이 처음 만들어진 이래 IDEA 2004는 미국의 교육 체제가 중재반응(RTI) 모형의 일반적 기준 하에서 학습장애를 판별하고 중재하는 새로운 접근들 그리고 학습장애를 판별하는 데 전제조건으로서 일반교육 에서의 적절한 교수방법에 대한 구체적인 요구 등을 검토하도록 했다.

RTI 모형이 학습장애를 판별하는 데 사용될 수 있지만, 이러한 모형의 주요 목적은 일반교육과 특수교육의 통합을 통해 모든 아동의 교육성과 를 향상시키는 데 있다. 우리는 이러한 모형의 실행에 필요한 진단이나 중재방법이 충분히 개발되었느냐 하는 질문을 자주 받는다. 이에 대해서 우리는 여러 연구를 검토하고, 지식의 기초에서의 격차를 확인하고, 결론 적으로 앞으로 과학적인 연구들이 더 이루어져야 하겠지만, 이미 RTI 모 형과 관련된 상당한 연구가 존재하며, RTI 모형과 관련된 대부분의 이슈 는 검사 도구나 중재전략이 부재한다는 주장이기보다는 중재전략을 측정 할 필요가 있음을 나타내는 주제와 관련되어 있다.

우리는 이 책이 교육자들과 학교 당국이 진단과 교수를 위한 효과적인 도구를 파악하고 학습장애 위험에 있는 학생들이나 학습장애로 판별된 학 생들의 교육성과 향상을 위한 서비스 실행을 촉진시킬 수 있기를 바란다. 이 책에 제시된 연구들에서는 학습장애는 현실을 반영한 것이고, 이 분야

는 강한 과학적 근거를 가지고 있으며, 계속적으로 발전하고 있고 앞으로
도 계속 활성화될 것임을 보여 주고 있다. 교육 실제와 정책에 반영될 수
있는 학습장애에 대한 상당한 과학적 정보를 종합하여 특정 학습장애에
대해 가장 중요하고 적합한 교수방법을 이 책에 제시하고 있다.

이 책에서는 최근에 Guilford 출판사에서 나온 여러 책들(Fletcher, Morris,
Francis, & Lyon, 2003; Lyon, Fletcher, & Barnes, 2003; Lyon, Fletcher, Fuchs, &
Chhabra, 2006)에 제시된 학습장애에 대한 일련의 내용들이 더 발전되어
있다. 이 책에서는 학습장애의 다섯 가지 구체적인 영역으로 장(chapter)
을 구성하였으며, 판별, 인지적 연관성, 신경생물학적 요인 등과 중재의
요소를 직접적으로 연결시켰다. 그리고 학습장애의 분류, 정의, 진단에
대해서 새로운 장으로 제시하고 있다. 이 책에서는 최근의 연구들을 다루
었으며, 다양한 과학적 근거들을 통합하는 종합적인 모형(overarching
model)을 제안하고 있다. 그리고 분류와 정의, 인지적 처리과정, 신경생물
학적 요인, 교수에 대한 연구들을 통합하는 결과가 마지막 장에 제시되어
있다.

우리는 이 책을 제안한 Guilford 출판사의 편집자인 Rochelle Serwator에
게 감사를 표한다. 그리고 이 책의 일부 장을 편집한 Eric J. Mash, Leif G.
Terdal, Russell A. Barkley에게도 감사하다. 또한 이 책을 완성하는 데에
많은 시간 동안 지원해 준 Rita Taylor, Michelle Hoffman, Susan Ciancio
에게도 감사를 표한다.

국립아동보건인간개발연구소(National Institute of Child Health and
Human Development: NICHD)와 Jack M. Fletcher의 연구비에서 이 책 일부
연구의 지원을 받았다. 그리고 미국 텍사스 학습장애센터(Texas Center for
Learning Disabilities)의 P50 HD052117과 Lynn S. Fuchs와 Marcia A.
Barnes에 의한 연구를 지원했던 수학에서 인지적, 교수적, 뇌신경 영상

요인에 대한 연구 P01 HD46261에서도 연구 지원을 받았다. 그리고 Fletcher 박사는 추가적으로 다음과 같은 연구 지원을 받았다. NSF9979968, 초기읽기기술개발: 인지적 신경과학 접근[국립과학재단(National Science Foundation), NICHD, 교육과학연구소(Institute for Educational Sciences)의 지원을 받음(책임연구자 J. M. Fletcher)], P50 HD25802, 학습 및 주의집중장애센터(Center for Learning Attention Disorders)(책임연구자 S. E. Shaywitz와 B. A. Shaywitz), R01 HD38346, 난독증에 대한 두뇌 활성화 프로파일 연구(책임연구자 A. C. Papanicolaou). Fuchs 박사는 다음과 같은 연구과제의 지원도 받았다. NICHD R01 HD46154-01, 수학 문제해결 장애의 이해/예방 연구, H324V980001, 국립학습장애연구센터(National Research Center on Learning Disabilities)의 연구, 미국 교육부 특수교육부의 학생학습촉진센터(Center on Accelerating Student Learning)(324U010004). 그리고 Barnes 박사도 캐나다 언어문해연구네트워크와 NICHD P01 HD048497, 학령전기 교육과정 연구, 성과와 발달적 과정 연구의 지원을 받았다. 이 책의 내용은 저자들에게 책임이 있으며, 연구비를 지원한 모든 단체의 공식적인 견해를 반드시 반영하지 않는다.

차 례

역자 서문 / 3
저자 서문 / 7

01 Chapter
들어가는 말 _ 17

종합적인 모형 _ 19
이 책의 구성 _ 21
주의 사항 _ 25

02 Chapter
학습장애의 역사 _ 29

학습장애와 개인의 차이에 대한 연구들 _ 32
학습장애 정의에 대한 시민단체의 영향과
   학습장애 분야에 대한 재인식 _ 40
미소뇌기능장애 _ 41
결 론 _ 51

Chapter
03 **학습장애의 분류, 정의 그리고 판별** _ 53

학습장애 연구와 실제에 있어서의 분류 _ 55
학습장애 분류를 위한 모형 _ 62
배제 요인 _ 96
결론: 통합 모형 _ 105

Chapter
04 **학습장애 평가** _ 109

검사와 처치 대 처치와 검사 _ 110
학습장애의 이질성 _ 112
학습장애의 평가 _ 115
결 론 _ 137

Chapter
05 **읽기장애: 단어재인** _ 141

학업 기술 결함 _ 142
핵심 인지 처리과정 _ 144
역 학 _ 170
발달적 과정 _ 172
신경생물학적 원인 _ 173

요약: 학업 기술 결함에서 신경생물학적 요인까지 _ 202
단어재인 중재 _ 204
결 론 _ 251

Chapter
06 읽기장애: 유창성 _ 253

학업 기술 결함 _ 254
핵심 인지 처리과정 _ 259
신경생물학적 요인 _ 270
요약: 학업 기술 결함에서 신경생물학적 요인까지 _ 273
읽기 유창성 중재 _ 273
결 론 _ 282

Chapter
07 읽기장애: 읽기 이해 _ 285

학업 기술 결함 _ 286
핵심 인지 처리과정 _ 289
역 학 _ 298
발달적 과정 _ 300
신경생물학적 요인 _ 300
요약: 학업 기술 결함에서 신경생물학적 요인까지 _ 304
읽기 이해 중재 _ 305
결 론 _ 317

Chapter

08 수학장애 _ 319

학업 기술 결함 _ 321

핵심 인지 처리과정 _ 325

역 학 _ 336

발달적 과정 _ 338

신경생물학적 요인 _ 339

요약: 학업 기술 결함에서부터 신경생물학적 요인까지 _ 347

수학장애 중재 _ 348

결 론 _ 359

Chapter

09 쓰기표현장애 _ 361

학업 기술 결함 _ 364

핵심 인지 처리과정 _ 366

역 학 _ 372

발달적 과정 _ 373

신경생물학적 요인 _ 374

요약: 학업 기술 결함에서 신경생물학적 요인까지 _ 379

결 론 _ 393

10 Chapter
결론, 미래의 방향 _ 395

연구와 실제의 차이: 교육 연구결과의 비교측정 _ 396
학습장애의 처치 _ 405
학습장애 학생을 교수하기 위한 열 가지 일반적인 원칙 _ 412

참고문헌 / 417
찾아보기 / 471

Chapter 01

들어가는 말

학습장애가 1968년 '사회적 장애의 조건(handicapping conditions)'으로 미국 정부에서 장애 영역으로 지정된 이후, 학습장애로 분류된 아동은 꾸준히 증가하고 있고, 전체 특수교육 대상자의 절반 정도를 차지하고 있다 (U.S. Department of Education, 1999). 연방정부의 최초 장애법령이 제정되었을 당시 학습장애에 관한 연구의 수는 매우 적었지만 읽기, 수학, 쓰기 표현을 포함하는 학습장애에 대한 이해와 치료에 관한 연구가 지금까지 지속적으로 증가하고 있다. 단어읽기 연구의 영역과 함께, 두드러진 발전이 있었던 영역은 학습장애의 분류와 정의(Fletcher, Morris, & Lyon, 2003; Lyon et al., 2001), 인지 과정(Siegel, 2003), 뇌(Eden & Zeffiro, 1998; S. E. Shaywitz & B. A. Shaywitz, 2005)와 유전학(Grigorenko, 2005; Plomin & Kovas, 2005)을 포함하는 신경생물학적 연관성, 평가의 실제(Fuchs & Fuchs, 1998; Speece & Case, 2001) 그리고 중재전략(Swanson, Harris, &

Graham, 2003) 등이었다. 중재전략에서의 주요한 진보는 특히 읽기 영역에서 나타났다. 이와 관련된 연구는 많은 아동의 읽기장애가 예방 가능하며, 집중적인 중재로 심각한 읽기의 어려움을 가진 고학년 학생들에게도 효과적일 수 있다는 것을 밝혔다. 또한 읽기 영역의 연구는 가장 널리 알려진 학습장애(난독증)의 종합적인 모형(comprehensive model)에 초점을 맞추고 있으며, 이러한 모형은 읽기 발달에 근거를 두고 있어 중재전략의 효과뿐만 아니라 신경생물학적 및 환경적 요인들을 설명할 수 있다(Lyon et al., 2001; Plomin & Kovas, 2005; Rayner, Foorman, Perfetti, Pesetsky, & Seidenberg, 2002; Vellutino, Fletcher, Scanlon, & Snowling, 2004). 실제로 읽기 학습장애의 연구와 읽기 능력의 정상적인 발달을 다룬 연구들을 종합적으로 고려해 보면, 아동의 읽기 발달을 설명하는 동일한 이론은 그들이 왜 읽기에 실패하는지를 설명할 수 있다.

난독증 영역의 지속적인 발전과 함께, 다양한 학습장애의 하위 영역들도 머지않아 그러한 발전을 이룩할 것으로 기대된다. 현재 판별과 치료에 관한 개념적인 체제로 사용되는 수많은 학습장애의 정의와 학습장애의 구인(construct)들은 지속적으로 잘못 이해되고 있는 실정이다. 학습장애 분야에서는 정의, 진단적 준거, 평가의 실제, 중재 과정 그리고 교육적 정책 분야에서 지속적인 논쟁이 진행되고 있다(Lyon et al., 2001). 이 책을 집필하는 우리의 목표는 학습장애에 관한 다양한 정보들을 좀 더 일관성 있는 학습장애의 특성으로 통합하는 것이며, 학습장애의 정의와 분류에 있어서 증거 기반 접근방법(evidence-based approach)을 새롭게 적용하는 것이며, 평가와 선별에 관한 교육적 함의를 제공하는 것이다. 학습장애에 대한 적합한 분류를 확보하면, 학습장애의 특성, 유형, 원인과 중재에 대한 이해가 종합적으로 논의될 수 있으며, 이러한 과정을 통해서 과학과 교육의 실제를 통합할 수 있는 장을 마련할 수 있게 된다. 이 책은 학습장애와 연계된 인접 학문 간의 경계에 관해서 깊이 있는 논의를 하기보다는, 학습장애에 관한 지식의 수평적 통합을 제공하는 데 있다. 따라서 이 책에서는 학습장애에 대한 새로운 아이디어는 충분히 논의되지 않지만, 증거 기반에 관한 종합적인 설명과 학습장애 학생들의 학업성취를 향상시킬 수 있는 증거 기반 교육의 교육적 함의에 초점을 맞추고 있다.

종합적인 모형

[그림 1-1]은 학습장애 아동에게 영향을 미칠 수 있는 다양한 요인에 대한 이해의 구성 틀을 제시하고 있다. 우리는 이 틀을 읽기, 수학, 쓰기 표현과 같이 주요한 학습장애 유형을 검토하고 조직화하는 데 활용하였

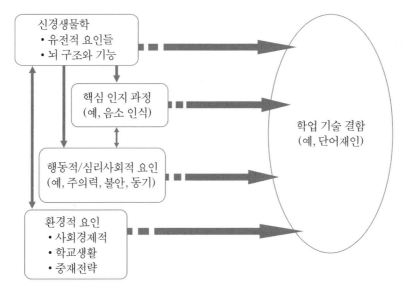

[**그림 1-1**] 학습장애 학생들의 주요 특성인 학업의 결함에 영향을 미칠 수 있는 다양한 요인들을 설명하는 구성 틀

다. 이 틀은 학업 기술의 장점과 약점에 기반을 두고 있는 학습장애의 가설적 분류에서 출발하고 있다. 모든 학습장애 영역에서, 장애의 우선적인 특성은 특정한 학업 기술의 결함을 나타내고 있다는 것이다(예, 단어재인, 읽기이해, 읽기 유창성, 수학연산, 문제해결, 작문). 우리는 학습장애를 분류할 때 성취의 요인인 학업 기술 결함에 근거를 두는 것이 타당하다고 믿는다.

분석의 두 번째 수준은 학생들의 특성과 관련된 영역으로, 특히 학업의 장점과 함께 학업 기술 결함(예, 단어 인식 기술, 읽기 유창성)에 직접적인 영향을 줄 수 있는 핵심 인지 과정(예, 음운 인식과 빠른 글자 이름 대기)이 포함된다. 학생들의 동기, 사회적 기술 또는 학업을 방해하는 불안, 우울, 주의력 부족과 같이 행동 문제를 포함하는 심리사회적 영역의 특성(두 번째 특성의 집합)도 학업적 강점과 약점에 영향을 줄 수 있다. 핵심 인지 과정과 행동적/심리사회적 요인 간의 화살표는 양방향으로 표시되어 있다. 이는 인지적인 어려움이 주의력이나 사회적 기술과 같은 행동의 문제를 유발시킬 수 있음을 보여 주고 있다.

분석의 세 번째 수준은 신경생물학적 요인과 환경적 요인들과 관련되어 있다. 신경생물학적 요인은 학업 결함에 영향을 미칠 수 있는 뇌와 유전적 요인들을 포함하고 있다. 환경적 요인들은 학생이 소속된 사회 및 경제적 상황을 포함하며, 학교교육의 질과 다양한 중재전략과 관련된 학교교육의 영향력이 이 요인에 포함된다. 신경생물학적 요인과 환경적 요인을 연결하는 화살표는 양방향이며, 이러한 영역 간에는 상호작용이 일어날 수 있음을 의미한다. 학습장애를 종합적으로 설명하고자 할 때, 앞에서 제시된 모든 요인은 반드시 고려되어야 한다. 이 책에서 우리는 학업 기술과 핵심 인지 과정, 신경생물학적 요인, 중재전략과의 관련성에 초점을 맞추고 있다. 우리는 각 연구에 관한 세부적인 검토를 하기보다는 특정 영역과 관련된 경험적 연구를 요약하고 개념을 정리하였다.

이 책의 구성

    학습장애의 성과와 제3~9장의 내용을 이해하기 위해서는 누구나 과학적 근거에 대한 이 분야의 힘겨운 노력을 이해해야 한다. 여기서 말하는 노력이란 학습장애의 분류 및 정의의 발전 과정과 관련되어 있으며, 학업성취를 나타내는 지표의 다양성을 반영한 학습장애의 가설적 분류 모형을 제공하고 있다. 제2장에서 우리는 역사적인 사건들을 검토하게 되는데, 이러한 역사적 사건들로 인하여 학습장애의 분야는 오늘날의 학습장애 유형으로 틀을 갖출 수 있게 되었다. 또한 제2장에서는 2004년 IDEA의 법 개정 이후부터 최근의 정책적 기반이 된 학습장애 정의에 초점을 맞추고 있다. 이러한 학습장애의 역사적 관점은 학습장애가 동질적인 장애로 구성되지 않았기 때문에 정의하기 어렵다는 것을 보여 준다. 실제로 정의된 학습장애는 읽기장애, 수학장애, 쓰기표현장애를 포함하는 학업성취 영역에서 하나 또는 그 이상의 결함을 가지고 있는 것으로 설명된다. 각 학습장애의 유형은 이질성과 관련된 이슈뿐만 아니라 학습장애의 정의와 진단에 관한 독특한 이슈를 갖고 있다. 하지만 이질성은 학업 기술의 다양성으로 가장 잘 설명될 수 있다. 따라서 이러한 다양성을 명확하게 설명할 수 있는 분류는 [그림 1-1]에서 보듯이 인지적, 신경생물학적 그리고 중재에 관한 연구의 조직화를 위한 논리정연한 구성 틀과 여러 학업 영역의 발달에 초점을 맞춘 일반적인 연구와의 관련성을 증대시킬 수 있다.

    이러한 접근의 사례는 제3장 분류와 정의에서 그리고 제4장의 주제인 평가와 판별에서 논의되었다. 학습장애가 이질적임에도 불구하고, 학업 기술과 관련된 요인들을 사용하여 최적의 정의를 내릴 수 있다. 연구결과에 따르면 학습장애는 단어재인, 읽기 유창성, 읽기 이해, 수학, 쓰기표현(작문)과 같이 다섯 가지의 중요한 영역으로 분리될 수 있다. 이 영역들이 선택된 이유를 살펴보면, 먼저 학습장애의 최근 정의에서 이러한 영역들이 가장 두드러진 특징으로 포함되어 있다는 점이며, 또 다른 이유는 대부분의 아동과 성인들이 이러한 다섯 가지 영역에서 정상적인 발달을 보이지 않거나 예기치 못한 저성취를 나타낼 때 학습장애로 선별되기 때문이다. 수학과 쓰기표현 영역에서 학습장애를 선별할 때 고려될 수 있는 두드러진 학업 결함이 무엇인지에 대해서는 알려진 것이 많지 않다. 다른 영역의 학습장애는 확인될 수 있으며, 이러한 영역 중 일부는 더욱 세분화되어 구분될 수도 있다. 따라서 앞에서 제시된 학습장애의 영역을 중심으로 판별, 평가 그리고 중재에 관한 연구들을 종합적으로 검토해 볼 필요가 있다.

분류의 관점 측면에서, 학습장애 구인의 중요한 역사적 토대는 예기치 못한 저성취의 개념과 관련되어 있다. 즉, 초창기 당시 학습장애란 정상적인 감각 기술과 지능을 가지고 있으며, 학습을 방해하는 정서적인 문제를 갖고 있지 않으며, 학습할 수 있는 충분한 기회를 갖고 있었기 때문에 반드시 성취를 나타낼 수 있는 집단이었다(Kirk, 1963). 이러한 이유 때문에 낮은 학업성취는 전혀 예상치 못했다. 이러한 접근에 따르면, 학생들에게 학업 기술을 배울 수 있는 충분한 기회를 제공했다라는 확신을 갖지 못하는 문제점은 예기치 못한 저성취의 정의를 어렵게 만드는 중요한 원인이 될 수 있다. 따라서 제3장에서 우리는 학습장애로 선별된 학생들은 가르치기가 매우 어려운 학생들이라는 증거를 가지고 있을 때 학습장애로 선별될 수 있음을 주장하고 있다. 학습장애의 배제 준거로 적합한 교수 전략을 제공받을 기회를 충분히 제공하려는 최대한의 노력을 기울였는지 여부와 대부분의 학생을 위한 효과적인 교수에 적합한 반응을 나타내지 못했다는 증거 없이는 그 누구도 학습장애로 정의될 수 없다. 제4장에서 논의되는 주된 이슈는 교수에 대한 적합한 반응을 정의하는 방법과 함께 다양한 교육과정중심평가(curriculum-based assessments)에 관심을 기울여야만 하는 이유와 관련되어 있다(Fuchs & Fuchs, 1998). 우리는 여러 연구자들이 제안하고 있는 혼합적 모형(hybrid model)을 지지하며(Bradley, Danielson, & Hallahan, 2002) 이러한 모형에 포함되는 요소로는 ① 적절한 교수에 대한 부적합한 반응, ② 읽기, 쓰기 그리고/또는 쓰기표현에서의 낮은 성취, ③ 다른 요인(예, 감각장애, 정신지체, 언어 교수의 제한적인 숙련도, 부적절한 교수)은 낮은 성취의 주요 원인이 아니라는 증거가 포함된다.

평가의 관점에서, 제4장은 학업성취와 중재에 대한 반응에 초점을 맞추어야 한다고 제안하고 있는데, 그 이유는 먼저 평가의 유형이 직접적으로 중재와 연관되어 있으며, 학습치료(중재) 방법의 효과성에 관한 강력한 증거를 제공하고 있기 때문이다. 또한 평가와 판별은 중재에 대한 반응과 교수의 질에 대한 평가와 관련되어야 한다. [그림 1-1]은 분석의 다양한 수준을 포함하고 있지만, 우수한 분류체계는 간단히 정의되면서도 다른 분류와 구분될 수 있는 지표들을 포함하고 있다. 학업 기술 결함에 대한 우리의 논의는 인지적이고 신경생물학적 요인을 예측하는 이러한 지표들을 확인하는 것이다. 중재를 이해하는 데 결정적인 심리사회적 및 환경적 변인들 간에는 중요한 상호작용이 존재한다. 따라서 적절한 판별과 중재는 성취, 중재반응, 학업 기술 발달에 영향을 주는 다른 요인들에 초점을 맞춰야 한다. 이 후자의 요인들은 학습장애로 분류되는 사람들을 배제하기 위한 준거로 사용된다. 이러한 배제 요인들에 초점을 두지 않는다면, 상당수의 학생들은 예기치 못한 저성취로 인하여 학습장애로 선별되기보다는 교수방법의 문제로 인하여 학습장애로 선별될 수 있다. 인지 과정들이 학업 기술과 연관되어 있다는 것을 인식하고 있음에도 불구하고, 우리는 이러한 인지 과정들이 중재 설계를 용이하게 하는 정보들을 제공한다는 증거를 거의 발견하지 못했으며, 심지어 학습장애의 필수적인 특성(예, 음운 인식)으로 인식되고 있는 인지 기술의 강점과 약점이 성취 영역(예, 단어재인)의 측정으로서 간단히 이해될 수 있다는 증거도 충분치 않다. 인지 영역을 평가할 수 있는 일반적인 검사 도구는 아직 확인되지 않고 있다. 뇌영상학에 관한 중요한 연구들은 학습장애로 의심되는 모든 학생에게 뇌 검사를 받아야만 한다고 제안하지 않는다. 즉, 인지 과정을 예측할 수 있는 뇌 활성화(단어 읽기, 정확한 계산 등)를 이용하여 뇌의 관련성을 예측하는 검사는 학습장애 학생들에게 반드시 필요하지는 않다. 이러한 예측을 가능하게 하고 분류, 판별, 중재, 평가 과정을 단순하게 하는 능력은 학습장애에 대한 기본적인 증거를 제공하기 위해서 필요하며, 이와 함께 가능한 한 빠른 시기에 학생들에게 치료를 제공할 수 있도록 의사결정이 가능한 학습장애의 분류체계를 확립하는 데 있어서도 필요하다.

제5~9장에서 우리는 학습장애의 각 학업 영역을 검토하였다. 각 장에서는 ① 장애의 성취 요인으로 대표되는 학업 기술 결함(예, 난독증에서 단어 읽기와 철자), ② 학업 기술과 관련된 핵심 인지 과정, ③ 역학(Epidemiology)과 발달과정, ④ (학습장애가 판정되었다면) 특정 학습장애 유형에 영향을 미치는 것으로 가정되는 신경생물학적 요소들(뇌 구조와 기능, 유전학), ⑤ 다양한 치료(중재전략)의 타당성과 목적을 포함하는 중재 연구를 설명하였다. 학습장애 학생에 관한 중재 연구는 매우 복잡하며 많은 노력이 필요하다. 학습장애 유형을 주의 깊게 정의하면서 체계적인 연구방법으로 교수전략의 효과성을 조사하는 데 있어서 몇 가지 방해 요인들이 지속적으로 존재했다. 신경생물학적 연구에서, 이러한 요구는 학습장애 분야를 아우른 발전과 직접적으로 연관되어 있으며 매우 중요한 사항이다. 향후 진행될 연구와 중재전략의 효과가 최대한 생산적이고 유용한 정보를 제공하기 위해서는 명시적인 학습장애의 분류와 연관되어야 한다.

이 책의 제10장에서는 최근의 이슈들에 대한 검토와 미래에 대한 고찰로 결론을 내리고 있다. 우리는 학업과 인지 기술의 발달에 대한 표준화 연구로서 학습장애에 대한 연구들을 통합하는 것을 지속해야 한다는 점에 초점을 맞추고 있다. 신경생물학적 및 교수적 연구의 밀접한 연관은 가능하며 시사하는 바가 크다. 중재 연구의 질은 계속 향상되어야 하고, 우리는 중재 연구에서 설명되어야 하는 요인들을 확인하였다. 우리는 연구에서 도출된 열 가지 원칙들을 요약하였고, 이러한 원칙은 학습장애 분야에 관한 가이드라인을 제공한다. 마지막으로 학습장애의 미래는 과학적 절차를 통해서 발전해야 한다는 관점을 고려하여, 학습장애는 과학적 연구의 진화된 과정으로 발전해야 한다고 우리는 제안하고 있다. 또한 학습장애 분야는 교육의 실제에 대한 확고한 기초를 다지기 위해서 신뢰할 수 없는 임상적 교육기관이나 개별 사례를 지양해야 함을 제안하고 있다. 임상적 경험들은 이론의 생성을 위한 중요한 기초가 되지만, 경험에 의한 추론은 특히 판별의 실제와 중재의 경우에 실험적으로 증명되어야 한다. 그래서 다음과 같은 이슈가 아직 남아 있다. 누구를 대상으로 학습장애의 원인이 되는 서로 다른 요인들을 조사할 것인가? 그리고 다양한 중재의 요인들은 다양한 학습장애의 표현과 어떠한 관련이 있는가?

주의 사항

몇 가지 주의 사항이 있다. 우리는 학습장애를 이해하기 위한 특정한 접근 중 학업성취에 바탕을 둔 분류에 기초하여, 학습장애의 이질성을 설명하였다. 학업 결손은 분류에 있어 필요하지만, 학습장애의 분류를 위해 충분하지는 않다. 즉, 성취에 대한 기반 없이 학습장애의 구인을 타당화하는 것은 충분하지 않다. 우리는 교수전략에 관한 내용을 충분히 다루지 않고 있으며, 학업 결손이 나타나지 않았음에도 불구하고 넓은 의미의 학습장애로 정의하는 연구들은 검토하지 않았다. 이러한 구체적인 명시가 없다면 학습장애 집단은 매우 이질적인 특성을 갖게 되어 특정한 유형의 학습장애와의 관련성을 결정할 수 없게 된다.

우리는 사회적 또는 실행 기능과 관련된 학습장애를 분리하여 선별했던 연구들은 검토하지 않았다. 왜냐하면 그러한 분류에 대한 접근들은 효과적인 학습장애의 분류를 가져온다고 생각하지 않기 때문이다. 마찬가지로, '언어적' 또는 '비언어적' 학습장애라는 정의가 현장에 중요한 영향을 미쳤다는 것은 인정하지만(예, Johnson & Myklebust, 1967; Rourke, 1989), 우리는 그와 같은 학습장애의 정의와 분류체계에 근거하여 우리의 접근방법을 명확하게 조작화할 수 없다. 제8장에서 다룬 비언어적 학습장애(수학 학습장애)에 관한 간단한 논의와 마찬가지로, 이와 관련 있는 학업 기술의 맥락에서 개념적 접근들을 다루었다. 독자들은 Rourke와 그의 동료들(www.nld-bprourke.ca/index.html)에 의해 발전된 '언어적' 학습장애와 '비언어적' 학습장애의 정의에 대한 접근과 같은 방식들을 검토하길 바란다.

중재와 교수와 관련된 주제에 대한 문헌들의 방대한 양과 복잡성에 따라, 관련된 연구에 대한 우리의 검토는 총망라하기보다는 선택적으로 이루어질 필요가 있었다. 주의력 장애, 사회성 및 정서적 어려움(학습장애를 가진 많은 학생의 발달적 문제의 영역)과 관련된 연구들을 설명하는 것은 불가능했다. 질적으로 다른 학습장애와 반대로, 이러한 특성은 보통 공존적이며, 동시에 나타나는 어려움이다. [그림 1-1]에서 보듯, 우리는 학습장애 아동의 발달에 영향을 미치는(Philips & Lonigan, 2005 참조) 환경적 요인들(예, 빈곤)에 대한 광범위한 평가 또는 심리사회적, 행동적 요인들에 대한 광범위한 논의를 제공하지는 않는다. 왜냐하면 추정되는 원인에 따라 학업적 어려움의 표현적(phenotypic, 유전자와 환경의 영향에 의해 형성된 생물의 형질-역자 주) 발현이 다양할 수 있다는 증거는 매우 부족하기 때문이다. 대신 우리는 중재전략에 초점을 맞추었다. 대부분의 심리사회적이고 환경적인 영향들로 인하여 학업의 문제가 악화될 수 있지만, 질적인 차이가 나는 학업의 문제를 유발하지 않는다. 그런 까닭에 예기치 못한 저성취를 조작적으로 정의할 때, 중재에 대한 반응은 매우 중요한 요인이다(제3장). 또한 중재와 관련된 다양한 이론과 개념적 모형들은 우리가 실시한 중재전략의 검토에 어느 정도 내포되어 있지만, 우리는 그와 같은 다양한 이론이나 개념으로 도출된 연구들을 반드시 잘못되었다라고 평가하지 않을 것이며 그러한 모형들을 자세하게 논의하지 않았다(Lyon, Fletcher, Fuchs, & Chhabra, 2006 참조). 대신 이러한 모형들의 신중한 통합은 다양한 유형의 학습장애를 가진 개인들에게 좀 더 효과적인 중재의 결과들을 제공할 수 있다. 읽기, 수학, 쓰기에 초점을 맞춘 학업적 치료들이 효과적이라는 것은 부인할 수 없는 사실이다. 즉, 과정을 지도하거나 학업 기술과 직접적인 연관이 없는 장애의 측면(예, 시각)에 초점을 맞춘 오래된 중재들은 학습장애 학생들에게 향상된 결과를 가져다주지 않았다. 게다가 주관적이며 반복적인 검증이 이뤄지지 않은 임상보고서, 증언에 따른 정보, 광범위한 학습장애의 정의로 선별된 대상을 바탕으로 진행된 일화적인 진술에 기반을 둔 교수전략과 치료방법들이 연구에서 언급되고 있다. 우리는 이 책에서 경험적 연구만 포함하였다. 경험적 연구란 일화적 사건 이상을 의미하는 연구로 특정 학습장애 학생들의 집단으로 명확하게 정의하며 적합한 비교대상을 포함하고 있다. 마지막으로 우리는 각

국가별 연구결과를 검토하려고 시도하였지만, 역사적이고 정책적인 주된 초점은 미국에 맞추었다. 다른 나라의 정책에 대한 접근이 쉽지 않고, 특히 중재 영역에서 각국의 연구자들이 수행한 수많은 우수한 연구들을 확인하는 데 어려움이 있었다.

이러한 조건에도 불구하고 이 책에서 다룬 연구의 범위는 폭넓으며, 우리가 논의를 위하여 선택한 연구의 질에 있어서 다양성을 가지고 있다. 우리는 일반적으로 연구의 검토를 위하여 가장 설득력 있는 연구를 선정하려고 하였다. 질적으로 뛰어난 많은 정보는 학습장애에 대한 과학과 교육의 실제, 양쪽 모두의 지속적인 발전에 대한 밝은 전망을 가져다주었다. 제5장에서 난독증의 예가 보여 주듯, 학습장애는 발달적 장애로서 관련된 지식의 양이 급진적으로 증대되고 있으며, 횡적이고 간학문적인 통합이 나타나는 학문이기도 하다(Shavelson & Towne, 2002). 향후 간학문적인 통합은 모든 형태의 학습장애를 망라하는 설득력 있는 모델의 개발을 위하여 필수적이라고 믿으며, 학습장애의 통합적인 이해에 대한 지속적인 발전을 위하여 이 책을 발간하였다.

Chapter 02
학습장애의 역사

학습장애가 1968년 미국 연방법상의 장애로 지정된 이후로, 학습장애 학생은 전체 특수교육 대상아동 중 절반가량을 차지하고 있다(Donavon & Cross, 2002; President's Commission on Excellence in Special Education, 2002). 그러나 아직도 학습장애에 관하여 이해가 부족한 부분이 있으며, 학생과 관련된 장애 준거에 관한 논의가 활발히 진행되고 있다(Bradley et al., 2002; Fuchs & Fuchs, 1998; Lyon et al., 2001). 학습장애가 하나의 통일된 독립체로 구성되어 있다는 생각은 일부 개인에 의해서 진화하였지만(Kavale & Forness, 2002), 이러한 생각과 관련된 결과는 최근의 연구에서 지지되지 않는다. 반대로 최근의 과학적 증거들은 학습장애가 특정한 학업 영역들에서의 일반적인 범주를 나타낸다고 보고하고 있다(Lyon, Fletcher, & Barnes, 2003a). 또한 이 학습장애의 이질적 특성은 학습장애를 일곱 가지의 다른 유형으로 조직한 1977년의 미국 연방법령을 구체적인 예로 들 수 있다. 일곱 가지 유형은 ① 듣기 이해(수용 언어), ② 구어 표현(표현 언어), ③ 기본 읽기 기술(해독, 단어재인), ④ 읽기 이해, ⑤ 쓰기표현, ⑥ 수학연산, ⑦ 수학 추론이다.

이러한 학습장애의 분리된 유형들은 빈번하게 동시에 발생하며, 사회적 기술 및 정서적 장애, 주의력 장애와 함께 나타난다. 따라서 학습장애 학생들은 하나 이상의 영역에 문제를 가질 수 있다. 즉, '공존성'으로서 설명되는 조건을 갖고 있다(Fletcher et al., 1999). 종종 오해받기는 하지만, 학습장애는 읽기장애 또는 난독증과 동의어가 아니다(Lyon, Shaywitz, & Shaywitz, 2003b). 그러나 학습장애에 관한 유용한 정보의 많은 부분이 읽기장애와 연관이 있고(Lyon et al., 2001), 학습장애를 가진 대다수의 학생들(80~90%)은 심각한 읽기 문제를 가지고 있다(Kavale & Reese, 1992; Lerner, 1989; Lyon et al., 2001). 또한 미국에서 특수교육을 받고 있는 5명 중 2명의 학생들이 읽기 학습에서의 어려움 때문에 판별되고 있다(President's Commission on Excellence in Special Education, 2002).

학습장애를 이해하고자 하는 목적은 장애의 문제를 개선하기 위해서 가장 효과적인 중재를 제공하는 것에 있다. 그러나 많은 연구자와 현장전문가가 알고 있듯이, 학습장애 학생을 가르칠 때 고려되어야 하는 특성, 원인, 연관성을 확인하고 이해하는 것은 쉽지 않다. 우리가 이 책에서 다루듯, 학습장애에 관한 축적된 증거들은 교수전략에 관한 정보를 제공하는 데 있어서 과거보다 좀 더 명확하고 중요한 역할을 해야 한다. 이 분야는 겉으로 나타나는 행동적이고 인지적인 특성에서부터, 인지적, 신경생물학적, 교수적 요인들과 연관이 있는 더욱 복잡한 설명들로 발전해 왔다. 임상적이고 교육적인 관점에서, 학습장애 구인(construct)의 타당성은 중재 결정에 관한 중요한 정보를 줄 수 있는 능력과 직접적으로 연관되어 있다. 따라서 교수전략은 장애의 범주로 학습장애를 정의할 때 핵심적인 위치에 놓여 있다. 만약 학습장애로 학생을 진단하는 행위가 중재에 대한 정보를 제공하지 않거나, 중재를 제공하는 교육자들 간에 의사소통을 향상시키지 못한다면, 그 개념은 사실상 무의미하다(인권 보호를 요구하는 장애를 가진 집단의 법적 정의로서의 수단을 제외함).

　이러한 대안적인 관점들이 어떻게 진화했는가를 이해하기 위하여 이 장은 학습장애의 역사적인 근거를 검토하였다. 이 분야의 과학적, 사회적, 정치적 역사와 발달을 검토하는 데 사용할 수 있는 정보들은 매우 많다(Doris, 1993; Hammill, 1993; Kavale & Forness, 1985; Morrison & Siegel, 1991; Rutter, 1982; Satz & Fletcher, 1980; Torgesen, 1991). 이러한 자료들은 학습장애 분야가 두 가지 주요한 요구에 의하여 발전되어 왔다는 것을 보여 준다. 첫째, 정상적인 적응 기술의 통합을 보이면서도 구어와 문어에 있어서 특정한 어려움을 가지고 있는 아동과 성인들의 학습과 수행에서의 개인적 차이를 이해하려는 요구다. 학습에서의 예기치 못한 강점과 특정한 약점의 패턴은 의사들과 심리학자들에 의하여 처음으로 주목받고 연구되었기 때문에 생물의학적이고 심리학적인 기반이 학습장애 분야의 특성에 항상 포함된다. 둘째, 일반적인 교육제도의 틀 안에서 적합한 교육을 받기 어려운 학생들에게 교육적 서비스를 제공해야만 하는 필요성의 부각과 함께, 사회적이고 정치적인 요구에 의해서 학습장애는 특수교육의 한 영역으로 발달하였다.

학습장애와 개인의 차이에 대한 연구들

Gall의 기여도

Torgesen(1991)에 따르면, 인지와 학습에서의 개인 간 및 개인 내 차이의 원인과 결과에 대한 관심은 초기 그리스의 문명화로 거슬러 올라가 그 흔적을 찾을 수 있다고 하였다. 그러나 오늘날의 학습장애 개념은 19세기 초 구어 장애에 대한 Gall의 연구에서부터 명백한 관련성을 찾을 수 있다(Wiederholt, 1974). Gall은 뇌손상을 입은 한 환자의 특성을 묘사하면서 다음과 같이 기록하였다.

출혈의 결과로, 한 군인은 그의 생각과 감정을 표현하는 구어 표현이 불가능하다는 것을 발견하였다. 그의 얼굴에서는 정신이 혼미하다는 아무런 특징이 발견되지 않았다. 그의 마음(esprit)은 그에게 설명된 질문들에 대답하게 하였고, 그는 그가 대답하도록 요구받은 모든 것을 수행했다. 팔걸이 의자를 보여 주고 그가 그것이 무엇인지 알고 있는지 질문을 받았고, 그는 그곳에 앉아서 대답을 하였다. 그에게 반복적으로 발음을 따라 하라고 요구했을 때는 단어를 바로 소리 내어 읽지 못했다. 그러나 잠시 후 단어는 그의 입에서 마치 의도적인 것처럼 나왔다. 그것은 그의 혀에서 나온 것이 아니어서 당황스러웠다. 그가 민첩하게 혀를 움직였고, 여러 가지 독립된 단어들을 꽤 잘 발음하였다. 그의 기억은 잘못되어 있지 않으며, 그가 의사소통하기를 원하는 여러 가지에 대해서 표현할 수 없음에 대하여 그는 화가 났다. 손상을 입은 것은 구어 능력뿐이었다(Head, 1926, p. 11에서 인용됨).

현재의 학습장애 개념화와 Gall의 관찰의 관련성은 Hammill(1993)에 의하여 정확하게 요약되었다. Gall이 그의 환자 중 일부는 말은 할 수 없지만 생각을 글로 표현할 수는 있었으며, 구어와 문어에 있어서 상대적인 강점과 약점의 패턴을 확인하였다고 Hammill은 주장하였다. 또한 Gall은 이러한 강점과 약점의 패턴이 뇌손상의 기능이며, 뇌손상은 선택적으로 특정한 언어에 영향을 미친다고 하였다. 그리하여 이러한 임상적인 관찰결과는 뇌손상의 연구에서 학습장애를 가진 많은 아동이 전반적이거나 '일반화된' 결함이 아닌 '특정한' 결함을 가진다는 오늘날의 관찰결과의 기원이 되었다. 마지막으로 Gall은 정신지체, 청각장애와 같이 환자의 수행에 손상을 주는 다른 장애 조건들의 배제가 필수적이라고 하였다. 이러한 맥락에서 오늘날 학습장애의 '제외' 요소는 Gall에서 그 기원을 찾을 수 있다.

초기의 뇌신경학과 획득된 언어장애

다른 여러 의학 분야의 전문가들은 언어, 읽기, 인지 능력에서의 특정한 결함을 포함하는 개인 내 강점과 약점을 나타내는 환자들을 관찰하고 보고하기 시작하였다. 예를 들어, Broca(1865)는 학습장애에서의 '특정한' 가설의 기초를 형성하는 중요한 관찰들을 제공하였다. Broca(1865)는 말하는 능력의 두 번째 전 뇌회(frontal convolution)에 위치한 좌반구의 전두부 영역에서의 선택적인 장애의 결과로 '표현 실어증' 또는 말하는 무능력을 보고하였다. 뇌의 이 영역의 장애는 오른손잡이 사람들에게 일관적으로 나타났고, 수용 언어 능력(듣기)이나 다른 비언어적 기능에는 영향을 미치지 않는 것으로 나타났다(예, 시지각, 공간 인식).

비슷하게 Wernicke(1894)는 좌반구의 반점 병변(punctate lesion)의 장애

에 의하여 운동 언어 구역으로부터의 수용(감각) 언어 영역의 '분리 신드롬'의 개념을 소개하였다. Wernicke의 관찰은 학습장애의 이론을 형성하는 데 도움을 주었다. Wernicke는 다른 인지 또는 언어 결함을 갖고 있지 않은 사람들도 수용 언어와 같이 복잡한 기능에 결함을 가질 수 있다고 보고하였다. 그리하여 특정한 뇌손상을 가진 성인들의 정보 처리과정에서 개인 내 차이의 개념 및 관찰과 임상적 연구가 시작되었다.

1800년대 후기와 1900년대 초기에, 다른 정상적 기능의 맥락 안에서의 예기치 못한 인지적, 언어적 결함들의 추가적인 사례들이 보고되었다. 이 사례들은 감각 또는 운동 기능의 결함을 발생시키는 신경생물학적 특징들을 갖지 않았기 때문에 독특하다. Kussmaul(1877)은 충분히 지적이고 지각적인 기술을 가졌음에도 불구하고 읽기에 어려움을 가지는 환자에 대하여 묘사하였다. Hinshelwood(1895, 1917), Morgan(1896)과 다른 연구자들(Bastian, 1898; Clairborne, 1906)이 발표한 추가적인 연구들은 정상적인 지능과 학습할 수 있는 적절한 기회가 있었음에도 불구하고 읽을 수 없는 능력을 가진 학습 결함의 유형들을 구별하였다. Hinshelwood(1917)는 10세 소년에 대하여 다음과 같이 서술하였다.

3년째 학교에 재학 중이며 읽기를 제외한 다른 모든 과목은 잘 수행하고 있는 소년이 있다. 그는 아주 명석하고 모든 면에서 똑똑한 소년이다. 그는 1년 동안 음악을 배웠고, 음악에서 아주 괜찮은 진보를 보였다. 구어로 교수되는 모든 과목에서 그는 좋은 진보를 보이는데 이는 그의 청각기억(auditory memory)이 좋다는 것을 보여 주는 것이다. 그는 단순한 덧셈은 비교적 정확하게 수행하며 연산(arithmetic)에서 그의 진전도는 어느 정도 만족할 만한 수준이다. 쓰기를 위한 학습에서 어려움은 없다. 그의 시각 능력(visual acuity)은 뛰어났다(pp. 46-47).

20세기 초반까지 도출된 여러 사례에 관한 증거들은 성인 및 아동 학습장애가 지닌 독특한 어려움(일반적인 현상이기 보다는 독특한 현상이며, 감각이나 지능과 관련된 장애와는 구분이 되는 어려움)을 정의하는 데 도움을 주었다. Hynd와 Willis(1988)가 요약한 내용에 따르면, 학습에 어려움을 지닌 개인에 대한 가장 두드러지며 믿을 수 있는 초기 관찰은 다음의 사항을 포함한다. ① 아동은 특정한 형태의 선천적인 학습 문제를 지닌다. ② 여아보다 남아에게서 더 많이 발견된다. ③ 장애는 특정 패턴과 결함의 심각도의 관점에서 이질적이다. ④ 장애는 주로 좌반구의 중추 언어 처리(central language process)에 영향을 미치는 발달과정과 관련되어 있을 수도 있다. ⑤ 전형적인 교실 수업은 아동의 교육적 요구를 충족시키는 데 적합하지 않다.

Orton과 난독증의 기원

1920년대에 Samuel Orton은 읽기장애에 대한 연구 분야를 확장시켰다. Orton의 읽기장애 임상 연구에서 읽기 곤란(reading deficits)은 대뇌 좌반구가 언어 기능에 있어서 우세한 위치를 확립하는 것에 실패하거나 지체된 것이라는 가설을 검증하도록 고안된 것이었다. Orton(1928)에 따르면, 읽기장애 아동은 언어적 상징의 처리과정에서 좌반구 우위(left-hemispheric dominance)의 결핍으로 인하여 b/d, p/q와 saw/was, not/ton과 같은 글자를 반전하여 인식하는 경향이 있다.

Orton의 읽기장애 이론과 읽기장애의 증상을 반전(reversal)이라고 보고 한 Orton의 관찰은 모두 검증 절차를 통해서 확립되지 못했다(Torgesen, 1991). 그러나 Orton의 연구결과는 교사와 학부모 집단의 관심을 읽기장애와 다른 영역의 학습장애로 결집시켰고, 읽기장애 아동의 교수개발을 이끄는 연구를 활성화시키는 데 많은 영향을 미쳤다.

게다가 현재 학습장애 개념화에 미친 Orton의 영향은 학습장애와 함께 언어와 운동 장애를 분류하려는 초기의 시도들에서 간접적으로 확인될 수 있다(Doris, 1993). 더 구체적으로 1973년 Orton은 평균 이상의 지능을 가진 아동이 다음의 여섯 가지 장애 중에서 한 가지를 분명히 나타내는 수많은 사례를 보고하였다. 여섯 가지 장애는 ① '발달적 실어증(developmental alexia)' 또는 읽기 학습에서의 어려움, ② '발달적 후천적 쓰기장애(developmental agraphia)' 또는 쓰기 학습에서의 현저한 어려움, ③ '발달적 단어맹(developmental word deafness)' 또는 보통의 청각적 예민함의 맥락 내에서 언어 이해에서의 특정한 결함, ④ '발달적 운동 실어증(developmental motor aphasia)' 또는 운동 말하기 지체(motor speech delay), ⑤ 비정상적인 서투름(abnormal clumsiness), ⑥ 말더듬(stuttering)이다. Orton(1937)은 읽기장애가 특정한 뇌손상(Hinshelwood와 다른 동료에 의해 가정된 것과 같이)이라기보다 대뇌 기능장애(Cerebral Dysfunction)와 관련된 것으로 보이는 상징 단계(symbolic level)에서 더욱 분명하게 나타나며, 평균에서 평균 이상의 지능을 가진 아동들 사이에서 읽기장애가 판별될 수 있을 것이라고 말한 첫 번째 학자였다.

Straussian와 대뇌 기능장애의 개념

Orton이 읽기장애(특히 난독증)에 대한 과학 및 임상적 관심을 불러일으키는 데 공헌했다면, 제2차 세계대전 후 Strauss와 Werner(1943) 그리고 그들의 동료들(Strauss & Lehtinen, 1947)은 공식적으로 인정된 일반적인 학습장애의 범주를 이끌었다(Doris, 1993; Rutter, 1982; Torgesen, 1991). 이와 같은 초기의 업적들은 후에 과잉행동의 문제행동을 가진 아동을 이해하고자 하는 초기의 시도에서 형성된 것이다. 이러한 일련의 임상적 관찰을 통해서 아동의 과잉행동, 충동성, 구체적 사고(concrete thinking)의 원인은 신경계에서는 물리적인 손상이 없었고 뇌의 손상때문이었다고 주장하였다.

Strauss와 Werner는 이러한 개념을 정신지체 아동을 포함하는 연구로 확장시켰다. 그들은 특히 신경학상으로 손상은 없으나 가족력으로 인해 정신지체가 있는 학생과 두뇌의 손상으로 정신지체를 가진 학생을 비교하는 데 관심이 있었다. Strauss와 Lehtinen(1947)은 뇌손상이 있는 정신지체 아동이 도형-배경 지각(figure-ground perception), 주의집중, 개념 형성, 과잉행동 평가 과업에 어려움을 보였지만, 뇌손상이 없는 정신지체 아동은 어느 정도 수행에 있어서 정신지체가 없는 아동과 유사한 반응을 보였고, 과잉행동을 덜 보였다.

이들의 연구에서 Strauss의 동료들이 관찰한 집단은 행동·학습 면에서 어려움을 보이면서 평균 지능을 가진 아동의 행동 및 수행 패턴과 유사함을 관찰했다. 그들은 이러한 행동을 보이는 집단에 속하는 아동을 '미소뇌 기능 손상(minimal brain injury: MBI)'이라고 지칭하였다. 이 연구로부터 1960년대에 '미소뇌기능장애(minimal brain dysfunction: MBD)' 개념이 도출되었으며(Clements, 1966), MBI 또는 MBD는 신체 및 신경학적 조사결과가 정상일지라도 외현적으로 나타나는 행동만으로 판별될 수 있다는 Strauss의 명제가 강조되었다.

정신지체가 확인되지 않아도 지각 및 인지 장애를 측정하기 위해 고안된 일부 질적 검사(qualitative tests)를 사용하여 심리적 장애(psychological disturbance)의 존재를 확인할 수 있다. 비록 (신체적) 규준에는 부합하지 않지만 아동의 행동이 뇌손상의 특성과 닮았거나, 우리의 검사에서 아동의 수행결과가 뇌손상을 강력하게 나타내지 않아도, 뇌손상으로 진단하는 것은 여전히 타당할 것이다(Strauss & Lehtinen, 1947, p. 112).

Strauss의 노력(movement)은 학습장애 영역의 발달에 중대한 영향을 미쳤다(Doris, 1993; Hammill, 1993; Kavale & Forness, 1985). Torgesen(1991)에 따르면, Strauss의 노력에서 도출된 다음의 세 가지 개념은 다른 교육 분야와 구별될 수 있는 독특한 학습장애 발달 원리를 제공하였다고 주장하였다. ① 학습에서 개인적 차이는 아동이 학습 과제를 수행하는 데 있어 개인마다 다른 방법(학습을 지향하거나 학습에 방해가 되는 처리과정)으로 평가되어야 한다. ② 교육과정은 아동 개인에게 있어서 강점과 약점을 보이는 처리과정 패턴에 맞추어져야 한다. ③ 학습과정에 결함이 있는 아동들은 그들의 약점보다는 강점에 초점을 맞추고 있는 교수방법으로 교육을 받을 때 정상적인 학습이 가능하다. Kavale과 Forness(1985)는 앞의 목록을 확대하여 다음과 같은 요소를 포함시켰다. ① 학습장애는 개인의 유전자에 따라 다르며, 그에 따른 임상 모형을 갖고 있다. ② 학습장애는 신경학적 결함과 관련이 있다. ③ 학습장애를 가진 아동의 학업 문제는 심리학적 처리과정상의 결핍과 관련이 있으며, 지각-운동 영역(perceptual-motor domain)에서 가장 두드러진다. ④ 학습장애 아동의 학업 실패는 일반적인 지능을 가지고 있음에도 불구하고 나타난다. ⑤ 다른 장애로 인해 학습장애가 될 수는 없다.

Cruickshank, Myklebust, Johnson, Kirk 그리고 학습장애 개념

학습장애의 초기 개념화와 연구와 관련된 행동과학자들 중 가장 중요한 인물들인 Cruickshank, Myklebust, Johnson, Kirk는 병인론적 관점과는 거리를 두면서 학습 결함과 관련된 학습자의 특성과 교육 중재에 초점을 맞추고 있다. 예를 들어, Cruickshank와 동료들(Cruickshank, Bice, & Wallen, 1957)은 학습과 주의집중에 결함이 있는 아동들이 교실 내에서 그들의 주의를 흩트려 놓는 자극들을 감소시키기 위한 교실 모형을 제안하기도 하는 등 학습장애 연구에 많은 도움을 주었다. 이와 비슷하게 Myklebust, Johnson은 노스웨스턴 대학에서 언어 형태의 영향에 관한 방대한 연구와 학교교육과 관련 있는 학습장애의 개선을 위한 과정을 고안하였다(Johnson & Myklebust, 1967). 그러나 학습장애라는 용어는 감각장애 아동을 논하기 위해 개최된 1963년 컨퍼런스에서 Kirk가 처음으로 사용하였다. Kirk(1963)는 다음과 같이 말했다.

> 나는 '학습장애'라는 용어를 언어, 말하기, 읽기, 사회적 상호작용에서 필요한 의사소통 기술 발달의 장애를 나타내는 아동 집단을 묘사하는 것으로 사용해 왔다. 이 집단은 시각장애인과 같은 감각장애를 포함하지 않는다. 왜냐하면 우리는 이미 맹인이나 농아를 위한 훈련방법을 가지고 있기 때문이다. 또한 정신지체 아동도 이 집단에서 제외된다 (pp. 2-3).

따라서 1963년 시민권리의 보호와 특별한 서비스를 제공받기 위해서 학습장애를 특별한 장애 영역으로 인정하고, 학습장애를 공식적으로 입법 지명하고자 하는 움직임이 일어났다. 이러한 움직임은 주로 Kirk와 함께 다른 이들의 논쟁에 기초한 것이었다. 그들의 논쟁은 학습장애 아동들이 ① 정신지체나 정서장애 아동과는 다른 학습 특성을 가지며, ② 환경적 요인보다 내재적(예, 신경생리학적) 요인으로 인한 학업 특성을 보이

며, ③ '예기치 못한' 학습의 어려움을 보이며 다른 영역에서는 강점을
나타내기도 하며, ④ 특수한 교육 중재를 요구한다는 것이었다. 이러한
정의를 살펴보아도 지능에 관한 언급은 찾아볼 수 없다. 오히려 사회적
상호작용과 '정상적인' 적응 행동에 초점을 두고 있다. 배제 준거는 학습
장애를 정의할 때 학습장애가 아닌 준거를 확인하기 위해 사용되기도 하
지만, 차별적인 중재(differential intervention)를 제공하기 위한 근거로도
사용되고 있다. 홍미로운 사실은 학습장애 분야는 임상적인 관찰의 강점
과 함께 이 분야를 지지하는 시민단체에 의해서 시작되었다는 것이다.

학습장애 정의에 대한 시민단체의 영향과 학습장애 분야에 대한 재인식

교육 및 공중보건 분야에서 흔한 사례는 아니지만, 학습장애는 체계적
인 과학적 조사보다는 시민단체(advocacy)의 영향력에 의해 최초이자 공식
적으로 장애 영역으로 인정을 받았다. 사실 미국에서 과학적 진보의 대부
분은 교육적 또는 의학적 현상에 대한 비평의 목소리를 냄으로써 활성화
되었다. 학부모, 환자 또는 선출된 공무원에게 영향을 행사할 수 있는 개인
이 정치적인 영향력을 발휘하지 않는다면, 심리학적 조건, 질병 또는 교육
적 문제가 주의를 끌기란 매우 어렵다. 분명히 이것은 학습장애 분야의 사
례이며, 이러한 사례에서 학부모 및 아동을 지지하는 단체들은 1969년에
성공적으로 의회에 「전장애아동교육법(Education of the Handicapped
Act)(공법 91-230)」을 제정하도록 압력을 가했다. 이 법을 통해서 특정 학
습장애를 지닌 아동의 요구를 다룰 수 있는 연구 및 훈련 프로그램을 제
공할 수 있었다(Doris, 1993).

학습장애의 진단적 개념은 1960년대와 1970년대 동안 중요한 관심을 받게 되었다. Zigmond(1993)가 설명한 것과 같이, 지난 20년 동안 학습장애로 진단받은 아동의 수가 급증한 다양한 원인들이 있다. 첫째, 학습장애는 학생들을 장애인으로 낙인찍지 않는 장애명이었다. 학부모 및 교사들은 '뇌손상' 'MBI' '인지장애'와 같은 병인학적 명명보다 이 용어를 선호함으로써 더욱 안도감을 느낄 수 있다. 게다가 학습장애로 진단을 받는 것이 낮은 지능, 행동상의 어려움이나 감각장애를 함축하지는 않는다. 반면에 학습장애 아동들은 '정상적인' 적응 행동과 지능, 손상되지 않은 청력, 시력, 정서에도 불구하고 학습에서 어려움을 보인다. 적합한 교수방법, 조건, 환경(setting)이 제공된다는 전제하에 높은 지능을 소유했지만, 학습장애를 지닌 청소년들은 학부모 및 교사들에게 학생의 학습 어려움이 극복될 수 있다는 희망을 품게 만들었다. 시민단체의 노력은 일련의 합의된 결론을 도출시켰는데 그중 한 가지는 MBI이고 다른 한 가지는 학습장애였다. 이 두 가지 장애명은 많은 아동의 교육적 및 행동적 수행을 방해하는 장애를 정의할 수 있는 단일 진단명을 확인하려고 노력하였다.

미소뇌기능장애

1960년대에 아동의 본능적 요인에 의한 '예기치 못한' 행동의 문제와 저성취를 정의하는 데 있어서 개인차와 함께 사회 및 정치적인 시민단체가 영향을 미쳤다. 첫 번째 중요한 노력은 1962년 MBI의 정의의 발달과 관련되었다. '미소뇌기능장애'라 불리는 증상의 형식적인 정의는 National Institute of Neurological Disorders and Stroke라는 단체와 Easter Seals Society라는 단체 간의 모임에서 공식화되었다.

'미소뇌기능장애증후군(minimal brain dysfunction syndrome)'이라는 용어는 경도에서 중도의 학습이나 행동 장애를 지니고 있지만 평균에 가깝거나, 평균 또는 평균 이상의 일반적인 지능을 가진 아동을 지칭한다. 이것은 중추신경계 기능의 일탈과 관련이 있다. 이러한 일탈은 지각, 개념화, 언어, 기억, 주의집중 통제, 충동 또는 운동 기능의 다양한 조합으로 나타난다(Clements, 1966, pp. 9-10).

이 정의에서는 '손상(injury)'을 '기능장애(dysfunction)'라는 용어로 대체하는데, 그 이유는 손상과 같은 용어는 병인론적인 것을 내포하고 있기 때문이다. MBD는 이질적인 범주임을 강조하고, 행동 및 학습의 어려움을 모두 포함시킨다. 앞서 언급한 것과 같이, 정의에서는 뇌기능장애가 단지 행동적 징후에 기초하여 판별될 수 있다고 규정한다. 그러나 MBD의 정의는 논쟁의 여지가 남아 있다(Rutter, 1982; Satz & Fletcher, 1980). 이 정의는 지난 반세기 동안 임상적 뇌 기능의 연구와 임상 관찰의 근간이 되었으며, 뇌 기능 연구를 위해 사용될 수 있는 정신생리학적 방법을 통해 경험적 지지를 받았음에도 불구하고 교육자들은 이 개념에 반대한다(Dykman, Ackerman, Clements, & Peters, 1971). 교육 분야의 전문가들은 이러한 MBD 정의는 의학적 모형과 더욱 밀접한 관련이 있음을 비판하면서, 학생들을 진단하기 위해서는 우선적으로 심리학자와 의사들이 학교 현장에서 협력해야 한다고 생각했다. 다른 이들은 개념이 분명하지 않고 너무 광범위하다고 지적하였다(Rutter, 1982). 후자의 관심은 1970년대에 30개의 증상 이상을 포함하는 MBD에 대한 체크리스트의 개발과 함께 확대되었다(Peters, Davis, Goolsby, & Clements, 1973). 이러한 증상은 학업 기능의 어려움에서부터 공격적인 행동의 표출까지 모두 포함하고 있다. 이러한 장애의 특성은 MBD를 지닌 아동을 판별하는 것이 명확하지 않음을 보여 주고 있다(Rutter, 1982; Satz & Fletcher, 1980).

미국정신의학협회

DSM-III가 미국정신의학협회(American Psyciatric Association, 1980)에 의해 출판되었을 때, MBD의 개념은 빠졌고 학습과 행동 특성은 '특정 발달적 장애(specific developmental disorder)'와 '주의력 결핍장애(attention deficit disorder)'로 분리되어 정의되었다. 이러한 분류는 MBI 및 MBD에 관심을 갖고 있던 사람들에게 고민이었던 문제, 즉 주의력 장애와 학습장애의 공존성의 어려움을 적절히 해결하였다. 비록 학습장애를 지닌 많은 아동이 주의력결핍 과잉행동장애(ADHD)의 규준을 충족시키더라도 이것들은 서로 구별되는 다른 장애다(Rutter, 1982). 둘 다 중재를 필요로 하지만, 유전성(heritability), 신경생물학적 연관성(neurobiological correlates), 중재 요구는 서로 다르다. 그래서 두 장애를 하나의 증후군으로 단일화하는 것은 연구나 교육의 실제를 향상시키지 못한다.

학습장애에 대한 미국 연방정부의 정의

MBD 정의의 발달이 교육자 및 학교에서 일하는 다른 전문가들의 관심을 이끌었다는 것은 그다지 놀라운 일이 아니다. 1966년 미국 교육부(U.S. Office of Education)는 회의를 개최하였고, 그 회의에서 참가자들은 공식적으로 Kirk(1963)의 '학습장애(learning disability)' 개념을 다음과 같이 정의하였다.

'특정 학습장애'는 듣기, 말하기, 읽기, 쓰기, 철자, 수학적 연산 능력의 결함으로 언어 이해 또는 언어 사용, 말하기, 쓰기를 포함하는 기본적인 심리과정에서 하나 이상의 장애를 의미한다. 이 용어는 지각장애(perceptual handicaps), 뇌손상(brain injury), 미소뇌기능장애, 난독증, 발달적 실어증을 포함한다. 시각, 청각, 감각장애나 정신지체, 정서장애 또는 환경, 문화, 경제적 불이익으로 인한 학습장애를 가진 아동을 포함하지 않는다(U.S. Office of Education, 1968, p. 34).

1966년의 학습장애 정의와 1962년 MBD 정의 간에 유사성이 있다는 사실은 주목할 만한 사실이다(Satz & Fletcher, 1980). 1960년 이후에 발표된 연구를 숙고한 결과, '예기치 못한' 장애로서 정신적 결함, 감각장애, 정서장애나 문화/경제적 어려움의 원인이 아니라는 MBD의 개념은 계속 유지되었다. 병인학적 용어는 제거되었고 교육적인 내용으로 변화되었다. 정의는 아동의 내재적 요인을 인정하고, 미소뇌기능장애와 신경학 및 심리학에서 파생된 다른 공식들을 통합시키려 하였다(Doris, 1993; Rutter, 1982; Satz & Fletcher, 1980). 그러나 이 정의가 갖고 있는 중요한 특성은 학습장애에 대한 미국 연방법령에 따르는 정의를 계속 유지한다는 것이다. 학습장애를 특수교육의 장애 범주로 포함시키기 위해서 학부모와 관련 전문가는 지속적인 노력을 기울였다. 이는 1969년 「학습장애법(Learning Disabilities Act)」을 통해 최초로 발의되었다. 1969년 법에서 명시하고 있는 학습장애에 대한 법적 정의는 1975년 「전장애아동교육법(공법 94-142)」 및 최근 2004년 IDEA에서 나타났다. 이 정의는 학습장애에 대한 어떤 판별 준거도 구체화하지 못한다는 사실에도 불구하고 꾸준히 지속되었다. 이 정의는 기본적으로 학습장애가 이질적이며 인지 처리과정상의 문제를 갖고 있으며, 배제 준거에서 나타나는 다른 장애와 혼합된 것이 아님을 기본적으로 명시하고 있다. 학습장애는 주로 학습장애의 예외 조건에 근거하여 미국 공법에서 성문화되고 합법화된 것이다.

공법 94-142가 통과되었고 주(states)에서 학습장애를 판별하고 이들에게 서비스를 제공할 것이라는 기대가 증대되었기 때문에 판별 준거의 부재는 1975년에 시급한 문제로 인식되었다. 이 문제를 해결하기 위하여 미국 교육부(1977)는 다음과 같은 학습장애 지표로서 IQ와 성취 간의 불일치 개념을 포함하는 학습장애 판별을 위한 절차 권고를 제시하였다.

> 하나 이상의 영역, 즉 ① 구어 표현(oral expression), ② 듣기 이해, ③ 쓰기표현, ④ 기초 읽기 기술, ⑤ 읽기 이해, ⑥ 수학 연산, ⑦ 수학적 추론에서 성취와 지능의 심각한 불일치, 만약 능력과 성취의 불일치가 ① 시각장애, 청각장애, 감각장애, ② 정신지체, ③ 정서장애, ④ 환경, 문화, 경제적 불이익으로 인한 것이라면 아동은 특정 학습장애를 지닌 것으로 판별되지 않는다(p. G1082).

IQ-성취 불일치의 사용은 학습장애 지표로서 학습장애를 개념화하는 데 중대한 영향을 미쳤다. 그 당시에 IQ-성취 불일치 모형을 타당화할 수 있는 연구가 일부 발표되었지만(Rutter & Yule, 1975), 이는 시간이 지나면서 그 입지를 잃었다(Fletcher et al., 2002). 그러나 연구자, 교사, 대중들은 계속해서 불일치 모형이 다른 저성취 유형으로부터 절대적으로 구별되고 예기치 못한 특정 학습장애 유형의 지표라고 추정하였다. 일부 연구자들은 학습장애 분류에 대한 주요 특징으로서 IQ-성취 불일치의 타당성에 대한 증거가 매우 부족함에도 불구하고(제3장 참조), IQ-성취 불일치를 판별 처리과정의 핵심 관점으로 계속해서 사용하였다(Kavale & Forness, 2000). 그러나 IQ-성취 불일치의 영향이 1992년과 1997년 IDEA 개정에서 학습장애 판별과 관련한 규정에 명백하게 영향을 미친 것은 사실이다.

법령은 1966년 회의에서 공식화된 학습장애 정의를 유지했고, 2004년 법령이 재개정될 때까지 1977년도 법규가 지속적으로 사용되었다.

다른 학습장애 정의들

학습장애에 대한 연방 정부의 정의는 전반적으로 비판받아 왔다(Fletcher et al., 2002; Kavale & Forness, 1985; Lyon, 1987; Lyon et al., 2001; Senf, 1987). 연방 정부의 학습장애 정의는 최소한 네 가지의 주요한 문제를 가지고 있다고 Torgesen(1991)은 지적했다. ① 학습장애가 이질적인 장애 집단이라는 것을 명백하게 나타내지 못한다. ② 학습장애가 지속되고 아동뿐만 아니라 성인에게서도 나타난다는 것을 인식하는 데 실패했다. ③ 학습장애의 원인이 무엇이든지 간에 정보가 처리되는 방식의 고유한 변화를 설명할 수 있는 '최종 공통 경로(final common path)'를 명백히 밝히지 못했다. ④ 다른 장애나 환경적 제한을 지닌 사람이 이러한 조건과 동시에 학습장애를 가지고 있을 수도 있다는 것을 적절하게 인식하지 못했다. 미국학습장애연합위원회(National Joint Committee on Learning Disabilities: NJCLD)가 제안한 개정된 학습장애의 정의에서 볼 수 있듯이, 학습장애의 연방 정의를 확립하기 위한 다양한 시도들은 더 나은 방향으로 나아가지 못했다(NJCLD, 1988; Hammill, 1993 참조).

학습장애는 듣기, 말하기, 읽기, 쓰기, 추론하기 또는 수학적 능력의 사용과 습득에서 상당한 어려움을 명백히 보이며 장애를 지닌 이질적인 집단을 지칭하는 일반적인 용어다. 이러한 장애는 중추신경계의 기능장애로 추정되는 개인의 내재적 요인에 의한 것이며 일생 전체에 걸쳐 발생할 수 있다. 자기규제 행동, 사회적 인식, 사회적 상호작용에서의 문제는 학습장애와 함께 존재할 수 있지만 이것 자체가 학습장애의 원인은 아니다. 비록 학습장애가 다른 장애 조건(예를 들어, 감각장애, 정신지체, 사회 및 정서 장애)이나 외재적 영향(문화적 차이, 불충분하거나 부적절한 교수와 같은)을 수반하여 발생할 수 있지만, 이러한 조건이나 영향의 결과로서 나타나는 것은 아니다(p. 1).

비록 NJCLD의 정의가 이질성, 지속성, 내재적 원인, 공존성에 대한 이슈를 다루고는 있지만, 다양하고 이질적인 장애를 계속해서 막연하고 애매모호하게 설명하고 있다. 이러한 유형의 정의는 쉽게 조작화되거나 경험적 타당성이 인정될 수 없고, 임상가, 교사나 연구자들이 의사소통 또는 예측을 향상시키는 것을 돕는 유용한 정보를 제공하지도 못한다. 이러한 것들은 판별 준거가 아니라 여전히 배제 준거에 근거한 정의다. 많은 학자들은 폭넓은 정의의 전개에 대한 사용금지(moratorium)를 요구했으며 오직 일관적이고 조작적인 정의로만 학습장애를 다뤄야 한다고 주장하였다. 예를 들어, Stanovich(1993)는 다음과 같이 진술하였다.

우리는 이미 다양한 학습 영역의 이질성을 알고 있다는 점을 감안한다면, 학습장애를 일반적으로 정의된 실재로 가정한 과학적 연구들은 타당하지 않다. 연구들은 결함(읽기장애, 연산장애) 영역의 측면에서 구체적으로 집단을 정의해야만 한다. 그런 다음에, 이러한 장애가 어느 정도 공동으로 발생하고 있는지는 경험적으로 질문해야 할 사항이며, 사전에 결정된 사항은 아니다(p. 273).

DSM-IV(American Psychiatric Association, 1994)과 국제질병분류표 (International Classification of Disease) 개정 10판(ICD-10: World Health

Organization, 1992) 모두에서 학습장애 및 학업 능력에 대한 특정 발달장애는 특정 결함 영역으로 정의되고, 분류되고, 범주화되었다. 예를 들어, DSM-IV는 '읽기장애(reading disorder)'(315.00)의 진단에 대한 준거를 제공하며 ICD-10은 '특정 읽기장애(specific reading disorder)'(F81.0)라는 용어 사용하에 판별 준거를 제공한다. DSM-IV와 ICD-10에서는 수학에서의 장애를 각각 '수학장애(mathematics disorder)'(315.1)와 '특정 연산기능장애(specific disorder of arithmetical skills)'(F81.2)라고 일컫는다. 문어기술(written language skills)을 포함하는 장애는 DSM-IV에 의해 '쓰기표현장애(disorder of written expression)'(315.2)로, ICD-10에 의해서는 '특정 철자장애(specific spelling disorder)'(F81.1)로 분류 및 코드화되었다. 이러한 정의는 이질성 및 대부분 정의에 대한 배제 요인을 함축적으로 지지한다.

흥미로운 것은 이러한 정의들이 판별 준거로서 IQ-성취 불일치를 주장한다는 것이다. DSM-IV와 ICD-10의 정의에서는 각 영역에 따른 용어를 다르게 사용하고 있지만, 본질적으로 같은 정의가 각 영역에 적용되고 있기 때문에 실제적인 구체성이 부족했다. 학습장애에 대한 연방 정의의 문제점은 또한 DSM-IV와 ICD-10 정의에서도 발견되었다. 연방 정부의 수준에서 전통적으로 사용되는 방법으로 학습장애를 정의하거나 Stanovich (1993)에 의해서 제안된 영역—특정 학습장애(domain-specific LDs)(예, 읽기장애)—를 이용하여 정의하든지 간에, 정의적 절차(definitional process)는 궁극적으로 의사소통이 가능하며 예측력을 가진 분류체계 안에서 제안되어야만 한다(제3장). 이러한 분류체계를 발달하는 데 있어서, 학습장애 하위집단을 이론적으로 의미 있고 신뢰로우며 타당하게 분류해야 하며, 특정 학습장애의 개인 내 및 개인 간의 이질성을 반영할 수 있어야 하며, 이러한 가정이 충족되었을 때 제안된 학습장애 정의는 선별, 진단, 처치 및 진전도를 평가하기 위해 사용될 수 있다. 이러한 분류체계에서 가장 중요하게 인식되는 사항은 대부분의 학습장애 정의에 포함된 세 가지 분류 가설(불일치, 이질성, 배제)의 타당성이다.

학습장애 정의에 대한 2004 미국 규정 개정

2004 IDEA 개정에서 미국 의회는 1977 규정의 수정이 가능하도록 한 법령을 통과시켰다. 구체적으로 살펴보면 ① 주(state)는 학습장애 범주로 특수교육 대상자 학생을 선별할 때 IQ 검사를 실시할 필요가 없으며, ② 주(state)는 중재반응(respond to instruction: RTI)과 같은 판별 모형을 교육청에서 사용할 수 있도록 허락하였다(IDEA, 2004). 게다가 법령에는 아동이 만약 읽기나 수학에서의 저성취 또는 영어에서의 제한된 능력이 적절한 교수의 부족 때문이라면 특수교육이 필요한 것으로 판별될 수 없다고 명백히 명시하고 있다. 이러한 법령에 대한 반응으로, 미국 교육부(2006) 내의 특수교육 및 재활 서비스국(Office of Special Education and Rehabilitative Services: OSERS)은 IDEA 2004가 제안한 학습장애 판별에 대한 규정과 일관되게 연방 규정을 공표하였다. 주목할 만한 것은 개정된 법령과 규정이 학습장애를 판별할 때 IQ-성취 불일치 모형의 단점으로 인식된 과학적 증거에 기반을 두고 있으며, 동시에 판별 절차에서 중재반응 모형을 강조했다는 것이다. 비록 IQ-성취 불일치 및 중재반응 모형의 타당성을 둘러싼 쟁점들은 제3장에서 상세히 논의되겠지만, 학습장애와 관련된 규정들은 이 장에서 요약하였다. 기본적인 규정들은 다음 사항과 같다.

1. 학습장애를 판별할 때 지역 교육기관은 불일치 모형을 사용할 필요가 없다.

2. 과학적 연구 기반 중재에 학생이 반응을 나타내는지를 결정할 수 있
   는 과정을 사용할 수 있도록 허락해야만 한다.
3. 다른 대안적인 연구 기반 절차의 사용을 허락할 수 있다.

비록 많은 수의 시민단체(advocacy) 및 교사 집단이 규정의 구체적인 조
항에 대한 의문을 갖고 있을지라도, 모든 단체는 학습장애 학생과 관련된
교수 실제와 정책을 집행할 때 연구의 결과를 사용하는 것이 중요한 것
(IDEA 2004 법령 및 규정에서도 분명하게 반영됨)을 인식한다는 사실은 격려
해 줄 만하다. 새로운 법령과 규정에서 일관되게 중요시 여기는 사항은
적절한 교수가 제공되었다는 증거 없이 학습장애를 판별해서는 안 된다
는 점을 좀 더 명확히 재인식하는 것이다. 만약 읽기나 수학에서의 저성
취 또는 영어에서의 제한된 능력의 원인이 부적절한 교수일 때는 학습장
애로 판별되지 않을 수 있음을 법에서 명시하고 있으며, 다음과 같은 자
료를 필요로 한다.

1. 일반교육에서 적합한 읽기와 수학 교수의 증거
2. 중재에 대한 학생의 반응을 반복 측정하여 획득된 자료에 근거한
   검증

이러한 정보는 학부모에게 제공되어야 하며 또한 학생이 학습장애인지
를 판별하고, 학습장애를 장애 조건으로 인정할 수 있는지의 여부와 특수
교육을 제공해야 되는지를 결정할 수 있는 팀 결정(team decisions)에 포함
되어야 한다. 그러므로 IDEA 2004 법령은 축척된 연구 기반으로 관점의
변화를 이끌고 있으며, 이러한 변화로 인하여 IQ 검사에 대한 강조는 감
소하게 되었고, 반면 학습장애를 예방하고 학습장애 학생을 판별하는 데

중재전략의 역할이 매우 중요함을 강조하였다.

결 론

학습장애 분야는 사회적 및 교육적 요구로부터 출발했다. 학습장애는 임상 실제, 법, 정책에 관련된 진단적 범주를 포함하고 있다. 역사적으로 학부모, 교사, 아동과 관련된 서로 다른 시민단체는 학습장애를 시민권 및 법률 보호 절차를 보호하는 수단으로 특수교육의 범주에 포함될 수 있도록 성공적으로 협상해 왔다(Lyon & Moats, 1997; Zigmond, 1993). 그러한 학습장애의 정의를 다양한 관점을 고려하여 제정하기보다는 배제 준거에 초점을 맞추어 법적 정의가 합법화되었다. 게다가 학습장애 개념은 학습(그리고 행동)과 관련된 유년 시절의 전반적인 어려움에 적용 가능한 광범위한 분류로 학습장애를 정의하는 오늘날의 시도들과 관련되어 있다. 원인, 발달과정, 치료 조건, 학습장애 실제에 대한 장기적인 성과를 이해하고자 하는 체계적인 연구의 노력은 불과 30년 정도밖에 되지 않는다. 중요한 연구의 진보에도 불구하고 이러한 노력의 대부분은 더 정확한 정의와 학습장애 아동을 위한 중재의 발전으로 확대되지 못했다. 그러나 2004 IDEA 법률의 재개정에서 정책과 교육의 실제는 과학적 증거에 기반을 두고 있다는 사실을 확신할 수 있었다.

학습장애 영역이 발전하여 더 나은 성과를 얻게 된다면, 논쟁의 소지는 줄어들 것이다. 역사적으로 지지를 받지 못했던 학습장애의 가설들은 과학적인 연구결과와 불일치하였고, 이러한 가설들을 지속적으로 고수한다는 것은 지난 30여 년 이상 진화된 연구를 통해 우리가 배워 온 것을 성공적으로 활용하는 데 방해가 될 수 있다. 이것은 불행한 것이다. 일부 시민단체는 학습장애 개념을 합법적으로 정의하기 위한 교육 개혁을 성공적으로 이끌었으며, 학습장애 연구를 체계적으로 진행할 수 있도록 도움을 주었다. 하지만 이러한 시민단체는 연구결과와 일치하지 않으면서 시대에 뒤처진 학습장애 정의의 요소를 지속적으로 옹호할 수도 있다. 그렇게 함으로써 그들은 효과적이지 않은 중재전략과 판별 준거를 퍼뜨리게 되며, 결국 연구결과에서 도출된 중재전략을 사용하기 어렵게 만들게 된다(Fletcher et al., 2003; Lyon et al., 2001). 과학적인 연구결과에서 도출된 중재전략의 실제는 학습장애와 관련된 오랜 기간의 부정적인 결과를 개선시킬 수 있는 잠재력을 지니고 있다(Bruck, 1987; Satz, Buka, Lipsitt, & Seidman, 1998; Spreen, 1989).

Chapter 03

학습장애의 분류, 정의 그리고 판별

　학습장애 연구에서 학습장애를 정의하는 것만큼 어려운 문제는 없을 것이다. 이러한 문제는 학습장애를 다루는 미국 초기의 정책적 노력들에서부터 시작되었고, 오랜 기간 동안 지속된 학습장애 정의의 부재는 특수교육 및 다른 교육 서비스가 필요한 학생과 성인들에 대한 명확한 판별을 힘들게 하였다. 무엇보다도 명료한 정의의 부재는 교육의 책무성과 대학의 적성 검사를 위해 실시되는 검사 조정(accommodations) 정책, 연구를 위한 학습장애 학생의 선별, 보험이나 사회보장 및 그밖의 권리에 대한 적합성 여부, 마지막으로 특별히 고안된 중재전략의 발달을 어렵게 하고 있다. 제2장에서 언급한 것처럼, 공공정책과 연구에서 주목을 받는 대상으로 학습장애가 발전한 것은 1960년대 '예기치 못한' 학업 저성취를 보이는 학생들의 집단을 정의하려는 시도와 높은 관련이 있었다. 동시에 이러한 초기의 노력들은 미소뇌기능장애(MBD) 가설에 의해 설명되던 역사적 선행 개념으로부터 학습장애를 차별화하고자 하였다.

한 세기 이상의 노력에도 불구하고 어느 정도의 진전은 있었으나 정의에 관한 논점은 여전히 해결되지 않고 있다. 학습장애 정의에 관한 논점은 교육 정책 분야에서 활발히 진행되었다. 제2장에서 논의한 것처럼, 2004년 재개정된 IDEA에서는 학습장애의 정의가 활발히 논의되었다. 수렴된 과학적 증거들에 대한 검토를 기초로, 미국 의회와 상원 모두는 각 주(state)들이 능력-성취 모형에 기반을 둔 학습장애 판별에서 적격성 절차의 구성요소로서 중재에 대한 반응을 통합한 모형으로 이동하도록 IDEA 법령들을 개정하는 데 의견을 같이하였다. 정책 변화에 대한 명백한 지지가 있었음에도 불구하고 이와 같은 정책의 조정은 결국 학습장애 개인의 서비스를 축소시킬 것이라고 우려하는 개인과 집단이 존재하며, 이들은 정책 변화의 기조에 반대의 의견을 제시하고 있다. 교육 정책의 변화가 일어날 때 이러한 반대는 언제나 존재하였다.

장애 범주에 대한 내적 및 외적 타당도를 확보할 수 있으면서 다른 장애 영역을 구분할 수 있는 준거의 이해가 부족한 것은 장애의 정의를 어렵게 하는 가장 중요한 요인이다. 이러한 이유로 이 장에서는 다른 분류 준거를 가진 네 가지의 서로 다른 모형들[능력-성취 불일치(aptitude-achievement discrepancy) 모형, 저성취(low achievement) 모형, 개인내차(intraindividual differences) 모형, 중재반응(response to instruction: RTI) 모형]의 신뢰도와 타당도에 대한 증거를 살펴봄으로써 정의에 대한 논의를 다룰 것이다. 또한 대부분의 학습장애 정의에서 관찰되는 서로 다른 배제 준거들의 타당도에 관한 증거를 살펴볼 것이다.

학습장애 연구와 실제에 있어서의 분류

분류란 무엇인가

분류(classifications)란 커다란 단위의 실체를 더욱 작고 동질적인 하위 집단으로 구분할 수 있는 체계를 말하며 이때 하위 집단은 실체의 공통점과 차이점으로 구분될 수 있는 집단이다. 개별 실체가 하위 집단으로 분류되는 과정은 정의의 조작화(operationalization)로 설명될 수 있다. 진단 (혹은 판별)이란 개별 사례를 조작적 정의에 따라서 하위 집단으로 분류할 때 발생하게 된다. 이러한 절차는 생물학에서 식물이나 동물이 종 (species)으로 분류될 때, 의학에서 병의 원인, 증상 그리고 처치에 기반을 두어 질병들이 분류되어 조직화될 때 그리고 학습장애 분야에서 학교에서 아동의 어려움이 행동 문제, 구어 문제 혹은 정신지체가 아닌 학습장애를 나타내는지를 판단할 때 발생한다. 심지어 아동이 학업 중재를 필요로 하는지에 대한 결정도 잠재된 분류(중재가 필요하거나 필요하지 않은 아동들)를 반영한 판단이다(Morris & Fletcher, 1988).

집단화(grouping)란 전문 용어이지만, 우리가 사용하는 집단화의 용어는 개개인이 하위 집단으로 분류될 때 기준이 되는 준거를 결정하는 것으로 정의한다. 이러한 결정은 임의적일 수 있으며, 측정 오차를 내포할 수 있다. 그러한 이유로 하위 집단의 집단화 결과에 대한 타당도와 신뢰도를 측정하는 것은 매우 중요하다. 하위 집단들은 자의적으로 만들어질 수 있기 때문에 분류에 대한 타당화는 단독으로 평가될 수 없다. 대신 타당한 분류체계를 이용하여 구분된 하위 집단들은 하위 집단들을 구분하는 데 사용되지 않는 변수(즉, 외적 타당도)로 구분될 수 있다(Skinner, 1981). 분류의 타당도는 분류의 결과가 분류방법에 따라 달라지지 않는다는 증거로 평가되며, 다른 표본들에서도 동일한 결과를 얻을 수 있는 분류이며, 관심 대상(즉, 내적 타당도 혹은 신뢰도)의 대부분을 확인할 수 있어야 한다. 비록 특정 분류체계는 특정한 목적에서 더 적합하게 사용될 수 있지만, 신뢰롭고 타당한 분류체계는 의사소통과 예측 그리고 처치 모두를 가능하게 해야 한다(Blashfield, 1993).

학습장애에서 분류는 중재를 필요로 하는 학생을 판별할 때나 학습장애나 일반적인 학업성취를 보이는 학생을 판별할 때, 정신지체나 ADHD와 구별된 특성을 지닌 학습장애로 판별할 때 그리고 학습장애 내에서 수학보다는 읽기에 더 많은 손상을 가지고 있는 학생을 선별할 때 사용한다. 학습장애는 **예기치 못한** 저성취를 가진 하위 집단을 나타내는 것으로 가정되며 기대된 낮은 학업성취는 학습장애의 배제 조건과 관련이 있다. 기대된 낮은 학업성취의 원인이 정서장애, 경제적 불이익, 언어적 다양성 그리고 부적절한 교수 때문이라면 학습장애로 분류되지 않는다(Kavale & Forness, 2000). 이러한 분류의 절차는 다음과 같은 가정들과 관련되어 있는데, 먼저 개인을 하위 집단으로 분류할 때와 분류의 준거로 사용되지 않은 변수들을 이용하여 분류의 타당도를 평가해야 하며 이와 함께 가설적 모형의 신뢰도를 평가해야 한다.

왜 학습장애에 대한 정의가 어려운가

학습장애를 정의하기 어렵게 만드는 두 가지 주요 논점이 있다(Fletcher, Denton, & Francis, 2005a; Francis et al., 2005a). 첫째, 학습장애는 구인이라는 관점에서 측정과 분리되지 않는 관찰 불가능한 잠재 변수로 정의되고 있다. 그러한 이유로 인해 학습장애는 지능, 성취 혹은 ADHD와 같이 직접관찰이 불가능한 구인으로 설명된다. 둘째, 학습장애의 차원적 특성과 관련되어 있다(즉, 학습장애를 대표하는 특성들은 연속선상으로 존재할 뿐 명확한 범주로 구분하기 어려운 특성을 가지고 있음)(Ellis, 1984).

학습장애는 관찰 불가능한 구인이다

낮은 성취의 원인이 되는 환경적 요인이 없음에도 불구하고 낮은 성취를 나타내는 학생들을 분류하기 위한 노력을 설명하면서, 우리는 제2장에서 학습장애를 나타내는 잠재 구인(latent construct)에 대하여 다루었다. 여기서 언급된 구체적인 노력이란 학업의 저성취에 영향을 줄 수 있는 원인(감각장애, 정신지체, 정서장애, 경제적 어려움, 언어적 다양성, 부적절한 교수)이 없음에도 불구하고 학업 기술을 습득하는 것이 불가능한 학생을 예기치 못한 저성취로 평가하는 시도들을 의미한다.

학습장애의 정의와 판별과 관련된 중요한 노력의 산물은 학습장애 구인의 특성을 측정하는 시도와 관련되어 있다. 판별에 대한 첫 번째 접근은 저성취의 원인으로 '기대된' 다른 저성취 원인들을 배제하면서 학습장애의 '예기치 못한'에 대한 지표로서 학업과 인지적 발달 간의 불균형을 측정하는 것이었다. 이에 따라 능력-성취 불일치는 지능과 학업성취 사이에 불일치가 존재하는지의 여부를 알아보기 위해 두 영역을 측정하는 비교적 간단한 과제로 여겨진다. 만약 학업성취 검사 점수가 지능지수에 비해 유의하게 낮다면 이는 학습 곤란이 기대치에 못 미치는 것으로 가정된다. 왜냐하면 지능 점수는 '학습 잠재력'으로 간주되고 지능과 학업성취의 불일치는 배제 준거를 제거한 후에 고려되기 때문이다.

불행히도 이에 대한 증거가 미약하고 예기치 못한 저성취를 측정하는 것은 쉽지 않은 과제다. 학습장애의 정의를 확립하고, 관찰 불가능한 잠재 변수의 존재 여부를 평가하는 데 있어서의 모든 노력과 결과는 완벽하지 않으며 일률적이지 않다. 왜냐하면 잠재 구인을 측정하는 방법 간의 차이가 존재하며 이러한 차이는 학습장애를 선별하는 데서도 다른 결과를 산출할 수 있기 때문이다. 우리는 읽기, 수학 그리고/또는 인지 과정과 같이 측정되는 것은 관찰할 수 있다. 이러한 관찰 가능한 각각의 점수들은 학습장애의 잠재 변수를 완벽하게 표현하지 못한다. 왜냐하면 단일 검사는 모든 구성요소를 다룰 수 없고, 각 검사들은 어느 정도의 오차를 포함하기 때문이다. 학습장애를 판별하는 데 기본적인 근간이 되는 분류의 신뢰도와 타당도 지표는 완벽하지 않은 검사의 특성에 영향을 받을 수 있다는 것은 중요한 이슈로 여겨지고 있다. 이는 학습장애 판별 연구들에서 핵심이 된다.

학습장애는 다차원적이다

두 번째 논제는 학습장애가 다차원적 특성을 가진다는 것이다. 대부분의 학습장애 연구들, 특히 읽기에 대한 연구들은 성취 분포상의 명료한 절단점(cut-point)에 의해 설명되는 이분법적인 유형에 따라 장애를 분류하기보다는, 장애 정도의 연속된 범주 선상에서 발생한다고 보고하고 있다. 학업성취 검사 점수와 같이 학습장애의 심리 측정학적 지표들은 대부분의 표본 인구 연구에서 정규분포로 나타난다(Jorm, Share, Matthews, & Matthews, 1986; Lewis, Hitch, & Walker, 1994; Rodgers, 1983; Shalev, Auerbach, Manor, & Gross-Tsur, 2000; S. E. Shaywitz, Escobar, B. A. Shaywitz, Fletcher, & Makuch, 1992; Silva, McGee, & Williams, 1985). 이러한 결론은 논란의 여지가 남아 있다. 학습장애 아동에 대한 몇몇 연구결과에 따르면, 성취 검사 점수는 정규분포를 따르지 않으며, 비난독증인 낮은 수준의 읽기 학습자들의 분포를 분리할 수 있는 자연적 절단점을 확인할 수 있었다(Miles & Haslum, 1986; Rutter & Yule, 1975; Wood & Grigorenko, 2001).

Rutter와 Yule(1975)의 연구결과에 따르면, 분리된 분포 혹은 '험프 (hump)'가 나타나는 이유는 읽기 검사에서 나타난 부적절한 천정효과 (van der Wissell & Zegers, 1985)와 함께 결함 범위 내의 낮은 지능 점수를 가진 다수의 뇌손상 아동이 포함되었기 때문이다(Fletcher et al., 2002). Miles와 Haslum(1986)의 연구와 Wood와 Grigorenko(2001)의 연구에서는 평가와 관련된 충분한 세부 내용을 명시하지 않았다. 그런 이유로 대부분의 학습장애 연구들은 긴장 항진증(hypertension)이나 비만과 같은 의학적 장애와 유사하게 읽기장애도 장애의 정도가 연속선상의 분포로 나타난다는 Stanovich(1988)의 주장을 지지한다(Ellis, 1984; S. E. Shaywitz, 2004).

학습장애의 다차원적 특성을 지지하는 연구결과들은 행동 유전학에서 사용된 방법을 활용한 연구들과 일치하며, 이러한 연구들은 읽기와 수학 장애의 유전 요인과 관련된 서로 다른 유전형을 질적으로 확인하지 못했다(Fisher & DeFries, 2002; Grigorenko, 2001, 2005; Plomin & Kovas, 2005). 학습장애는 연속선상에 다차원적 특성을 가지고 있기 때문에 저성취 학생과 학습장애 학생을 구별할 수 있는 자연적 절단점을 찾기가 어렵다. 즉, 장애 학생의 분포는 장애의 경중을 나타내는 연속선상으로 해석된다(S. E. Shaywitz et al., 1992).

만약 우리가 연구에서 단순히 학습장애 유무에 따른 집단의 평균 값에만 관심이 있다면, 학습장애의 다차원적 특성은(그리고 구인에 대한 측정의 불완전함은) 중요한 문제가 아닐 것이다. 왜냐하면 측정 오차는 평균의 분산에 반영되고 있기 때문이다. 그러나 학습장애를 가진 개인을 판별하는 것은 필요하며[우리는 연속적 개념인 장애의 심각성을 논한 것을 제외하고는 아무도 학습장애의 정도(경중)에 대해서 논의하지 않는다], 학습장애(읽기 또는 수학 장애)의 지표로 여겨지는 중요한 변인들이 본질적으로 정규분포를 따르고 있는지를 확인할 필요가 있다.

연구결과에 따르면, 학습장애는 일반적으로 절단점(예를 들면, 20퍼센타일 아래의 읽기 점수)에 따라 정의되고, 이 점수보다 높은 학생들에 대해 '학습장애 집단이 아닌' 것으로 분류되며, 이 점수보다 낮은 점수의 학생들은 '학습장애 집단'으로 분류된다. 미국 공공정책은 능력-성취 정의를 사용할 것을 규정함으로써 학교에는 이러한 선별 준거를 적용하였고, 이는 지능과 성취의 이변량 분포상에 절단점을 결정하는 결과를 초래하였다. 특히 점수가 규준 참조가 아니며 정규분포를 따를 경우, 절단점의 사용은 문제가 된다. 이러한 문제는 모든 검사의 측정 오차 때문에 발생할 수 있다. 즉, 모든 검사는 측정 오차를 가지고 있기 때문에 그 어떤 절단점도 특정한 개인을 완벽히 평가할 수 없는 불안정성을 가지고 있다. 심지어 저성취 혹은 정신지체를 구별하기 위한 명확한 결정에서도 검사를 반복적으로 실시하게 되면 점수들은 절단점보다 크거나 작은 값들의 분포로 나타나게 될 것이다(Francis et al., 2005a). 이러한 점수의 변화는 반복 검사의 결과도 아니며, 이상적 절단점을 선택하는 문제와도 관련이 없다. 간단히 말하면, 어떤 단일 검사도 1회기의 측정만으로 특정 영역에 대한 학생의 능력을 완벽하게 측정할 수 없다. 그런 까닭에 저성취의 원인이 되는 다른 장애 요인을 배제하는 준거를 학습장애 선별 시 포함하거나 잠재 변인의 측정에서 정확성을 향상시키려는 노력은 학습장애 선별 시 고려되고 있다.

측정에 관한 선행연구들은 새로운 집단을 구분하기 위해 정규분포를 분할하는 것에 대해서 비판을 해 오고 있다(Cohen, 1983). 정규분포에서 분할된 분포가 태생적으로 다차원적이며 분할된 분포로 인하여 집단 내의 분산이 감소하며, 측정의 범위가 축소될 때 이러한 새로운 집단은 종종 임의적인 특성을 지닌다. 그런 이유로 인해 집단을 임의적으로 분류하면 잠재된 다차원적 변인들의 상대적 중요성을 왜곡할 수 있으며, 결론적으로 서로 다른 변인 간의 상관계수 산출을 불가능하게 하여 부정확한 결과를 도출하게 될 뿐만 아니라 통계적 비교 검증에서 검정력을 감소시킬 수 있다. 절단점 주변의 개인들은 유사하기 때문에 절단점 주변의 오차는 중요한 이슈가 아니다. 절단점의 오차값은 효과 크기에 영향을 줄 수 있지만, 이러한 이슈는 종속변수와 독립변수의 상관과도 연관되어 있다. 만약 효과 크기가 연구의 주요 초점이라면, 측정된 변인에 의해서 집단을 분리할 필요가 없다(Stuebing et al., 2002). 그러나 서비스, 조정 그리고 사회로부터의 더 나은 처치에 대한 요구를 확인하기 위한 목적으로 학습장애의 심각도를 측정하는 것은 필요하다. 학습장애는 심리측정 절차상의 절단점을 토대로 단독으로 정의될 수 없고, 특히 이러한 특성을 단일 측정한다면, 측정 오차의 효과를 증가시키게 된다(Francis et al., 2005a).

학습장애 아동들을 선별하기 위한 서로 다른 학습장애 모형들은 분류, 정의 그리고 판별 간의 관련성이 모호한 문제점을 지니고 있다. 분류개념에서 도출된 학습장애 정의는 분류의 하위 구성요소들을 확인하기 위한 판별 준거를 창출하기 때문에, 분류, 정의 및 판별 간의 관련성은 원래 위계적으로 구조화되어 있다. 학습장애의 기원은 학습장애를 ADHD와 같이 다양한 행동장애나 정신지체와 구분할 수 있는 아동기 장애로 분류하는 것에서 시작되었다. 이러한 분류는 궁극적으로 학습장애를 정신지체나 ADHD와 구별하는 속성들에 기반을 두는 정의와 준거들을 제공하였다. 이러한 준거들은 분류 모형 내에서 서로 다른 하위 집단으로 아동을 판별하는 데 사용될 수 있다.

학습장애 분류를 위한 모형

이 장의 뒷부분에서는 학습장애를 판별하기 위해 제안된 네 가지 기본 모형들[① 적성(능력)-성취 불일치, ② 저성취, ③ 개인내차, ④ 중재반응(RTI)]의 신뢰도와 타당도에 대해 다루고 있다. 이러한 모형들을 평가하는 데 있어서 우리가 가정했던 타당한 판별이란 예기치 못한 저성취를 보인 집단의 개인들을 명확히 판별해 낼 수 있는 능력을 의미한다. 학습장애로 판별되거나 학습장애로 판별되지 않은 저성취 학습자 간에 나타날 수 있는 차이의 특성은 학습장애로 판별된 학생들의 독특한 특성과 관련이 있어야만 한다. 분류 타당도를 측정한다는 것은 학습장애 판별 시 사용되지 않은 변인들을 사용하여 구별된 특성을 지닌 저성취 집단을 학습장애 정의로 얼마나 잘 구분해 낼 수 있는지를 평가하는 것이다.

능력-성취 불일치

능력-성취 불일치를 결정하기 위한 대부분의 공통적인 방법은 지능 검사와 성취도 검사결과 사이의 불일치에 대한 차이를 확인하는 것이지만, 지능 검사와 성취도 검사가 반드시 사용되어야 하는지에 대한 합의가 이뤄지지 않고 있다. 먼저 우리는 지능 검사와 읽기 검사 중 특별히 단어 읽기 검사 간의 불일치에 대해서 초점을 맞추고 있다. 그런 다음 언어성 지능 측정, 비언어성 지능 측정 그리고 듣기 이해와 같은 비지능 측정의 사용에 관련된 이슈들을 고찰한다. 또한 우리는 학습장애와는 필수적으로 관련되어 있지 않지만 유사한 모형들에서 제안되어 온 다른 영역들을 고찰할 것이다. 우리는 외재적 변수들이 학습장애 분류 가설을 타당화시킬 수 있는지에 대해서 주된 초점을 맞추고 있다.

이러한 다른 접근들에 대한 연구들을 고려하기 이전에 먼저 인지해야할 중요한 사실은 능력 검사들도 어느 정도의 학습 능력을 측정하고 있다는 가정하에 능력 검사를 사용한다는 것이다. 이는 지능 검사의 초기 개발의 근원이자, 개발 이래로 꾸준히 논쟁해 온 가정이다(Kamin, 1974). 이러한 가정이 능력 검사 사용 시 적용되는 고유한 가정이었다는 것과 함께 이러한 가정이 꾸준히 의문시되었다는 점을 알리는 것 이상의 다른 논쟁 주제들은 이 책자의 범위를 넘어가는 내용이다. Cyril Burt(1937)가 언급한 것처럼, "능력은 명백히 내용을 제한한다. 1파인트 이상의 우유를 하나의 파인트 통으로 담는 것이 불가능한 것과 마찬가지로, 아동의 교육적 성취가 그의 교육적 가능성보다 더 클 수 없다."(p. 477) 지능이 아이들의 학습 잠재력을 제한한다는 능력 평가의 관점은 '우유와 통' 사고로 불리고 있는데(Share, McGee, & Silva, 1989), 그 이유는 아동의 지능이 학생들의 학업성취의 극대점을 결정한다는 입증되지 않은 가정에 근거하고 있기 때문이다.

지능 불일치와 인지, 성취 그리고 행동 간의 상관관계

지난 20년간 연구들은 현재 지능−성취 불일치 혹은 저성취를 정의하는데 사용되지 않은 인지적, 행동적 그리고 성취 변수들이 두 집단을 구분할수 있는지의 여부를 연구해 왔다. Aaron(1997), Siegel(1992), Stuebing과 동료들(2002) 그리고 Stanovich(1991)에 의해 고찰된 이러한 연구들은 읽기성취가 낮은 지능−성취 불일치 아동들과 불일치를 보이지 않는 읽기 저성취 아동 간에는 작지만 통계적으로 유의한 차이가 있음을 발견하였다. 그러나 더 중요한 이슈는 그러한 아동들의 집단이 다른지의 여부가 아니라 얼마나 그들이 다르고 그 차이가 의미 있는지를 확인하는 것이다.

두 개의 메타분석 연구는 다양한 기준으로 지능−성취 불일치 집단과 불일치가 나타나지 않은 저성취 집단을 정의한 후 낮은 읽기 성취의 인지적 상관을 조사한 연구결과들을 종합하였다. 첫 번째 메타분석 연구였던 Hoskyn과 Swanson(2000)의 연구에서는 지능과 성취 불일치 준거를 만족시키는 19개의 연구를 선별하였다. 그들은 지능에서 유의한 불일치가 나타나는 읽기 저성취 아동과 불일치가 나타나지 않은 읽기 저성취 아동 간의 인지 기술들을 비교하였고, 비교결과를 효과 크기(effect sizes)로 계산하였다. 효과 크기는 작은(small), 중간(medium) 그리고 큰(large) 효과로 해석된다(Cohen, 1983). 효과 크기가 0이라는 의미는 두 집단이 완전히 동일하다는 것을 나타낸다. 효과 크기 .2 이상은 작은, .5 이상은 중간, .8 이상은 큰 효과 크기로 해석된다.

[그림 3-1]은 8개의 대표 영역에 대한 평균 효과 크기와 신뢰 구간을 나타낸다. 양(postive)의 효과 크기는 지능-성취 불일치 집단이 평균 점수보다 더 높음을 나타내고, 음(negative)의 효과 크기는 저성취 집단에 의한 평균 점수가 더 높음을 나타낸다. [그림 3-1]에서 실제 단어 읽기(-.02), 자동성(.05) 그리고 기억(.12)의 측정에 대해 무시할 수 있을 정도의 작은 차이가 나타났고, 음운(.27)과 유사 비단어(pseudoword) 읽기(.29)에서는 작은 효과 크기였지만 어휘(.55)와 구문(.87)의 측정에서는 더 큰 차이를 나타낸다. 저자들은 메타분석에서 평가된 대부분의 인지 능력들 특히 읽기와 관련된 영역은 두 집단 간 중복되는 경향을 보였고, 이는 지능-성취 불일치의 타당성에 의문을 제기한다고 결론지었다. 이러한 중복된 결과는 저성취를 낮은 지능 점수와 연관 지었던 연구만을 선택한 Hoskyn과 Swanson(2000)의 연구에서도 발생하였다. 일부 연구들은 결함 범위의 지능 점수를 가진 아동들을 포함하였다.

두 번째 연구인 Stuebing과 동료들(2002)의 연구에서는 지능-성취 불일치를 나타내거나 불일치를 보이지 않는 저성취의 준거를 충족시키는

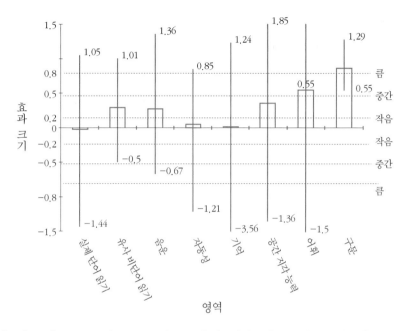

[그림 3-1] Hoskyn과 Swanson(2000)의 연구에서 사용된 영역들 간에 산출된 효과 크기와 95%의 신뢰 구간

읽기 저성취 학생들로 구성된 집단을 비교한 46개의 연구들을 종합하였다. 46개의 연구들은 메타분석의 다양한 선별 준거 및 배제 준거를 만족시켰지만, Hoskyn과 Swanson(2000)의 연구보다는 좀 더 광범위한 기준을 사용했는데, 특히 두 집단 모두에서 지능 범위를 제한하지 않았다. 메타분석의 가장 중요한 준거로는 ① 불일치 집단을 구성하기 위한 명시적인 불일치 준거와 ② 저성취 집단이지만 불일치를 나타내지 않은 집단은 읽기 영역에서 평균적인 성취를 보이거나 지능-성취 불일치를 가질 수 있는 개인이 아님을 정의하는 준거가 사용되었다. 집단을 구분하기 위해 사용된 변수들은 집단 간 큰 차이를 유발할 수 있기 때문에 타당도의 효과 크기를 산출하지 않았다. 인지 능력에서의 효과 크기와 함께 Stuebing과 동료들(2002)은 성취와 행동 영역들을 분석하였다. 합산된 효과 크기

의 경우 행동(-.05, 95% 신뢰 구간=-.14, .05)과 성취(-.12, 95% 신뢰 구간
=-.16, -.07) 영역에 대해서는 미미하게 나타났다. 인지 능력 영역(.30,
95% 신뢰 구간=.27, .34)에서는 매우 작은 효과 크기가 나타났고 능력-성
취 불일치 집단의 점수는 더 높게 나타났다. 그러나 이 집단이 불일치를
보이지 않는 저성취 집단보다 약 1 표준편차 더 높은 평균의 지능 점수를
가지고 있다는 사실을 고려한다면, 이러한 유의한 차이에 의문을 제기할
수 있다.

이질적인 효과 크기의 통계적 결과로 인하여 성취 영역은 여러 개의 하
위 영역으로 나뉘어졌으며([그림 3-2]), 실제 단어 읽기(-.25), 유사 비단어

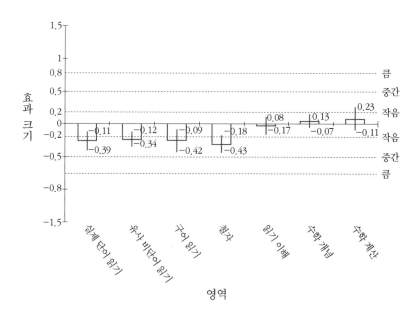

[**그림 3-2**] Stuebing과 동료들(2002)의 연구에서 제공한 학업 영역들에 대한 효과
크기와 95%의 신뢰 구간. 효과 크기는 박스 모양으로 표시되었으며, 신뢰 구간은 박스
끝에 표시된 선으로 표시되었다. 효과 크기가 0이라는 것은 두 집단이 완벽하게 일치한
다는 것을 의미한다. 효과 크기가 .2일 경우 작다, .5일 경우 중간이다, .8일 경우 높다
고 해석이 된다.

읽기(-.23), 구어 읽기(-.25) 그리고 철자(-.31)와 관련된 과제에서 지능-성취 불일치 집단은 더 낮은 성취를 보였으며, 작은 효과 크기를 나타냈다. 읽기 이해(-.04), 수학 개념(.03), 수학 계산(.06) 그리고 쓰기(-.08; [그림 3-2]에 나타나지 않음)에 관한 과제들은 효과 크기가 매우 작았다. 실제 단어 읽기, 철자 그리고 구어 읽기의 효과 크기가 작았다는 것은 다른 연구들에서 낮은 읽기 능력을 정의하는 데 사용된 과제(검사)의 유사성을 의미할 수 있는데, 그 이유는 대부분의 연구에서 낮은 저성취 학생을 선별하기 위해서 단어재인 과제(검사)를 사용했기 때문이다.

[그림 3-3]은 인지 영역의 과제에 대한 효과 크기를 요약하고 있다. Hoskyn과 Swanson(2000)의 메타분석에서 읽기와 관련된 인지 능력들은

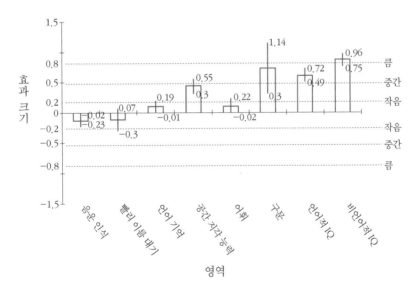

[그림 3-3] Stuebing과 동료들(2002)의 연구에서 인지적 기술에 대한 효과 크기와 95%의 신뢰 구간. 효과 크기는 박스 모양으로 표시되었으며, 신뢰 구간은 박스 끝에 표시된 선으로 표시되었다. 효과 크기가 0이라는 것은 두 집단이 완벽하게 일치한다는 것을 의미한다. 효과 크기가 .2일 경우 작다, .5일 경우 중간이다, .8일 경우 높다고 해석이 된다.

낮은 읽기 능력을 가진 두 집단을 구분하지 못했다. 즉, 효과 크기의 결과는 음운 인식(-.13), 빨리 이름 대기(-.12), 언어 기억(.10) 그리고 어휘(.10)였다. 이런 이유로 인하여, 읽기장애와 밀접하게 관련된 주요한 인지적 능력들(제5~7장 참조)은 지능-성취 불일치 아동들과 불일치가 없는 저성취 아동들을 유의미하게 구분하지 못한다. 당연한 결과지만, 이 주요한 인지적 능력들은 집단을 정의하기 위해 사용된 검사들과 유사한 특성을 지니고 있다. 집단을 정의하는 데 사용되지 않은 지능의 하위 검사들은 중간(medium)에서 큰(large) 효과 크기를 나타냈다(범위=.60~1.01). [그림 3-3]에 나타나지 않은 다른 영역을 포함하여, 공간 지각 능력(.43)과 구문(.72)에 관한 인지적 기술과 다른 영역의 검사들은 지능-성취 불일치 집단에서 더 나은 수행을 보였으며, 작은 효과 크기에서 중간 정도의 효과 크기를 나타냈다. 이러한 하위 검사들은 대부분의 지능 검사들에서 사용되고 있는 검사들이다. 구문에 대한 결과는 매우 적은 수의 연구에서 도출된 제한점을 가지고 있다.

다른 분석결과에 따르면, 연구에서 산출된 효과 크기는 집단을 정의하는 데 사용된 지능 검사와 읽기 능력으로 예측될 수 있음을 보여 주고 있다. 즉, 연구에서 사용된 표집의 차이는 연구 간 나타나는 효과 크기를 설명한다. 다른 연구자들과 마찬가지로(Hoskyn & Swanson, 2000; Siegel, 1992; Stanovich & Siegel, 1994; Sternberg & Grigorenko, 2002), Stuebing과 동료들(2002)은 지능-성취 불일치에 기반을 둔 학습장애 판별 타당도가 매우 부족하다고 결론지었다. 이러한 연구결과의 차이는 단일 연구나 다수의 연구를 질적으로 요약하여 결과를 산출하는 대신, 양적인 방법으로 연구결과를 종합했기 때문에 나타났다.

발달과 예후

지능-성취 불일치로 정의된 아동들의 장기적인 읽기 기술 발달이 지능-성취 불일치를 나타내지 않는 저성취 아동과 다르다는 증거는 매우 부족하다. 선행연구 결과에 따르면, Rutter와 Yule(1975)은 전자의 집단에 속한 아동들이 후자의 집단에 속한 아동들보다 학업 기술 발달 속도가 더 빠르게 나타났다고 보고하였다. 그러나 불일치를 보이지 않는 저성취 집단의 읽기와 철자 기술은 기초선에서 더욱 낮았다. 이 연구에서 학생들은 실험집단과 통제집단에 무선으로 할당되지 않았기 때문에, 더 급격한 차이는 평균으로 회귀가 되는 현상이 있었을 것으로 유추된다. 뉴질랜드에서 있었던 대규모 종단 코호트에 대한 후속 연구에서, Share와 동료들(1989)은 유사한 정의와 지능과 시간에 따른 읽기의 관계를 밝히는 대안적 방법론을 사용하여 이러한 연구결과를 다시 검증하였다. 그들은 7, 9, 11, 13세의 연령대 내에서 지능과 읽기 성취에 관계가 없음을 밝혔다. 게다가 지능 점수는 시간에 따른 읽기 기술의 변화를 예측하지 못했다. Share와 동료들(1989)의 연구에서 지능은 읽기 어려움을 가진 아동들의 발달을 예측하기 위한 관련된 설명 변수가 아니라고 결론지었다.

Francis, Shaywitz, Stuebing, Shaywitz 그리고 Fletcher(1996)는 코네티컷 종단 프로젝트(Connecticut Longitudinal Project) 자료를 사용하여 학습장애 증후에 대한 조사를 하였다(S. E. Shaywitz et al., 1992, 1999). 3학년 아동들은 읽기에서 지능-성취 불일치 혹은 불일치가 없는 저성취로 정의되었다. 그들은 1~9학년에서 연간 읽기 평가를 사용하여 읽기 기술의 성장을 비교하였다. [그림 3-4]에서 볼 수 있듯이 12학년에 걸쳐 나타난 결과는(S. E. Shaywitz et al., 1999), 지능-성취 불일치를 가진 집단이 불일치를 보이지 않는 읽기 저성취 집단보다 평균 18점 높은 지능 점수를 가지고 있었음에도 불구하고, 두 집단 사이에 시간에 따른 성장률과 특정 연령에

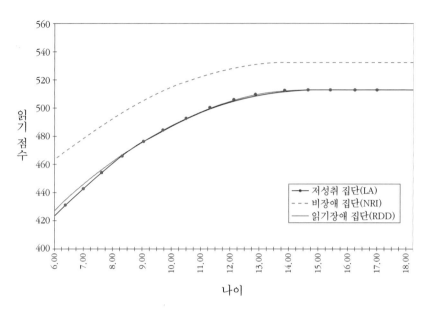

[그림 3-4] Woodcock-Johnson 읽기 점수에 근거한 코네티컷 종단 연구에서 1∼
12학년 학생들의 읽기 점수 성장률(기울기). 학생들은 초등학교 3학년 때 3개의 집단으
로 선별되었다. 첫 번째 집단은 읽기장애가 없는 집단(NRI)이며, 두 번째 집단은 지능
점수와 읽기 점수 간 1.5 표준오차의 차이를 나타내는 읽기장애 집단(RDD)이며, 나머지
집단은 낮은 읽기 점수만 나타낸 집단(LA)이다. RDD와 LA 집단 간에 장기적인 성장률
의 차이는 없었다.
출처: Fletcher et al. (2002). p. 193.

서의 읽기 능력 수준에서 읽기 어려움에 차이가 없었음을 나타냈다.
Shaywitz와 동료들(1999)의 연구에서 3학년 때 읽기 저성취를 나타낸 학
생들은 70% 이상을 차지하였고, 이들 중 많은 수의 학생들이 특수교육 서
비스를 받았음에도 불구하고 12학년에도 읽기의 어려움을 나타내고 있음
을 보고하였다. 다른 종단 연구들에서도 불일치 혹은 저성취로 정의된 낮
은 수준의 읽기 학습자 간의 장기적인 예후(Flowers, Meyer, Lovato, Wood,
& Felton, 2001) 또는 낮은 수준의 읽기 선행자들(Wristers, Francis, Foorman,
Fletcher, & Swank, 2002) 간의 차이를 밝히는 데 실패하였다.

중재 결과

몇몇 연구들은 서로 다른 지능의 지표 혹은 지능-성취 불일치와의 관련성 측면에서 읽기 중재의 결과를 조사하였다. Aaron(1997)은 지능-성취 불일치를 갖고 있거나 불일치 없이 저성취를 보이는 것으로 정의된 집단들에 대한 비교결과를 제공한 이전의 연구들을 고찰하였다. 그는 치료 서비스를 제공하였음에도 불구하고 두 집단 모두 읽기 발달에서 거의 진전을 보이지 않았음을 발견하였다. 좀 더 최근의 연구들 중 대부분의 연구는 지능 수준에 따라 중재에의 효과가 다르게 나타난다는 높은 상관을 확인하지 못하였다(Foorman et al., 1997; Foorman, Francis, Fletcher, Schatschneider, & Mehta, 1998; Hatcher & Hulme, 1999; Mathes et al., 2005; Stage, Abbott, Jenkins, & Berninger, 2003; Torgesen et al., 1999, 2001; Vellutino, Scanlon, & Lyon, 2000; Vellutino, Scanlon, Small, & Faneule, 2006). 한 가지 예외는 2~5학년에서 읽기 곤란을 가진 아동들에 대한 치료 연구였다(Wise, Ring, & Olson, 2000). 이 연구에서 전체 지능 점수는 한 가지 단어 읽기의 측정에서 단어 읽기 결과에 대한 변량의 약 5%를 예견하였으나, 이러한 효과는 단어 읽기의 다른 검사들이나 음운 처리 능력에 대한 검사에서 명백하지 않았다. 지능-성취 불일치와 읽기 결과에 대한 연구결과를 요약하면서 Vellutino와 동료들(2000)은 다음과 같이 결론지었다.

> 지능-성취 불일치는 읽기장애 학생과 비장애 학생을 일관되게 구별하지 못한다. 지능-성취 불일치는 읽기장애를 가지고 있는지의 여부를 신뢰할 수 있게 구별하지 못할 뿐만 아니라 중재 시도 이전에 중재가 어려운 아동과 그렇지 않은 아동들을 구별하지 못하며, 이 모형은 중재에 대한 반응을 예측하지 못한다(p. 235).

이러한 연구들 중 몇 가지는 지능 수준이 독해력을 예견할 수 있음을
발견하였다(Wise et al., 2000; Hatcher & Hulme, 1999; Torgesen, Wagner, &
Rashotte, 1999). 그러나 언어성 지능 점수를 구성하는 하위 검사들은 어휘
와 깊이 관련된 일반적인 언어 이해 요소를 포함하고 있다(Fletcher et al.,
1996a; Sattler, 1993; Share, Jorm, MacLean, & Matthews, 1984). 어휘는 지능의
구성요소이고 읽기 이해 기술과 상관되어 있기 때문에 언어 지능이 읽기
이해를 예측하는 것은 그리 놀라운 결과는 아니다. 즉, 관련 구인은 지능
이 아니고 어휘 영역이었다(Sternberg & Grigorenko, 2002). 만약 음운 처리
에 대한 측정 영역이 지능의 하위 검사로 포함되었다면, 단어재인에 어려
움을 가진 모든 아동은 능력-성취 불일치 정의를 충족하기는 어려울 것
이다. 즉, 그러한 아동들의 지능 점수는 평균적으로 더욱 낮을 수 있다.

신경생물학적 요인

지능-성취 불일치 가설은 외현적으로는 학습장애의 유전적 요인에 대
한 연구에서 주장되었고 내재적으로는 신경영상에 관한 연구에서 주장
되어 왔다. Pennington, Gilger, Olson 그리고 DeFries(1992)는 읽기장애
를 가진 세 집단과 비장애 집단을 비교하기 위해 쌍둥이 표본을 사용하였
다. 즉, 한 집단은 지능-능력 불일치 집단, 한 집단은 어떤 불일치도 없는
집단, 한 집단은 불일치-비불일치 혼합 집단이었다. Pennington과 동료
들은 집단에 따라 차별적인 유전적 병인론에 대한 어떠한 증거도 발견하
지 못하였다. 좀 더 대규모 표본을 활용한 이후 콜로라도 집단 연구에서,
Wadsworth, Olson, Pennington 그리고 DeFries(2000)는 높은 지능(>100)
과 낮은 지능(<100) 점수에 따라 읽기장애 유무로 쌍둥이들을 나누었다.
비록 읽기 기술의 전반적 유전율은 .58이었지만, 읽기장애와 낮은 지능
점수를 가진 아동은 .43의 유전율을 나타냈으며, 높은 지능을 가진 집단

은 .72의 유전율을 나타냈다. 이러한 유전율에서 통계적으로 유의한 차이
는 크지 않았다. Wadsworth와 동료들(2000)은 이러한 차이를 탐지하기
위해 대략적으로 쌍둥이 400쌍을 필요로 했다.

자기 근원 영상(magnetic source imaging: MSI)과 기능적 자기 공명 영상
(functional magnetic resonance imaging: fMRI)과 같은 기능적 뇌영상학 방법
을 사용한 읽기장애 아동 연구들이 진행되고 있다(제5장 참조). 비록 읽기
능력이 실제로 부족한 지능-성취 불일치 집단과 그렇지 않은 집단을 실
제로 비교하기에 충분한 대규모의 표본을 갖고 있는 연구가 부족하더라
도, 어떠한 연구도 불일치를 가진 아동들만을 포함하지 않았다는 것 역시
주목할 만한 사항이다. 이들 두 집단 아동은 뇌영상 프로파일이 서로 다르
다는 연구의 증거를 확인할 수 없었다. 특히 자기 근원 영상(MSI)과 같은
개인 두뇌 활성화 프로파일의 검증을 허용하는 연구들은 지능-성취 불일
치 유무가 있는 아동의 뇌 지도(map)에서 어떠한 차이도 발견하지 못했다.

능력-성취 불일치에 대한 대안적 접근

지능 검사 지표 혹은 듣기 이해의 평가가 더 나은 능력의 측정인가? 몇
몇 학자들은 비언어 지능 검사[예를 들어, 동작성(performance) 지능: P지능]
를 사용해야 한다고 주장하는데 그러한 이유는 이와 같은 검사는 언어와
의 관련성이 높지 않기 때문이다. 실제로 많은 학습장애 학생은 언어에
어려움을 가지고 있다. 비언어 지능 측정 점수는 학습에 대한 학생의 더
나은 능력을 예측한다고 기대되었다(Perfetti, 1985; Rutter & Yule, 1975). 대
안적으로 Hessler(1987)와 Berninger와 동료들(2003a)은 언어 지능 검사가
더 나은 능력 평가임을 제안하였는데, 이는 읽기 학습에서의 어려움은 언
어 잠재력에 관한 불일치를 표상하기 때문이다. 적절한 언어 기술을 습득
했음에도 불구하고 읽기에 어려움을 보이는 학생과 언어의 하위 영역 때

문에 읽기 문제가 발생하는 학생들 간에는 명백한 차이가 있다. 마지막으로 일부 학자들은 읽기 이해 측정이 읽기 학습을 위한 능력의 더 나은 지표임을 논증하였는데, 이는 읽기장애가 읽기 이해와 듣기 이해 사이의 불일치를 표상하기 때문이다(Spring & French, 1990).

능력 평가 지표로 어떤 요인이 타당한지에 대한 어떠한 명확한 근거도 찾기 어렵다. Fletcher와 동료들(1995a)은 낮은 읽기 능력을 지닌 학생들을 위해 사용되는 능력과 성취를 조작할 수 있는 대안적인 접근방법을 요약하였지만, 측정 검사 간에 매우 작은 효과 크기가 산출되었음을 확인하였다. 예를 들어, Fletcher와 동료들(1994)의 연구에서는 단어재인과 관련된 효과 크기는 언어성 지능과 전체 지능 검사에서는 .14였으며, 동작성 지능 검사에서 효과 크기는 .22였다. Stanovich와 Siegel(1994)은 언어성 IQ와 동작성 IQ 결과를 비교했을 때, 언어 영역과 관련되지 않은 인지 검사에서 매우 작고 불규칙한 효과 크기를 확인하였다. Aron과 Kuchta 그리고 Grapenthin(1988)의 연구와 마찬가지로 Fletcher와 동료들(1994)도 듣기 이해와 읽기 이해 간의 불일치 준거를 사용했을 때, 불일치 읽기 저성취 집단과 비불일치 읽기 저성취 집단 간 차이의 효과 크기는 매우 작게 산출되었다(효과 크기=.20). Badian(1999)이 발견한 사실에 따르면 그러한 학습장애 정의들은 잘 사용되지 않고 있었다.

지능-성취 불일치와 수학 학습장애

지능-성취 불일치 집단과 수학에서 어려움을 나타내는 저성취 그룹과 비교했는데, 저성취 그룹은 언어, 문제해결, 개념 형성, 시공간 처리 능력을 포함하는 인지적인 변인 중에서 단어재인의 어려움이 없었다. 결과를 살펴보면 불일치 집단이 모든 변인에서 더 높은 수행 수준을 보였다. 수학에서 낮은 성취를 보인 비불일치 집단은 평균적인 읽기 기술을 가졌음에도 불구하고 어휘에서 매우 낮은 수행을 보였다. 읽기장애에서 집단이 서로 다름을 밝히는 것은 중요한 이슈가 아니다. 대신 읽기 능력 수준에 따른 집단 간 차이가 기대되는데, 그 이유는 지능 검사가 이들 집단을 정의하기 위해 사용되었기 때문이다. 즉, 한 집단은 더 높은 지능 점수를 갖고 있으며, 지능은 아동을 평가하기 위해 사용된 검사들(예, 어휘)과 높거나 중간 정도의 상관을 나타내고 있기 때문이다. 좀 더 중요한 것은 집단 간 차이의 패턴에 있다. 패턴의 차이를 나타내는 프로파일을 검증하는 것은 통계적으로 유의한 차이를 보이지 않았고 효과 크기는 무시할 만큼의 작은 수치였다(.06). 읽기 영역의 연구와 마찬가지로(Fletcher et al., 1994), 두 개의 수학 집단 간 차이의 대부분은 지능 검사를 대신하여 사용된 어휘 검사 점수로 설명이 된다. 이러한 집단 간 차이는 학습장애를 정의하는 방식의 차이와 관련되어 있으며, 사용된 학습장애의 정의가 다르다는 사실을 감안한다면 낮은 수학성적은 큰 차이가 없을 것이다. 지능−성취 불일치 집단과 불일치 집단이 아닌 수학과 읽기의 저성취 집단 간의 어휘력에 차이가 있다는 사실은 읽기와 어휘 간의 상관이 수학과 어휘 간의 상관보다 더 높게 나타날 수 있음을 보여 주고 있다. Mazzocco와 Myers (2003)는 수학 학습장애를 정의하는 데 있어서 지능−성취 불일치의 타당도는 매우 낮은 것으로 확인하였다.

지능과 읽기 이해장애

읽기 이해 하위 집단을 정의하는 데 있어서 지능의 역할은 난독증 연구에서 사용된 지능과 차이가 있다. 읽기 이해력이 낮은 집단을 선별하기 위해서 지능−성취 불일치를 사용한 연구는 거의 없다. 따라서 지능 혹은 지능−성취 불일치에 대한 논의는 읽기 이해 학습장애의 연구에서 거의 진행되지 않고 있다. 읽기 이해에 관한 일부 연구에서 지능은 장애를 판별하기 위한 포함 준거로 사용되기보다는 결과를 측정하거나 공변인으로서 사용해 왔다. 예를 들어, 특정 읽기 이해 곤란을 가진 아동들은 음운 능력과 비언어성 지능에서 일반 아동과 유사했지만, 그들의 언어성 지능 점수는 좀 더 낮았다(예, Stothard & Hulme, 1996). 이러한 연구결과들에 따르면, 우수한 해독 능력을 갖고 있지만 낮은 이해력을 가진 학생들의 경우 읽기 이해장애의 주된 원인은 전반적인 언어처리 능력의 결함 때문이라고 보고하였다. 특히 읽기 이해 연구에서 낮은 읽기 이해 능력을 지닌 학생들의 지능을 통제한다면 그러한 전반적인 언어처리 능력의 결함은 명백하게 나타날 것이다. 어휘력 검사들은 읽기 이해와 언어성 지능 모두와 관련되어 있기 때문에, 낮은 언어성 점수는 당연한 결과로 볼 수 있다(Fletcher et al., 1996a). 그러나 최근의 읽기 연구에 따르면, 언어성 지능은 읽기 이해의 분산을 충분히 설명하지 못하는 것으로 밝혀졌다(Oakhill, Cain, & Bryant, 2003). 다양한 예측 모형에서 언어성 지능 기술들이 통제된다면, 텍스트 통합 기술, 초인지적 모니터링, 작업기억만이 통계적으로 유의하게 읽기 이해의 분산을 예측하였다.

지능-성취 불일치와 말-언어 장애

연방정부가 설정한 학습장애의 정의는 구어표현과 듣기 이해(청해)의 장애를 포함한다. 이러한 장애들은 또한 표현 언어와 수용 언어 장애로 설명될 수 있는데, 이는 IDEA하에서의 서로 다른 범주로 구분된다. 국립 청각·언어 장애 연구소(National Institute of Deafness and Communication Disorders)에 의해 소집된 전문가들은 이들 장애를 가진 아동을 판별할 때 지능 검사를 사용할 수 있는지의 여부가 아직 연구결과들로 증명되지 않았음을 보고했다(Tager-Flusberg & Cooper, 1999). 이러한 결론은 학습장애 분야에서 사용된 불일치 판별의 전문 용어인 '인지적 추론'의 타당도에 관한 최근의 자료에서 도출되었다(Casby, 1992). 이러한 자료에서 가장 설득력 있는 증거는 Tomblin과 Zhang(1999)의 역학 연구였다. 연구자들은 대규모의 역학 표본으로부터 세 집단의 아동을 구분하기 위해 비언어성 지능과 구어 능력의 검사를 사용하였다. 세 집단은 비장애 집단, 특정 언어장애 집단(지능 >87 이상이고 전체 언어 검사 점수가 연령보다 1.25 SD 미만), 전반적인 지연(delay) 집단(지능 <87 이하이고 전체 언어 검사 점수가 연령보다 1.25 SD 미만)으로 분류되었다. 다양한 언어 검사에서 도출된 세 집단의 결과를 비교해 보면, 비장애 집단은 언어 손상을 가진 두 집단과 일관된 차이를 나타냈다. 또한 언어 손상 집단과 전반적인 지연 집단 간에도 명백한 차이가 있었다. 즉, "구문에 대한 이해(문법적 이해)를 측정하는 검사결과에서 전반적인 지연 집단이 낮은 점수를 획득했으며, 나머지 모든 검사에서는 특정 언어장애 집단과 큰 차이가 없었다."(p. 367) Tomblin과 Zhang(1999)은 문법적 이해에서 나타난 집단 간 차이가 모든 집단에서도 확인될 수 있는 사항인지에 대해서 의문을 제시하면서, "특정 언어장애 집단에 대한 현재의 진단 방법과 기준으로는 각 집단에 독특한 언어성취 프로파일을 알 수 없다."(p. 367)고 주장하였다.

불일치 모형의 심리측정학적 요인들

지금까지 우리는 학습장애 판별방법인 지능-성취 불일치 접근의 타당성에 대해 다루어 왔고, 능력-성취 불일치에 기반을 둔 정의와 판별 절차의 타당성을 지지하는 충분한 증거를 발견하는 데 실패하였다. 학습장애 판별을 위해 사용된 모든 검사 기반 모형(test based model)의 **신뢰도** 쟁점 사항들은 의심할 여지없이 낮은 **타당도**가 나타난 이유와 관련되어 있다. 이러한 문제들은 다양한 불일치 모형에서 보고되고 있지만, 동일한 문제들은 저성취 학습장애 정의를 사용할 때도 직면할 수 있다. 이러한 문제들은 검사의 측정오류, 차이점수(difference score)의 비신뢰성 그리고 정규 분포를 분리시키는 절단점의 사용과 관련된다.

평균으로의 회귀

지능－성취 불일치 모형에서는 지능과 성취 간에 존재하는 상관(correlation)의 영향력을 보정하기 위해 회귀분석 방법을 사용하고 있으며, 이러한 특성으로 인해 두 가지의 검사 간 상관관계가 존재할 경우, 다른 방법들보다 매우 우수한 장점을 지니고 있다(Bennett & Clarizio, 1988; Reynolds, 1984-1985). 지능 검사와 성취도 검사 점수들은 중등도의 상관이 존재하고 있기 때문에, 이러한 상관들을 통제하지 못한다면 검사 점수는 평균으로 회귀(regression)하는 문제점이 나타날 수 있다. 회귀 효과란 첫 번째 검사에서 낮은 점수를 받을 경우, 두 번째 검사에서는 평균과 근접한 점수를 받는 경향성을 말한다. 이러한 현상으로 인해 높은 지능지수를 가진 집단의 경우 학습장애로 과다 판별될 수 있으며, 반대로 낮은 지능지수를 가진 집단의 경우 학습장애로 과소 판별될 수 있다. 회귀접근은 지능과 성취의 상관을 보정할 수 있기 때문에 이러한 문제를 해결할 수 있다.

불일치점수의 낮은 신뢰도

불일치 모형은 두 검사들 사이의 차이를 반영하는 점수의 추정을 필요로 한다. 차이를 측정하기 위해 사용될 수 있는 다양한 측정방법 중 하나인 차이점수는 매우 낮은 신뢰도를 갖고 있다(Bereiter, 1967). 전체 모집단의 일부분인 낮은 학업성취 집단을 판별할 때 지능과 성취 점수가 사용된다면 차이점수의 신뢰도는 더 낮아질 수 있다. 왜냐하면 차이점수는 인위적으로 점수들의 변산을 감소시킬 수 있기 때문이다(Rogosa, 1995).

절단점

우리는 앞서서 정규분포를 분리하기 위해서 사용된 절단점의 문제점을 설명하였다. 지능-성취 불일치에 기반을 둔 학습장애의 정의는 특히 1~3학년 사이에 불안정하지만 3~5학년에서는 좀 더 안정적이라는 것을 발견한 S. E. Shaywitz와 동료들(1992)의 연구에서 절단된 정규분포의 효과를 확인하였다. 그러나 이 연구는 저성취의 정의를 검증하지 못했다. 이러한 논의의 체계적 연구를 위해서, Francis와 동료들(2005a)은 지능-성취 불일치와 불일치하지 않는 저성취의 정의에 기반을 둔 분류의 안정성을 평가하기 위해 코네티컷 종단 연구로부터의 실제 자료와 모의실험 자료를 사용하였다. 학습장애 정의로 구분된 집단들이 의미 있는 성취분포의 하위 범주로 나타난다면, 시간이 경과함에도 불구하고 어느 정도의 안정성을 기대할 수 있을 것이다. 모의실험의 결과에 따르면, 높은 측정의 신뢰도와 개인변화를 최소화하도록 고안하더라도 시간이 경과함에 절단점에 의해서 형성된 집단은 안정적이지 않았다. 이러한 유사한 불안정성은 코네티컷 종단 연구의 종단 자료에서도 확인할 수 있는데, 다양한 학습장애 정의를 사용하여 학습장애로 판별된 3학년 학생 중 39%는 5학년 때 학습장애로 판별되지 않았다.

능력-성취 불일치의 다양한 접근방법을 이용하여 학습장애를 타당하게 분류할 수 없다는 사실은 그리 놀랍지 않다. 왜냐하면 근간이 되는 심리측정학적 모형은 동일하고 검사결과들은 중등도의 상관관계를 갖고 있기 때문이다. 절단점 주변에 분포한 개인들은 다르다기보다는 좀 더 유사한 집단이며, 학습장애 판별 시 나타나는 차이점은 두 가지 검사에서 도출된 상관계수의 차이와 관련되어 있다. 그러한 이유로 회귀선의 기울기는 지능과 성취 검사 간의 상관 정도에 따라 이동될 수 있지만, 불일치를 측정하는 영역이나 구인을 측정하는 방법에는 영향을 받지 않는다. [그림

3-5] (Fletcher et al., 2005a)에서, 회귀선은 동작성 지능보다 언어성 지능에서 더 가파르게 나타나고 있는데, 이는 읽기(.69)와 언어성 지능의 상관이 읽기와 동작성 지능(.40)보다 더 높기 때문이다. 기울기와 지능 검사의 차이로 인하여 지능 검사의 회귀 절단점 주변에 위치한 개인들은 불일치 집단이나 저성취 집단으로 소속이 변경이 된다. 지능과 읽기의 상관은 낮기 때문에, 효과 크기는 언어성 지능보다 동작성 지능에서 더 크게 나타날 수 있다(Fletcher et al., 1994 참조). 그럼에도 불구하고 지능-성취 불일치 정의나 저성취 정의로 판별된 학습장애 학생 중 80%는 집단의 변화가 있

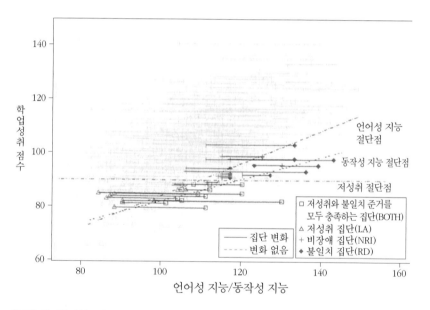

[그림 3-5] Woodcock-Johnson Ⅲ의 기초 읽기 검사와 동작성 및 언어성 지능검사 간의 상관계수에 근거한 회귀선들. 상관계수가 높을수록 더 높은 기울기가 산출된다는 점을 고려한다면 낮은 기울기는 집단의 소속을 결정하는 데 중요한 요인이 된다. 각 개인의 동작성 지능 검사와 언어성 지능 검사는 단일 선으로 연결되어 있다. 비읽기장애 집단(NRI), 불일치 준거만 충족하는 집단(RD), 저성취 준거를 충족하는 집단(LA), 저성취와 불일치 준거를 모두 충족하는 집단(BOTH)이 절단점 주변에 위치할 경우 집단의 소속이 변경될 가능성이 높다.

어도 학습장애 학생으로 판별되었다. 지능 검사를 변경하여 절단점의 왼쪽이나 오른쪽으로 개인을 옮길 수 있지만, 위나 아래로 옮길 수는 없다. 왜냐하면 성취도 검사결과는 일정하기 때문이다. 이러한 결과는 [그림 3-5]에서 확인할 수 있다. 집단의 변화가 없는 개인은 선의 양쪽 끝 모양이 동일한 흐린 색의 수평선으로 표시되었으며, 집단의 변화가 있었던 개인은 선의 양쪽 끝 모양이 상이한 검은 수평선으로 표시되었다. [그림 3-5]에서 나타나듯, 절단점 근처의 지능 점수를 갖고 있으면서 언어와 동작성 지능 점수 간의 차이가 큰 개인들은 집단의 변화가 가장 쉽게 나타날 수 있는데, 이러한 결과는 부분적으로 지능의 구인을 언어와 동작성 지능으로 측정하는 방법의 차이와 측정 오차와 관련되어 있다.

결론: 능력-성취 불일치

능력-성취 분류의 가설은 다양한 영역에서 외적 타당도의 증거가 매우 부족하다. 심리측정학적 증거결과에 따르면, 절단점을 이용한 분류방법은 신뢰도의 문제를 갖고 있다. 그래서 지능-성취 불일치 분류 가설은 낮은 타당도를 가지고 있고 다른 유형의 저성취 준거로 판별된 하위 집단을 구분하지 못한다. 불일치 모형들은 구별된 특성을 지닌 저성취 학습자 집단을 선별할 수 없는데 그 이유를 살펴보면 먼저 저성취 학습자들이 과소판별된다는 점이며, 두 번째 이유는 차이점수 계산 시 측정 오차가 증가할 수 있는 검사가 사용된다는 점이며, 마지막으로 절단점 근처에 위치한 개인은 너무도 유사한 집단이라는 사실이다. 능력-성취 불일치에 근거한 모형들은 구별된 특성을 지닌 저성취 집단을 판별하지 못하며 이러한 까닭으로 인하여 조직적으로 학습장애의 구인을 정의하지 못한다.

저성취 모형

능력-성취 불일치의 대안적 방법으로 고려된 가장 일반적인 방법은 절대적 저성취를 기반으로 학습장애를 판별하는 방법이다(Siegel, 1992). 이러한 대안적인 방법을 검토할 때 즉각적으로 제기될 수 있는 문제점은 저성취에만 기반을 두고 학습장애를 판별할 경우 저성취와 학습장애를 동일시할 수 있다는 것이다. 학습장애의 구인은 저성취가 기대되는 독특한 저성취 학습자 집단을 판별하기 위한 목적을 가지고 있기 때문에, 그러한 방법을 추가적 규준 없이 학습장애 판별 준거로 사용할 수 있는지에 대한 의문이 남아 있다. 최소한 저성취의 다른 원인을 배제할 필요가 있다. 그러나 학업성취를 측정하지 않은 채 기대치 않은 저성취를 판별하는 것 또한 매우 어려운 과제일 것이다. 왜냐하면 학습장애 정의의 구인 타당도를 지지할 수 있는 강력한 증거들은 저성취를 학습장애 정의의 일부분으로 포함했던 연구에서 산출되었기 때문이다.

타당도

학업성취 지표에 기반을 둔 대부분의 학습장애 모형은 상당한 타당성을 갖는다(Fletcher et al., 2002, 2003; Siegel, 1992 참조). 만약 정신지체 판별 규준에 충족되지 않으면서 성취 점수가 하위 20퍼센타일을 나타내는 집단을 구분해 낸다면, 외적 변인들에 의해서 타당하게 구분될 수 있으면서 학습장애 구인의 타당도를 증명할 수 있는 저성취자의 하위 집단들을 비교할 수 있다. 예를 들어, 학습 및 주의력 장애의 예일 연구소(Yale Center for Learning and Attention Disorders)에서 시행된 연구는 2~3학년들을 세 집단으로 구분했으며, 이 집단들의 실제 프로파일 결과를 [그림 3-6]에서 보여 주고 있다(S. E. Shaywitz, 2004). 이들 아동들은 단어재인장애 집단, 수학장애 집단 및 정상적인 성취 집단으로 구분되었다. 이 연구에서 장애 학생들을 판별하는 데 사용된 판별방법을 살펴보면, 먼저 저성취 정의로 지능지수(언어성 지능, 동작성 지능, 전체 지능)는 최소한 80 이상이면서 단어재인이나 수학 검사에서 하위 26퍼센타일(pecentile) 기준을 요구하는 방법이다. 또 다른 방법은 불일치 정의로 언어성 지능지수, 동작성 지능지수 또는 전체 지능지수와 학업성취 간의 불일치 준거로 학습장애를 선별하는 방법이다.

학습장애 하위 집단을 구분하는 데 사용되지 않은 인지 영역의 검사들은 읽기 및 수학 학습장애의 가설적 분류를 검증하기 위한 목적으로 사용되었다. 문제해결, 개념 형성, 음운 인식, 빠른 이름 대기, 어휘발달, 구어학습 그리고 시각 운동기술 검사들이 여기에 포함된다. [그림 3-6]에서 보이듯, 세 집단들은 독특한 성취 수준과 패턴을 보이고 있으며, 읽기 학습장애와 수학 학습장애 학생들은 평균적인 성취를 보인 학생과 명백히 다르다는 사실과 함께 수학 학습장애 집단은 인지 영역 검사에서 읽기 학습장애 진단과는 구별된 특성을 나타냈다. 다음 장에서 확인할 수 있는 것처럼, 이들 집단은 읽기와 수학 수행에 관한 신경 상관체(neural correlates)와 읽기장애와 수학 학습장애의 유전율에서 차이를 보인다(Plomin & Kovas, 2005). 저성취나 지능-성취 불일치 준거를 충족하여 학습장애로 정의된 성취 하위 집단은 교수전략에 대한 반응이 다르다. 즉, 효과적인 중재전략은 교과 영역에 따라 다르기 때문에 읽기에서 문제가 있는 아동에게 수학을 가르치는 것(반대도 마찬가지로)은 비효과적이다. 이러한 결과들은 저성취 분류를 지지하는 근거가 될 수 있는데, 그 이유는 읽기와 수학에서 지능-성취 불일치 학생과 저성취 학생을 비교했을 때 어떠한 외적 변인들에서도 의미 있는 차이가 나타나지 않기 때문이다.

타당성의 증거에도 불구하고, 단순히 저성취 정의만을 사용한다면 '예

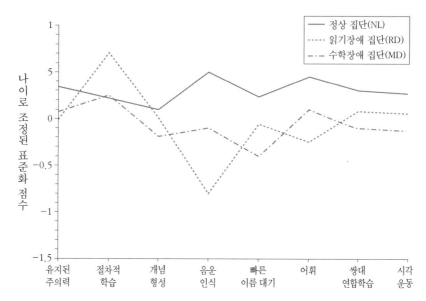

[그림 3-6] 읽기장애(RD) 집단과 수학장애(MD) 집단의 인지 검사결과를 비장애 아동(NL)과 비교한 프로파일. 이러한 집단은 프로파일의 유형과 변화 정도에서 차이를 나타내고 있으며, 이러한 결과는 세 집단 모두 독특한 특성이 있음을 보여 주고 있다.

기치 못한 저성취'의 진정한 의미를 조작화할 수 없으며, 설령 배제 준거가 추가적으로 정의에 포함되더라도 큰 차이는 기대하기 어렵다. 이러한 학습장애 판별방법은 개념적으로 매우 단순한 장점을 가지고 있지만, 이러한 판별방법으로 구성된 하위 집단이 실제로 독특한 특성을 지닌 저성취 집단으로 판별될 수 있는지에 대해서는 의문이 제기된다. 예를 들어, 낮은 성취 때문에 학습장애로 귀인되는 저성취자와 낮은 성취의 원인이 정서장애, 경계적 불이익 혹은 부적당한 교수인 저성취자를 얼마나 잘 구분할 수 있는가(Lyon et al., 2001)? 이러한 하위 집단들은 음운 인식이나 다른 언어 수행 과제, 교수에 대한 반응 혹은 뇌영상체(nuroimaging correlates)에서 다양한 특성을 나타내고 있다는 증거는 매우 희박하다. 이러한 측면에서, 저성취 정의의 타당성은 약하며, 잠재된 학습장애의 구인들이 타당

하게 평가되기 어려운 문제점이 있다. 비록 부가적인 규준이 필요할지라
도, 단순히 단일 능력 검사만을 사용하는 것은 저성취 정의의 신뢰도와
타당도를 감소시킬 수 있다.

신뢰도

지능-성취 불일치 정의에서 판별하기 위한 목적으로 사용된 특정한 지
점의 절단점이 사용되었는데, 이러한 절단점을 사용함에 따라 발생할 수
있는 측정학적 문제점들은 모든 심리측정학적 학습장애 정의에 영향을
미칠 수 있다([그림 3-5] 참조). 다시 한 번 되짚어 보면, 학습장애는 반드시
다차원적인 특성이거나 정상적인 발달선상에서 나타날 수 있는 특성이
다. 이러한 문제들은 규준 참조 검사가 사용되지 않을 때나 점수의 분포
가 종 모양과 같은 정규분포가 아닐 경우 더욱 명백히 나타난다. 정규성
가정과 상관없이, 측정오류는 어떠한 심리측정학적 절차나 정규분포의
절단점에 영향을 준다(Shepard, 1980). 절단점과 관련된 검사의 신뢰도를
향상시키기 위해서는 더 많은 자료가 수집되어야 하며, 이러한 이유로 인
하여 단일 검사결과만으로 정규분포상의 위치를 확인하는 모형들은 종종
잘못된 결과를 도출한다.

개인내차 모형

인지적 강점과 약점에 기반을 둔 모형은 학습장애를 가진 사람들을 판
별하기 위해 지속적으로 제안되었다. 학습장애는 인지 과정에서의 특정
한 손상과 관련되어 있으며, 학습장애 아동이 지닌 인지적 강점과 약점에
서 개인 간 차이가 존재한다는 것은 충분히 증명되었다. 개인내차 모형은
예기치 못한 저성취를 판별하는 지표로서 강점과 약점의 패턴을 사용하

도록 제안되었다. 그래서 이 모형은 학습 능력에 관한 지표를 찾는 능력–
성취 불일치 모형의 가정을 능가하는 장점을 가지고 있다. 즉, 이 모형에
서는 가설된 예기치 못한 저성취란 인지적 혹은 신경심리 검사 전반에서
의 수행에서 나타난 불균형적인 발달로 조작적으로 정의된다. 학습장애
아동이란 많은 영역에서는 강점을 가지고 있지만, 저성취를 이끄는 어떤
특정한 핵심 인지 영역에서 약점을 가진 사람을 말한다.

　　인지 기술 영역의 개인 내 차이에 기반을 둔 학습장애 판별 모형의 타
당도와 신뢰도를 구체적으로 다루는 연구는 매우 적다. 또한 인지 기술
영역을 측정하는 것이 학습장애를 판별하기 위한 필요 또는 충분 조건임
을 밝히는 연구는 매우 부족하다(Reschly & Tilly, 1999). 그럼에도 불구하고
이러한 이론을 지지하는 제안자들은 학습장애와 관련된 구별된 프로파일
을 좀 더 명확히 묘사할 수 있는 더 우수한 분류 준거를 요구한다. 그들은
인지적 결함은 학습장애의 유전적 특성에 해당되며, 학습장애 학생들이
지닌 강점과 약점에 대한 정보는 치료계획을 촉진하는 데 도움이 된다고
주장한다. 심지어 일부 몇몇 사람들은 인지적 평가를 통해 사회적 요인과
경제적 요인으로 인한 저성취 집단과 타고난 생득적 요인으로 인한 저성
취 집단을 구분할 수 있다고 주장한다(Hale, Naglieri, Kaufman, & Kavale,
2004).

타당도

　　Hale과 동료들(2004)의 연구결과에 따르면, 학습장애와 저성취 집단 간
의 인지적 차이가 존재하며, "일부의 학생들은 학습장애로 판명되며, 다
른 일부 학생들은 저성취 집단이지만 객관적인 검사 도구의 사용 없이 두
집단을 명확히 구분하는 것은 매우 어려운 과제다."(p. 9)라고 결론을 내
리고 있다. 우리는 능력–성취 모형와 관련된 주요한 메타분석들이 이러

한 주장에 대한 증거를 발견하지 못했다는 것을 다시 한 번 언급한다 (Hoskyn & Swanson, 2000; Stuebing et al., 2002). 또한 Hale과 동료들(2004) 의 연구에서 인지 과정의 평가는 학습장애의 원인이 신경생물학적인지 혹은 환경적인지 아니면 어떠한 다른 원인에 기인하는지를 결정하는 데 도움을 줄 수 있다고 제안하고 있다. 경제적으로 어려움을 겪고 있는 아 동이거나 제2외국어를 배우는 학습자 혹은 정서적 어려움을 겪는 아동들 의 학업 어려움이 추정된 원인에 따라 다를 수 있다는 증거는 매우 부족 하다(Kavale, 1988). 예를 들어, 학습장애 집단, 정서장애 집단 혹은 경제적 으로 빈곤한 집단의 학생들이 갖고 있는 단어재인의 어려움은 음운 인식 과 빨리 철자 이름 대기 과제와 같은 인지적 영역의 어려움과 관련되어 있을 것이다. 겉으로 드러난 특성의 평가결과로 저성취의 원인을 추정하 는 것은 타당하지 않다.

이 모형에서는 인지 기술 영역의 개인내차로 학습장애를 판별하는 방 법이 학습장애 아동의 치료를 증진시킬 수 있다고 가정하고 있다. 하지만 인지 기술에서의 강점과 약점을 다루는 교수전략이 중재에 효과적이라는 증거는 매우 부족하기 때문에 이러한 가정은 지지받지 못하고 있다 (Fletcher et al., 2003; Reschly & Tilly, 1999). 교과 내용을 직접적으로 다루지 않는 인지 과정의 훈련은 관련된 학습 영역으로 전이되지 않는다. 또한 이러한 사실은 다음과 같은 질문을 제기하고 있다. 즉, 왜 과정을 가르쳐 야 하는가? 예를 들어, 철자에 대한 교육 없이 음운 인식 훈련만 실시한다 면 음운 인식 자체는 향상을 보일 수 있지만, 읽기 영역의 발달을 기대하 기는 어렵다(National Reading Panel, 2000). 수학 영역에서 Naglieri는 수학 장애 학생을 위한 차별적 교수가 가능한 검사 도구로 인지평가체계 (Cognitive Assessment System: CAS; Naglieri & Das, 1997)의 유용성을 평가해 왔다. Naglieri와 Johnson(2000)은 CAS를 사용하여 19명의 아동을 평가하고 '계획하기' 영역에서 매우 낮은 점수를 받은 하위 집단을 확인하였다 (n=3). 이들은 CAS의 다른 척도 중 한 영역에서 낮은 점수를 받은 6명의 학생들의 하위 집단과 모든 영역에서 약점이 없었던 10명의 하위 집단과 비교되었다. '계획하기' 영역에서 어려움을 보인 학생들은 다른 두 집단의 학생들보다 계획을 강조하는 중재를 통해 좀 더 많은 이익을 얻었다. 그러나 대규모의 연구였던 Kroesbergen, Van Luit 그리고 Naglieri(2003)의 연구에서는 수학 학습장애를 가진 267명의 학생을 확인하였고, 중재 전략의 효과는 CSA에서 선별된 하위 집단에 따라 다르지 않았다.

신뢰도

다른 주요 이슈는 비교적 고른 인지 프로파일을 가진 저성취 개인에 관한 사항이다. 이러한 개인들은 아마도 학습장애는 아닐 것이다. 프로파일에 포함된 검사들은 서로 독립적이지 않기 때문에, 학업성취 문제의 심각도(severity)와 프로파일 간의 유사성(flatness) 정도는 연관되어 있다 (Morris, Fletcher, & Francis, 1993). 학업의 어려움이 계속 지속되는 개인들은 그와 관련된 인지 영역에서 평평한 모양의 프로파일이 지속적으로 늘어나게 된다. 만약 인지 기술 영역에서의 불일치가 학습장애를 판별하는 준거로 사용된다면, 그러한 준거는 심각한 장애를 가질 수 있는 학생을 배제하게 된다. 왜냐하면 인지 영역의 검사들 간의 상관(correlation)으로 인해, 장애를 지닌 학생들은 인지 영역 검사들 간의 불일치를 나타내기 어렵기 때문이다(Morris et al., 1993, 1998). 그렇기 때문에 이러한 모형은 심리측정학적 이슈와 함께 프로파일 분석과 관련된 판별의 논쟁을 유발한다.

중재반응 모형(RTI 모형)

지금까지 살펴본 접근방법들은 한 시점에서 측정된 검사결과를 사용하고 있다. 절단점 주위에 위치한 학생들을 판별할 때 신뢰도를 증가시킬 수 있는 필수적인 사항은(Francis et al., 2005a) 동일한 검사를 한 해에 여러 번 반복적으로 사용하는 것이지만, 이 방법은 사실상 널리 활용되기 어려우며 비실용적인 방법이다. 능력−성취 모형을 논의하면서 Shepard(1980)는 절단점 주위에 위치한 학생들을 신뢰롭게 평가하기 위해서 네 번의 능력−성취 검사를 받아야 한다고 제안하였다. 12시간 정도가 소요되는 검사를 동반하는 판별방법은 많은 주목을 받지 못했다. 개인내차에 의한 접근방법은 이러한 문제를 해결하여 위하여 단일 시점에서 다수의 검사를 사용함으로써, 하나의 프로파일 내에서 유사한 검사들 간에 반복적으로 나타나는 편차를 확인하고자 하였다. 그러나 개인내차 모형에서 사용한 정보 처리 기술에 대한 측정은 규준−참조 지능 검사나 성취도 검사에 비해 대체로 낮은 신뢰도를 보이기 때문에 프로파일의 추이를 신뢰롭게 확인하는 데 어려움을 갖고 있다.

RTI 모형은 모든 학생에 대한 전체적인 판별이 가능하며, 주요 교과 영역(읽기, 수학 등)에 대한 반복 측정에 기반을 둔 판별방법을 활용한다. RTI 모형은 '능력의 변화'를 측정하는 역동적이고 기초적인 판별방법이다. 예기치 못한 저성취의 구인은 대부분의 학생들에게 효과적인 교수에 적절한 반응을 보이지 않는 특성으로 정의된다(Fuchs & Fuchs, 1998; Gresham, 2002). 보다 강화된 집중적인 중재전략에도 적합한 반응을 보이지 않는 학생들이 학습장애로 판별된다. 이러한 개념에 기반을 둔 모형들은 학습장애 판별에 관한 최근의 몇몇 보고서에서 합의된 것으로서(Bradley et al., 2002; President's Commission on Excellence in Special Education, 2002), 국가 연구위원회(National Research Council)의 최근 보고서에서도 대부분 이러한 추세를 보고하였다(Donavon & Cross, 2002). 이 보고서들은 적절한 교수와 질적으로 우수한 중재전략에 반응을 보이지 않는 학생들을 학습장애로 판별하는 준거를 제안하였다.

다양한 RTI 기반 모형들이 있으며, 실제로 RTI 모형은 질병 예방을 위한 공공 보건 모형에서 출발하였으며(Vaughn, Wanzek, Woodruff, & Linan-Thompson, 인쇄 중), 학교 현장에서는 학생들의 행동 문제들을 예방하기 위해 처음으로 활용되었다(Donavon & Cross, 2002). RTI 모형을 학교에서 활용하기 위해서는 RTI를 단일한 모형이 아닌 과정으로 인지해야 하며, 이러한 과정을 적용하는 데 발생할 수 있는 다양한 변화를 인지할 필요가 있다. RTI의 목적은 학생들을 단순히 학습장애 또는 특수교육 대상자로 판별하는 데 있는 것이 아니며, 그보다 모든 학생에게 교육 기회를 더 많이 부여하고 장애를 예방하는 데 목적이 있다. RTI 절차의 효과적인 적용을 위한 필수적인 요건은 ① 중재에 민감하며 신뢰할 수 있고 타당한 측정 및 여러 번 반복적으로 사용할 수 있는 검사(Stecker, Fuchs, & Fuchs, 2005), ② 단어재인, 읽기 이해와 같은 목표 달성을 위한 타당성 있는 중재 프로토콜(Vaughn, Linan-Thompson, & Hickman, 2003a) 그리고 ③ 선별, 중재, 특수교육 배치에 이르는 체계를 구축하는 학교-수준 모형(Vaughn et al., 인쇄 중) 등이다. 중재 프로토콜은 제5장에서 소개되는 다층적(multitiered) 읽기 중재의 예와 같이 표준화될 수 있다. 다른 중재 프로토콜에서는 문제해결 과정(problem solving process)을 사용하는데, 이는 교과목이나 학업활동에 어려움을 겪는 학생들을 돕기 위한 다양한 전략을 시도하는 방법이다. 이와 같은 방법은 학습장애 판별과 연관된 문제행동을 개선시키는 데 초점을 둔 것으로 '어떤 중재전략이 효과적인가?'를 탐색하고자 하는 경험적인 접근방법이다(Reschly & Tilly, 1999). 학습장애를 고려함에 있어서 RTI의 공통적인 관점은 모든 학생이 더 나은 학업성취를 얻을 수 있도록 하기 위해서 어떻게 그들을 지도해야 하는지에 관한 사항이다. 학습장애에서 판별이란 검사-진단 모형(test to diagnosis model)이 아니다. 즉, 중재를 제공하기 위해서 판별이 먼저 진행되는 모형은 아니며, 오히려 RTI에서는 교수전략을 학습장애의 정의에 포함시키고 있다.

RTI 절차를 적용하는 모형에서는 대상 학생을 학습장애로 성급하게 결정하지 않는다. 이 장에서 살펴본 다른 모형들과 같이, RTI는 예기치 못한 학업부진 및 불일치 개념을 유지하면서도, 학습의 평가와 진전도에 기반을 두고 있다(Fletcher et al., 2003). 예를 들어, 한 아동의 성취가 학교 그리고/또는 부모의 기대와 얼마나 불일치하는가에 대한 초기의 의사결정은 불일치 분류 준거가 된다(Ysseldyke & Marston, 1999). 이러한 결정은 전통적이면서 일반적인 학습장애 분별 준거에서 나타난 어려운 이슈들을 내재하고 있다. 만일 낮은 수준의 학교를 다니고 있는 아동이 그 학교의 기대치에 부응한다면, 이 아동들은 낮은 읽기 능력을 가지고 있지 않다라고 해석할 수 있는가? 마찬가지로 학력 수준이 높은 학교에 재학 중인 아동의 부모가 자신의 자녀는 매우 우수한 학생이라고 기대한다면, 이러한 기대는 불일치 결정의 준거로 사용될 수 있는가? 전통적인 규준-준거 검사의 대안적 방법으로 교육과정중심측정(CBM)을 사용하더라도 특정한 학업 기술을 성취하고 있는지 그리고 또래와 유사한 능력을 갖고 있는지는 항상 결정해야 한다. 이러한 의사결정은 분류에 관한 문제들과 관련되어 있는데, 왜냐하면 진전도를 결정하는 기준, 평가되어야 하는 학업 기술/능력들 그리고 비교 대상에 대한 정의가 필요하기 때문이다. 즉, 이러한 결정은 시간의 변화에 따라 반복적으로 측정된 검사결과에 기반을 둔 불일치와 관련되어 있다. 따라서 예기치 못한 저성취는 중재에 대한 비반응(discrepant response) 정도에 근거하여 측정할 수 있으며, 중재에 대한 반응은 반복 측정된 검사에서 확인될 수 있다. 이는 현 상태에 초점을 두는 모형들에 비해 뚜렷한 장점을 가지고 있다. 근원적인 분류는 반응자의 상태에 그 기반을 두며, 그에 따른 판별은 적절한 교수에 대해서 반응하는 학생과 그렇지 못한 학생들로 구분하는 준거를 포함한다.

타당도

단일 검사가 아닌 다수의 검사를 사용하면 개인의 진정한 수준 혹은 현재 위치에 대한 정확한 추정이 가능한 통계적인 이점 이외의 다른 장점을 가질 수 있다. 특히 학습장애를 개념화하는 초기 단계에서 다수의 연속된 평가를 사용하는 것은 학습과 변화의 측정에 초점을 맞출 수 있는 장점을 가지고 있다. 효과적인 중재전략을 사용하는 특정한 조건에서 연속된 자료를 수집할 경우, 우리는 학습장애 정의에서 좀 더 직접적으로 측정되어야 할 학습 영역은 무엇인지에 초점을 맞출 수 있다. 또한 이러한 평가가 적용될 때 특정한 교수적 요소들과 조건들이 기술될 수 있는데, 이러한 특성으로 인해 학습에 대한 기대 수준과 예기치 못한 학업의 실패에 관한 명확한 기준을 제공할 수 있다. 끝으로 RTI 모형에서는 다양한 평가에 초점을 맞추고 있으며, 이러한 특성으로 인하여 학습장애 판별과정과 학습장애의 구인(예기치 못한 저성취)이 관련성을 갖도록 할 수 있는 장점을 갖고 있다. RTI 요소를 포함하는 모형들은 효과적인 중재에 반응하지 않는 구별된 집단을 판별할 수 있으며, 이러한 구별된 집단은 인지적 상관체(cognitive correlates), 징후(prognosis) 그리고 신경생물학적 요인들의 원인 때문에 낮은 성취를 보이는 집단과도 확연히 구별된다. RTI 모형은 모든 학생의 학업성취를 향상시키고 특수교육에 의뢰되는 비율을 낮추고 있다는 증거들을 연구결과들이 보고하고 있다(Burns, Appleton, & Stenhouwer, 2005a; VanDerHeyden & Burns, 2005).

반응자와 비반응자로 학생을 정의한 연구결과에 따르면, 가장 큰 차이점은 인지 기술에서 나타나고 있다. 예를 들어, Stage와 동료들(2003), Vellutino, Scanlon과 Jaccard(2003) 그리고 Vaughn과 동료들(2003a)은 조기중재에서 적절한 반응을 나타내지 못한 비반응자는 중재 전 성취 점수와 인지 영역의 수행 과제에서 모두 반응자 학생과 차이가 났음을 발견하였다. 비반응자 학생들은 일반적으로 읽기 관련 요소들(예, 음운 인식, 유창성 등)과 읽기 영역에서 매우 심각한 결함을 가지고 있었다. 고학년 학생들의 조기중재와 치료에 관한 최근의 신경영상학 연구결과에 따르면(Fletcher, Simos, Papanicolaou, & Denton, 2004), 비반응자 학생들은 중재 전에 이미 심각한 읽기의 어려움을 가지고 있는 것으로 나타났다. 비반응자 학생과 반응자 학생들 간의 신경영상학적 차이는 매우 컸다. 중재에 적절한 반응을 보이지 않는 집단은 읽기 능력 발달과 관련된 것으로 알려진 좌반구의 활성화 패턴을 나타내지 않았다. 실제로 중재에 대한 반응을 보이지 않는 아동들의 경우에, 아동 및 성인 읽기장애 사람들이 보이는 것과 유사한 우반구 우세 현상을 보였다.

신뢰도

시간의 경과에 따라 반복적으로 측정되는 검사를 사용하는 RTI 접근방법이 학습장애 판별을 위한 전통적인 접근들보다 더 신뢰할 수 있다고 할 수 있을까? 반복 측정에 기반을 둔 접근방법은 어느 한 시점에서 한 번의 검사로 평가하는 데 따르는 신뢰도의 문제점을 감소시킨다. 연속적인 측정방법을 사용하는 모형은 단일 검사를 사용한 불일치 모형보다 확실히 뛰어난 신뢰도를 가지고 있다. 왜냐하면 불일치 모형에서 진정한 차이(true difference)를 측정할 때 낮은 신뢰도가 문제가 되기 때문이다. 장기간에 걸친 연속적인 측정을 통하여 '능력-능력' 비교(한 시점에서 서로 다른 두 능력의 비교)에서 '능력-변화' 모형(동일한 능력을 여러 시점에서 측정)으로 판별과정의 관점이 이동하게 된다. 따라서 이러한 접근은 능력-능력 편차에 관한 문제를 개선할 수 있는데, 최소 두 시점 이상의 평가를 수행하기 때문이다. 관련성이 적은 정보 또는 혼란을 야기하는 정보들이 단순히 조합됨으로써 생길 수 있는 문제의 가능성은 있지만, 일반적으로 말해서 어떠한 적격성이나 진단적 의사결정을 위해 수집된 정보가 많을수록 그 의사결정은 더욱 신뢰할 수 있다. RTI를 적용한 모형에서는 시간에 따른 동일한 능력을 반복적으로 측정하고 매번 관련된 영역의 능력을 측정함으로써 관련성이 부족한 정보의 문제점은 최소화할 수 있다.

개념적으로 변화(change)에 대한 연구는 다수의 반복된 측정 검사의 결과를 수집할 때 가능하다. 왜냐하면 측정된 변화의 정확성은 측정 검사의 수가 증가할 때 함께 증가하기 때문이다(Rogosa, 1995). 2회 이상의 반복적 측정으로 점수들이 수집되었을 때, 추정된 변화의 신뢰도는 자료에서 직접 추정될 수 있으며, 집단과 개인의 향상된 성장 모수(growth parameters)를 추정할 때 각 개인의 자료가 사용될 수 있다. 변화의 패턴이 선형적이지 않다면, 4회 또는 그 이상의 측정으로 다양한 변화 패턴을 설정할 수 있다. 그리고 연구자가 선호하는 모형이 있을 경우, 개인의 성장 모형에 포함된 절편(intercept)항을 현재 수준을 가늠할 수 있는 추정치로 활용할 수 있다. 이 절편항은 일회성 검사에서 산출된 현재 수준의 추정치보다 더 정확한 추정치를 제공할 것이다.

지금까지 설명한 RTI 모형에 문제점이 전혀 없는 것은 아니다. 연속적인 평가를 실시하더라도 시간에 따른 변화를 측정하는 모수치는 간접적인 측정방법으로 추정되는 문제점을 해결할 수 없다. 또한 RTI에 기반을 둔 모형들은 측정 오차를 포함하는 불완전한 측정의 제한점을 가지고 있다(Fletcher et al., 2003). 그러나 이러한 문제도 다수의 검사 도구를 사용하고 개개인의 진전도를 좀 더 정확히 추정할 수 있는 정확한 수집방법을 사용하여 감소시킬 수 있다. 따라서 아동의 '진정한(true)' 능력을 보다 정확히 추정할 수 있으며, 습득된 능력의 성장률을 추정할 수 있으며, 게다가 이러한 추정치는 학습장애의 지표로 사용될 수 있다. 더불어 이러한 추정치를 산출하는 방법은 오차의 분포에 대한 가정을 설정할 수 있다. 어떤 경우에는 이 오차들이 서로 상관이 없는 것으로 가정될 수 있다. 다시 말해, 이러한 가정은 개인의 현재 수준(individual status)과 학습의 기울기를 추론할 때 반드시 검증되어야 한다. 많은 경우, 다수의 시점에서 반복 측정된 검사를 사용함으로써 이러한 가정을 좀 더 완화시킬 수 있으며 또한 측정 오차들 간의 상관 정도를 추정할 수 있으며, 이러한 상관 추정치는 개인의 현재 수준과 진전도를 추정할 때 고려된다.

RTI 모형의 가장 큰 문제점은 학습장애 학생들을 판별할 때, 다른 요인들을 고려할 필요가 있다는 사실이다(Fuchs & Fuchs, 2006). 아동을 학습장애로 판별할 필요성이 여전히 존재하고, 학습장애 판별의 전체 과정을 임상적 판단만으로 결정지을 것이 아니라면 역시 절단점에 대한 고려가 필요하다. RTI를 포함하는 모형들은 학습장애의 범주적인 속성(catalogical nature)과 다차원적인 속성(dimensional nature)에 관한 논쟁을 해결하지는 못한다. 예를 들어, 절단점과 기준점을 결정하는 일은 절단점이 장애와 비장애를 명확히 구불할 수 있는 준거가 아니라면, 계속적으로 임의적인 결정과정이 되며(Cisek, 2001), 어떠한 학습장애 판별 모형에 대해서도 이 문제는 해결되지 않는다. 그러나 RTI를 포함하는 모형들은 중재반응과 관련되어 있기 때문에 장애와 비장애를 구분할 수 있는 준거를 제시할 수 있을 것이다. 또한 이러한 RTI 모형들은 학습장애 판별에 다른 준거들이 의미 있게 적용될 수 있음을 제안하고 있다. 다음 절에서 우리는 학습장애 배제 준거의 정의에 따른 판별 기준의 적용에 대해 논의할 것이다.

배제 요인

대부분의 학습장애 정의는 '예기치 못한 저성취'의 원인이 되는 요소들을 포함하고 있다. 학습장애가 정신지체, 감각적 결손 또는 언어적 다양성에 의한 것이 아님을 조작적으로 정의하는 것은 타당하다. 왜냐하면 앞에서 언급된 특성을 지니는 아동들은 다른 중재적 요구를 갖기 때문이다. 소수언어를 모국어로 사용하는 사람의 경우 읽기나 수학 문제를 야기하는 어려움들이 서로 다른 언어들에 걸친 전반적인 특성으로 확인되지 않는 이상, 그 사람을 학습장애로 규정해서는 안 된다. 또 다른 쟁점은 정신지체와 학습장애 간의 명확한 구분이 모호하다는 점인데, 지능 검사 이외의 다른 정보들이 정신적 결함을 규명하기 위해 필요하다(MacMillan & Siperstein, 2002).

다른 배제 요인은 특수교육 기금과 보상교육(compensatory education) 기금을 구분할 수 있는 정책적 의사결정과 관련되어 있다. 이와 함께 IDEA에서는 모든 특수아동(예, 정신지체, 정서장애)을 지원하기 위해서 다양한 장애 범주를 포함하고 있으며, 이처럼 다양한 장애 범주가 존재한다는 사실은 배제 요인에 영향을 미친다. 즉, 경제적 결손, 정서적 문제, 부적절한 교수가 학업부진의 주요 원인일 때 그에 따라 서로 다른 중재가 요구된다는 가정을 고려한다면, 배제 요인은 아동을 특수교육에서 배제하기보다는 학생들을 잘 선별하기 위한 목적으로 사용되었다.

또 다른 배제 요인으로 행동의 문제가 있을 경우, 저성취의 주요한 원인을 규명하는 것은 매우 어려운 과제다. 정서적 결함, 부적절한 교수, 경제적 결손 등에서 기인한 학업성취에서의 결함은 그러한 추정상의 원인들에 따라 다르지 않다. 게다가 중재에 대한 요구, 중재에 대한 반응 또는 중재가 이루어지는 기제들은 이러한 요인들에 따라 다르지 않다(Fletcher et al., 2005a; Lyon et al., 2001). 그러므로 특히 읽기에 효과적인 중재 프로그램의 유형은 학습장애의 원인에 따라 달라지지 않는다. 특히 고려되어야 할 점은 부적절한 교수가 실제로 학습장애의 주된 원인일 때 부적절한 교수를 학습장애 판별 시 제외시킬 수 있는지를 결정하는 것이다. 다음 절에서 우리는 사회경제적 불이익이나 학습기회의 결핍과 관련한 배제 요인들을 구체적으로 다룰 것이다.

정서와 행동적 어려움

대부분의 학습장애 정의들은 아동의 저성취의 원인이 감각적 혹은 행동적 문제에서 주로 기인할 경우, 학습장애에서 배제하고 있다. 이에 관한 평가는 어려운 것이 사실인데, 학습장애가 실제로 ADHD(Barkley, 2006; Fletcher et al., 1999b)나 다른 사회 · 정서적 문제들과 공존해서 나타나기 때문이다. 장애를 지닌 아동은 학교생활에서 성공의 경험을 갖지 못하여 이차적인 장애인 행동 문제를 가지기 때문에 어떤 장애가 주요한 것인지를 판단하기는 어렵다. 이처럼 많은 아동이 학습의 어려움과 행동적 측면의 어려움을 동시에 가지고 있다. [그림 3-7]은 읽기 관련 요인들을 보여 주는데, 두 가지 유형의 장애가 명확히 구분된다(Fletcher et al., 1999b; Wood, Felton, Flowers, & Naylor, 1991). 단어재인에 결함을 보이는 학습장애 아동은 ADHD의 출현 여부와 관계없이 음운 인식에 결함을 갖는다. 반면에 인지적 수행 과제에 대한 ADHD의 영향은 일정하지 않으며, 실행 기능과 관련된 주요한 결함을 보였다(Barkley, 1997). 또한 ADHD는 음운 인식 과제와는 비교적 연관성이 적은 것으로 나타났다(Fletcher et al., 1999; Wood et al., 1991). 읽기 학습장애와 ADHD를 동시에 갖고 있는 아동들은

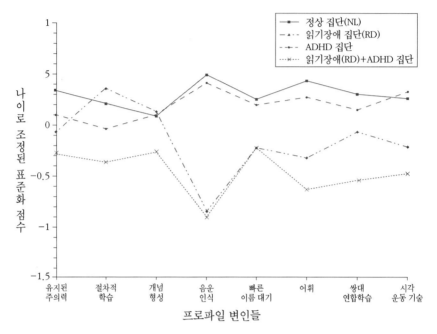

[**그림 3-7**] 비장애 아동(NL), 읽기장애(RD)+ADHD 아동, ADHD 아동, 읽기장애 아동 (RD)의 인지 수행에 대한 프로파일. ADHD는 읽기장애를 좀 더 심화시켰지만 프로파일 의 유형 차이는 두 읽기 손상 집단 간 유의하지 않은 것으로 나타났다.

출처: Fletcher (2005). p. 310.

두 유형의 모든 특성을 보였다.

　　ADHD와 수학 학습장애의 공존 연구([그림 3-8])는 학습장애와 ADHD와 의 관계에서 보다 더 많은 부분이 중첩되는 양상을 보여 준다. 이는 수학 학습장애와 ADHD에서 실행 기능(executive functions; 예, 전략 사용, 절차적 학습) 및 작업기억의 역할을 반영하는 것으로 보인다. 그러나 두 장애는 주의력(attention)과 행동적 측면을 포함하는 영역에서는 독특한 특성을 보이고 있으며(Fletcher et al., 2002), 두 장애 기준 모두에 해당하는 아동들 은 양쪽의 특성을 모두 지닌다. 끝으로 ADHD를 지닌 아동들은 쓰기와 수학에서 공통적인 문제를 나타낸다(Barkley, 1997). 그럼에도 불구하고,

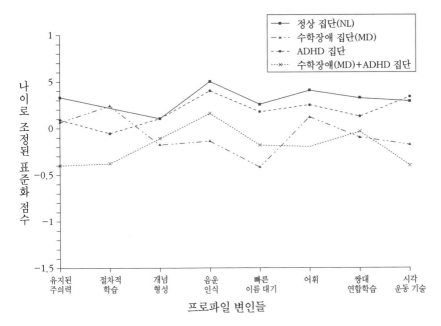

[그림 3-8] 비장애 아동(NL), 수학장애(MD)+ADHD 아동, 수학장애 아동(MD)의 인지 수행 능력의 프로파일. ADHD는 수학장애를 좀 더 심화시켰지만 프로파일 유형 차이는 두 수학 손상 집단 간 유의하지 않은 것으로 나타났다.

출처: Fletcher (2005). p. 311.

읽기 문제는 공통적으로 나타난다(Fletcher et al., 1999). 대부분의 경우, 이들은 공존된 연합(comorbid associations)으로 나타난다. 즉, ADHD와 특정 영역 학습장애를 함께 지닌 아동은 행동 문제를 지닌 ADHD과 인지장애를 가진 학습장애와 유사하다. 서로 명백한 특성의 두 장애이지만, 인지적·학업적 결손은 보다 심각하게 나타났다([그림 3-7]과 [그림 3-8] 참조).

　읽기장애와 사회정서적 장애와의 공존에 관하여 보고한 연구들이 있다(Bryan, Burstein, & Ergul, 2004). 몇몇 임상 연구에서, 이러한 공존은 읽기 학습에서의 어려움을 나타내는 두 번째 요인이었다. 예를 들어, 학습장애를 지닌 성인 93명 중 대다수가 읽기 문제를 보였고, 그중 36%는 낮은 자존감, 사회적 고립, 불안, 우울, 좌절 등에 대하여 상담이나 심리치료를 받았다(Johnson & Blalock, 1987). 이와 유사하게, 다른 연구자들(Bruck, 1987; Cooley & Ayers, 1988)도 많은 정서적 문제가 읽기 학습장애를 지닌 사람들에게서 나타났음을 보고하였는데, 이는 낙인(labeling) 혹은 학업 실패로 인한 부적응을 반영하는 것으로 보인다. 이와 같이 잘 설계된 방법으로 선정된 모집단을 이용한 연구결과에도 불구하고, 학습장애와 사회적 기술의 관련성에 대한 메타연구들은 학습장애 학생들이 지니고 있는 명백한 결함(Zeleke, 2004)에 관한 증거를 제공하지 못했다. 또한 그러한 메타분석에서 연구 시작 전에 낮은 자기효능감을 갖고 있지 않은 학생들일 경우(Elbaum & Vaughn, 2003) 관련된 중재전략이 효과적(Kavale & Mostert, 2004)이라는 증거를 밝히지 못했다. 많은 연구에서 사회적 기술과 관련한 다른 요인들, 예를 들어 ADHD와 사회경제적 지위(SES) 등이 잘 통제되지 않았다. 학습장애를 읽기와 수학 학습장애라는 하위 집단으로 특정화 짓지 못한 점은 심각한 문제점이다. 왜냐하면 수학 학습장애를 지닌 아동들이 읽기장애를 지닌 아동들보다 더 심각한 결함이 있다는 증거가 있고, 이는 특히 다른 비언어적 처리 기술이 손상되었을 경우 더욱 명백하기 때문이다(Rourke, 1989, 1993). 또 다른 연구에서는 읽기 문제가 높은 수준의 내면화 및 외면화의 정신병리 발현과 관계가 있으며, 이러한 결과는 임상적 표집이 아니었을 경우에도 마찬가지였다(Willcutt & Pennington, 2000). 후속 연구를 통해 읽기장애와 ADHD의 공존이 충분히 설명될 수 있을 것이다. ADHD가 통제되었을 때 외현화 행동장애가 더 이상 나타나지 않았지만, 내현화 행동장애는 지속적으로 나타났으며, 특히 읽기장애를 지닌 여자 아이들의 경우에 더 심하게 나타났다. 끝으로 최근의 보다 큰 규준의 임상 연구들은 행동 문제에 대한 지원을 제공하는 읽기 및 수학 교수 프로그램이 1학년에서 중학교 입학 시기까지 행동 문제들을 감소시켰음을 보여 준다. 가장 유의한 경로(path)는 성취에서 행동을 예측하는 경로였으며, 그렇기 때문에 저조한 성취는 분명 행동 문제를 야기한다고 추측할 수 있다(Kellam, Rebok, Mayer, Ialongo, & Kalodner, 1994). 종합적으로 고려해 보면, 먼저 이러한 연구들은 장애를 치료하지 못해 유발될 수 있는 심각한 사회정서적인 문제점들이며, 학업 실패 위기에 있는 아동들에게 조기 선별 및 중재가 필요함을 보여 주고 있다. 그러한 연구결과들은 아동들이 정서적, 행동적, 사회적 문제를 보일 때 그들을 학습장애에서 제외시켜야 한다는 주장을 지지하지 않는다.

경제적 결손

현재 학습장애 정의에서는 이들의 학업 결손이 경제적 불이익이나 문화적 요인(인종, 종족 등)에 기인하지 않는다고 하더라도, 인종 및 문화적 배경 등의 요인들이 어떻게 일반적인 학교학습과 학습장애에 영향을 미칠 수 있는지를 밝힐 수 있는 정보는 매우 적다. 예를 들어, Wood와 동료들(1991)은 485명의 아동들(55%는 유럽계 미국인, 45%는 아프리카계 미국인)을 무선 표집하여 1학년부터 3학년까지 특정 학습장애(읽기) 종단 연구를 수행하였다. 이들의 연구결과에 따르면, 인종은 매우 중요한 변인이지만 매우 복잡하게 관련되어 있다. 예를 들어, 1학년 수준에서 인종은 어휘 수준이 통제되었을 때 읽기 발달에 영향을 주는 변인이 아니었다. 이는 아동의 연령과 어휘발달의 수준이 사전에 고려된다면, 1학년 읽기 점수를 예측함에서 인종이 어떠한 추가적인 예측력을 갖지 못함을 의미한다. 그러나 3학년 학기 말 측정된 검사에서, 가장 강력한 예측변인—1학년 읽기 점수—을 예측 방정식에 포함하더라도 인종 변인은 여전히 매우 유의한 예측변인($p = .001$)으로 밝혀졌다. 구체적으로 살펴보면, 3학년 학기 말까지 아프리카계 미국인 아이들은 읽기를 학습하는 데 더 큰 어려움을 가지고 있었다. 이러한 인종 효과를 이해하기 위하여 Wood와 동료 연구자들은 부모의 지위, 교육 수준, 복지 수령 정도, SES, 가정 내 도서량, 직업적 지위 등을 포함하는 많은 추가적인 인구통계학적 요인들을 검토하였다. 그들의 연구결과에 따르면, 예측 방정식을 가정할 때, "기존의 연구에서 사용된 인구통계학적 변인으로 인종을 3학년 읽기 능력을 예측할 수 있는 독립변인으로 고려하지 않았다."(Wood et al., 1991, p. 9)

중요한 이슈 중 한 가지는 학습장애에 영향을 줄 수 있는 잠재적인 조건들과 관련되어 있는데, 특히 인지 능력과 언어 기술의 발달 정도가 이러한 잠재적인 조건들에 해당되는데, 그러한 이유는 인지 능력과 언어 기술의 결핍으로 인하여 학업의 결손이 초래되며, 결국에는 이러한 학업의 결손으로 인하여 학습장애로 판명될 수 있기 때문이다(Phillips & Lonigan, 2005). 예를 들어, 읽기 문제를 지닌 부모는 지속적으로 누적된 읽기 문제점이 있기 때문에 적합한 읽기 발달이 가능한 가정의 환경을 조성하는 데 어려움이 있을 것이다(Wadsworth et al., 2000). 경제적 결손 환경에서 자란 아동들은 학교 취학 시 이미 언어발달 수준이 뒤처지게 되며(Hart & Risley, 1995), 이는 읽기와 수학 능력의 발달을 저해한다. 더욱이 이처럼 조기에 발달하는 학습 능력의 중재전략은 성공적인 학업수행을 촉진하는데, Title 1 프로그램을 평가한 연구뿐만 아니라, 알파벳 관련 중재가 경제적 결손을 입은 아동들에게 효과적이었음을 입증하는 중재 연구에서 그 효과를 확인하였다(Foorman et al., 1998; National Reading Panel, 2000). 이런 맥락에서 환경적 결손이 있는 학생들과 그렇지 않은 학생들의 읽기 능력을 향상시키기 위한 기본적인 기제와 방법은 모두 동일하다. SES의 차이에 따라 외현적으로 나타나는 읽기장애의 차이는 다양하지 않은 것으로 추측된다. 즉, SES의 모든 계층 학생은 읽기 문제를 가질 수 있는데, 이는 읽기 발달의 초기 단계에서 단어 수준의 어려움(word-level difficulties)을 경험할 수 있기 때문이다(Foorman et al., 1998; Wood et al., 1991). Kavale (1998)나 Lyon과 동료들(2001)이 지적하였듯이, 사회경제적 결손을 가진 아동을 학습장애 범주에서 제외한다는 기본 개념은 학습장애 아동이 지닌 읽기 실패의 특성이 사회경제적 결손을 가진 아동과 다르다는 증거와 함께 어떻게 학습장애 학생들에 도움을 줄 수 있는지의 관점으로 이해해야 한다.

부적절한 교수

만약 아동을 제대로 가르치기 위한 충분한 노력이 부족했다면, 일반 교실상황에서 학습기회의 부족과 적절한 교수의 제공 여부는 배제 요인으로 고려되는 것이 타당하다. 그러나 이러한 개념은 종종 중재전략이 적합하지 않았던 학생을 포함하는 것으로 확대되곤 한다. 비록 아동이 적합한 교수에 반응하지 못한 결과는 매우 명확한 장애의 척도로 여겨지지만, 학습장애와 연관된 인지적인 문제들은 적절한 교수에 반응하지 못한 아동들이 보여 주는 인지적 문제점들과 유사하다. 결국 두 유형의 집단 모두 장애를 가진 집단이다. 학습장애 배제 요인 중에서 부적절한 교수 요인은 그동안 가장 덜 관심받은 영역이지만 어쩌면 가장 중요한 영역일 것이다. 배움에 대한 기회 여부를 학습장애 판별 시 배제 준거로 고려한다는 것은 학습장애의 분야에서 이미 적절한 교수를 구성하는 데 필요한 요소들이 무엇인지를 알고 있음을 가정하고 있다. 이는 연방 정부 정의가 만들어졌을 때의 경우와는 다른 사례다. 최근의 연구 보고서(Snow, Burns, & Griffin, 1998; National Reading Panel, 2000) 결과에서 우리는 이미 읽기 지도에 관한 많은 정보를 이미 잘 알고 있음을 확인하였다. 적어도 학습장애의 대부분을 차지하고 있는 읽기 영역에서, 질적으로 뛰어난 중재에 학생이 반응하는지의 여부를 고려하는 것은 학습장애 정의의 한 부분으로 고려되어야 하며, 이는 곧 RTI 모형의 주요한 기제가 된다(Gresham, 2002; Fuchs & Fuchs, 1998). 왜 아동에게 조기에 중재를 제공하기도 전에 복잡한 판별의 기준들과 값비싼 법적 절차들이 적용되는가? 질적으로 뛰어난 중재에 적절히 반응하지 못한 아동의 실패는 학습할 수 있는 기회의 개념을 가장 잘 조작적으로 설명하는 방법일 것이다.

결론: 배제 요인

배제 요인을 포함한 학습장애 분류와 관련된 연구들은 경제적 불이익이나 학습기회의 부족 등에 기반을 둔 배제 요인들을 지지하는 증거를 제공하지 못하고 있다. 이는 '특정(specific)' 또는 '예기치 못한(unexpected)' 저성취의 유형과 다른 원인에 의해서 저성취를 보이는 유형을 구분하는 것이 매우 어려움을 의미한다. 상당수의 아동들은 IDEA의 다른 장애 범주나 다른 서비스를 제공하는 접근방법(예, 보상 교육)들로부터 도움을 받을 수 있기 때문에 이러한 어려움으로 인하여 학습장애의 개념이 타당하지 않거나 배제 요인이 사용되지 말아야 한다는 것을 의미하지 않는다. 결국 배제 요인은 강력한 타당성을 지닌 분류 요인으로서가 아닌, 서비스를 촉진하고 지원금의 중복 지원을 방지하기 위한 정책적 기반에 근거한 의사결정 요인으로 고려하는 것이 타당하다.

결론: 통합 모형

　미국 교육부의 특수교육 프로그램에 속한 학습장애위원회의 권고 사항에 따라(Bradley et al., 2002), 우리는 저성취 모형과 RTI 모형의 특성을 결합한 혼합 모형을 제안한다. Bradley와 동료들은 학습장애 판별을 위한 세 가지 기준을 제시하였다. 첫 번째 기준은 중재전략에 대한 학생의 반응이며, 이러한 중재 반응은 학생들을 위험군(at-risk) 학생으로 판별하는 데 있어서 핵심이 되어야 한다. 이러한 반응은 주요 학업 영역에 대한 연속적인 CBM 검사가 사용되어야 하며, 교수전략에 대한 질적인 평가에 기반을 두고 있어야 한다. 둘째, 중재전략에 대한 반응이 부적절할 경우 성취 영역에 대한 구체적인 규준-참조 평가를 실시한다. 이 평가를 통해 아동 성취의 규준 집단 내 수준을 파악하고, CBM 검사 점수 결과를 확인하게 된다(제4장 참조). 끝으로 아동은 성취 영역에 대한 평가 이상의 종합적인 평가를 받는다. 이 평가는 간략하면서도 여타의 표준화 검사와 다르며, 오히려 그보다는 학습장애로 간주되는 아동에게서 나타나는 중복적인 조건들에 대한 고려가 뒤따라야 하는데, 최소한 부모나 교사에 의한 아동 행동에 대한 척도점수 등이 포함되어야 한다. 덧붙여 정신지체, 언어적 결손, 행동의 어려움 가능성 등을 포함하는 학업부진의 원인들에 대한 질문이 제기되어야 하며, 이러한 학업부진을 야기하는 가정, 사회, 언어적 요인들에 대한 평가가 항상 이행되어야 한다. 인지적 측면에 대한 평가는 거의 필요하지 않으나, 교수에 부적절한 반응을 보이는 학생들은 그 부적절한 반응의 원인(예, 심각한 음운 인식 문제)을 규명하기 위한 추가적인 인지적 평가가 시행될 수 있다. 그러므로 우리가 제안하는 모형은 RTI, 개인내차 그리고 배제 요인과 관련된 혼합 모형에 근간을 두고 있다.

이 혼합 모형은 부적합한 반응을 보이는 집단의 분리를 인정하고, 이를 위해 교수의 통합을 보장하여야 하며, 예기치 못한 학업부진이라는 구인을 내포해야 한다.

전통적인 모형과 RTI 모형과의 차이는 [그림 3-9]에서 보는 것과 같이, 의뢰(referral)와 평가 절차에서 확연히 판별된다. 전통적 접근은 새로운 모

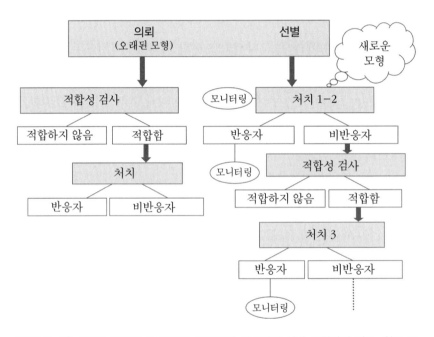

[그림 3-9] RTI에 기반을 둔 모형과 전통적인 학습장애 선별 모형과의 비교. 왼쪽 모형에서 학생들은 특수교육에 대한 적합성 평가로 특수교육에 의뢰된다. 이 학생들은 특수교육에 적합하거나 그렇지 않은 경우로 결정하게 된다. 만약 특수교육에 적합하면 학생들은 1~3년 동안 중재전략을 제공받게 된다. RTI 모형에서 모든 학생은 검사를 받는다. 위험군에 있는 학생들은 진전도 모니터링 평가와 함께 즉각적인 중재를 받는다. 만약 중재에 대한 반응이 없다면, 일반학급에서 시작하여 점차 중재전략의 강도를 증가시킨다. 적합한 반응의 부재로 인하여 특수교육에 의뢰될 수 있거나 완전히 다른 적합성 평가에 의뢰될 수 있다. 진전도는 모든 단계에서 모니터링되며 이러한 결과를 통해서 짧은 시간에 중재전략을 수정할 수 있다. Maureen Dennis는 이 그림을 무료로 사용할 수 있도록 허락하였다.

형과는 달리 진전도 모니터링이나 대규모 집단 선별(mass screening) 개념을 포함하지 않는다. 다수의 중재 처치와 진전도에 기반을 둔 교수전략의 수정이 새 모형에서는 명확하지만 전통적 모형에서는 그렇지 못하다. 또한 전통적 모형에서는 특수교육을 분리된 서비스로 고려하고 있으나, 새로운 모형에서는 일반교육과 특수교육 간의 연계를 시도한다. 끝으로 새로운 모형에서의 실제 검사결과는 서로 다른 유형의 학생들이 학습장애로 판별되는지를 결정하는 데 사용된다. 혹자는 두 가지 모형(새로운 모형과 전통적 모형)이 무선 연구(randomized study)에서 경쟁적으로 비교되어야 한다고 주장한다. 그러한 연구는 많은 비용이 들고, 두 모형의 복잡성을 고려했을 때 결코 수행하기 쉽지 않다. 학습장애 분류의 관점 측면에서 볼 때, 역사적인 대조군(historical controls) 집단이 충분해야 하며, 다양한 학습장애 모형하에서 판별된 학습장애 학생들이 구별될 수 있는지를 결정할 수 있는 기회를 제공해야 한다. RTI 모형을 통해 학습장애로 판별된 개인을 가르친다는 것은 매우 도전적일 것이며, 질 좋은 교수에도 그 반응이 매우 낮을 것이며, 읽기 문제의 강한 유전성과 학습장애와 관련된 뇌 영역의 비활성화를 보일 뿐 아니라, 보다 더 심각한 인지적 처리과정상의 문제를 보일 것으로 우리는 가정한다. 그런 이유로 학습장애가 정말 장애로 고려될 수 있는지와 그들이 실제로 존재하고 있는지에 대한 논의는 더 이상 거론되지 않을 것이다.

Chapter 04

학습장애 평가

　이전의 제3장에서 설명된 학습장애 분류 모형은 학습장애 학생 선별 시 사용되는 임상적 평가와 직접적인 관련이 있다(Fletcher, Francis, Morris, & Lyon, 2005b; Fuchs & Fuchs, 1998). 평가에 대한 검사와 평가의 절차들은 학습장애를 특정 짓는 구인과 분류 모형에 근간을 두고 있다. 분류의 기준이 능력-성취 불일치 모형에 기반을 두고 있다면, 주요한 능력들은 개별 능력(예, 지능지수 또는 듣기 이해력)을 측정하는 검사와 성취 검사(읽기, 수학, 쓰기 등)를 사용하여 측정된다. 만일 저성취 모형에 따라 학습장애 분류가 이뤄진다면 능력은 측정 대상에서 제외되고 성취에만 초점을 맞추게 된다. 개인내차 모형에 근거한 분류방법에서는 인지 정보 처리과정 측정이나 신경심리학적 검사가 활용된다. 또한 중재반응 모형은 교수에 대한 반응 정도를 평가하기 위한 교육과정중심측정(CBM)이 요구될 것이다.

　우리가 제안한 혼합 모형에서는, 학습장애를 평가할 때 중재반응 모형

에 대한 평가, 성취에 대한 규준-참조 평가 그리고 상황적 요인들(contex-
tual factors)과 관련된 조건들이 사용되어야 한다. 상황적 요인들과 관련된
조건이란 학업의 문제를 설명할 수 있는 것들이며, 더 중요한 것은 대안
적인 교수방법에 대한 필요성을 제안할 수 있는 것들이다.

검사와 처치 대 처치와 검사

중재반응 모형을 적용한 학습장애 평가방법은 오랜 세월 동안 평가 영
역을 지배해 온 전통적인 검사 후 진단(test-to-diagnosis) 방법과는 차이가
있다(그림 3-9) 참조). 우리가 제안한 판별 모형에서는, 학습장애는 일회
성 심리측정 검사 도구에 의하여 '진단' 되는 것이 아니다. 오히려 학습장
애는 학생에 대한 체계적인 교수를 제공하는 과정이 선행된 이후에만 판
별될 수 있다. 여기서 중요한 질문은, 과연 학습장애 판별이 중재의 과정
없이도 또는 학교 밖에서도 판별이 가능한가 하는 것이다. 우리는 적절한
학습의 기회를 보장하는 것이 환경과 상관없이 학습장애 판별의 중요한
전제임을 제안한다. 왜냐하면 전통적인 검사 후 진단이라는 접근은 기껏
해야 개인을 위험군(at-risk)으로 규정지을 뿐이며, 절단점 등에 기초한 접
근은 신뢰할 수 있는 판별방법이 될 수 없기 때문이다.

모든 영역에서 평가를 실시할 때 가장 중요한 목표는 성취에 어려움을
지닌 학생에게 가능한 한 빨리 중재를 제공하기 위함이다. 학교 현장에
서, 읽기 문제를 가진 아동을 선별하는 절차는 특수교육 대상자로 과잉
선별된 소수자가 있음을 보고한 국가 연구 보고서(Donovan & Cross, 2002)
와 텍사스 주에서 이미 수행된 연구와 같이 대규모의 연구로 진행될 수 있
다(Foorman, Fletcher, & Francis, 2004). 위험 수준으로 판별된 아동들은

CBM을 사용하여 진전도를 모니터링해야 하며, 만약 대상아동이 중재에 대한 적합한 반응을 보이지 않으면서 추가적인 조건이 충족된다면, 특수교육 대상자로 판별될 수 있도록 집중적이고 다층적인 중재를 제공받아야 한다(Vaughn & Fuchs, 2003). 이와 같은 판별방법은 중재반응 모형의 핵심적인 특징으로 '처치와 검사(treat-and-test)' 모형 안에서 단순히 장애를 정의하는 것보다 우수한 장점을 가지고 있다. 대부분의 장애 판별 모형들에서 사용된 장애의 기준은 장애의 존재와 함께 장애가 적응 능력을 저해하고 있다는 증거에 기반을 두고 있다. 그러한 이유로 장애란 현재 장애를 갖고 있다는 것(disabling)을 의미하는 증거가 된다. 학습장애를 판별할 때 교수에 대한 반응을 평가한다는 것은 학습장애에서 장애의 요인을 조작적으로 정의할 수 있는 한 가지 방법이 된다.

만약 연방 정부 가이드라인의 평가가 개별적으로 사용된다면(예, 학교 밖의 정신건강 혹은 심리교육 클리닉이나 기타 다른 상황), 그 기초는 여전히 제3장에서 언급된 혼합 모형이어야만 한다(Bradley et al., 2002). 임상 현장에서는 우선적으로 저성취라는 증거를 확립해야 할 필요가 있을 것이다. 이와 같은 저성취에 대한 증거는 중재전략과 연관되어야 하며, 단순히 학습장애로 '진단하기' 위한 인지 정보 처리과정 기술 혹은 지능에 대한 평가에 그쳐서는 안 된다. 또한 학습장애 평가 관련 전문가들은 교육적 중재에 대한 실제적인 지식을 가져야 하며 중재반응 모형을 측정하고 중재전략을 제공할 수 있는 학교 내·외 전문가와 교류를 구축해야 한다. 학습장애 평가의 핵심은 단지 진단하는 데 있는 것이 아니다. 만약 필요하다면, 전문가들은 보다 빈번한 횟수의 진전도 측정 평가를 통하여 개별적으로 학생의 진전도를 평가할 수 있어야 하고, 이러한 자료를 중재전략의 자료로 활용할 수 있어야 한다.

학습장애의 이질성

중재반응 모형, 성취 그리고 상황적 요인들에 대한 평가를 논하기에 앞서, 먼저 학습장애 하위 영역과 관련된 질문들이 제기되어야 한다. 이 질문은 오랫동안 제기되어 온 학습장애의 이질성(heterogeneity)에 관한 논의로 학습장애 구인이 몇몇 서로 다른 성취 영역들 중 어느 하나에서의 결함으로부터 비롯될 수 있다는 사실과 관련되어 있다. 학습장애는 구분된 영역으로 구성되어 있는데, 이는 읽기, 수학, 쓰기표현과 관련된 각 영역의 학습장애가 상이한 외현적 특성과 그에 따른 상이한 중재적 요구가 있음을 의미한다. 학습장애를 지닌 많은 사람이 하나 이상의 영역에서 결손이 있다 하더라도, 읽기나 수학 학습장애 영역으로 구별될 수 있는 전형적인 하위 집단이 존재한다. 이러한 이질성 때문에 학습장애를 한 가지의 개념으로 분류하기는 어렵다.

가설된 학습장애 판별 준거의 영역들을 포함할 수 있는 전형적인 집단이 존재한다. 그러나 이러한 영역들은 1977년 미국 연방 정부의 학습장애 정의에서 일관되게 반영되지 않았다. 이 쟁점을 논함에 있어 Fletcher와 동료들(2002)은 1977년 연방 정부의 학습장애 정의에 포함된 구어 표현과 듣기 이해(listening comprehension)는 말하기와 언어장애의 범주에도 포함되었음을 지적하였다. 이처럼 장애의 범주가 중첩된 원인은 바로 이러한 조건들이 미국 연방법령의 정의에 명시되어 있기 때문이다(제2장 참조). 심지어 듣기 이해가 수용 언어의 한 요소로 포함되지 않을 경우, 듣기 이해는 단어-읽기 장애(word-reading disabilities)가 없는 아동들의 읽기 이해와 거의 일치한다(제7장 참조).

학습장애의 나머지 다섯 가지 영역들은(기초 읽기, 독해력, 수학 계산, 수학 개념, 쓰기) 연구결과를 바탕으로 검증된 학습장애의 하위 영역들과 정확히 일치하지 않는다. '읽기 유창성'은 어려움의 요인으로 인식되지 않았으며, '수학 개념'은 실제적으로 교육 현장이나 중재 연구에서 주장된 영역이 아니다. 제8장에서 논의된 것처럼 '문제해결'을 수학 능력의 관련 영역으로 규정하는 것이 나을 것이다.

〈표 4-1〉은 연구에서 일관되게 밝혀진 다섯 가지 하위 영역을 보여 준다. 이 하위 영역들은 단어재인(제5장), 유창성(제6장), 읽기 이해(제7장)를 포함하는 세 가지 읽기장애와 수학장애(제8장) 그리고 철자, 글자 쓰기, 작문을 포함하는 쓰기표현장애(제9장)를 포함한다. 수학장애 판별을 위한 학업 기술의 결핍을 판단할 수 있는 연구는 매우 부족하다. 게다가 수학에서의 어려움이 읽기에서의 어려움과 다른 것인지 혹은 공존 관계를 반영하는지 아직 불명확하다. 수학과 쓰기의 유창성 또한 매우 중요한 영역일 수 있지만, 아직까지도 읽기, 수학, 쓰기 등의 유창성과 관련한 장애들이 명확히 구분될 수 있는지에 관한 근거는 매우 부족하다.

이 영역들을 지지하는 증거들은 이어지는 각 장에서 정리되어 있다. 평가의 궁극적인 목표를 달성하기 위해서는 성취와 관련한 하위 영역들을 반드시 고려되어야 한다. 중재반응 모형의 평가에서 CBM의 사용은 단어재인, 읽기 유창성, 수학, 철자의 발달을 확인하는 데 최적의 방법이다.

〈표 4-1〉 학습장애의 가설적 분류에 따른 하위 집단

학습장애 유형	결핍된 학업 영역
읽기장애	단어재인과 철자
읽기장애	유창성과 자동성(automaticity)
읽기장애	읽기 이해
수학장애	계산과 문제해결
쓰기표현장애	철자, 글자 쓰기, 작문

CBM을 통한 읽기 이해의 평가는 빈칸 채우기 검사(cloze)나 단어 선택형 검사(maze test)를 통해 가능한데, 이러한 형식은 읽기 이해에 대한 제한된 평가결과를 제공한다. 왜냐하면 읽기 이해는 너무나도 많은 잠재적인 과정을 반영하므로 그 자체로 평가하기가 쉽지 않기 때문이다. 또한 읽기 이해나 쓰기와 같은 복잡한 능력을 평가하는 것이 매우 어렵다는 사실은 우리가 학습장애를 판별할 때 규준-참조 평가가 매우 중요하다고 주장하는 주된 이유가 된다.

제1장에서 살펴본 것과 같이, 어떤 이들은 학습장애가 성취 영역을 넘어서는 범위의 개념이라 주장하는데, 이 주장의 명확한 예는 바로 사회적 기술이다. 실제로 학습장애를 지닌 많은 사람이 사회적 기술과 관련된 어려움을 갖고 있으며, ADHD의 경우처럼 공존장애를 나타내기도 한다. 다른 예에서, 사회적 기술의 어려움은 학습의 어려움을 유발하는 동일한 과정으로 여겨지며, 이것은 비언어적 학습장애에서 제기된 가설의 예로 볼 수 있다. 이와 같은 비언어적 학습장애는 수학의 절차지식, 읽기 이해, 사회적 기술의 결핍과 함께 다른 인지적, 운동적, 감각적 기능에서의 결핍들로 특징지을 수 있다(Rourke, 1989). 어떤 학습장애 아동들은 분명 성취에 직접적으로 관련된 사회적 기술, 운동 기술, 감각적 능력, 구어, 기타 영역들에서 문제를 보인다. 그러나 한편으로는 그러한 문제를 지닌 상당수의 사람들 중에는 학업성취의 문제가 없음을 고려해야 한다. 즉, 낮은 학업성취는 필요조건이기는 하나 충분조건은 아니라는 논쟁하에, 우리는 다음과 같은 제안을 한다. 즉, 학습장애의 존재 여부를 일관되게 판정할 수 있는 준거가 없다면 학습장애라는 장애 분류는 존립할 수 없다는 것이다(Stanovich, 1991, 2000).

다음 절에서 우리는 학습장애를 평가하고 판별하는 데 필요한 세 가지 요소들을 살펴볼 것인데, 세 가지 요소로는 중재반응 모형의 평가(중재전략에 대한 평가를 포함하고 있음), 학업성취의 평가 그리고 상황적 요인 및 관련된 조건들에 대한 평가가 포함된다.

학습장애의 평가

진전도 모니터링

아동이 학업성취의 어려움으로 인하여 선별이나 검사에 의뢰되고, 그러한 과정을 통해서 특정한 문제를 확인하게 된다면, 우리는 교수전략에 관한 진전도를 모니터링해야 한다. 이처럼 학업성취의 문제를 지닌 아동들은 빠른 시일 내에 판별하여 중재 및 진전도 모니터링이 제공되어야 하기 때문에 선별 절차가 특별히 중요하다. 이러한 선별과정에서 규준-참조 평가들을 사용하더라도, 중재전략의 효과성을 평가하기 위해서는 한 학년에 최소한 두 번의 검사를 실시해야 한다. 위험군에 속한 아동의 발달 속도와 중재에 대한 반응 정도는 규준에 근거한 기대치(normative expectation)에 버금갈 정도로 향상되어야만 하며, 이는 곧 학업성취의 격차가 줄어들고 있음을 의미한다(Torgesen, 2000). 단어 읽기 정확성(word reading accuracy) 및 유창성, 수학, 철자를 측정할 때, 그와 같은 영역의 진전도는 유창성에 근거한 짧은 검사지를 사용하여 반복적으로 모니터링될 수 있다. 읽기 이해나 쓰기 영역의 작문을 모니터링하기는 매우 어려운데, 그 이유는 진전도 속도가 빠르지 않고 이 유형들에 대하여 적합한 진전도-모니터링 검사가 현재 충분히 개발되지 않았기 때문이다.

[그림 4-1]은 3학년 아동의 수학 진전도와 프로그램 개발을 보여 주는 CBM 그래프다. 그림에서의 점(dot)은 3학년 교육과정에서 체계적으로 표

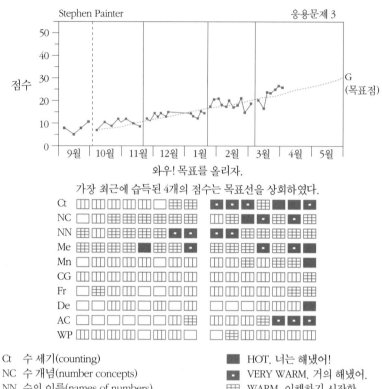

[그림 4-1] 초등학교 3학년 수학 개념과 활용 영역에서 Stephen Painter에 대한 진전도와 프로그램의 개발을 보여 주는 CBM 그래프

각각의 점은 개별 시점에서의 획득된 CBM 검사의 수행결과를 나타낸다. 점선으로 된 수직선은 설정된 목표를 의미한다(학년 말에 제시된 G를 보시오). 즉, 점선으로 된 수직선은 학년 말의 목표를 달성하기 위해서 필요한 진전도의 기울기를 의미한다. 실선으로 표시된 수직선은 교사가 진전도의 기울기를 증가시키기 위해서 중재전략 프로그램을 수정해야 하는 시기를 나타낸다. 마지막 단계에서 수집된 자료는 더 높은 기울기가 산출되었음을 보여 주고 있다(네 개의 가장 최근 자료는 모두 목표선 위에 있다). 따라서 목표를 향상시키는 의사결정을 해야 한다. 밑에 제시된 상자는 3학년 교육과정에서 배운

기술의 숙달 정도를 나타낸다. 첫 번째 상자는 숙달되지 않았음을 의미한다(음영이 없는 상자). 4월 중순 정도에 Stephen은 세 가지 기술(측정, 화폐, 소수)을 숙달하였고, 추가적인 두 가지 기술(수 세기, 응용 계산)은 거의 숙달하였고, 네 가지 기술(수 개념, 수의 이름, 도표와 그래프, 분수)은 부분적으로 숙달하였고, 시도는 하였으나 숙달하지 못한 영역은 단지 언어 문제 영역이었다. 예를 들어, Stephen의 교사는 기술 프로파일의 열(row)을 검토하여, 응용 수학의 영역이 다음과 같이 변화했음을 확인할 수 있다. 즉, 처음에는 ① 시도하지 않았고, 그 이후에 ② 시도는 했으나 숙달하지 못했으며, ③ 다시 부분적으로 숙달했고, ④ 겨울방학 이후에 시도는 했으나 숙달하지 못했으며, ⑤ 다시 부분적으로 숙달했으며, ⑥ 3~4월 중 숙달할 것으로 예상했다.

집된 개별 시점의 CBM 검사 값을 의미한다. 이 예에서 Stephen의 교사는 한 줄로 나열된 수학 능력의 프로파일들을 검토할 수 있는데, 이는 응용 수학의 영역을 ① 시도하지 않음, ② 시도는 했으나 숙달하지 못함, ③ 부분적 숙달, ④ 겨울방학 이후에 '시도는 했으나 숙달하지 못함' 단계로 복귀, ⑤ 다시 부분적 숙달, ⑥ 3~4월 중 숙달할 것으로 예상함으로 분류하였다.

대부분의 규준-참조 검사들은 동형검사문항을 가지고 있지만, 매번 1~3주마다 진전도를 반복적으로 모니터링하기에는 적합하지 않다. 그렇기 때문에 CBM 평가는 반복적으로 검사를 사용할 수 있도록 적합하게 개발되었다(Stecker et al., 2005). 이 측정은 중재반응 모형을 평가하는 교수자뿐 아니라, 진단 혹은 검사 전문가도 사용 가능하다. 진전도 모니터링 시, 아동은 자신의 학년 수준에 적합한 짧은 지문을 읽고, 수학 계산 문제를 풀며, 1~6분 동안 철자 쓰기를 한다. 정확하게 읽은 단어 수, 수학 문제의 정답 수 그리고 정확하게 받아쓴 단어의 개수를 시간의 경과에 따른 그래프로 나타내고, 기대되는 수행결과를 의미하는 기준점과 비교한다. 또한 이러한 측정방법은 위험 수준을 판단할 수 있고 중재반응 모형의 평가에서 기초선을 제공하기 위해서 사용된다.

진전도 모니터링 평가는 검사 이상의 의미로 사용된다. 즉, 진전도 모니터링 평가는 검사뿐만 아니라 우수한 중재전략의 일부분으로 여겨진다. 수많은 연구결과를 통해 학습장애 학생들의 학업성취를 향상시킬 수 있는 다양한 교수적 방법들의 효과성을 확인했음에도 불구하고(Swanson et al., 2003), 여전히 효과적인 중재에 대한 비반응률은 10~50%로 높게 나타나고 있다. 이러한 결과의 주된 원인은 학습장애 집단의 이질성과 관련되어 있다. 즉, 학습장애 집단에는 다양한 교육적 요구를 갖고 있는 개인들이 포함되어 있다. 이러한 이유로 타당성이 확보된 중재를 제공하더라도 학생들의 진전도는 체계적으로 모니터링되어야 하며, 이러한 과정을 통해서 학생들의 학업성취를 향상시킬 수 있다. 또한 교사나 기타 전문가들도 진전도 모니터링을 사용하여 교수적 중재에 대한 개별 학생들의 반응 정도를 측정할 수 있으며, 학생들의 반응이 부적절했을 때 교사는 신속하게 프로그램을 수정하고, 그 수정된 중재전략의 효과를 모니터링해야 한다.

프로그램 모니터링은 다양한 방법을 사용하여 수행 가능한데, 규준-참조 검사 측면에서는 단어 읽기 효율성(Word Reading Efficiency) 검사(Torgesen et al., 1999a)나 Woodcock-Johnson 성취도 검사 도구(Woodcock, McGrew, & Mather, 2001)처럼 널리 활용되는 검사를 쓸 수 있다. 이러한 검사들은 중재 기능으로서 학생의 진전도를 측정하기 위하여 반복적으로 사용할 수 있지만, 상대적으로 긴 시간 간격(통상 수개월) 하에 사용된다. 이러한 검사보다 더욱 빈번하게 CBM 자료를 수집할 수 있는 대안적인 형태가 있는데 그중 상당수는 '학생 진전도에 관한 국가 센터(National Center for Student Progress Monitoring)'(www.studentprogress.org)에서 검토되었다. 이 센터에서 밝힌 바에 따르면, CBM 검사의 절차는 자료의 신뢰성, 학년, 성취 영역 등에 따라 매우 다양하게 사용될 수 있다. 그러나 연구결과에 따르면, CBM은 학생이 어느 정도의 진전도를 나타내고 있는지를 확인할 수 있는 신뢰롭고 타당한 정보를 제공하며, 중재 프로그램의 수정 여부를 결정할 때 사용될 수 있으며 또한 CBM을 사용했을 때와 그렇지 않았을 때를 비교했을 경우 CBM을 사용하면 학년 말에 보다 향상된 학업성취를 얻을 수 있음을 증명하였다.

CBM의 효과성 연구결과에 따르면, CBM을 사용함에 따라 교수를 계획하는 능력과 학생의 학습이 모두 향상될 수 있음을 보여 주고 있다. 이러한 긍정적인 결과를 얻을 수 있는 이유는 CBM을 사용하여 교사로 하여금 보다 도전적인 목표를 설정하도록 도울 수 있기 때문이다. 또한 CBM을 사용하여 학생의 보다 나은 진전을 촉진하기 위해 교수적 수정이 필요한지 여부를 결정할 때 도움을 받을 수 있으며, 궁극적으로 보다 효과적인 교수 최적화에 대한 아이디어를 제공할 수 있다. Fuchs와 Fuchs 그리고 Hamlett(1989b)는 CBM을 활용한 의사결정 방법 중 목표를 향상시키기 위한 연구를 수행하였다. 15주에 걸친 수학 교수전략에서 교사들은 다음의 세 가지 조건에 무작위로 배정되었다. ① CBM 미적용, ② 목표 향상 지침 없이 CBM 시행, ③ 목표 향상 지침을 적용한 CBM. 목표 향상 지침을 사용하는 교사는 학생의 실제 진전도가 예측했던 목표점수보다 높을 경우 최종 목표점을 상향 조정하였다. 연구결과, 목표 향상 지침을 적용한 CBM 집단의 교사들이 보다 빈번하게 목표를 상향 조정하였고(30명 중 15명), 이는 목표 향상 지침 없이 CBM을 시행한 집단(30명 중 1명)보다 높은 수치였다. 게다가 교사의 목표 향상 지침의 사용 유무에 따라 학생들의 사전–사후 표준화 성취 검사 점수가 상이했다. 결과적으로 교수목표의 적합성을 모니터링하고 목표를 상향 조정하기 위하여 CBM을 사용하는 것은 교사들이 그들의 교수전략을 계획할 때 도움을 줄 수 있는 한 가지 방법이 될 수 있다.

교수전략에 관한 의사결정을 향상시키기 위해 CBM이 사용되는 또 다른 경우는, 학생 진전도의 정확성을 평가하고 교수적 수정이 필요한지의 여부를 결정할 때다. 실제 학업성취가 기대했던 성장률(목표선의 기울기)보다 낮을 경우, 교사는 학생의 학습을 촉진시키기 위하여 교수 프로그램을 수정한다. Fuchs와 Fuchs 그리고 Hamlett(1989c)은 CBM 의사결정 전략의 효과성을 연구하였는데, 29명의 특수교사가 CBM을 적용하여 15주 동안 53명의 경도/중도장애 학생을 가르쳤다. 'CBM 측정만 사용' 집단의 교사들은 학생들의 읽기 성장만을 측정하고 학생의 읽기 프로그램을 구조화하기 위한 평가 정보들은 사용하지 않았으며, '프로그램 수정을 위해 CBM을 사용'한 의사결정 규칙 집단의 교사들은 학생들의 수행을 측정하였고, 이러한 측정결과는 더 나은 학업성취를 위해 언제 중재전략이 수정되어야 하는지를 결정할 때 활용되었다. 이 연구결과에서 두 집단의 교사는 모두 학생의 수행결과를 측정했지만, 결과의 중요한 차이는 '프로그램 수정하기' 의사결정 규칙의 사용 여부와 관련되어 있었다. Stanford 성취도 검사의 읽기 이해 하위 검사에서, '프로그램 수정하기' 의사결정 규칙 집단의 학생들은 'CBM을 사용하지 않은' 통제집단보다 우수한 성취(효과 크기= .72)를 나타낸 반면에, 'CBM 측정만 사용한' 집단은 그렇지 못했다(효과 크기= .36). 더욱이 두 개의 CBM 처치집단 내 학생들의 진전도(slope)는 유의하게 달랐는데, '프로그램 수정하기' 집단의 성취(효과 크기= .86)결과가 이를 뒷받침해 준다. 이러한 연구결과와 다른 연구자들(예, Wesson, 1991)의 제안에 따르면, CBM 자료를 모으는 그 자체만으로 작은 효과 크기의 학습 진전도를 기대할 수 있다. 학생들의 학업성취를 향상시키기 위해 교사들은 CBM 자료를 사용할 필요가 있으며, 이는 학습장애 학생들을 위한 효과적인 중재전략을 설계하는 데 도움이 된다.

CBM 총점수는 교사들이 중재전략을 수정해야 할 시기를 결정할 때와 설정된 목표를 언제 올려야 하는지를 결정할 때 사용된다. 또한 시간에 따른 수행결과를 그래프를 통해 살펴봄으로써([그림 4-1] 참조), 교사들은 효과적인 교수 적용에 대한 아이디어를 얻을 수 있다. 예를 들어, 평평하거나 감소하는 그래프의 기울기를 통해 학생이 이전에 배운 학습내용을 숙지하지 못하고 있거나 동기의 문제가 있음을 가정할 수 있다. 그럼에도 불구하고, 학생의 학업성취에 관한 풍부한 자료를 얻기 위해서는 성취결과를 요약하고 기술하는 대안적인 방법이 요구된다. 일련의 CBM 연구결과에 따르면, 개별 학생들이 갖고 있는 학업의 강점과 약점에 관한 정보를 CBM 검사를 통해서 얻을 수 있고, 이러한 CBM 정보를 이용하여 교사들은 더 우수한 교육 프로그램을 설계할 수 있었으며, 학생들은 더 나은 학업성취를 얻을 수 있었다.

CBM 진단 프로파일의 효과성 연구는 수학(Fuchs, Fuchs, Hamlett, & Stecker, 1991b), 읽기(Fuchs, Fuchs, & Hamlett, 1989d) 그리고 철자 쓰기 (Fuchs, Fuchs, Hamlett, & Allinder, 1991a) 등의 세 영역에서 이루어졌다. 교사들은 ① CBM을 사용하지 않음, ② CBM을 목표 향상과 중재전략에 관한 의사결정에 사용함, ③ 진단적 프로파일과 함께 CBM을 목표 향상과 중재전략에 관한 의사결정에 사용함 등 이렇게 세 가지 조건에 무선 할당되어 배정되었는데, 진단 프로파일 처치집단에 속한 교사들은 학생 개개인의 학습 요구에 보다 민감한 교수계획을 제공하였다. 이들은 사전-사후 검사의 차이점수를 이용하여 전반적인 학업성취도의 변화를 측정하였다. 이러한 검사결과에 따르면, 진단 프로파일 처치집단에 속한 교사들의 학생들은 더 나은 학습 수행을 보였다. CBM 진단 프로파일을 사용한 집단의 효과 크기는 .65~1.23이었다. 이러한 일련의 연구들은 교육과정에서 나타난 학생들의 강점과 약점에 관한 CBM 정보가 잘 조직화될 경우 교사들은 더 높은 학업성취와 함께 중재전략을 계획하는 데 도움을 얻을 수 있음을 증명하였다.

교사들이 보다 효과적인 프로그램을 설계하도록 도와주는 CBM의 총체적인 유용성을 입증하는 연구들(예, L. S. Fuchs, Deno, & Mirkin, 1984; Fuchs et al., 1991a; Shapiro, Edwards, & Zigmond, 2005; Wesson, 1991)이 있다. 이 자료를 언급하기 위하여 읽기 연구를 한 가지 소개한다. Fuchs와 동료들(1984)은 뉴욕 시 공립학교에서 18주 동안 수행된 연구에서, 교사들을 CBM 실험집단과 통제집단에 할당하였다. 각각 학생들의 읽기 수행 정도를 최소 2주에 한 번 측정하여 점수를 기록하고 그래프에서 진전도를 산출하였고, 학생의 읽기 프로그램을 설계하는 데 CBM 의사결정 규칙을 사용하였다. 읽기 중재전략을 계획하기 위해서 CBM을 사용한 교사들의 학생들은 모니터링 방법만 사용했던 교사들의 학생들보다 검사(Standford 진단적 읽기 검사)의 하위 검사 영역인 지문읽기 검사, 해독 검사, 이해력 검사(각각의 효과 크기는 1.18, .94, .99)에서 우수한 성취를 보였다. 이러한 연구결과가 의미하는 바를 살펴보면, 지문 읽기 유창성에 초점을 맞춘 진전도 방법임에도 불구하고 교사들은 유창성, 단어 해독, 읽기 이해를 포괄하는 읽기 프로그램을 계획했음을 보여 주고 있다.

이상을 종합해 보면, 잘 설계된 많은 연구는 교사들이 교수계획을 위하여 CBM을 사용할 때 읽기, 철자 쓰기, 수학에서 학생들의 학습효과를 극대화시킬 수 있다는 증거들을 제공하고 있다. 진전도 모니터링이 학습장애 학생 개개인에 대한 타당성 있는 중재의 효과를 평가하기 위해 사용되고, 그 자료에 근거하여 프로그램을 수정하게 되면 우리는 보다 긍정적인 학습장애 학생의 학업성취를 기대할 수 있다.

중재전략을 평가하기

아동이 진전도를 보이지 않을 경우에 CBM 평가와 함께, 추가적인 교수전략에 사용된 시간이나 특성에 관한 정보를 포함하는 종합적인 중재전략이 수반되어야 한다. 학교 심리학자들은 이러한 평가 영역에 관한 전문성을 지니고 있다. 비록 학교 밖의 심리학자들은 CBM을 수행하기 위한 준비가 되어 있지 않거나 개인적으로 중재전략을 평가할 수 있는 위치가 아닐지라도, 그러한 평가들은 반드시 사용되어야 하며 특히 사설 학원에 근무하는 치료사가 학습장애에 대한 의뢰를 결정할 경우 더욱 필요하다.

부적합한 반응을 확인하기

CBM 자료가 체계적으로 수집되었을 경우, 개인의 반응이 적절한지를 결정하기 위한 다양한 방법들이 사용될 수 있다. '반응'이란 연속된(continuum) 범주로 존재하며 모든 학생에게 적합하면서 명확한 절단점을 설정하기는 어렵지만, 특별한 준거들은 특별한 교육적 도움이 필요한 학생들을 선별하는 데 도움이 될 수 있는 가이드라인을 제공할 수 있다. 지금까지의 문헌들은 교수에 대한 적절한 반응을 정의하는 다양한 방법들을 다루고 있다. 그중 일부는 진전도-모니터링 평가에 기반을 두고 있는 방법으로 비교집단과 비교가 가능한 기울기와 초기값을 계산한다. 여기서 비교집단이란 학교에 기반을 둔 집단이거나 아니면 다른 정규분포에 근거한 집단이 될 수 있다. Fuchs와 Fuchs(1998) 그리고 Speece와 Case(2001)의 연구결과에 따르면, 초기값과 기울기를 모두 사용한 방법은 절편(초기값)이나 기울기만을 사용한 것보다 장기적인 학업성취의 결과를 정확히 예측하였다고 보고하였고, 학년 말 기준점(end-of-year benchmark)이나 초기값만을 사용했을 때 얻을 수 없었던 정보들을 확인할 수 있었다.

다른 계산 방법들은 학년 말 기준점(end-of-year benchmark)만을 사용하는 방법들로(Torgesen, 2000), 통상 연령 기준에서 하위 25 또는 30퍼센타일 이하의 낮은 읽기 능력의 학생 수를 산출하여 사용한다. 마지막으로 또 다른 공통적인 준거는 지문 읽기 유창성 점수에 근거하여 설정하는 것이다. 예를 들어, 1학년 학생들은 읽기 자료의 난이도에 따라 분당 35~40개의 단어를 읽어야 한다. 이는 다수의 준거를 조사하는 데 유용하다. 그러나 기울기는 반드시 포함되어야 한다. 왜냐하면 핵심적인 질문은 언제나 진전도와 관련되어 있으며, 변화를 측정하기 위에 필요한 자료의 수가 증가함에 따라 부정확한 반응을 선별하는 신뢰도 또한 향상될 수 있기 때문이다. 변화에 대한 추정치 값은 항상 현재 수준을 나타내는 기초값 함수를 포함하고 있으며, 이러한 특성으로 인해 CBM을 사용하여 절대적인 현재 수준과 기울기 산출이 가능해진다. Fuchs와 Fuchs(1998)는 부적절한 반응을 확인하기 위하여 최종 성취값(final status)과 기울기 모두를 사용하는 방안을 제안하였다. 이러한 방법에서 부적합한 반응을 보이는 학생은 반드시 기울기와 최종 성취값에서 적어도 그들의 동료나 규준-참조 기준에 비해 1 표준편차 이하의 값을 나타내는 '이중불일치(dual discrepancy)'를 보여야 한다. [그림 4-2]는 성장 혼합 분석(growth mixture analysis)에 근거한 다양한 성장 궤적을 보여 준다(Fuchs, Compton, Fuchs, Hamlett, & Bryant, 2006a). 분석을 위하여, 27주의 교육과정에서 도출된 연산(computation) 평가를 1학년 학생들을 대상으로 10월부터 다음 해 4월까지 사용하였다(n=225). 분석결과, 4개의 서로 다른 궤적 집단을 산출하였다. 낮은 기울기와 낮은 절편을 가진 집단은 높은 절편을 가진 집단(기울기와 관계 없이)과 높은 기울기를 가졌지만, 낮은 절편을 가진 집단과 비교했을 때 2학년 말에 수학장애로 판별될 가능성이 높았다(Wide Range Achievement Test-Arithmetic에서 10퍼센타일 이하의 수행으로 정의됨). [그림 4-2]에서 볼 수 있듯, 특정한 진전도(기울기) 값과 상관없이, 최종 성취값은 그 자체만으로 일부 학생을 비반응자 학생으로 선별할 수 있다. 왜냐

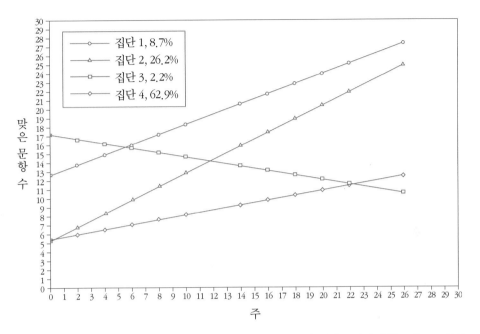

[그림 4-2] 1학년 학생들을 대상으로 27주간 교육과정중심평가 결과를 성장 혼합 모형으로 분석하였고, 4개의 서로 다른 성장 유형 집단이 산출됨(Fuchs, Compton, Fuchs, & Bryant, 2006a). 낮은 기울기와 절편을 갖고 있는 학생들은 기울기는 높으나 낮은 절편을 갖고 있는 학생이나 높은 절편(기울기와 상관없이)을 갖고 있는 학생과 비교했을 때 2학년 말에 수학장애로 분류될 확률이 매우 높다.

하면 그들의 초기 수행 수준(초기값)이 매우 낮았기 때문이다. 가파른 성장궤적(높은 기울기)에도 불구하고, 일부 학생들은 마지막 중재 시점까지 일정한 기준점 이하의 값을 나타내었다. 기준점에만 초점을 맞출 경우 문제점이 발생할 수 있다. 즉, 기울기로 평가했을 때 중재전략은 효과적이라고 판단할 수 있지만, 기준점만 고려했을 경우 학생들에게 효과적이지 않다라는 결론을 내릴 수 있게 된다. 반대로 기울기만 고려할 경우 향상된 학업성취를 보이며 규준 지향 기준이나 기준점 준거를 충족하는 학생들을 비반응 학생들로 선별할 수 있게 된다. 향상된 기울기와 최종 성취

값을 동시에 고려하는 이중불일치 방법은 학생이 ① 적절한 성장을 보이는 것에 실패하고 ② 규준 또는 기준점 준거 이하로 중재를 마쳤을 경우에 부적절한 반응자로 선별한다. 중재반응 모형 체계 안에서 학습장애를 판별하기 위한 대안적인 방법들을 비교하고 평가할 수 있는 추가적인 과제가 요구된다.

학업성취 영역들을 평가하기

학습장애 평가에 함께 사용될 수 있는 규준-참조 성취 평가의 종류는 매우 많다. 〈표 4-2〉는 단어재인, 읽기 유창성, 읽기 이해, 수학 연산/문제해결, 쓰기표현(철자, 글씨 쓰기, 작문)에 어려움을 겪는 5개의 하위 집단을 제시하였다. 이러한 패턴들은 연구를 통해 확립되었다. Rourke와 Finlayson(1978), Siegel과 Ryan(1989), Stothard와 Hulme(1996) 그리고 제5~9장은 이러한 하위 집단에 대한 광범위한 논의의 증거를 제공하고 있다. 많은 개인은 다수의 학습 영역에서 어려움을 겪고 있으며, 학습장애라고 고려되는 모든 사람을 위해 필요한 학업성취 영역의 평가방법을 제안하고 있다. 또한 〈표 4-2〉는 학습장애의 중요한 학업성취 결함 영역을 제공하고 있다.

Fletcher와 동료들(2005b)은 동일한 학업성취 배터리(battery) 검사에서 도출된 검사를 사용하도록 제안하고 있는데, 그 이유는 동일한 집단의 자료를 바탕으로 규준을 개발했기 때문이다. 이러한 일치된 특성으로 인해 검사들 간의 비교가 가능하다. 그러나 어떠한 하위 영역의 검사들이 성취 배터리 검사에 포함되어야 하는지 고민하는 것보다 더 중요한 사항은 측정된 구인들과 이러한 구인들을 측정하는 척도의 질을 향상시키는 것이다. 〈표 4-2〉에 따르면, 중요한 구인들은 단어재인, 읽기 유창성, 읽기 이해, 수학 연산, 문제해결, 쓰기표현이다.

〈표 4-2〉는 학습장애 평가시 가장 빈번히 사용되는 2개의 검사 도구인 Woodcock-Johnson 성취도 배터리 검사-III(Woodcock-Johnson Achievement Battery-III: WJ)(Woodcock et al., 2001)와 Wechsler 개인 성취도 검사-II (Wechsler Individual Achievement Test-II: WIAT)(Wechsler, 2001)에 관한 구인들과 그에 대한 평가방법에 관한 설명을 제공하고 있다. 또한 WJ나 WIAT 검사를 대신해서 사용될 수 있는 규준-참조 검사를 다음에서 제시하고 있다. 예를 들어, 철자 검사는 쓰기표현이나 글씨 쓰기의 어려움을 갖고 있는지를 선별하기 위해서 사용될 수 있다.

많은 사람이 다수의 학업 영역에서 어려움을 보이고 있기 때문에, 여러 검사를 사용하여 학업적 강점과 약점 패턴을 확인하는 것은 매우 중요하다(Fletcher et al., 2002; Fletcher et al., 2005b; Rourke, 1975). 평가는 위계적으로 이루어질 수 있으며, 모든 검사를 각 개인에게 실시할 필요는 없다. 학업성취에 심각한 어려움을 갖고 있는 대부분의 사람은 단어재인 기술에 어려움을 나타낸다. 단어재인은 읽기의 모든 영역에서 어려움을 유발할

〈표 4-2〉 학업 기술 결함에 관련된 Woodcock-Johnson-III(WJ)와 Wechsler 개인 성취도 검사-II(WIAT) 하위 검사

학업 기술 결함	핵심 영역 검사	
	WJ 하위 검사	WIAT 하위 검사
단어재인	단어 확인 단어 공격	단어 읽기 유사 비단어 해독
읽기 유창성	읽기 유창성	-
읽기 이해	지문 이해	지문 이해
수학 계산	계산	수 연산
수학 문제해결	응용 문제	수학 추론
철자 쓰기	철자 쓰기	철자 쓰기

수 있기 때문에 보통의 경우 핵심적인 읽기 영역 이외의 검사들은 불필요하다. 읽기 이해나 작문 영역에서만 어려움을 나타내는 경우는 매우 드물다. 만약 학업의 문제가 특별히 수학에 있다면, WJ나 WIAT 검사 이외의 추가적인 검사는 도움을 줄 수 있다. 왜냐하면 이러한 검사결과를 통해서 수학의 어려움이 주의집중이나 다른 영역의 장애로 인한 것이 아님을 확신할 수 있기 때문이다.

단어재인

WJ와 WIAT 검사는 모두 실제 단어와 유사 비단어(pseudowords)의 목록들을 구두로 읽게 하는 하위 검사를 포함하고 있다. 이러한 하위 검사를 통해서 일견 단어(sight word)에 대한 지식과 글자를 소리 내어 읽을 수 있는 능력을 평가할 수 있다. 대부분의 성취도 검사들은 난이도에 따라 나열된 실제 사용 단어들을 인지할 수 있는지를 평가하고 있으며, 이러한 영역의 검사는 학습장애를 선별하는 데 사용되는 모든 검사의 필수적인 요인들이었다. Fletcher와 동료들(1996)은 유사한 잠재적 변인들을 측정할 수 있으면서 높은 상관을 나타내는 읽기 정확성 검사를 개발하였다[예, Wide Range Achievement Test-Ⅲ(Wilkinson, 1993) 그리고 The Gray Oral Reading Test-Fourth Edition (GORT-Ⅳ; Wiederholt & Bryant, 2001)].

읽기 유창성

읽기 유창성 측정 또한 전형적으로 높은 상관을 나타내고 있다. WJ의 읽기 유창성 하위 검사는 학생에게 3분 동안 지문을 읽게 한 후 몇 가지 질문에 답하는 유형임에도 불구하고 다른 유형의 유창성 검사와 높은 상관관계를 나타내고 있다. WIAT는 묵독 읽기 이해를 통해 읽기 속도를 측정한다. 목록에 나열된 실제 단어와 유사 비단어를 읽는 단어 읽기 효율성 검사(Test of Word Reading Efficiency)(Torgesen et al., 1999a)나 지문을 읽는 읽기 유창성 검사(Test of Reading fluency)(Deno & Marston, 2001)에서는 직접적으로 유창성을 측정하지 않는다. 해당 학년 수준에 적합한 CBM 검사는 읽기 유창성을 평가할 수 있는 적합한 방법이다. 이러한 평가들은 빠르고, 효과적이며, 널리 사용된다. 읽기 유창성을 측정하는 핵심 요소는 지문을 소리 내어 읽는다는 것이다. 이러한 이유로 유창성은 분당 단어를 정확하게 읽는 것으로 측정이 가능하다. GORT-IV 검사에서도 소리 내어 본문 읽기의 유창성 점수를 포함한다.

읽기 이해

읽기 이해를 평가한다는 것은 매우 어려운 과제다(Francis et al., 2005b). 반응 형식뿐만 아니라 개인이 읽는 자료의 질을 파악하는 것은 매우 중요하다. 읽기 이해를 평가하는 검사는 아동이 무엇을 읽는지[문장, 단락, 장르(이야기, 설명문)], 반응 유형(빈칸 채우기, 주관식 질문, 객관식, 소리 내어 생각하기), 기억력을 요구하는지(질문에 답할 때 지문을 제공하거나 제공하지 않은 경우), 의미를 도출하는 평가의 정도(어휘 정교화 대 지식, 추론, 배경지식의 활성화)에 따라 다양하다. 만약 검사의 주된 관심 영역이 이해력이며 아동의 단어재인이나 유창성 기술 이상의 상위 능력을 평가해야 한다면, 단일 검사로는 적합하게 평가할 수 없으며 다수의 이해력 검사가 필요하다.

예를 들어, WJ의 지문 이해력(Passage Comprehension)과 유사한 검사들은 읽기 이해 성취 정도를 선별하기 위한 목적으로 사용될 수 있다. 이와 같은 빈칸 채우기 기반 평가(cloze-based assessment)에서 아동은 지문이나 문장을 읽게 되고 빈칸으로 남겨진 괄호 안에 적합한 단어를 채워 넣어야 한다. 마찬가지로 WIAT의 검사는 많은 양의 지문을 읽도록 요구하지 않는다. 읽기 이해에 어려움을 나타내는 상당수의 아이들은 WJ나 WIAT 검사에서 사용된 읽기 지문을 읽을 때 어려움을 나타내지 않는 문제점이 있다. 이러한 검사에서 사용된 지문의 난이도는 학생의 읽기 수준과 일치하지 않기 때문에 적합하지 않다. 읽기 이해를 측정하는 좋은 평가는 상당한 양의 지문과 구조가 복잡한 지문을 읽도록 요구하는 것이다. 이해력에 어려움을 보이는 아동들에게 집단 읽기 검사와 진단적 교육(Group Reading Assessment and Diagnostic Education: GRADE)(Williams, Cassidy, & Samuels, 2001), GORT-IV(Wiederholt & Bryant, 2001), 집단 기반 읽기 이해 검사 중 하나인 Iowa 기초 능력 검사(Iowa Test of Basic skills)(Hoover, Hieronymous, Frisbie, & Dunbar, 2001) 또는 Stanford 성취도 검사-10판(Stanford Achievement Test-10th edition)(Harcourt Assessment, 2002)와 같은 검사를 사용하는 것이 필수적이다. 만약 개인이 학교에서 이러한 종류의 검사를 받았다면, 그 결과는 평가의 일부로 검토될 수 있다. 일부 학생들은 시험에서 최선을 다하지 않거나 주의를 기울이지 않을 수 있으며, 검사결과에 영향을 미칠 수 있는 다수의 행동들이 검사결과에 영향을 미칠 수 있기 때문에 집단 검사결과만을 의지해서는 안 된다.

수 학

〈표 4-2〉에서는 지필(paper-and-pencil) 유형의 수학 연산 검사로 WJ의 하위 검사인 계산(Calculation) 영역과 WIAT의 하위 검사인 수리적 연산 (Numerical Operations) 영역을 제공하고 있다. 이러한 연산 검사에서의 낮은 점수를 통해 수학장애와 관련된 인지적 기술을 일관되게 예측할 수 있다(Rourke, 1993). 수학의 어려움은 다양한 원인과 관련되어 있다는 것이 가장 큰 문제다. 만약 단어재인에서 비교적 낮은 점수를 얻었다면, 이러한 검사에서의 낮은 점수는 사실 인출과 음운 기억의 문제와 관련되어 있다. 반대로 만약 단어재인의 점수가 수학 점수보다 월등히 높다면, 문제

는 과정적 지식과 관련된 어려움 때문에 발생한 것이다. 누구에게든지, 낮은 수학 점수는 주의력 결핍과 관련될 수 있으며(Fuchs et al., 2006b), 특히 ADHD 공존장애를 지닌 아동에게 그러하다. WRAT-III의 수학 연산(Arithmetic) 하위 검사는 유용하게 사용될 수 있는데 그 이유를 살펴보면 시간제한이 있고, 문항이 일률적으로 배열되지 않았기 때문에 주의력 및 수행 기능의 결핍을 확인할 수 있다. 읽기장애가 없는 학생에게도 나타날 수 있는 명백한 수학의 어려움인지를 확인하는 것은 지필 유형의 수학 연산 검사의 핵심 사항이다. 수학이 우선적인 고려 사항인지를 확인한 후 수학 문장제 검사가 필요할 경우, WJ 응용 문제(WJ Applied Problems)나 WIAT 수학 추론(WIAT Math Reasoning)의 하위 검사가 사용될 수 있다. 이러한 검사들은 읽기 문제를 가진 아동들에게 어려운 문장제 문제들을 제공한다.

비록 수학 유창성 장애를 나타내는 증거가 없더라도 읽기에서와 마찬가지로, 유창성 검사는 유용하게 사용될 수 있다. WJ의 수학 유창성(WJ Math Fluency) 하위 검사는 보충적인 검사로 사용될 수 있다. 이 검사는 시간제한이 있는 한 자리 수 검사 도구로 상위 수준의 수학을 습득하는 데 어려움의 원인이 되는 기초적인 연산 기술의 속도에서 결함을 지닌 학생을 선별하는 데 유용하게 사용될 수 있다.

쓰기표현

가장 측정이 어려운 영역은 쓰기표현인데, 쓰기표현장애를 구성하고 있는 요인들이 아직까지 잘 성립되지 않았기 때문이다. 쓰기표현장애에서 우선적으로 철자 쓰기, 손으로 글씨 쓰기 또는 작문을 포함하는가? 손으로 글씨 쓰기와 철자의 문제는 작문을 방해할 수 있고, 이러한 영역들은 서로 연관이 되어 있다(Berninger, 2004). 〈표 4-2〉에는 특히 단어재인에 어려움을 지닌 많은 아동의 쓰기표현 어려움은 철자 쓰기에 어려움을 나타내기 때문에 철자는 반드시 평가되어야 함을 보여 주고 있다. 철자 오류의 분석결과는 주된 문제가 언어의 음운 요소와 관련된 것인지, 글자의 시각적 형태에 관련된 것인지를 이해하는 데 중요한 정보를 제공한다[즉, 정자법(orthography); Rourke, 1993]. 철자 쓰기 과제를 완성하도록 하는 것은 손으로 글씨 쓰기의 비형식적인 평가가 되기도 한다.

WJ와 WIAT는 쓰기표현 검사를 가지고 있다. 이러한 검사들은 아직까지 체계적으로 잘 개발되지 못하고 있다. 검사 구인(construct)의 관점에서, 의미 있는 단락의 구성과 쓰기는 실제로 요구되지 않고 있다. 글쓰기에 주된 어려움을 보이는 학생에게는 쓰기 언어 검사(Test of Written Language)(Hammil & Larsen, 2003)의 하위 검사인 주제 성숙도(Thematic Maturity) 검사와 같은 유형의 도구가 필수적일 것이다. 읽기와 수학에서와 마찬가지로, 쓰기 유창성의 평가는 작문의 질을 예측할 수 있기 때문에 중요한 정보를 제공할 수 있다(Berninger & Hart, 1993). 그리하여 WJ의 쓰기 유창성(Writing Fluency) 하위 검사와 같은 도구로 유창성을 측정하는 것은 특별히 선별을 목적으로 사용할 때 유용하다.

성취 패턴

학습장애의 유형을 판별하고 특정한 중재를 확인하는 데 도움이 되는 규준-참조 검사의 결과는 특정한 패턴으로 나타날 수 있다. 〈표 4-1〉에서 제시된 학습장애의 다섯 가지 유형들은 학교 안에서뿐만 아니라 밖에서도 사용될 수 있으며 효과성이 입증된 중재전략을 가지고 있다(제5~9장 참조). 제3장에서 설명된 심리측정학적 원인과 개념적 원인 때문에 한 번의 평가로 학습장애를 진단하려는 것은 주된 목적은 아니다. 대신 중재전략과 연관된 학업의 어려움을 확인하는 것이 주된 목적이어야 한다. 만약 검사 전문가가 이러한 패턴에 대한 지식이 있다면 추가적인 평가를 실시할 필요가 있을 뿐만 아니라 매우 특정한 중재전략을 제공할 수 있다.

〈표 4-3〉은 6개의 성취 패턴을 요약하고 있는데 이러한 결과는 〈표 4-1〉의 가설적인 분류와 〈표 4-2〉의 주요 평가와 직접적으로 관련된 연구(Fletcher et al., 2005b)를 통해서 확립되었다. 부정오류(false negative error: 특정한 장애를 지닌 사람들의 누락)를 최소화하기 위해서, 절단점은 신중하게 상향 조정되어야 한다는 점을 반드시 명심해야 한다. 절단점이란 엄격하고 빠른 결정을 요구하는 것이 아니며, 다른 교과 영역들 간의 불일치 수준을 나타내는 것도 아니다. 이보다는 패턴이 더 중요한 요소다(Rourke, 1975). 절단점을 신뢰할 수 있게 측정되었다 하더라도 단지 25퍼센타일 이하의 점수로 학습장애를 결정해서는 안 된다. 학습장애의 존재 여부를 결정하기 위해서는 타당성이 입증된 중재전략에 대한 반응 여부가 평가되어야 한다.

〈표 4-3〉에 나타난 성취 패턴을 통해서 우리는 전형적으로 철자 쓰기와 읽기 이해에 결함을 갖고 있으면서 단어재인 문제를 가진 아동, 적절한 읽기와 철자 기술을 갖고 있지만 수학에는 어려움을 지닌 아동을 구분할 수 있다. 우리는 어떤 학생들은 읽기와 철자에 어려움을 갖고 있지만 수학은 잘하는 반면, 다른 학생들은 모든 영역에 문제를 갖고 있음을 확인할 수 있다. 읽기와 수학 공존장애를 가진 이 집단은 읽기와 수학 어느 한 부분에 문제를 가진 집단보다 더욱 심각한 문제를 가지고 있음을 증명하는 연구의 수는 매우 많다(제8장 참조). 비슷하게 단어재인과 철자 기술은 잘 발달되어 있지만 수학에는 어려움을 겪는 학생들은 단어재인 영역에 우선적인 문제를 가지는 학생들과는 명확하게 다르다(Rourke, 1993). 단어재인과 수학 기술 간의 불일치는 비언어적 학습장애를 선별할 수 있는 최적의 독립적인 지표 중 하나다(Pelletier, Ahmad, & Rourke, 2001;

〈표 4-3〉 중재와 관련된 성취 패턴

1. 단어재인과 철자가 <90이고, 수학적 계산이 단어재인과 철자보다 1/2 표준편차 높거나 적어도 90이다. 이 패턴은 단일 단어 해독(single-word decoding) 능력에 문제가 있으며, 연산 능력은 더 뛰어난 것으로 특징지어진다. 읽기 이해는 어떻게 평가되느냐에 따라 달라지지만 보통 손상되어 있다. 이러한 패턴을 보이는 아동들은 심각한 음운 처리과정의 문제를 가지고 있으며 종종 공간 및 운동 기술에서는 강점을 지닌다(Rourke & Finlayson, 1978).

2. 읽기 유창성 <90이고, 단어재인이 1/2 표준편차 높은 것은 단어 읽기 자동성(automacity of word reading)이 단어 읽기 정확도보다 더 문제가 있음을 반영한 것이다. 가장 신뢰할 수 있는 상관관계는 빨리 자동적으로 철자 이름 대기(rapid automatized naming of letters) 과제에서 나타난다.

3. 읽기 이해력이 <90이고, 단어재인보다 7점 아래다. 이 패턴은 어휘와 수용 언어, 작동기억, 주의집중에 문제가 있고, 음운 처리과정에는 강점을 지님을 반영한다(Stothard & Hulme, 1996).

4. 수학 계산이 <90, 단어재인과 철자가 >90이고 적어도 7점 높다. 오직 수학에만 어려움을 지니고 있는 아동은 이러한 패턴을 보인다. 이것은 집행기능/주의집중(executive functions/attention), 작동기억, 운동 및 공간 능력에 문제가 있는 것과 관련이 있으며 음운 처리과정과 어휘에서는 종종 강점을 보인다(Rourke & Finlayson, 1978). 만약 철자도 <90 이면 이것은 기본적으로 더 심각한 운동 문제를 지니는 것과 같은 패턴인 것이다.

5. 철자 <90. 이것은 ① 저학년 아동의 운동 능력 손실이나 ② 고학년 아동과 성인에 있어서 치료되거나 보상받은 초기 음운 언어 문제의 잔존을 반영한다. 이 패턴은 단어재인의 어려움을 갖는 성인에 대한 그동안의 연구결과와 같다. 유창성은 종종 손상되었다.

6. 단어재인, 읽기 유창성, 읽기 이해, 철자, 연산 <90. 이 패턴은 단어재인과 수학의 어려움을 나타내고 있으며, 이러한 어려움을 갖고 있는 학생들은 더 우수한 수학적 발달을 보이면서 낮은 읽기 해독 기술을 갖고 있는 학생들보다 더 심각한 지속적인 언어의 어려움과 작동기억의 어려움을 나타낸다(Rourke & Finlayson, 1978). 단어재인의 어려움과 수학의 어려움은 공존하고 있는 것 같다.

주) 패턴은 단어재인, 읽기 유창성, 읽기 이해, 철자의 관계를 기반으로 한다. 25퍼센타일 아래(표준 점수 =90) 점수는 적어도 경도의 손상(장애)을 나타내는 것으로 간주한다. 1/2 표준편차(±7 표준 점수)의 차이는 중대하다. 이러한 패턴은 지능지수 점수와는 무관하다. 패턴은 전형적으로 나타나지만 이러한 규칙은 융통성 있게 적용되어야만 한다.

출처: Fletcher, Foorman et al. (2002); Fletcher, Francis, Morris, & Lyon (2005).

Rourke, 1993). 〈표 4-3〉은 또한 읽기 유창성과 이해력에 어려움을 나타
내는 학생들을 보여 주고 있다. 또한 읽기 이해력, 해독, 철자와 관련된 중
재전략의 효과성을 조사할 필요가 있다.

학습장애 판별을 결정할 때는 단순히 검사 점수만을 고려하기보다는
점수 이외의 다른 요인들도 함께 고려할 필요가 있다([그림 1-1] 참조). 다
음 부분에서 설명하듯, 학습장애의 판별과정은 중재전략을 계획하는 데
있어서 무엇이 필요한지에 초점을 맞추어야 한다. 이러한 특성은 학생 개
개인에게 가장 효과적인 교육계획이 무엇인지를 결정하는 데 영향을 미
칠 수 있는 공존장애의 유무와 상황적 변인에 관한 평가를 요구한다. 저
성취는 다양한 상황적 변인들과 연관되어 있다. 이러한 이유로 인하여,
특수교육에서는 다학문간 팀을 이용하여 시험 점수 이외의 변인을 함께
고려할 수 있다. 평가의 목적은 궁극적으로 중재계획을 개발하는 데 초점
을 맞춰야 한다.

상황적 요인과 관련된 조건들을 평가하기

저성취를 설명할 수 있는 상황적 요인과 관련된 조건들을 평가하는 것
은 적합한 중재전략을 계획할 때 필요하다. 이러한 요인들을 평가하는 기
본 원칙은 학습장애가 의심되지 않는 일반적 상황에서 그와 같은 요인들
을 측정하는 동일한 방법으로 요인들이 측정되어야 한다는 것이다. 부모
가 작성한 발달적 및 의료적 기록들과 함께 행동과 학업에 관한 교사 및
부모의 평가가 정기적으로 실시되어야 한다. 많은 행동 문제는 학습장애
와 공존하며 때로는 저성취의 원인이 된다(Fletcher et al., 1999a). 이러한
잠재적인 공존 요소는 평가되고 고려되어야 한다. 이러한 요소를 고려하
지 않고 단순히 아동을 교육적 중재에 의뢰하는 것은 중재반응 모형을 잘

못 사용할 확률을 증가시킨다. 마찬가지로 교육적 중재 없이 ADHD와 같은 행동장애 아동을 교육한다면 그들의 학업성취는 향상되기 매우 어렵기 때문에 아동을 평가할 때 학업성취에 대한 평가가 항상 먼저 고려되어야 한다. 그러므로 이러한 요인과 조건은 다양한 정보를 통해 정기적으로 판별되어야만 한다. 만약 학업과 행동의 두 영역에서 어려움을 갖고 있다면, 이러한 동시 발생의 어려움은 두 영역에서 어려움이 있음을 나타내며 서로 다른 중재전략들이 제공되어야 한다.

다른 장애 영역의 평가들은 상황에 따라 다양하게 사용된다. 만약 정신지체가 의심된다면 정신지체 분류와 일치하는 지능지수, 적응 행동 및 관련된 평가들이 사용될 수 있다. 그러나 읽기 이해나 수학에서 성취 점수가 평균으로부터 2 표준편차 이내(즉, 정신지체의 전통적인 법적 정의와 일치하지 않는)이거나 적응 행동이 명백히 정신지체 분류의 기준보다 월등한 사람은 정신지체에 해당되는 지능 검사 점수를 획득하지 않을 것이다. 적응행동의 결핍이 나타나지 않거나 기초 기술 이외의 읽기 이해나 수학에서 강점을 지니고 있다면 정신지체로 해석할 수 없다.

낮은 지능지수 점수를 지닌 일부 아동들은 구어장애(oral language disorders)를 가질 수 있으며 이러한 구어장애는 말하기와 언어에 관한 중재전략이 필요하다. 이러한 중재전략에서는 추가적인 평가가 진행될 수 있다. 이러한 구어장애는 학습장애 영역에서 흔하게 공존하는데, 구어장애는 학업의 어려움을 증대시킬 수 있다(Bishop & Snowling, 2004). 어휘측정과 같은 간단한 평가는 전반적인 언어발달에 문제가 있는 아동을 판별하는 데 도움을 줄 것이다. 또한 이러한 검사들은 좀 더 형식적인 지능검사가 필요한 학생을 선별하는 데 도움을 줄 수 있다. 이러한 장애의 문제는 일반적으로 교과 영역 이외의 문제로 확대되며, 중재가 필요한 추가적인 영역을 나타낸다.

다른 주요한 고려 사항은 영어가 모국어가 아닌 학생(English language leaner)과 관련된 요인들이다. 만약 그들의 모국어를 사용했을 때 읽기의 문제가 발생한다는 증거가 없다면 외국어를 읽는 데 어려움을 지닌 사람을 학습장애로 선별해서는 안 된다. 이러한 가능성을 평가하기 위해서 영어와 그들의 모국어로 제작된 언어 유창성 검사와 학업 기술 발달 검사를 실시할 필요가 있다. 오직 영어 환경에만 노출된 아동의 경우 정기적인 평가가 필요하지 않지만, 전체 인구 중 영어가 모국어가 아닌 일부 집단의 경우에는 이러한 문제가 중요한 이슈가 된다.

결 론

제3장에 제시된 평가 모형에 따르면, 학습장애로 판별되는 아동을 위한 중재반응 모형, 저성취, 개인내차 모형의 특징을 통합한 혼합 모형을 제안했다. 우리는 학습장애 학생으로 선별하기 위한 목적으로 인지, 신경심리학 및 지능 영역의 검사를 확산적으로 실시하지 말 것을 제안한다. 왜냐하면 그러한 검사결과들은 중재전략에 기여한다는 증거가 부족하며 그러한 검사들 간의 불일치 결과를 통해서 학업성취 검사에서 얻을 수 없는 정보를 제공할 수 있다는 증거가 부족하기 때문이다(제3장 참조). 이러한 검사들을 사용할 때 내재된 기본 가정 중 한 가지는 읽기, 수학, 쓰기 표현은 충분히 배울 수 있을 정도의 연령대 학생을 대상으로 검사를 실시한다는 것이다. 특별히 장애 영역을 확인하기 위해서 학령기 이전의 아동에게도 인지나 신경심리학적 검사를 시행할 수 있다. 이러한 검사들은 상대적으로 간편하게 사용될 수 있어야 하며 특정 학업 영역(예, 유치원에서 읽기 능력의 예측요인으로서 음운 인식, 글자–소리 지식)에 초점을 맞추어야

한다. 그러나 이미 단어재인, 수학, 쓰기표현 능력이 발달되었을 것으로 예측되는 연령의 학생일 경우, 인지 또는 신경심리학적 검사가 기여할 수 있는 바는 매우 적다. 일반적으로 학습장애는 학령기 전에 판별되어서는 안 된다. 1학년이라 해도 판별의 신뢰성은 낮다. 왜냐하면 이 연령대에는 많은 성취 검사에서 바닥효과가 나타나며 성숙의 문제가 남아 있기 때문이다(S. E. Shaywitz et al., 1992).

중재반응 모형에서 판별 모형과 평가방법은 주된 관심사다. 비록 누군가는 우리의 중재반응 모형이 학교 상황에만 적합한 것이라 생각할 수 있지만, 지능-성취 불일치, 저성취 또는 인지 및 신경심리학적 검사와 같이 단일 검사결과에 근거하여 학생을 평가한다는 것이 더 나은 중재결과로 귀결될 수 있다는 증거는 매우 부족하다. 이러한 평가는 중재전략에 대한 직접적인 함의를 제공하지 못한다. 만약 '진단'이 단일 평가에 근거한 것이라면 신뢰성이 매우 낮다. 더 중요한 것은 학업의 문제를 확인하는 즉시 중재가 시작되어야 한다는 것이다. 즉, '진단'에 대한 정보는 중재 영역으로 확대되어야 한다. 적절한 교수가 제공되기 전까지는 학습장애로 판별되어서는 안 된다. CBM을 통한 중재반응 모형의 연속적인 모니터링과 질적으로 우수한 중재전략은 아동이 학습장애라고 판별되기 전에 이미 제공되어 있어야 한다. 그러나 중재반응 모형은 단일한 학습장애의 준거가 될 수 없다. 왜냐하면 반응자와 비반응자의 구분이 가능한 절단점을 결정하는 연구나 기울기와 초기값을 추정치는 연구, 그리고 강도 높은 중재전략은 어떻게 구성되어야 하는지에 관한 연구가 매우 부족하기 때문이다(Gresham, 2002). 그럼에도 불구하고 중재반응 모형은 높은 타당도를 나타내고 있으며, 특별히 중요한 사항은 부적합한 반응자가 학습장애의 필수적 요인인 '예기치 못한 저성취'로 사용될 수 있는 가능성을 갖고 있다는 점이다(Flecher et al., 2003).

평가는 아동의 학습 및 행동의 어려움에 대한 분류과정과 관련되어야 하며 그것에서 기인해야 한다. 예를 들어, 학업의 어려움은 학습장애를 ADHD와 같은 행동장애와 구분할 수 있는 잠재적인 분류 준거의 지표로 사용된다. 만약 분류와 평가를 정신지체까지 확대하여 사용한다면 학습 장애와 정신지체(또는 ADHD)를 구분하는 차이점은 단순한 지능 검사 점수 차이에 있기보다는 오히려 적응 행동의 발달이 중요한 이슈가 된다. 정신지체에게 적응 행동 결함은 전반적이지만, 학습장애에게는 적응 행동이 상대적으로 좁은 범위 내에서 결함을 나타내기 때문이다(Bradley et al., 2002). 학습장애, 정신지체 그리고 ADHD(행동장애의 한 예로)의 분류는 성취, 주의집중 관련 행동, 적응 행동에 대한 지표를 필요로 한다. 이와 같은 평가는 구별된 특성을 지닌 하위 집단을 판별할 수 있는 지표에 주된 초점을 맞춰야 한다. 명백한 판별 준거에 기인한 지표들이 부재할 경우, 어려움을 지닌 사람은 단지 '장애를 가진' 사람일 뿐이다. 동일한 중재가 모든 사람에게 적용된다면 어떤 종류의 평가도 필요 없을 것이다. 학습장애를 평가할 때, 평가방법이 중재반응 모형과 학업에 대한 수준 및 유형과 관련된다면, 특정한 학업 영역에 초점을 맞춘 구별된 중재전략을 확인할 수 있으며, 학습장애 구인의 강력한 타당도를 제공할 수 있다. 학습장애를 어떠한 방법으로 분류하여 판별하며, 다른 장애와 구분하는지를 명확하게 설명할 수 있다. 이러한 학습장애 분류 모형은 직접적으로 다음 제5장에서 다루는 평가와 판별 및 중재에 대한 증거 기반 접근방법을 이끌어 내고 있다.

Chapter 05

읽기장애: 단어재인

　이전 장에서 우리는 읽기, 수학, 쓰기표현에서의 각기 다른 특성에 기초한 다양한 학습장애의 하위 집단과 관련된 진단 증거에 대해 논의했다. 제5장부터 제9장은 차례대로 학습장애의 여섯 가지 영역에 대해 논의하는데, 단어재인을 먼저 다루고, 읽기 유창성 영역을 포함하는 읽기장애(제6장), 읽기 이해(제7장), 수학(제8장), 쓰기표현(제9장)의 순서로 살펴본다. 각 장마다 정의, 역학, 발달과정, 학업 능력 결함, 인지 처리과정, 신경생물학적 요인, 중재와 관련된 이슈를 다룰 것이다. 제5장은 다른 장보다 분량이 많은데 이는 단어재인과 관련한 학습장애 연구가 더 많을 뿐만 아니라 단어 수준에서의 장애가 학습장애에서 가장 흔히 나타나는 형태라는 사실을 반영하기도 하는 것이다. 또한 우리는 이 장에서 학습장애를 치료하고 연구를 수행하는 것과 관련된 수많은 이슈를 조명하고 있는데, 그러한 이슈는 단어재인이 관련된 학습장애에서 가장 공통적으로 나타날 수 있기 때문이다.

학업 기술 결함

단어재인

단어 수준 읽기장애(Word-level reading disability: WLRD)는 '난독증 (dylexia)'과 같은 의미다. 이것은 '단어를 모름(word blindness)' '단어에 대한 시각 실인증(visual agnosia for words)' '특정 읽기장애(specific reading disability)'의 용어로 20세기에 걸쳐 묘사된 학습장애의 한 형태다(Doris, 1993). 그러므로 난독증 아동의 주요한 학업 능력 결함의 특징은 단일 단어 해독(single-word decoding)에 어려움을 나타내는 것이다(Olson, Forsberg, Wise, & Rack, 1994; Perfetti, 1985; S. E. Shaywitz, 2004; Stanovich, 1986). 이러한 결함으로 인해 심각한 읽기의 어려움을 초래하게 되면 결국은 다른 학업 영역에도 부정적인 영향을 미치게 된다. 읽기 이해는 빨리 해독하는 능력과 자동화되고 유창한 방법으로 단일 단어를 인식하는 능력에 달려 있다. Stanovich(1994)는 "의미 이해를 위한 읽기는 아동이 단어재인에 큰 어려움을 지니고 있을 때 심하게 지체된다. 단어재인 처리과정에 너무 많은 인지 능력이 소비되면, 문맥의 통합과 이해에 대한 더 높은 수준의 처리과정에 할당되어야 하는 인지적 자원(cognitive resources)이 부족하게 된다."(p. 281)라고 언급했다.

단어재인의 중요성과 관련하여 계속해서 축적되고 있는 증거 자료들을 살펴보면, 단일 단어를 정확하고 유창하게 읽는 능력이 읽기 관련 학습장애 연구에서 가장 빈번히 연구의 대상이 되었다는 것을 알 수 있다. 다시

한 번 말하지만, 교수되고 획득되어야 하는 학업 기술로서 읽기 이해의 역할을 축소하려는 것은 아니다. 단어재인은 이해력을 위한 선행조건일 뿐만 아니라 더 구체적으로 세분화된 행동인 반면 일반적으로 이해력과 관련된 많은 비읽기 요인들(nonreading factors)과는 관련되어 있지 않다 (Wood et al., 1991). 그러므로 단어재인은 더 정확한 발달 변인(developmental variable)을 제공한다. 발전된 읽기 연구는 '학습장애'를 지닌 모든 아동을 단순히 한 무리로 간주하거나 다른 종류의 읽기 어려움을 지닌 아동을 통합하는 것과는 반대로 단어재인을 사용하는 정의에 초점을 두는 것에서 시작하고 있다. 실제로 특정 읽기 영역(단어재인, 유창성, 이해)에 초점을 두는 것은 특히 학습장애의 원인과 이 장의 다음 부분에서 설명하고 있는 중재를 위한 효과적인 방법을 잘 이해하기 위해서 필요하다.

철 자

단어 수준 읽기장애(난독증)에서 나타날 수 있는 또 다른 학업 기술 결함은 철자 쓰기 결함이다. 이것은 단어 수준 읽기장애 학생이 단어를 해독하는 데 어려움이 있을 뿐만 아니라 문맥과는 별개로 문맥 내에서 단어를 쓰는 데(encode, 부호화)도 어려움을 보인다. 쓰기의 한 부분으로서 제9장에서 철자에 대한 이슈를 다룰 것이다. 그러나 비록 철자(단어 읽기처럼)가 다양한 과정을 거쳐 결정되는 기술이고 단순한 음운 처리과정이 아닐지라도, 난독증이 있는 사람들은 단어 읽기 어려움을 야기하는 똑같은 식의 음운 처리과정에서의 어려움을 보일 가능성이 높다. 또한 음운 처리과정에서의 어려움은 철자 문제도 일으킨다. 그러나 단어 읽기와 철자를 구별하는 것은 중요하다. 왜냐하면 철자 쓰기는 안 되지만 단어재인은 문제가 없는 사람이 있기 때문이다. 이러한 패턴은 특히 독일어와 스페인어처럼 음운론(phonology)과 정자법(orthography) 사이의 관계가 더 투명한 언어를 사용하는 사람들에게 있어서 학습장애를 판별할 때 더 분명히 드러나는 특성이다(Wimmer & Mayringer, 2002). 심지어 철자에 문제가 없는 경우에도 느린 읽기 유창성은 중요한 학업 능력의 결함으로 나타나고 있다. 이러한 이슈는 제6장의 읽기 유창성 장애 부분에서 좀 더 자세히 다룰 것이다.

핵심 인지 처리과정

명확한 변인들이 판별된 이후, 단일 단어 읽기의 결함을 설명하는 읽기 요인(예, 언어적, 지각적, 순간적 처리과정 속도)과 비읽기 요인에 대한 논쟁이 계속되고 있다. 두 가지 다른 관점이 존재한다. 첫 번째, 학교교육에 더 큰 영향을 줄 수 있는 관점으로 단어재인의 결함은 명확한 한 가지 비읽기 요인(즉, 음운 인식, 빠른 순간 처리 속도)과 주로 관련되어 있거나 기인한다고 제안하고 있다. 두 번째, 단일 단어를 빠르고 자동적으로 읽는 능력의 결함이 다중 요인(예, 음운 인식, 빨리 이름 대기, 언어적 단기기억)과 관련되어 있다고 가정하며, 이러한 특성으로 인하여 가설된 읽기장애의 하위 유형을 분류하였다. 그러나 난독증에 대한 모든 이론은 반드시 단어재인과 부호화 같은 핵심적인 학업 능력의 결함을 설명해야만 한다.

음운 인식

난독증(그리고 단어재인)과 관련된 뚜렷한 핵심 인지 능력은 음운 인식과 초인지 이해의 결함과 관련되어 있다. 초인지 이해란 우리가 듣고 읽는 단어는 소리에 기반을 둔 내적 구조를 지니고 있음을 의미한다 (Blachman, 1997; Liberman & Shankweiler, 1991; Share & Stanovich, 1995). 음성(speech sound)이나 음소(phonemes)는 단어의 의미 차이를 만드는 말의 가장 작은 요소다. 이것은 조음 방식과 위치, 음파의 패턴이나 음향 특성과 같이 그들의 음성 특성으로 묘사된다. 영어는 44개 음소를 가지는 알파벳 언어다. 어떤 알파벳 언어에서나 마찬가지로 학생들이 단어를 읽고 쓰기 위해 배우는 낱글자(unit character)는 단어의 음운론적 구조의 핵심이 된다(Liberman & Shankweiler, 1991; Lukatela & Turvey, 1998). 알파벳 언어를 읽고 쓰는 초기 발달에서 아동의 주요 과업은 알파벳 원리—말은 음소로 분절되고 이러한 음소는 활자 형식으로 나타난다는 깨달음—이해를 발달시키는 것이다(Blachman, 1997; Liberman, 1971; Lyon, 1995). 그러나 단어가 세분화된 소리로 나누어질 수 있음을 인식하는 것은 많은 아동에게 아주 어려운 일이다. 주된 어려움은 쓰기와 달리 말은 하나의 음소 뒤에 다른 음소가 '시간에 따라 순차적으로' 제공되는 분절된 음소로 구성되어 있지 않다는 사실이다(Gleitman & Rosen, 1973, p. 460). 대신 소리는 하나씩 소리 내는(sound-by-sound) 발음이라기보다 말의 빠른 의사소통을 허용하기 위해 '동시조음되는'(하나와 다른 것이 겹쳐지는) 것이다. 이러한 동시조음의 특징—말하기 위해서는 매우 중요한 요소이지만, 읽기와 철자 쓰기를 막 시작하는 초급자에게는 어려울 수 있음—은 다음과 같이 Liberman과 Shankweiler(1991)에 의해 설명된다.

음성을 동시조음하는 것의 이점은 이해될 수 있는 만족스러운 속도로 말을 할 수 있다는 것이다. 고통스러운 글자로 쓰인 글자 자체가 당신에게 주어진다면 당신은 말하기의 내용을 이해하기 위해서 얼마나 노력해야 하는지 상상할 수 있는가? 그렇다면 동시조음은 말을 지각하는 데 확실히 이롭다. 그러나 동시조음 그 이상의 결과는 근본적인 음운론적 구조와 귀에 들어오는 소리 사이의 정교한 일치성이 없다는 사실을 피할 수 없다는 것이 해독자에게는 부담이 되는 부분이다. 그러므로 'bag'이라는 단어는 비록 세 개의 음운론적 단위에 세 글자가 인쇄되어 있지만 이것은 단지 하나의 소리다. 처음 글을 배우는 학습자가 활자로 쓰인 bag이라는 단어가 세 개의 낱글자로 구성되어 있다는 사실을 이해하고, 이러한 사실을 통해서 읽기에 도움을 얻기 위해서는 먼저 그들이 익숙하게 들었던 bag이라는 단어가 3개의 낱글자로 분리된다는 것을 인식하고 있을 때에만 가능하다. 이것은 저절로 알게 되는 것이 아니다. 왜냐하면 세 개가 아니라 하나의 소리이고, 음운론적 구조가 자동화되고 다소 무의식이라는 것은 언어 지각 처리과정에서 요구되기 때문이다.

기초 읽기, 읽기 이해, 철자, 쓰기표현(작문)을 위해서는 필수적인 단어의 정확한 인지가 필요하며, 이러한 단어의 재인을 위해서는 언어의 음운론적 구조를 인지할 필요가 있다(Liberman & Shankweiler, 1991; Rayner et al., 2002; Share & Stanovich, 1995). 음운 인식이 발달하고 아동이 알파벳 원리를 이해할 때, 단어재인은 초기의 읽기과정에서 습득될 수 있다. 여기서 더 결정적인 중대한 이슈는 이러한 처리과정의 자동화와 이해 능력의 발달과 관련되어 있으며, 둘 다 정확성을 동반하지만 좀 더 장기간의 발달적 성장이 필요하다. 아동이 소리와 활자의 관계를 이해하지 못할 때 단어재인은 지체될 것이다. 학생들이 단어 읽기를 학습하는 데 어려움을 겪는 기간이 길어질수록 아동들은 오랜 기간 동안 활자를 접할 수 없게 되며, 결국 읽기장애는 심화된다. 아동은 단어를 읽는 경험과 책에 접근하는 기회를 잃게 되기 때문에 유창성과 이해 능력을 향상시킬 수 없다.

이 시점에서 읽기 학습장애의 가장 흔한 형태는 단어재인 능력이다.

이러한 관계를 지지하는 충분한 근거가 있으며, 이러한 관계는 읽는 것을 배울 때 뿐만 아니라 단어 수준 읽기장애(WLRD)의 유력한 원인으로서도 매우 중요하다(Shankweiler & Crain, 1986; Share & Stanovich, 1995; S. E. Shaywitz, 2004). 비알파벳 언어나 음운론과 바른 철자법에서 더 명료한 관계성을 갖고 있는 언어에서 읽기를 배우는 것은 여전히 음운론적 처리과정과 관련하여 중대한 연관성을 지니고 있다(Goswami, 2002).

다른 인지 처리과정

음운 인식 문제뿐만 아니라, 두 가지 다른 인지 과정들이 단어재인의 어려움과 관련되어 있다. 이러한 두 가지 인지 과정들은 음운 처리과정과 같은 핵심적인 요인으로 인식되지 않았다. 즉, 이러한 두 가지 인지 과정들은 주로 다음과 같은 두 가지의 경우에 사용되었는데, 첫 번째는 다양한 인지 과정들이 읽기 검사의 결과 독립적으로 예측할 수 있는지를 검증할 때이며, 두 번째는 이러한 다양한 인지 과정들이 음운 처리과정의 어려움만으로 단순하게 설명될 수 있는지를 검증하고자 할 때 사용되었다.

빨리 이름 대기

첫 번째 인지 과정은 문자와 숫자의 빨리 자동화 이름 대기(rapid automatized naming)다. 난독증을 가진 많은 사람은 언어의 소리 구조(sound structure)를 능숙하게 다루는 데 어려움을 가질 뿐 아니라 문자 혹은 숫자(심지어 사물들)를 가능한 한 빨리 이름을 대도록 요구하는 과제에서 어려움을 나타낸다. Wolf와 Bowers(1999)는 빨리 이름 대기에서의 결함이 음운 처리과정과는 독립적인 관계이며, 이러한 가설을 지지하는 연구들이 있다고 논하였다. 예를 들어 Schatschneider, Fletcher, Francis, Carlson 그리고 Foorman(2004)은 유치원 유아를 대상으로 평가한 문자의 음운 인식과 빨리 이름 대기가 1학년 학기 말 단어재인 기술을 예측할 수 있는 유의한 변인임을 확인하였다. Bowers와 Wolf(1993)는 이름 대기의 속도 결함으로 인해 인쇄된 단어의 음운 구성요소와 시각적 구성요소의 일시적 통합에 영향을 주는 타이밍 메커니즘(timing mechanism)의 조작에 영향을 미칠 수 있음을 논하였다. 그들의 연구는 특별히 단어들에서 정자법 패턴(orthographic pattern)의 처리와 이름 대기 속도의 결함을 연관시키려는 노력을 하였다.

읽기와 읽기 관련 기술의 발달을 모형으로 하는 구조방정식 연구들은 음운 인식과 빨리 이름 대기 능력이 시간 경과에 따른 읽기 기술의 능력을 유일하게 예측한다는 것을 발견하였다(Wagner, Torgesen, & Rashotte, 1994; Wagner, Torgesen, Rashotte, & Hecht, 1997). 그러나 Wagner와 동료들(1997)은 잠재적 변인 수준에서 음운 인식과 빨리 이름 대기 검사들 간에 높은 상관이 존재했기 때문에 음운 인식과 빨리 이름 대기는 모두 음운 처리과정에 영향을 받았다고 설명하였다. 이러한 해석은 난독증의 음운 제한(phonological limitation) 가설과 일치한다(Shankweiler & Crain, 1986).

빨리 이름 대기의 결함과 난독증을 가진 개인의 읽기 능력 간의 관계는 지속적인 논쟁이 되고 있다. 이름 대기 속도와 난독증과의 관계를 다룬 최신의 문헌검토(Vukovic & Siegel, 2006)에 따르면, "난독증 독자에게 있어 이름 대기 속도에서 지속적인 핵심 결함을 확인할 수 있는 증거는 없다."(p. 25)라고 논하면서, 빨리 이름 대기의 어려움이 단어 수준 읽기장애(난독증)를 가진 개인에만 나타나는 특징적인 현상인지에 대한 어떠한 증거도 없다고 결론을 내렸다. 반대로 Petrill, Deater-Deckard, Thompson, DeThorne 그리고 Schatschneider(2006a)의 쌍둥이 연구는 음운 인식과 빨리 이름 대기가 중등도로 상관이 있으며, 두 요인 모두 독립적으로 단어 재인의 종속변인을 예측할 수 있는 것으로 나타났다. 음운 인식은 유전적 요인과 함께 환경적 요인의 영향을 받는다면, 빨리 이름 대기 과제는 주로 유전의 영향을 받는다. 그들의 결론에 따르면, "연속된 이름 대기 과제의 속도는 음운 인식과는 유전적으로 구별된 특성을 지니고 있을 뿐만 아니라 병인론적 차원에서 읽기 기술의 변량을 독립적으로 설명할 수 있을 것이다."(p. 120)라고 주장하였다. 일반 집단을 대상으로 실시한 다수의 연구결과는 음운 처리과정이 통제된 상황에서도 문자들의 빨리 이름 대기는 독립변인인 단어 읽기를 예측할 수 있는 것으로 나타났다(Schatschneider et al., 2004). 그러나 난독증을 가진 사람들에게도 이러한 관계가 유지되는지는 명확하지 않다(Vukovic & Siegel, 2006).

연속적으로 빨리 이름 대기(rapid serial naming) 과제가 음운 영역에서의 과제에 속하는지에 대한 고려를 하지 않아도, Wolf와 Bowers(1999)의 연구에서 빨리 이름 대기는 정확한 단어 읽기보다는 단일 단어 유창성과 지문의 **유창한** 읽기와 관계가 있다는 것을 밝혔다. 영어권 국가에서 수행된 수많은 연구에서 정확하게 읽는 능력의 결함은 난독증을 가진 사람을 특징짓는 중요하고 우선적인 문제로 확인되었다. 그러나 이러한 결과는 독일(정확하게 단어를 읽을 수 있는 능력이 있더라도 유창하지 않은 단어 읽기와 낮은 철자 쓰기 능력이 나타날 수 있음)과 같은 나라에서는 명백하지 않다. 즉, 빨리 이름 대기는 독일 아동의 유창성을 예측할 수 있는 중요한 요인이다(Wimmer & Mayringer, 2002). 제6장에서 이러한 주제를 다시 다룰 것이지만 주된 내용은 단어 이름을 빨리 대는 과제는 정확성 검사보다는 유창성 검사와 좀 더 강하게 관련되어 있다는 사실이다(Schatschneider et al., 2004). 게다가 음운 처리과정이 통제되면, 많은 인지적 요인은 심지어 단어재인 기술과 구별되는 다른 영역의 능력과도 관련되어 있는 것으로 나타난다. 이러한 상관들은 인과적 관계를 의미하지 않기 때문에 더 많은 연구가 진행되어야 한다.

음운기억

단어재인 기술과 함께 난독증과 유의한 연관성을 갖고 있는 또 다른 인지 과정은 언어 그리고/또는 청각(소리 기반) 정보를 처리하는 작업기억(working memory)과 관련되어 있다. Wagner와 동료들(1997), Schatschneider와 동료들(2004)의 연구결과에 따르면, 음운 처리가 회귀방정식 모형에서 통제될 경우 다양한 음운기억 검사들은 추가적인 변산을 설명하지 못하는 것으로 나타났다. 하지만 난독증 집단과 정상적인 읽기 능력을 지닌 비교집단 간의 언어적 작업기억을 비교한 연구가 많이 진행되었으며, 공통적으로 작업기억의 문제점이 관찰되었다고 보고하였다(Siegel, 2003). 여기서 우리가 갖고 있는 중요한 질문은 작업기억의 문제들이 음운 처리와 독립적인지의 여부다.

Oakhill와 Kyle(2000)은 과제의 특성이 특히 중요할 수 있다고 제안하였다. 그들은 단기기억 과제(저장 능력을 강조하는 과제)와 작업기억 과제(저장과 처리 능력을 모두 강조하는 과제)를 비교하였다. 연구자들은 단기기억 과제가 음운 인식의 측정에서 유의하게 독립변인을 설명하는지에 대한 어떠한 증거도 발견하지 못하였다. 그러나 작업기억은 작업기억을 필요로 하는 음운 인식 검사에서 독립적인 변산을 예측하였다. 실제로 모든 음운 인식 검사들은 부분적으로 작업기억 구성요소를 포함하기 때문에, 작업기억 구성요소를 포함하지 않으면서 음운 인식을 평가하는 것은 매우 어려운 일이며, 이러한 사실은 음운 인식 과제들이 다수의 다변량 연구들에서 독립적으로 변산을 설명하지 못했던 이유가 될 것이다.

인과 관계

그러한 해석에도 불구하고, 음운 처리과정과 단어를 읽는 학습에서의 성공 여부 간의 인과 관계가 있다는 중요한 증거가 있다. 이러한 인과 관계의 강점은 지속적으로 조사되고 있다. 예를 들어, Castles와 Coltheart(2004)는 인과 관계가 있는지 여부에 의문을 제기했는데 그 이유는 이와 관련된 유용한 연구들은 상관분석에 의한 연구결과이며, 단어재인 능력과 음운 인식의 명료한 인과 관계를 확인하는 데 있어서 다른 읽기 기술들이 통제되지 않았기 때문이다. 반면 Hulme, Snowling, Caravolas 그리고 Carroll(2005)은 상당수의 증거들이 인과 관계를 지지한다고 논하였다. 그들은 또한 읽기를 배우는 능력이 다양한 언어 기술에 영향을 받으며, 읽기 능력과 음운 인식 능력의 인과 관계를 엄격한 연구방법으로 밝히려는 시도는 본질적으로 어렵다고 주장했는데 그 이유는 읽기 그 자체가 다양한 요인들로 구성된 체계이기 때문이다.

그밖의 다른 단위 과정

시각 양식

난독증과 다른 읽기장애의 병인론에서 단일 요인들만 판별했던 오랜 역사가 있으며, 이들 중 대부분은 Vellutino(1979), Vellutino와 동료들(2004)에 의해서 검토되었다. 예를 들어, 1960년대와 1970년대 많은 문헌의 주요한 특징인 **시각-지각적 어려움**과 읽기장애를 연관시키고자 하는 시도들이 명백했다(Vellutino, 1979). 읽기장애 아동과 정상 아동을 비교하는 데 있어서 그림 도형을 짝짓거나 복사하는 능력에서의 어려움은 공통적으로 확인되었지만, 공간처리 문제들이 그 자체로 읽기장애와 직접적인 관련이 되었다는 증거는 매우 부족했다(Vellutino et al., 2004).

동시에 읽기장애 아동은 읽기과정 이외의 영역에서 어려움을 나타낸다. 그들은 종종 공존장애를 가지고 있는 것으로 나타나는데 그들이 가진 공존장애는 수학이나 주의력 혹은 다른 인지 및 운동 장애들과 관련되어 있다. 이러한 연구결과는 오래된 뇌심리학적(neuropsychometric) 연구에서 명백히 나타나고 있는데, 이러한 연구들은 공통적으로 장애를 독립변인으로 설정하며 집단 간의 차이에 초점을 맞추고 있다(Doehring, 1978). 그러므로 장애아동에 관한 행동과학의 역사는 단일한 인과적 요인들을 비교하고 검증하는 시도들로 설명될 수 있다(Benton & Pearl, 1978). 이러한 연구들은 읽기장애 학생들이 지닌 특정한 요인들이 읽기의 문제를 어떻게 설명할 수 있는지에 대한 질문에 대해 답변을 제공하고 있다. 즉, 그러한 연구들은 가끔 인과적 요인들이 읽기과정과 관련되어 있다는 복잡한 이론들을 만들어 내고 있다. 시각-지각적 이론들은 집단 간의 차이나 상관만으로 연구결과를 일반화하는 전형적인 사례들이다.

이러한 경향은 청각이나 시각에서 낮은 수준의 감각 결함이 난독증과 관련되어 있다는 최근의 연구에서도 명백히 나타난다. 시각 영역에서 시각 유지(visual persistence), 대비 깜빡임 감각(contrast flicker sensitivity), 움직임 역치 추적(detection of motion threshold)을 포함하는 정신물리학적 방법을 사용한 연구가 있다. 이러한 연구들은 종종 일시적인 시각정보 처리과정에 결함이 있음을 보여 주고 있다(Stein, 2001). 이러한 결함들은 종종 거대세포 시각 경로(magnocellular visual pathway)의 특정한 문제점들과 관련되어 있다. 거대세포 경로는 일시적 시각 채널의 운동(operation of transient visual channel)을 담당하고 있는데, 이는 공간에서 주파수 대역이 낮고 빨리 움직이는 자극에 대한 단기 및 전시각(previsual) 반응을 제공한다. 반대로 소세포 시각 경로(parvocellular visual pathway)는 유지된 시각 채널의 운동(operation of the sustained visual channel)과 연관되는데, 이는 공간에서 높은 주파수 대역을 갖고 있으며 느리게 움직이는 자극에 대한 좀 더 장기 지연 반응을 제공한다. 읽기와 다른 시각 과제에서, 이러한 두 시스템들은 상호 배타적으로 서로를 억제한다. 다양한 연구결과들은 읽기장애를 가진 개인들이 시각정보의 도약안구운동억제(saccadic suppression)를 방해하는 비효과적인 일시적 시스템 억제(ineffective transient system inhibition)를 갖는다고 제안하여 왔다. 이것은 망막상의 지속 현상을 일으키고 그래서 페이지의 단어들은 뒤범벅이 되어 있는 것처럼 보일 수 있다(Lovegrove, Martin, & Slaghuis, 1986; Stein, 2001).

비록 읽기장애를 가진 개인은 시각 시스템과 관련된 측정 검사에서 일반적인 읽기 능력을 지닌 개인과 다르다는 것이 명백하더라도, 거대세포 시스템이 단어재인과 어떻게 연관되어 있는지는 아직 명확히 확인되지 않았다. 인쇄물 자체는 움직이지 않고 고정되어 있다는 가정하에 단어를 스캐닝할 때 단어들이 뒤범벅된다면, 과제는 개별 단어들의 지각과 관련되는 것은 아니며, 대신 사람이 글을 읽는 것처럼 단어들의 조합으로 글을 읽는 것이다(Iovino, Fletcher, Breitmeyer, & Foorman, 1999). 거대세포 시스템은 사람이 연속적으로 지문을 읽을 때 작동되며, 난독증의 중요한 핵심 문제는 개별 단어의 판별과 관련되어 있다. 그래서 이러한 이론이 어떠한 논리로 난독증과 관련된 주요한 읽기 문제를 설명할 수 있는지 확인하기란 매우 어렵다. 이와 같은 가설에 대한 결과는 결론적으로 명확하지 않으며 상당수의 연구들은 난독증을 가진 사람이 거대세포 기능에 결함을 갖고 있다는 증거를 확인하지 못했다(Amitay, Ben-Yehudah, Banai, & Ahissar, 2002; Hulme, 1988; Ramus, 2003).

난독증을 가진 아동에게 관찰되는 시각 처리의 어려움을 조사하는 최근의 연구들은 이러한 어려움과 문어에 대한 정서법적 요소의 과정(processing of orthographic component)을 관련지으려고 하며, 이러한 시각 처리의 결함들이 음운의 해독과는 관련이 없다고 추정하고 있다. 이러한 설명들은 때로 인쇄물에서 단어의 발음과 표상의 불규칙적 관계와 관련된다. 영어에서 음운론과 정서법은 종종 비일관적이고 영어 철자법은 대체로 불규칙적이다(Rayner et al., 2002; Ziegler & Goswami, 2005). 그러한 이유로 시각 시스템의 결함은 자동적으로 소리 낼 수 없는 단어를 즉각적으로 처리할 수 있는 능력과 관련되어 있다고 가정된다(이는 읽기의 이중경로이론을 나타냄). 이러한 이론에서, 단어들은 음운 경로를 통해 인지되거나 음운 처리를 요구하지 않는 시각 경로를 통해 즉각적으로 인지될 수 있다고 가정한다(Castles & Coltheart, 1993; Coltheart, 2005a).

이중경로이론(dual-route theory)은 시각 처리에 대한 중요한 가설인데, 왜냐하면 음운 처리와는 독립적으로 단어가 인지될 수 있음을 주장하기 때문이다. Talcott와 동료들(2000)은 음운 처리와 IQ에 기인한 변량이 두 변인 간의 관계에 의해서 통제되더라도 시각 운동 민감성(visual motion sensitivity)과 정서법적 과정(orthographic processing) 사이의 상관이 존재함을 발견하였다. 그러나 이러한 관계는 장애의 존재와 상관없이 모든 아동에게 나타난다. 게다가 단어재인과 정서법적 과정의 관계는 음운 처리의 관계보다 강하다는 어떠한 증거도 없다. Eden, Stern, Wood 그리고 Wood (1995)는 유사한 분석을 수행하였는데, 지능지수와 음운 처리가 관계에 미치는 영향을 통제한 후에도 시각 처리의 검사들은 읽기 기술을 독립적으로 예측하고 있음을 관찰하였다. 그러나 설명변량의 크기는 비교적 작았으며 상관이 높은 변인들을 포함한 제한점이 있다. 그러므로 좀 더 최근에 제시된 시각 처리 가설들은 난독증 아동이 경험하는 핵심 읽기 문제에 대한 명확한 설명을 제공하지 못하고 있다. 이러한 관점에서 앞에서 제시된 가설들은 아주 오래된 신경심리학적 가설과 유사하다. 신경심리학적 가설은 읽기장애 학생과 일반학생 간의 단일 비교에 근거하고 있다.

신경심리학적 차이를 바탕으로 두 집단 간 차이를 확인하는 것은 매우 쉽게 관찰될 수 있지만, 읽기 문제와 연관시키기는 매우 어려운 문제점을 지니고 있다(Doehring, 1978; Satz & Fletcher, 1980).

읽기에서 시각 처리의 역할은 중요하다. 단어들은 시각적 자극이고, 뇌에 포함된 신경망은 후두측두 영역을 통한 형태소 모양의 처리와 명확히 관련되어 있다. 이러한 뇌의 영역은 단어에서의 다양한 시각적 속성에 민감하고, 실제로 빈번하게 나타나는 단어의 패턴에 익숙해진다. 이러한 조합의 지각적 학습이 일어나고, 이는 유창성 발달에 결정적인 단어 읽기의 자동화를 지지한다. 이러한 연결들은 영어와 비교할 때 문자소와 음소가 좀 더 규칙적 관계를 갖는 이탈리아어 혹은 독어 같은 언어에서 좀 더 명백하다. 그러나 많은 신경영상 연구는 뇌의 언어 시스템이 되는 광범위한 신경망의 일부분으로 시각 처리의 역할을 확인하였다. 시각과 청각 처리과정의 연구들은 이러한 가설을 좀 더 발전시키기 위한 노력의 일환으로 단어재인이론과 연관시키려는 시도가 필요하다.

청각 양식

감각 가설들(sensory hypothese)은 청각 양식(auditory modality) 측면에서도 지속적으로 발달되고 있다. Tallal과 동료는 이러한 분야에서 가장 두드러진 업적을 남겼다(Tallal, 2004). 특정 언어장애를 가진 아동에 관한 일련의 연구결과를 요약하면, 이러한 장애 아동들과 정상 아동 간의 차이는 스펙트럼적 모수(spectral parameter: 강도의 급진적인 변화가 나타남)를 이용하여 청각자극을 평가할 수 있는 능력에서는 나타났다. 빠르게 변화하는 자극을 처리하는 데 있어서의 어려움은 언어와 비언어 자극에서 모두 관찰되었다. 이러한 어려움은 Tallal이 제시한 가설, 즉 언어장애는 빠르게 변화하는 자극에 대한 지각과 관련된 낮은 수준의 청각 처리과정 문제에 의해 유발된다는 설명과 관련되어 있다. Tallal(1980)은 언어자극과 비언어자극을 사용하여 읽기장애 학생에 관한 이러한 연구결과들을 확장시켰다. 그녀는 언어 감각적 과제에서 비언어장애 학생들보다 읽기장애 학생들이 더 낮은 성취를 나타냈음을 확인하였고 또한 이러한 수행 능력은 읽기와 관련(상관)되어 있는 것을 발견하였다. 그러나 이 연구에서 참가자들은 구어장애를 가진 학생들에게서만 표집되었다. 이러한 상관은 많은 학생이 전혀 글을 읽지 못했던 읽기 능력과 관련되어 있으며, 실제로 많은 학생은 원점수가 0인 점수를 획득하였다. 그럼에도 불구하고, Reed(1989)는 Tallal(1980)의 연구를 반복 검증하였는데 비언어뿐 아니라 말을 포함하는 청각자극에서 결함을 발견하였다. 반면에 Mody, Studdert-Kennedy 그리고 Brady(1997)의 연구에서 비언어자극에 대한 결과는 확인되지 않았다. 그러나 이러한 연구결과에 관한 의문점들이 제기되었다. 즉, 연구에서 읽기 학습장애로 학생을 선별하는 데 사용된 준거가 명확하지 않으며 다른 변인들이 집단 간 차이를 설명할 수 있는 가능성이 있기 때문이다. 또한 청각자극에 대한 우려도 있었다.

최근에 진행된 일부 연구들은 ADHD의 존재를 통제하고 잘 정의된 난독증에 의해서 선별된 표본을 사용하였다. Waber와 동료들(2001)의 연구에서는 ADHD는 아니지만, 난독증을 지닌 학생들을 임상 상황에서 학습장애로 이미 판별된 대규모 학습장애 학생 중에서 선별하였다. Waber와 동료들(2001)은 말과 비언어자극을 판별하는 능력에서 우수한 읽기 기술을 가진 아동 집단과 빈약한 읽기 기술을 가진 아동 집단 사이의 유의한 차이를 발견하였다. 유사하게 Breier, Fletcher, Foorman 그리고 Gray (2002)는 난독증이면서 ADHD가 아닌 아동, 난독증이면서 ADHD인 아동, ADHD이면서 난독증이 아닌 아동, ADHD가 아니면서 전형적인 성취 아동에게 일시적 순서 판단(temporal-order judgement)과 차별 과제(discrimination task)를 사용하였다. 그러나 일반화된 청각처리 곤란에 대한 어떠한 증거도 발견하지 못하였다. 난독증을 가진 성인에 관한 연구에서, Griffiths, Hill, Bailey 그리고 Snowling(2003)은 길고 짧은 자극 간 간격을 사용하여 일시적 순서 구별(temporal order discrimination)을 비교하였다. 그들은 어떠한 집단 간 차이를 발견하지 못하였다. 청각 역치와 음운 처리 사이에 중등도의 상관이 있었다. 그러나 난독증을 가진 소집단 성인에게서만 다른 청각 과제 전반에서 역치가 높아진 것이 특징일 수 있다. 특히 일부 비읽기장애 학생 중 증가된 청각 역치를 나타낸 학생이 있었다는 점을 고려한다면, 청각 처리 기술과 음운 처리 기술에 관한 연관성은 분명하지 않다.

대체로 저수준 청각 결함(lower-level auditory deficit)에 대한 연구는 난독증 아동에게 명백한 핵심 읽기 문제에 대한 강력한 설명을 제공하지 않는다. 이런 점에서 그러한 연구들은 단어재인의 어려움을 설명하지 못하며, 음운 처리를 기반으로 한 설명처럼 강력한 증거도 제공하지 않는다. 동시에 구어 인식(speech perception)에서의 어려움(저수준 청각 결함과 반대로)이 난독증을 가진 많은 개인에게서 특징적이라는 혼재된 결과가 있다. 예를 들어, Joanisse, Manis, Keating 그리고 Seidengerg(2000)는 구어 인식 결함(speech perception deficit)이 구어장애의 맥락에서 단어 읽기장애(WLRD)로 판별된 아동에게서만 확인되는 특징이라고 보고하였다. 반면에 Breier와 동료들(2002)은 단어 수준 읽기장애를 가진 아동들의 경우 구어장애의 징후를 보이는 아동을 배제한 표본에서 구어 인식에 유의한 문제를 가지고 있는 것을 확인하였다. Breier, Fletcher, Denton 그리고 Gray (2004)는 구어 지각의 문제점들이 읽기 곤란 위험군 유치원생에게 특징적이라고 논하였다. 그러나 구어의 판별과 관련된 뇌영상 연구에서, Breier와 동료들(2003)은 난독증 아동이 음운 처리와 관련된 영역에 상응하는 좌반구의 측두두정 영역에서 약한 활성화를 보였다고 하였다. 구어 인식의 어려움으로 인해 알파벳 원리를 이해하는 데 좀 더 어려움이 있을 수 있으나, 단어 수준 읽기장애에서 그러한 결함의 특정성은 확인되지 않았다.

다른 가설들

소뇌 가설

난독증의 특성에 관한 다른 최근의 가설들이 있다. Nicolson, Fawcett 그리고 Dean(2001)은 난독증을 가진 아동들이 소뇌에 의해 조절되는 다양한 기술들을 적절히 자동화하는 데 실패한 집단이라는 소뇌 결함 가설(cerebellar deficit hypothesis)을 제안하였다. 이러한 기능들은 특히 빨리 이름 대기(rapid naming) 혹은 정보 처리하기(processing of information)를 요구하는 읽기를 포함하는 서로 다른 기술들을 포함하고 있다. 이 가설은 특히 운동계에 초점을 둠으로써 이러한 소뇌 결함을 치료하고자 하는 중재에 영향을 미쳤다.

음운 처리에 기반을 둔 이론에 대한 증거와 비교해 보면 이 이론을 지지하는 증거는 매우 부족하다(Ramus, 2001). 초기 연구에서 Wimmer, Mayringer 그리고 Raberger(1999)는 ADHD를 통제했을 때 유창성과 철자 곤란을 가진 독일 난독증 아동들은 균형 과제에서 통제집단과의 차이가 나타나지 않았음을 발견하였다. 사실 ADHD는 읽기보다 소뇌 과제의 수행을 더 잘 예측할 수 있는 변인이었다. 후속 연구에서 Raberger와 Wimmer(2003)는 이러한 연구결과들을 반복하였고, 마찬가지로 균형 과제와 빨리 이름 대기 사이의 관계를 확인하지 못했다. Kibby, Francher, Markanen, Lewandowski 그리고 Hynd(2003)는 언어 기능 평가와 함께 읽기와 철자 쓰기를 시행하였다. 그들은 또한 MRI 스캔으로 소뇌의 부피를 측정하였다. 몇몇 연구들에서 보고된 것처럼(Eckert et al., 2003 참조), 난독증 아동과 일반 아동 간의 소뇌 부피는 작지만 유의한 차이가 확인되었다 하더라도, 어떤 집단에서도 소뇌 부피와 학업 혹은 언어 기술의 상관에 대한 증거가 확인되지 않았다. 유사한 연구를 시행한 Ramus, Pidgeon 그리고 Frith(2003a)는 난독증을 가진 개인들이 시간 추정(time estimation)에 있어서 결함을 가지고 있다는 증거를 발견하지 못했으며, 운동 기능과 다른 음운 기술 및 읽기 기술과의 인과 관계에 대한 증거 또한 발견하지 못하였다. 난독증에 대한 세 가지 가설인 ① 음운 처리, ② 낮은 수준의 청각 및 시각 결함, ③ 소뇌 기능에 대한 비교에서, Ramus와 동료들(2003b)은 음운 결함에 대한 강력한 증거를 발견하였고 이러한 음운 결함은 감각 및 운동 장애가 없는 조건에서도 나타났다. 그들은 특정 개인들에게서 감각 및 운동 장애가 있음을 관찰했지만 이러한 것들을 읽기 문제와 관련지을 수 없었다. 유사하게 Savage와 동료들(2005)은 음운 처리가 회귀 모형에 포함될 경우, 운동 균형(그리고 말 인식)에 관한 검사는 읽기 및 철자 쓰기의 독립된 변량을 설명하지 못했다. Savage(2004)는 난독증의 자동화 이론에 대해서 검토하였다. 이 검토에서 이름 대기 속도와 읽기 유창성 간의 관계에 대해 강력한 증거가 발견되었다. 그러나 운동 자동화에서의 결함에 대한 증거는 일관적이지 않으며, 연구자는 자동화에서 운동 기반 결함보다는 언어 기반 결함의 증거가 보다 명확하다고 결론지었다. Ramus(2001, 2003)는 난독증 아동들에게 감각 운동 결함이 발견되나, 읽기 문제를 설명하는 데는 크게 영향을 미치지 않는다고 보고하였다.

주변 시각 가설

유사한 문제들은 난독증과 주변 시각의 문제를 연결시키려는 다양한 시도에서 관찰되어 왔다. 주변 시각 가설(peripheral vision hypothesis)은 전형적으로 검안 훈련(optometric training exercise) 혹은 색안경(colored lense) 그리고/또는 오버레이(overlay)를 포함하는 중재를 이끈다. 이러한 가설들 중 어떤 것도 오버레이 이론 혹은 중재의 효과성을 뒷받침하지 못하고 있다. Kriss와 Evans(2005)는 난독증 집단과 통제집단 사이에 시각적 왜곡의 발생률에서 차이를 발견하지 못하였다. 예를 들면, 색안경에 대한 비판에서 Solan과 Richman(1990)이 읽기 능력과 상관없이 모든 사람에게 색안경 및 필터가 읽기 속도를 약간 향상시켰다고 제안한 몇몇 연구들에 대해, 내재된 이론 혹은 서로 다른 중재들의 효과성에 대한 과학적 증거를 거의 발견하지 못했다(Iovino et al., 1999; Kriss & Evans, 2005). 반복하자면, 읽기를 필요로 하지 않는 중재들이 읽기장애 아동들에 대해 효과적이라는 증거는 거의 찾기 힘들다.

난독증은 읽기장애 이상의 장애이며, 난독증 아동들은 정상 아동들과 비교하여 다양한 측면에서 다른 특성을 가지고 있다. 그러나 이러한 차이점들은 읽기 문제를 설명해 주지 않는다. 그러한 차이점은 난독증의 근원일 수 있는 신경생물학적 문제들과 관련될 수 있지만, 이러한 차이점만으로 충분히 설명하기는 어렵다(Eden & Zeffiro, 1998). 이러한 결함을 측정하는 검사들은 결과에 영향을 미칠 수 있는 추가적인 변산(variance)을 갖고 있으며, 단어 수준 읽기장애(WLRD)와 관련된 공존 상태(예를 들면, 주의력)로 인하여 결과에 영향을 끼칠 수 있다(Doehring, 1978; Satz & Fletcher, 1980).

난독증의 하위유형

학습장애에 대한 다양성을 설명할 때 수많은 하위유형이 존재하고 있다고 가정하고 있다. 이러한 하위유형은 보통 인지-언어적 기술이나 지각 및 다른 기타 영역의 기술에 대한 검사의 결과에 근거하여 확인될 수 있다(Hooper & Willis, 1989; Rourke, 1985의 재검토 참조). 학습장애 집단이 이러한 하위유형의 집단으로 구분될 수 있다는 논쟁은 실제적인 관찰결과에 근거하고 있으며, 심지어 학습장애 아동들이 읽기 결함(즉, 단어재인 결함) 측면에서 유사하게 보일지라도, 학습장애 학생들은 기초 읽기 발달과 관련된 다른 기술의 발달에서 유의미하게 차이를 나타낼 수 있다(Lyon, 1983). 이처럼 잘 정의된 준거에 의해서 선별된 난독증 아동의 표본 집단 안에서도 일부 기술 영역에서 큰 변산이 나타날 수 있다. 이러한 관찰결과들은 읽기와 관련 없는 수많은 변인에서 난독증 아동들이 통제집단과 다른 차이를 나타내는 이유를 부분적으로 설명할 수 있다(Doehring, 1978).

1963년 이래 진행된 난독증과 다른 읽기장애들을 하위유형화하는 문헌은 100편 이상의 선별연구를 포함하여 매우 방대한 분량이다(Hooper & Willis, 1989). 이 연구의 많은 부분은 단어재인과 음운 처리의 관련성과 함께 학습장애의 동질성에 관한 조사를 실시하였다. 학습장애의 동질성은 기초 학업 기술의 결함에 근거하여 분류되었을 때 나타나는 특성을 말한다. 이러한 연구결과에서 학업 결함은 주로 단어 수준 읽기장애로 확인되었지만, 연구에서 사용된 표본은 매우 이질적인 특성을 갖고 있었는데 이러한 연구를 여기서 설명하지는 않을 것이다. 우리는 단어 수준 읽기장애와 함께 읽기 이론과 관련된 두 가지 접근방법에 초점을 맞춘다. 이 중 한 가지는 단어재인에 근거한 하위유형(Castles & Coltheart, 1993)이고, 다른 하나는 음운제한 가설에 근거한 인지적 하위유형(Morris et al., 1998)이다. 단어/지문 읽기의 속도와 정확성(Lovett, 1987)의 구별과 함께 음운 인식과 빨리 이름 대기(Wolf & Bowers, 1999)의 차이에 초점을 맞추고 있는 다른 하위유형의 가설들이 있다. 이들은 유창성의 역할을 강조하기 위한 노력들이기 때문에, 제6장에서 고찰할 것이다.

표층성 대 음운성 난독증

첫 번째 하위유형은 읽기의 이중경로 모형(dual-route framework)(Coltheart, 2005a)과 관련되어 있으며 실독증(alexia) 연구에서의 확인된 표층성 대 음운성 난독증(surface versus phonological dyslexia) 간의 차이에 초점을 맞추고 있다(Castles & Coltheart, 1993; Coltheart, 2005b). 반복해서 다시 설명하면, 이중경로 모형에서 읽기 구조(system)는 하위 어휘 체계(sublexical system)와 시각 철자 체계(visual orthographic system)로 구성되어 있다고 가정하고 있다. 하위 어휘 체계에서는 음운 규칙은 음소와 철자를 연관시키는 역할을 하며, 시각 철자 체계에서는 단어의 뜻을 바로 인지하게 된다. 일차적인 손상이 하위 어휘 체계에 있을 때 이를 음운성 난독증이라 한다. 이것은 음운 처리 손상에 의해 야기되는 장애로서 단어 수준 읽기장애의 일반적인 관점을 나타낸다. 어휘 체계(lexcical system)가 일차적인 손상의 원인일 때 이를 표층성 난독증이라 하고, 읽기의 정서법적 수준에서 나타나는 문제로 볼 수 있다. 음운성 난독증을 가진 사람은 예외 단어(exception word)보다 유사 비단어(pseudoword) 읽기에 더 어려움을 나타내고, 표층성 난독증은 예외 단어보다 유사 비단어 읽기를 더 잘 수행한다.

이러한 하위유형화 가설과 관련된 여러 연구에서는 읽기 문제를 가지고 있는 아동들을 표층성 난독증으로 특징지을 수 있는지 의문을 제기하고 있다. 비록 Murphy와 Pollatsek(1994)에 의한 연구가 표층성 난독증의 하위유형에 대한 증거가 없음을 보고하였지만, Manis, Seidenberg, Doi, McBride-Chang 그리고 Peterson(1996)과 Stanovich, Siegel 그리고 Gottardo(1997)는 이러한 가설에 대한 몇 가지 증거를 어린 아동들을 대상으로 실시한 연구에서 발견하였다. Manis와 동료들(1996)의 연구결과에 따르면, 난독증 아동들은 예외 단어와 유사 비단어 모두를 읽는 데 어려움을 갖고 있었고, 표층성 난독증으로 선별된 집단은 통제집단과 유사한 성취를 나타냈다. 연구자들은 이러한 결과가 단어재인의 연결주의 모형(connectionist model)(Foorman, 1994; Seidenberg & McClelland, 1989)과 일관된 결과임을 주장했는데, 이러한 모형에서 어떤 종류의 단어를 읽는다는 것은 철자, 음운 그리고 의미 표상이 활성화되는 것과 관련되어 있다고 가정한다. 유사 비단어와 예외 단어를 소리 내어 읽는 것은 단어재인의 구별된 경로를 반영하지 못하는 대신, 그러한 행위는 연결의 강도 측면에서 차별적인 차이로 설명할 수 있다. 이러한 관찰결과는 음운 처리과정의 검사들이 음운 인식과 언어적 단기기억 및 유사 비단어 읽기의 독립된 변산을 설명할 수 있음을 발견한 Griffiths와 Snowling(2002)의 연구결과와 일치한다. 예외 단어 읽기의 유일한 예측변인은 읽기 경험의 평가결과였으며, 이러한 결과는 다음과 같은 관점, 즉 정서법적 처리과정은 경험적 요인과 관련되어 있다는 관점과 일치한다. 난독증의 특징인 글자 해독의 결핍은 특정 음운 표상 능력이 부족하기 때문에 나타나는 문제점이며, 반면 예외 단어의 문제는 일차적으로 인쇄물에 대한 노출과 관련되어 있다고 연구자들은 주장하였다.

또 다른 연구에서, Stanovich와 동료들(1997)은 대부분의 단어 수준 읽기장애 아동은 단어재인의 음운과 정서법적 구성요소에 대한 문제를 둘 다 경험하고 있음을 발견하였고, Stanovich(2000)는 표층성 난독증의 경우 단어재인 기술의 발달에서 일시적인 지연을 나타내는 불안정한 하위유형을 나타내며, 이와 대조적으로 음운성 난독증은 단어 읽기 기술의 습득에서 장기적인 결함을 나타낸다고 지적하였다. 이러한 연구결과는 표층성 대 음운성 난독증의 차이를 본질적으로 심각도의 문제로 인지한 Griffiths

와 Snowling(2002)의 연구와도 일치한다. 게다가 표층성 난독증은 대부분 어린 아동에게서 나타난다. 음운성 혹은 표층성 난독증을 가진 성인들은 음운 처리를 포함한 검사에서 크게 다르지 않았음을 Zabell과 Everatt (2002)가 보고하였다. 전체적으로 볼 때, 이러한 하위유형화 가설은 단어 재인 이론에 의존하며, 이러한 가설의 약점은 표층성 혹은 철자적 난독증 에 대한 증거가 미약하다는 점이다.

경험적 연구의 하위유형

1970년대와 1980년대에 두드러진 연구는 학습장애의 하위유형을 확인 하기 위한 목적으로 다변량 분류방법(multivariate classification methods)을 사용하였다(Hooper & Willis, 1989; Rourke, 1985). 후속 연구(Morris et al., 1998)는 학습장애를 하위유형으로 분류하는 데 있어서 이전의 경험적 접 근방법과 구별된 차이점을 갖고 있는데 그 이유는 후속 연구에서는 음운 처리의 역할을 강조하는 모형에 기반을 두고 있기 때문이다(Liberman & Shankweiler, 1991; Stanovich, 1988). 빨리 이름 대기, 단기기억, 어휘 그리 고 지각 기술 등을 포함하는 잠재 변수들을 선택하기 위해서 다양한 이론 들이 적용되었다. 방법론적 측면에서, 학습장애의 하위유형을 연구하는 논문들은 대규모 표본을 사용하였으며 사전에 정의된 준거에 의해서 그 들을 선별하였다(즉, 편의 표집을 사용하지 않았다). 다양한 정의들이 난독 증 아동을 판별하기 위해 사용되었고, 난독증과 수학장애 모두를 가진 아 동, 수학장애만 가진 아동, ADHD가 공존하는 아동 그리고 평균적인 성 취를 나타내는 일반 아동이 포함되었다. 군집화의 알고리즘은 매우 엄격 하게 적용되었으며, 내적 및 외적 타당도 모두를 확보할 수 있는 방법을 사용하였다(Morris & Fletcher, 1988).

아홉 가지 하위유형들이 [그림 5-1]에 나타나 있다. 모든 프로파일은

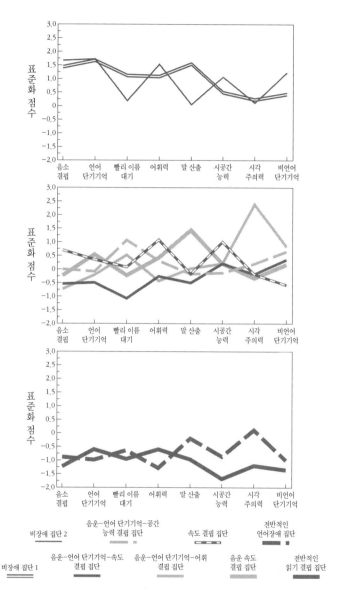

[그림 5-1] 8개의 변인을 이용하여 군집분석을 실시하였고, 이러한 분석결과로 산출된 9개의 하위유형에 대한 Z점수. 첫 번째 패널에 있는 두 개의 하위유형은 일반적인 성취를 보이는 집단이다. 중간 패널에 있는 5개의 하위유형은 읽기장애의 특정한 하위유형을 나타내고 있다(Morris et al., 1998).

출처: Lyon, Fletcher, & Barnes (2003a). p. 550.

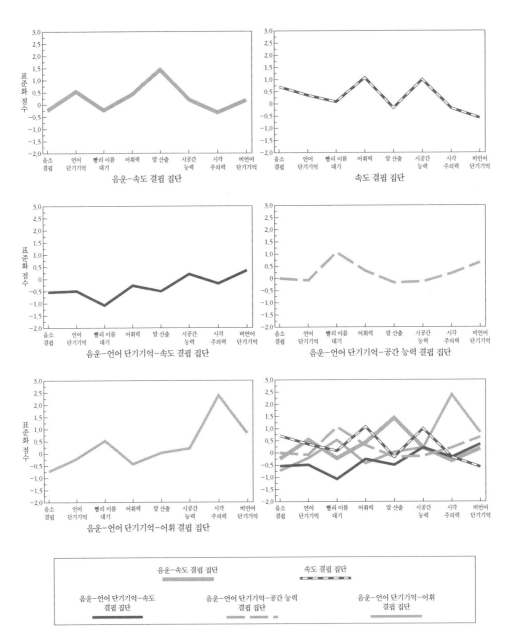

[그림 5-2] 특별한 읽기장애를 가진 다섯 가지 하위유형(각각의 하위유형은 개별적으로 표시됨)의 Z점수들(Morris et al., 1998).

출처: Lyon, Fletcher, & Barnes (2003a). p. 551.

표본 평균에 대한 Z점수로 나타난다. 이 연구에서는 특정 읽기장애를 가진 다섯 가지 하위유형, 언어와 읽기에서 더욱 전반적인 손상을 나타내는 두 가지 하위유형 그리고 전형적인 성취를 나타내는 두 집단이 포함되었다. 그러나 일곱 가지 읽기장애 하위유형 중 여섯 가지는 음운 인식 기술에서의 결함을 공통적으로 포함하고 있다. 다섯 가지 특정 하위유형들은 ([그림 5-2] 참조) 빨리 자동화 이름 대기와 언어성 단기기억 영역에서 다양한 결함 정도를 가지고 있었다. 우리는 [그림 5-2]에서 음운 인식, 빨리 이름 대기 그리고 언어성 단기기억에서 결함을 지닌 큰 하위유형을 확인할 수 있다. 음운 인식에서 결함을 지닌 2개의 하위유형과 언어 단기기억에 손상을 지닌 2개의 하위유형이 있다. 이러한 하위유형들은 다양한 공간 기술과 어휘 기술을 갖고 있다. 1개의 하위유형은 음운 인식과 빨리 이름 대기의 어려움을 갖고 있으며, 또 다른 1개의 하위유형은 음운 인식에서는 어려움을 갖고 있지 않지만 빨리 이름 대기를 포함한 빠른 처리과정이 요구되는 검사에서 결함을 나타내고 있다. 마지막 하위유형은 단어재인 문제나 음운적 손상이 없지만, 읽기 유창성과 읽기 이해의 측정에서 어려움을 갖고 있으며, 이는 Wolf와 Bowers(1999)의 이중 결함 모형과 일치한다. 다섯 가지 특정 하위유형들은 어휘 발달에 기초한 '흔히 나타나는(garden variety)' 하위유형과 차별화될 수 있다. 읽기장애의 특정 하위유형을 가진 아동들은 평균 범위 내의 어휘 수준을 가진다. 그리고 읽기와 언어 영역에서 좀 더 전반적인 장애를 갖는 아동들은 낮은 평균 범위의 어휘 수준을 가진다.

대체로 이러한 결과들은 Wolf와 Bowers(1999)의 이중 결함 모형뿐만 아니라 이 장의 앞에서 논의된 음운 처리 가설과 일치한다. 이러한 결과들은 또한 Stanovich(1988)의 음운론적-주요 변인-차이 모형(phonological-core variable-difference model)과도 일치한다. 이 모형에서 음운 처리는 모든 단

어 수준 읽기장애의 핵심이 된다고 가정하고 있다. 그러나 아이들은 음운
처리 영역 이외의 문제점을 가질 수 있는데, 이러한 문제점은 낮은 읽기
이해에 영향을 미칠 수 있는 어휘력의 손상과 같이 단어재인과 관련성이
낮다. 언어에 대한 보다 전반적인 장애들은 읽기장애의 가장 흔한 유형이
며, 이러한 유형은 단어재인과 관련되지 않은 소근육과 시-지각적 문제
를 포함할 수 있다.

난독증의 정의

난독증이라는 용어는 모호하면서 일반적인 용어로 사용되다가 단어 수
준 읽기장애에 대한 동의어로 진화했던 과정은 학습장애의 정의들이 어
떠한 변화과정을 통해 진화했는지를 보여 주는 예를 제공한다. 즉, 학습
장애의 정의는 학습장애가 아닌 요인에 초점을 맞춘 예외 준거 정의
(Rutter, 1982)에서 출발한 이후 학습장애 선별과 직접적인 관련이 있는 변
인에 초점을 맞춘 포함적 정의로 변화하였다. 예외 준거 정의의 예로서,
1968년 세계신경협회(World Federation of Neurology)에 의해 만들어진 난
독증의 정의를 Critchley(1970)가 요약한 내용을 참고할 필요가 있다. "전
통적 교수, 적절한 지능 그리고 사회경제적 기회에도 불구하고 읽기를 학
습하는 데 어려움을 나타내는 장애. 이러한 장애는 기질적인 인지적 장애
와 관련되어 있다."(p. 11)

반대로 다음에 제시되는 난독증의 정의를 고려해 볼 필요가 있다. 이
정의는 1994년에 제시된 이후(Lyon, 1995) 관련된 연구가 지속적으로 진
행되었으며, 국제난독증협회(International Dyslexia Association)의 연구위원
회는 이러한 연구결과를 고려하여 난독증의 정의를 수정하였다(Lyon et
al., 2003b).

난독증은 신경학적 원인에 근간을 두고 있는 특정 학습 능력 장애다. 정확하고 유창하지 못한 단어재인, 서툰 철자법, 해독 능력 등과 같은 장애들이 그 특징으로 나타난다. 이와 같은 어려움은 언어의 음운적 요소의 결핍으로 인하여 나타나며, 이러한 결핍은 다양한 인지 능력과 효과적인 수업 교수전략에서는 예기치 못한 결과였다. 두 번째 결과들은 읽기 이해의 문제와 함께 어휘 및 배경지식을 습득하는 데 방해가 되는 부족한 읽기 경험을 포함할 것이다(p. 1).

학업 기술 결함 및 그와 관련된 인지적 상관(cognitive correlates)에 대한 연구에서, 난독증이란 단어 읽기에서의 문제와 함께 철자 및 쓰기에서의 숙달에 따른 문제점을 포함하는 다양한 유형의 언어의 어려움으로 정의되고 있다. 단어 읽기와 철자 문제는 난독증에서 일차적인 학업 기술의 결함이다. 이러한 정의는 읽기의 정확성을 강조하지만, 이 정의는 또한 해독의 유창성과도 관련되어 있음을 명확히 제시하고 있다. 읽기 이해는 공통적인 문제이며 이는 단어 해독에 어려움이 있음을 나타낸다. 다음에 제시된 연구결과에 근거했을 때, 난독증은 음운 인식 처리의 문제와 관련된 핵심 인지 처리과정에서 나타나는 단어 수준 읽기장애로 확인하였으며 단어 수준 읽기장애의 주된 원인은 신경생리학적 및 환경적 요인이었다. 이러한 정의는 포함적 정의로 간주할 수 있다. 왜냐하면 단어를 정확하고 유창하게 해독하더라도 철자 쓰기에 문제를 보일 때 난독증을 가진 것으로 판별할 수 있기 때문이다. 포함적 정의가 가능함에도 불구하고 아직 이러한 정의를 포함하고 있지 않은 다른 학습장애의 영역은 난독증의 포함적 정의를 좋은 모델로 고려할 수 있다.

역학

출현율

난독증의 출현율은 학령기 인구의 17.4% 정도로 추정되어 왔다(S. E. Shaywitz, 2004). 그러나 일반적으로 읽기장애는 학령기 인구의 최소 10~15%의 출현율로 추정되어 왔다(Benton & Pearl, 1978). 이러한 추정 치들은 4학년 아동의 35% 이상이 기본 숙달 수준에 도달하지 못하는 읽기 수준임을 지적하는 국립교육통계센터(National Center for Educational Statistics: NCES, 2003) 보고와 일치한다. 읽기장애가 다차원적이라고 밝혀 짐에 따라 출현율은 절단점이 어디에 위치하는지에 따라 달라질 수 있으며, 준거에 근거한 출현율 산출은 가능하지 않다. 또한 중재반응 모형에 근거한 출현율 산출도 가능하지 않다.

학습장애의 가장 일반적인 형태는 난독증이다. Lerner(1989)는 특수교육 프로그램을 제공받는 전체 아동의 80~90%가 읽기 문제를 가지고 있는 것으로 보고했고, Kavale과 Reese(1992)는 아이오와 주에서 학습장애로 선별된 90% 이상의 아동이 읽기 곤란을 진단받았음을 밝혔다. 두 연구들은 읽기 문제를 가진 대부분의 아동이 단어 수준의 기술에 어려움을 경험한다고 보고하였다. 이와 유사하게 Leach, Scarborough 그리고 Rescorla (2003)의 연구에서 읽기장애로 선별된 80%의 초등학교 표본 집단은 단어 읽기의 정확성을 포함하는 어려움을 가지며, 나머지 20%의 학생들은 듣기 이해 수준에서 일차적으로 어려움을 가진다고 보고하였다. 그러므로 학습장애로 명명되어 특수교육 서비스를 받는 학생들의 대부분은 부분적으로 단어 수준 읽기장애를 가지고 있는 것으로 추측된다(Lyon, 1995).

성별 비율

난독증은 항상 여성보다 남성 비율이 높다고 보고되어 왔지만, 몇몇 연구결과에 따르면 난독증을 지닌 개인들의 성별 비율은 전체 인구의 성별 비율과 차이가 없음을 밝히고 있다(DeFries & Gillis, 1991; Flynn & Rahbar, 1994; S. E. Shaywitz, B. A. Shaywitz, Fletcher, & Escobar, 1990; Wood & Felton, 1994). 남성 우세를 나타내는 이전의 추정치들은 특수교육의 의뢰에서 편파적 성향이 나타날 수 있는 임상 및 학교 상황에 근거하고 있었다. 남학생들은 특수교육 의뢰로 직결되는 외현화된 행동을 더 많이 나타내는 경향이 있고, ADHD의 과잉행동과 충동행동은 여아보다 남아에서 보편적으로 더 높게 나타난다(Barkley, 1997; S. E. Shaywitz et al., 1990).

최근의 다양한 역학 연구들의 분석은 난독증의 출현율이 남아와 여아에서 유사한지의 여부에 의문을 제기하였으나(Rutter et al., 2004), 이전 연구들에서 보고된 3~4:1의 비율보다 훨씬 낮은, 약 1.5~2:1의 비율을 추정하였다. Rutter와 동료들(2004)은 읽기장애의 성비에 대한 추정치를 제공하는 네 개의 독립적인 역학 연구들의 자료를 재분석하였다. 저자들은 이들 연구에서 성비의 범위가 약 1.4~2.7:1임을 보고하였다. 또한 그들은 약 2:1의 비율을 보고한 영국과 미국에서의 추가 연구들의 결과를 포함하였다. 결국 이러한 비율들은 실제로 약 1.4:1의 비를 보고한 S. E. Shaywitz와 동료들(1990)의 연구와 Flynn과 Rahbar(1994)가 제공한 결과와 다르지 않다.

전체적으로 볼 때, 기존의 연구들은 난독증에서 남성 우세 경향이 있음을 보고하고 있지만 임상적 표본에서는 중요하지 않다. 중요한 질문은 왜 그러한 차이가 중요한지를 밝히는 것이다. 유전학 연구들은 단어 수준 읽기장애에 관련된 특성이 성별과 연관됨을 나타내는 증거를 발견하지 못했다(Plomin & Kovas, 2005). 실제로 남성 우세를 확인할 수 있는 유일하고도 신뢰할 수 있는 설명변수는 확신(ascertainment)과 관련되어 있다(Donovan & Cross, 2002). 만약 어떤 형태의 확신이 관련되지 않는다면, 왜 학교와 임상 표본들은 일반적으로 역학 연구들에서보다 낮은 수준의 읽기 학습자로서 여성을 적게 판별하고, 더 높은 남성 판별 비율을 보고하는가? 일부의 극소수 연구들은 단어 수준 읽기장애의 차이를 성별에 근거하여 밝히고 있지만, 대다수의 연구들은 성별 효과가 그리 크지 않음을 보고하고 있다 (Flynn & Rahbar, 1993; Canning, Orr, & Rourke, 1980).

성별에 따른 뇌의 구조와 기능에서 차이가 있다는 증거를 고려했을 때 우리는 성별이 중요하지 않다거나(Lambe, 1999) 또한 난독증 연구에서 성별이 설명변수로서 제외되어야 한다고 제안하는 것도 아니다. 그러나 그 효과들은 기껏해야 미비한 수준이며, 유전적 결합에서 성차의 중요성은 확인되지 않고 있다. 남성 우세를 보고하는 연구들은 단지 남성과 여성들의 읽기 점수들의 분포에서 차이가 있음을 지적하고 있으며 이러한 분포들이 난독증의 출현율을 추정하는 데 사용되어야 하는지에 대해서 의문을 제기하고 있다.

발달적 과정

일반적으로 읽기장애, 특히 난독증은 언어와 읽기 기술 영역에서 발달적 지체로 보기보다는 지속된 결핍으로 고려된다(Francis et al., 1996; S. E. Shaywitz et al., 1999). 종단 연구들은 3학년에서 읽기장애로 판별된 아동들 중 70% 이상이 12학년까지 이러한 상태를 유지했다는 것은 보여 준다([그림 3-4]; S. E. Shaywitz, 2004). 단어 수준 읽기장애를 가진 성인에 대한 연구결과에 따르면, 단어 읽기 곤란은 지속되고, 음운 처리 영역의 핵심 인지 능력 또한 지속된다(Bruck, 1987; Cirino, Israelian, Morris, & Morris, 2005; Ransby & Swanson, 2003). 이러한 연구결과는 단어 수준 읽기장애를 가진 청년들에게는 회의적인 결과다. 왜냐하면 이들은 이미 특수교육 대상자로 판별되고 관련된 교육 서비스를 제공받았기 때문이다. 전체적으로 볼 때, 단어 수준 읽기장애의 발달적 과정은 제한되어 있으며, 그러한 어려움들은 학생들에게 만성적인 문제로 남게 된다. 이러한 결과들은 교수전략과 관련하여 판별 준거를 조직화하는 것이 중요함을 시사하고 있다.

신경생물학적 원인

학습장애가 '예기치 못한' 것이라는 가설은 다음과 같은 믿음에서 시작되었다. 즉, 경제적 어려움이나 부적절한 교수와 같은 요인들 때문에 저성취를 경험하는 아동들이 학습장애 분류에서 배제된다면, 저성취를 가진 아동들의 원인은 내재적이어야 한다는 믿음이다.

학습장애의 역사에 대한 고찰(제2장)에서 살펴보았듯이, 학습장애의 내재적 특성은 처음에는 뇌손상을 가진 성인들의 언어와 행동의 특성으로 추론되었다. 이 분야의 연구가 지속적으로 진행됨에 따라 학습장애의 정의는 외재적(예, 환경적, 교수적) 원인보다는 내재적(뇌) 원인으로 추정하고 있다. 이러한 경향은 뇌손상과 장애의 존재를 정확히 측정할 수 있는 객관적인 방법이 없음에도 불구하고 지속되고 있다. 그러나 이러한 문제는 지속적으로 외면당하고 있는데 그 주된 이유는 기술의 발전으로 이러한 문제점이 궁극적으로 손쉽게 해결할 수 있을 것이라고 맹신하고 있었기 때문이다. 이러한 잘못된 확신은 학습장애 학생들의 신경학적 기능장애를 구체적이지 않은 간접적인 지표를 사용하여 측정함으로써 강화되었다. 여기서 언급된 간접적인 지표로는 지각 운동 문제(즉, 기하학적 형태를 묘사하는 데 있어서의 어려움), '약한' 신경학적 증상(예, 대근육운동 미숙, 소근육운동 불협응) 그리고 전기생리학적 측정에서의 이상성이 포함된다(Dykman et al., 1971; Taylor & Fletcher, 1983). 심지어 이 시기에는 학습장애나 신경학적 통합성에 관한 구체적인 관찰결과들이 부족하다는 것은 널리 알려져 있었다(Rutter, 1982; Satz & Fletcher, 1980).

지난 20여 년에 걸쳐 축적된 증거는 질적인 측면에서 향상되고 있다. 이제는 일반적으로 학습장애, 특히 난독증은 신경생물학적 원인에 근거를 두고 있다는 가설을 확실하게 지지할 수 있다. 그러나 이러한 증거들은 신경생물학적 결함이 난독증의 원인이 된다는 가정을 포함한 인과적 모형으로 너무 단순한 개념이며 발달상에서 뇌와 환경의 복잡한 상호작용을 고려하지 못한다는 점을 제안하고 있다. 여기에서 우리는 ① 뇌 구조, ② 뇌 기능 그리고 ③ 유전학에 대한 연구들을 고찰한다. 이러한 연구들의 대부분은 단어재인과 음운 처리 능력에 근거하여 읽기장애 아동을 명확히 판별했기 때문에 이들은 주로 난독증과 관련되어 있다. 난독증을 제외한 다른 학습장애 영역을 포함하는 신경생물학적 요인들에 대한 연구는 상대적으로 매우 적다.

뇌 구조

뇌 구조에 대한 연구는 사후 연구 혹은 컴퓨터 뇌 단층 촬영법(computed cerebral tomography: CT)이나 해부학적 자기 공명 영상(anatomical magnetic resonance imaging: aMRI)과 같은 영상 기술을 사용한 연구를 포함한다. CT는 특별히 유용한 정보를 제공하지 않으며, MRI에 비해 좋지 않은 해상도를 가지고 있기 때문에, 우리는 CT에 대해 논의하지 않는다. 이에 대한 문헌 고찰은 Hynd와 Semrud-Clikeman(1989)을 참고할 수 있다.

사후 연구

난독증 이력을 지닌 성인의 뇌 해부를 조사한 소수의 사후 연구들이 있다. 이러한 사례가 많지 않은 이유는 일반적으로 난독증을 치명적인 장애로 간주하지 않았기 때문이다. 대개 Galaburda(1993)가 주도한 집단에 의한 이러한 연구들은 수년간에 걸쳐 축적된 전체 10개의 뇌의 결과를 포함한다. 연구결과에 따르면 난독증을 가진 사람은 특정 뇌 구조[예, 측두평면(planum temporale)]의 크기와 특정 신경해부학적 이상성 유무의 차이로 구별될 수 있음을 지적하였다(Filipek, 1996; Galaburda, 1993; S. E. Shaywitz et al., 2000).

아동 시기에 읽기 문제 이력을 지닌 성인의 피질 구조에 대한 평가에서 측두평면의 크기가 좌우대칭임을 발견하였다(Galaburda, Sherman, Rosen, Aboitiz, & Geschwind, 1985; Humphreys, Kaufmann, & Galaburda, 1990). 읽기 문제가 없었던 성인의 사후 연구들에서는 이 구조가 우반구에 비해 좌반구에서 일반적으로 더 크다(Geschwind & Levitsky, 1968). 좌반구 영역이 언어 기능을 지원하기 때문에, 이러한 해부학적 차이의 존재는 읽기 문제를 유발하는 것으로 가정되는 언어적 결함들을 부분적으로 설명하는 것으로 이해되어 왔다. 게다가 피질 구조의 현미경 관찰은 '이소증(etopias)'이라고 하는 미세한 병소 전위를 발견했다. 비록 난독증 이력이 없는 개인에게도 일반적이지만, 이러한 이소증은 난독증 이력을 가진 개인들에게 더욱 빈번하게 나타난다. 그것은 또한 좌반구에서 더 보편적이다. 그리고 피질하 구조의 현미경 관찰로 인하여 일반적인 기대치와는 다른 결과가 나타났는데, 특히 시상(視床, thalamus)에서 더욱 극명하게 나타났다

(Livingstone, Rosen, Drislane, & Galaburda, 1991). 이러한 시상의 구조들은 시각 처리와 관련되어 있다고 널리 알려져 있다. 마지막으로 이러한 뇌의 하위 구조 중 소뇌의 관찰(Finch, Nicolson, & Fawcett, 2002)은 내측후 소뇌의 평균 세포 크기가 일반적인 기대치보다 더 클 뿐만 아니라 소뇌의 몇몇 부위에서는 예견치 못한 세포 분포가 나타났다.

요컨대, 사후 연구들은 뇌의 여러 영역의 피질하 및 피질 수준에서 이상성의 명백한 증거를 발견해 왔다. 그러나 그러한 연구들은 제한점을 가지고 있다. 왜냐하면 읽기 특성, 교육 이력 그리고 손잡이(handedness)와 같이 뇌 조직에 영향을 주는 중요한 요인들은 사후 연구에서 확인되기 어렵기 때문이다(Beaton, 2002; S. E. Shaywitz et al., 2000). 사후 연구에서 측두평면의 크기 혹은 이소증의 빈도/위치를 읽기 수행과 관련시키는 것은 가능하지 않으므로, 난독증을 유발하는 이러한 결과들의 역할을 정립시키기는 어렵다.

이러한 연구결과들이 난독증 유발에서 어떠한 의미를 지니고 있는지 확인하는 것은 매우 어렵다.

해부학적 MRI 연구

사후 평가를 위해 뇌를 확보하는 일은 매우 어려운 일이었으며, 이러한 사후 연구의 제한점 때문에 조사자들은 뇌 구조의 잠재적 차이에 대한 평가를 위해 해부학적 MRI(Anatomical MRI Studies: aMRI) 연구들을 사용하기 시작했다. aMRI의 사용은 인체에 고통을 주지 않으며 아동에게 안전하기 때문에 적합한 검사방법이다. aMRI 자료는 분할될 수 있고 정량화될 수 있어서 뇌 구조의 정확한 측정을 가능하게 한다. 그래서 이러한 결과들은 읽기 수행과 관련지을 수 있다.

연구들은 다양한 구조들을 조사해 왔다(Filipek, 1996; S. E. Shaywitz & B.

A. Shaywitz, 2005). 사후 연구에서와 마찬가지로 이러한 연구들은 측두평면과 측두엽을 포함한다. 그리고 몇몇 연구들은 상대적으로 정량화하기 쉽다고 알려진 뇌량에 관한 연구들을 수행해 왔다. 소뇌에 관한 연구 역시 수행되어 왔다.

이러한 연구들은 혼재된 결과들을 나타내고 있다. 뇌량에 관한 연구들은 크기 차이에서 서로 다른 결과를 제공하였다(Duara et al., 1991; Hynd et al., 1995). 그러나 다른 연구들은 뇌량 측정에서 차이를 발견하지 못했다(Larsen, Hoien, Lundberg, & Ödegaard, 1990; Schultz et al., 1994). 난독증 유무에 따라 측두평면을 비교하는 연구들은 서로 대칭된 결과를 보고하고(Hynd, Semrud-Clikeman, Lorys, Novey, & Eliopulos, 1990; Larsen et al., 1990), 심지어 난독증 집단에서 예상된 비대칭 형태(Hynd et al., 1990)와 반대되는 결과를 보고하였다. 그러나 다른 연구들은 난독증에서 측두평면의 대칭성 사이의 관련성을 발견하지 못했다(Rumsey et al., 1997; Schultz et al., 1994). Leonard와 동료들(1996)은 읽기 수행과 측두엽의 비대칭성을 관련지었고, 아동의 읽기장애 여부와 상관없이 좌반구에서의 높은 비대칭성이 더 나은 읽기 수행과 관련됨을 발견하였다. 그러나 Leonard와 동료들(2001)은 이러한 연구결과를 재확인하지 못했다. 반대로 Hugdahl과 동료들(2003)은 10~12세 연령 집단에서 23명의 난독증 집단과 23명의 비교집단을 비교하여 좌측 측두평면이 더 작음을 발견하였다. 측두평면 영역의 축소는 난독증 집단 아동들에게만 관련되며, 좌우의 귀에 다르게 들리는 듣기 과제에 대한 수행에서 정적 상관을 나타냈다.

몇몇 연구들은 난독증 아동과 정상 아동 사이에 측두평면을 넘어 확장된 측두 두정엽(temporoparietal)에서의 차이를 보고하였으나(Duara et al., 1991), 다른 연구들에서는 이러한 차이가 밝혀지지 않았다(Hynd et al., 1990). Eckert와 동료들(2003)은 가족 유전 연구에 참여한 4~6학년의 37명의 아동들(통제집단 19명, 난독증 집단 18명)의 다양한 뇌 영역을 측정하였다(Raskind et al., 2005). 이러한 측정은 후측두엽(posterior temporal lobe), 하전두이랑(inferior frontal gyrus) 그리고 소뇌에 대한 측정을 포함하였다. 난독증 집단과 통제집단을 가장 유의하게 구별하는 부분은 우측 소뇌전엽과 하전두이랑을 포함하는 영역인 양반구의 삼각부(pars triangularis)였다. 측두평면에 대한 측정은 두 집단 간의 차이를 구분하지 못했다. Eckert와 동료들(2003)은 연구에서 "난독증 집단이 측두평면에서 반전된 비대칭성을 나타내지 않음을 밝힌 여덟 번째 연구"(p. 488)라고 명확하게 강조했다. 그들은 측두엽에 대한 측정이 일반적으로 난독증 표본과 비난독증 표본의 뇌 구조 간의 차이에 민감하지 않다고 주장했다. 대조적으로 Silani와 동료들(2005)은 평균적으로 읽기 중 좌측 후두측두엽(left occipitotemporal lobe)에서 감소된 활성화를 나타낸 난독증 성인을 연구하였다. 이러한 영역들에 대한 뇌 구조의 측정에 초점을 맞춘 Silani와 동료들(2005)은 좌측 중앙 및 하측두이랑과 좌반구에 있는 궁상 다발(arcuate fasciculus)과 관련된 회백질 및 백질의 변형된 밀도를 보고하였다. 그들은 3개국의 표본에 걸쳐 이러한 차이가 재확인되었음에 주목하며, 이러한 결과는 명백히 읽기와 관련된 영역 간의 부적합한 연결과 관련되어 있다고 보고하였다. 난독증의 가족력을 지닌 집단의 연구에서, Brambati와 동료들(2004)은 측두평면을 포함하여 뇌의 유사한 영역에서 회백질의 부피 감소를 발견하였다. Brambati와 동료들(2004)은 또한 Rae와 동료들(2002)의 연구결과와 마찬가지로 소뇌 차이를 발견하였지만, 소뇌 반구들의 비대칭성을 보고한 Eckert와 동료들(2003)의 연구와는 달랐다. Rae와 동료들은 난독증 집단의 소뇌 반구들에서 대칭성을 발견하였다.

이러한 표본들은 작고 이질적이어서 연구마다 결과가 다양하게 나타난다. 연구소 간 차이는 또한 서로 다른 뇌 영상화 기법과 자료 분석방법의 사용에 의해 제한되어, 이러한 연구결과를 재확인하는 데 어려움을 갖게 한다(Filipek, 1996; S. E. Shaywitz et al., 2000). aMRI의 정량화는 종종 매뉴얼 작성과 높은 수준의 해부학적 정교화를 요구하는 등 기술적으로 어려운 절차를 요구한다. 이러한 이슈들은 분석하는 데 많은 시간이 소모되며, 불가피하게 적은 표본 수와 방법론적 요소의 유형을 초래한다.

인구학적 변수, (왼쪽, 오른쪽) 손잡이나 IQ 및 뇌 부피 평가와 관련된 모든 요인들을 통제하는 것은 매우 중요하다. Schultz와 동료들(1994)은 난독증 아동을 동년배의 통제집단과 비교하여 측두평면과 여러 좌반구 구조들을 포함한 다양한 aMRI상의 통계적으로 유의한 차이들을 발견하였다. 그러나 연구 대상 선정 변수들(특히, 성별과 손잡이)이 통계적으로 통제될 때 이러한 차이들이 나타나지 않았고, 유일하게 신뢰할 수 있는 결과는 난독증 집단에서의 좌측 측두엽 크기의 축소였다. Pennington과 동료들(1999)은 뇌의 다양한 피질 및 피질하 영역을 측정하기 위해 주의 깊게 이미지를 수집하고 정교한 형태 분석을 하였다. 연구자들은 난독증 집단에서 뇌섬엽(insula)과 대뇌 전상부(anterior superior cortex)의 크기가 좌우 양측으로 축소되었음을 발견하였다. 그리고 후뇌에서 뇌량팽대(splenium of corpus callosum)에 이르는 부위—크게 후측두엽(posterior temporal), 두정엽 그리고 후두엽—가 난독증 집단에서 좌우반구 모두 더 큰 것으로 나타났다. 그러나 비록 성인의 경우에는 나이, 성별 그리고 지능지수를 통계적으로 통제하였을 때 그 결과가 확실했지만 이러한 차이는 상대적으로 작고, 난독증과 비난독증의 쌍둥이 집단 간에는 지능지수 점수의 차이가 나타나지 않았다.

요컨대, 난독증과 비난독증 집단 사이에서 몇 가지 뇌 구조들, 특히 언어를 담당하는 좌반구에서 미세한 차이를 지적하는 몇몇 연구들이 있다. 그러나 aMRI 연구들은 현재 사용 가능한 새로운 방식의 구조적 뇌 영상

화 기법에 의해 향상될 수 있다. 확산 분광법(diffusion tensor imaging: DTI)
은 구조적 뇌 영상화 방법으로, 특히 대뇌 백질과 뇌 연결성을 평가하는
데 유용하다. 처음 시도된 연구에서, Klingberg와 동료들(2000)은 좌반구
에서 언어를 담당하는 부위라고 알려진 대뇌 백질에 관한 평가를 위해
DTI를 사용하였다. 읽기 문제의 이력이 있는 성인과 그렇지 않은 성인에
서 이러한 측정을 통한 비교는 읽기 문제를 가진 집단에서 백질의 미발달
을 확인하였다. 이러한 결과들은 언어를 매개하는 영역의 감소된 수초화
(myelination)를 지적하였다. 후속 연구들에서 Beaulieu와 동료들(2005)은
읽기 능력에서 상당히 차이가 나는(4명은 평균 범위 이하) 32명의 8~12세
아동들에 대해 DTI를 수행하였다. 이들 연구자들은 좌측 측두두정엽 백
질(white matter)을 포함하여 영역적 뇌 연결성 평가와 읽기 능력의 유의한
상관을 보고하였다. 유사하게 Deutsch와 동료들(2005)은 14명의 7~13세
아동들을 평가하였다. 이들은 각각 7명으로 구성된 우수한 읽기 능력 집
단과 낮은 수준의 읽기 능력 집단으로 구분되었다. 연구자들은 좌측 측두
두정엽 영역의 크기에서 작은 차이를 발견하였고, 이 영역에서 백질
(white matter)이 덜 발달되었음을 지적하였다. 읽기장애를 가진 학생들은
공통적으로 그러한 영역에서 손상을 보인다는 증거와 함께 Silani와 동료
들(2005) 그리고 Brambati와 동료들(2004)의 연구에서는 형태 계측
(morphometry) 결과를 확인했는데, 이와 같은 결과는 매우 흥미롭다. 그러
나 심각한 읽기 결함을 가진 집단을 포함하는 좀 더 큰 규모의 아동들에
대한 DTI의 연구들이 요구된다. 동일한 사람에 대한 기능적 신경 영상화
연구에서 DTI 구조적 평가의 결합을 시도하는 것은 앞으로 흥미로운 분
야가 될 것이다.

뇌 기능

서로 다른 유형의 '기능적' 신경 영상화 방법은 읽기 기능이 우수한 집단과 난독증 집단 사이의 시각, 언어 그리고 읽기 과제에 대한 반응에서 뇌 활성화를 측정하기 위해 사용되고 있다. 두 집단에 대한 연구에서 사용된 기능적 영상화 방법들을 통한 수렴된 증거는 뇌 영역 간 네트워크가 단어를 정확하게 인지하는 능력에 관여하고, 난독증을 가진 성인과 아동은 숙련된 집단과 비교하여 이러한 영역들에서 서로 다른 활성 패턴을 나타냄을 보고하였다. 이러한 영역들은 기저측두(basal temporal)(후두측두엽에 대한), 측두두정엽 그리고 하전두(inferior frontal) 영역과 관련되어 있으며 좌반구에서 다소 우세하게 나타난다(Eden & Zeffiro, 1998; S. E. Shaywitz & B. A. Shaywitz, 2005).

영상화 방식

난독증에 대한 기능적 신경 영상화는 자료 수집 형태와 공간적·시간적 해상도에서 다음 네 가지의 서로 다른 다양한 방식 즉, 양전자 방사 단층 촬영법(positron emission tomography: PET), 기능성 자기 공명 영상(functional magnetic resonance imaging: fMRI), 자기 근원 영상(magnetic source imaging: MSI), 자기 공명 분광법(magnetic resonance spectroscopy: MRS)에 기초한다(Papanicolaou, 1998). 우리는 여기서 전기생리학적 방법들을 포함하는 측정방법들을 언급할 것이다. 하지만 뇌 지도(brain mapping) 방법은 다른 방법들에 비해 덜 개발되었기 때문에 관련 연구들을 자세하게 소개하지는 않을 것이다. 이들 영상화 방식(Imaging Modality)들은 인지적 처리가 일어나는 동안 뇌의 변화를 측정하고, 이러한 변화가 뇌의 어느 영역에서 (혹은 언제) 발생하는지를 밝히는 지도를 제공한다. 예를 들면, 뇌 영역 간 혈류 내 포도당 사용 혹은 전환에 의한 물질대사 변화는 정신적 작용과 관련된 뇌의 일부분에 따라 발생한다. 이러한 변화들은 PET 혹은 fMRI에 의해 기록될 수 있다. 마찬가지로 특정 활동을 위해 연결 고리를 만드는 뉴런이 있다. 뉴런이 연결을 생성할 때, 뇌의 전기적 활동을 바꾸는 변화가 뉴런에서 나타난다. 이러한 활동은 뇌전도(electroen-cephalogram: EEG)에 의해 기록될 수 있다. 사람이 활동할 때 이러한 전기 발생원(electrical sources) 주변에 자기장이 발생한다. MSI는 이러한 변화를 측정하여, 뇌 영역이 발생시키는 자기 신호가 무엇인지에 관한 정보를 제공한다. MRS는 자극 유형에 대한 반응에서 유산염(lactate) 혹은 글루타민(glutamine)과 같은 뇌의 화학물질의 변화를 측정한다(Hunter & Wang, 2001).

측정하는 방식과 상관없이, 기능적 영상화의 원리는 상대적으로 간단한 방법이다(S. E. Shaywitz et al., 2000). 인지 혹은 운동 과제가 수행될 때 포도당 대사(PET), 혈류(PET와 fMRI), 전기적 활동(EEG), 자기 활동(MSI) 혹은 뇌의 화학물질(MRS)에서의 변화가 기록된다. 뇌 활성화에서의 변화가 기록되고 뇌의 MRI 상에 촬영됨으로써 활동과 관련된 뇌 영역을 확인할 수 있다. fMRI, MSI, MRS와 같은 방법들은 방사선이 없고, 비침습적이며, 안전하기 때문에 심지어 아동들에게 반복적으로 사용될 수 있다. PET에 의한 영상화는 혈류나 포도당 사용에서의 변화를 측정하기 위해 방사성 동위원소(radioactive isotope)의 사용이 필요하다. 동위원소의 반감기 때문에 실험시간은 제한된다. 아동들이 의학적 장애를 가지고 있으면서 방사성 노출과 관련된 평가에서 큰 도움을 받지 못한다면 그들은 PET 연구에 보통 참여하지 않는다. 이러한 노출 위험은 심지어 성인이 PET 연구에 참여할 수 있는 횟수에도 제한을 가한다(Papanicolaou, 1998).

또한 이러한 방식들은 공간적 그리고 시간적 민감도에서 다양하게 나타난다. PET와 fMRI와 같은 물질대사(metabolic) 기술들은 인지 활동이 일어난 후에 발생하는 뇌 활동을 측정한다. 이러한 기술들은 실시간으로 사용할 수 없다. fMRI는 연속적 자기공명 영상들을 빠르게 얻을 수 있기 때문에 인지 활동과 관련된 혈류의 변화를 조사하기 위해 사용될 수 있다 (S. E. Shaywitz et al., 2000). 그러한 이유로 fMRI의 공간적 해상도는 우수하다.

MSI(그리고 EEG)와 같은 방법들은 실시간으로 사용이 가능하며, 신경사건(neural event)들에 대한 시간대별 정보를 제공한다. 뇌 지도에 대한 공간적 해상도는 나쁘지만, aMRI 스캔상에 MSI 뇌 지도를 합성함으로써 이 문제를 극복할 수 있다. 유발전위(evoked potential)와 EEG 방식은 순간적인 해상도가 우수하지만, 합성방법을 사용함에도 불구하고 공간적 해상도는 상당히 좋지 않다. 그래서 이러한 방법들은 일반적으로 기능적 신경 영상화(functional neuroimaging)를 위해 사용되지 않는다. MRS는 화학적 변환에 초점이 맞추어져 있고, 마찬가지로 공간 절제(spatial resection)를 위해 aMRI와의 합성이 필요하다. 이러한 화학적 변환은 실시간으로 일어나지만, 변환을 측정하기 위해 더 긴 측정시간이 필요하다(Hunter & Wang, 2001).

단어 수준 읽기장애의 신경학적 상관에 대한 검토

이전의 연구는 모두 네 가지 영상화 방식을 사용해 왔고, 현재까지의 연구결과들은 읽기를 요구하는 과제들이 다음과 같이 다양한 영역들에서 증가된 활성화와 관련된다고 보고하였다(Eden & Zeffiro, 1998; Rumsey et al., 1997; S. E. Shaywitz et al., 2000). 다양한 영역으로는 후두엽 영역까지 걸친 측두엽의 기저 표면, 측두두정엽까지 걸친 상부의 후측 일부와 내측 측두이랑[변연상이랑(supramarginal gyrus)과 각이랑(angular gyrus)] 그리고 주로 좌반구의 하전두엽이 포함된다. 특정 영역의 연관성에 대한 연구들은 일치되지 않고 있다(Price & McCrory, 2005; Poeppel, 1996). 그러나 영역 간 네트워크가 단어재인과 관련되어 있고, 각각의 영역이 특정 과제 요구에 따라 서로 다른 정도로 활성화가 된다는 사실은 명백하다.

　이러한 네트워크를 단순화시켜 나타내면 [그림 5-3]과 같다. 여기에는 네 개의 주요 관련 영역이 나타나 있다. 대략 Broca 영역과 일치하는 부분이 단어의 발음에서 조음 지도와 관련된 음운 처리를 담당한다. 상부 측두이랑의 일부와 변연상이랑을 포함하는 Wernicke 영역은 문자-소리 대응과 관련된 음운 처리를 담당한다. 각이랑은 정보의 양식들을 연결시키는 중계소 역할을 담당한다. 후두측두엽의 시각 연합령(visual association cortex)은 자소적(graphemic) 분석을 담당한다(Dehaene et al., 2005). 읽기를 유지시키는 뇌의 회로에 대한 이러한 모형을 지지하는 경험적 증거의 대

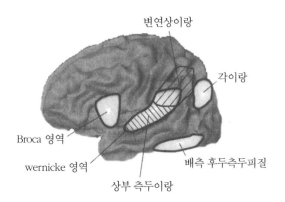

[그림 5-3] 읽기에 대한 네 가지 영역의 뇌 네트워크의 단순 모형. 대략 Broca 영역과 일치하는 부분이 단어의 발음에서 조음 지도와 관련된 음운 처리를 담당하고 있다. 상부 측두이랑의 일부와 변연상이랑을 포함하는 Wernicke 영역은 문자-소리 대응과 관련된 음운 처리를 담당한다. 각이랑은 정보의 양식들을 연결시키는 중계소 역할을 담당한다. 측두후두엽의 시각 연합령은 자소적 분석을 담당한다.

출처: Fletcher, Simos, Papanicolaou, & Denton (2004). p. 265. P. G. Simons가 사용을 허가함.

부분은 뇌손상으로 인한 이차적 읽기 어려움에 대한 연구들(Dehaene et al., 2005), 신경외과적 수술로 인한 특정 뇌 영역에서의 정상적 기능이 일시적으로 방해받는 데 따른 효과(Simos et al., 2000c)와 관련된 연구들과 일치한다. 우리는 실험이나 영상 기법에 관한 결과를 강조하기 위해 좀 더 구체적인 뇌의 영역이나 과제에 따른 뇌의 차이점들(Price & McCrory, 2005 참조)에 관해 수많은 질문들을 의도적으로 다루지 않았다.

PET 연구들

PET는 좀 더 오래된 기술로, 초기에 우수한 읽기 능력을 가진 성인과 난독증을 가진 성인을 비교한 연구들이 이러한 방법을 사용하였다. 이러한 연구는 읽기와 음운 처리 과제를 둘 다 수행하는 동안 좌측 측두두정엽에서 감소된 혈류를 발견하였다(Rumsey et al., 1992, 1997). 그러나 난독증을 가진 집단에서는 좌측 하전두 영역에서 정상적인 활성화가 나타났다(Rumsey et al., 1994). Horwitz, Rumsey 그리고 Donohue(1998)는 읽기 능력 수준에 따른 성인의 각이랑의 기능적 연결성을 평가하였다. 그들의 연구결과에 따르면, 음운 과제를 수행하는 동안 발생하는 좌측 각이랑의 활동은 유창한 읽기 능력의 성인들에게 다른 영역들과 유의한 상관이 있음을 밝혔지만, 난독증을 가진 사람들에게서는 그러한 결과가 나타나지 않았다. Horowitz와 동료들(1998)은 난독증 집단에서 이러한 영역 간 '기능적 분리'를 지적하면서 이 자료들을 해석하였다. 또 다른 연구들은 우반구 활성화에 대한 증거들을 제시해 왔는데, 이는 읽기장애와 관련된 다른 비언어적 요인들이나 보상적 절차(compensatory process)들과 연관될 수 있다(Grigorenko, 2001; Wood & Grigorenko, 2001). 예를 들면, McCrory, Frith, Brunswick 그리고 Price(2000)는 8명의 난독증 성인과 6명의 대조군에 대해 실제 단어와 유사 비단어의 암기와 관련된 과제를 제공하였다.

난독증 성인들은 대조군에 비해 상부 측두와 중심후이랑(postcentral gyrus)를 포함하는 우반구에서 미비한 활성화가 나타났다. 그들은 이러한 결과를 보상적 패턴이라고 제안하였다. 왜냐하면 더 많은 에너지(노력)는 음성적 요소를 처리하는 과정에서 필요한 반면, 음운적 요소와 관련 없는 말하기 요소를 처리하는 과정에서는 필요성이 덜했기 때문이다.

더 최근의 PET 연구는 8명의 난독증을 가진 사람들과 10명의 대조군을 대상으로 단어 읽기와 그림 명명하기 검사를 사용하여 이들을 평가하였다(McCrory, Mechelli, Frith, & Price, 2005). 그들은 행동적 결함과 독립적인 두 개의 과제들을 수행하는 동안 좌측 후두측두 영역의 감소된 활성화를 발견하였다. McCrory와 동료들은 이 부위의 비정상적 활성화가 읽기나 철자 해독에서 차이가 없었지만, 음운론적 정보와 시각적 정보를 통합하는 데 일반적인 손상이 있음을 결론지었다.

널리 알려진 Paulesu와 동료들(2001)의 PET 연구에서는 영국, 프랑스 그리고 이탈리아에서 선정된 난독증 성인들을 대조군과 비교하였다. Paulesu와 동료들(2001)은 서로 다른 나라의 난독증을 가진 사람들은 읽기 중 좌측 후두측두 부위의 감소된 활성화를 명백히 나타냄을 밝혔다. 이러한 결과는 매우 중요한데 그 이유를 살펴보면, 난독증의 표현형(phenotypic) 발현이 다양했고 3개국에 걸친 언어적 차이를 반영하고 있기 때문이다. Paulesu와 동료들(2001)의 연구에서는 읽기 기술의 정확성과 유창성이 표현형에 따라 다름에도 불구하고 음운 처리는 공통적인 특성임을 보고하였다. Silani와 동료들(2005)은 좌반구 내 궁형 다발(Arcuate Fasciculus)뿐만 아니라 중측과 하측 두이랑에서 감소된 회백질 및 백질 밀도에 대한 증거를 발견했음을 주목할 필요가 있다. 이후의 결과들은 앞서 살펴본 DTI 연구들과 일관되지만, 음운론적 요소와 읽기 영역에 관한 감소된 연관성을 보여 주고 있다.

fMRI 연구들

fMRI를 이용한 연구들은 각이랑의 활동 부족이 난독증을 가진 성인에게 공통적으로 관찰되고, 뇌의 측두두정(temporoparietal) 영역과 후두측두(occipitotemporal) 영역에서 광범위하게 손상된 영역이 부분적으로 나타남을 밝히고 있다. 초기 성인 fMRI 연구에서 S. E. Shaywitz와 동료들(1998)은 음운 분석 활동이 증가될 때, 일반 성인들은 측두두정 영역과 후두측두 영역에서 증가된 활동을 보인다고 하였다. 난독증을 가진 성인들은 이러한 패턴이 나타나지 않으며, 대신 뇌의 앞부분이 더욱 활성화되었다(하전두이랑 −44~45영역). 게다가 난독증 성인들은 일반인들과 비교하였을 때 후부 측두이랑 영역의 활동에서 상이한(오른쪽이 왼쪽보다 큰) 반구의 비대칭을 보인다. 난독증을 가진 사람들의 영역적 대사(regional metabolism)에서 반구적 비대칭의 상이한 패턴은 이와 관련된 선행연구들과 일치한다. Pugh와 동료들(2000)은 난독증 성인들의 경우 읽기를 포함하는 다른 영역과 각이랑이 잘 연결되어 있지 않다는 것을 발견했다. 비슷한 과제를 이용하는 아동 연구에서는 난독증을 가진 아동들의 하전두이랑 영역이 덜 활성화되었으나, 뇌의 후부에 비슷한 패턴이 있다고 밝혔다. 난독증에 관한 fMRI 연구의 수는 매우 많다(Price & McCrory, 2005; S. E. Shaywitz & B. A. Shaywitz, 2005 참조).

MSI 연구들

MSI 연구는 난독증 아동과 일반 아동 간에 나타난 활동 패턴에서 신뢰할 수 있는 차이가 있음을 보고하고 있다(Papanicolaou et al., 2003). 이러한 연구에서 활동 지도(activation map)는 아동들이 실제 단어를 듣거나 읽기, 유사 비단어를 읽기, 유사 비단어의 각운을 결정하는 과제를 수행하는 동안 얻어졌다(Simos, Breier, Fletcher, Bergman, & Papanicolaou, 2000a; Simos et al., 2000b). 두 집단은 단어를 들었을 때, 좌반구 우세 활동을 포함하는 예상된 패턴을 보이며 활성 패턴에 차이를 보이지는 않았다. 그러나 단어 재인 과제에서, 난독증 아동과 일반 아동의 활성 패턴에는 큰 차이가 나타났다([그림 5-4] 참조). 일반 아동들에게는 초기 시각 처리를 지원하는 뇌의 후두부가 먼저 활성화되는 특징적인 패턴이 있었다([그림 5-3], [그림 5-4]에는 없다). 그다음 좌반구 측두두정 영역의 세 영역(모이랑, 중측두이랑, 상측두이랑)의 우세한 활성화가 일어난 후, 양쪽 반구의 후두측두 영역이 활성화되었다. 전두부 영역은 단어의 발음이 요구될 때 활성화되었다. 난독증 아동은 같은 패턴과 시간과정이 뚜렷했지만, 우측 반구의 측두 영역이 활성화되었다. 전체적으로 PET와 fMRI 연구결과와 비슷하지만, 두

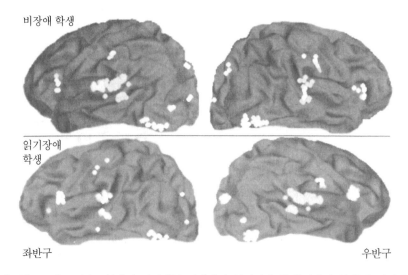

[그림 5-4] MSI는 인쇄된 단어재인 과제에서 읽기장애 학생(아래의 영상)과 비장애 학생(위의 영상)의 뇌를 스캔하였다. 유창한 읽기 학생들은 좌반구의 측두에서 두드러진 활성화가 있었고, 장애 학생들은 동위치(homotopic)의 우반구 영역에서 두드러진 활성화가 나타났다.

출처: Fletcher, Simos, Papanicolaou, & Denton (2004). p. 271. Simos et al.(200b)에서 발췌한 자료. P. G. Simons가 사용을 허가함.

집단 간의 차이는 좌뇌 또는 우뇌 한쪽이 두드러지게 지배하고 있다는 사실이다.

중재: 영상 의학적 연구

뇌 영상의 변화와 중재에 대한 반응 여부의 관계는 MRS, fMRI, MSI를 포함하는 최근의 9개 연구에서 평가되었다(Aylward et al., 2003; Eden et al., 2004; Richards et al., 2000, 2002, 2005; Simos et al., 2002a, 2005, 인쇄 중; Temple et al., 2003). Richards와 동료들(2000)이 실시한 연구에서, 음운 처리과정, 단어 해독, 읽기 이해 그리고 듣기 이해와 관련된 중재전략을 3주 동안 30시간 실시하였고 중재 전과 후에 나타난 대사과정(metabolic process, 생물체 안에서 일어나는 모든 물질의 변화과정을 의미함-역자 주)을 평가하는 데 MRS가 사용되었다. 아동들은 언어과정과 관련이 있다고 알려진 뇌의 좌전두사분(left anterior quadrant) 부분의 MRS 검사를 중재 전후에 받았다. 중재 이전에, 난독증 아동들은 단어 또는 비단어의 운율을 결정하는 과제를 수행하였다. 이들에 대한 MRS 검사는 사분면(quadrant)에서 높아진 젖산염의 대사 비율을 발견하였다. 훈련 프로그램 이후에 젖산염 대사(lactate metabolism)는 난독증 아동들과 통제군 아동들을 읽기 과제로 구분하지 못했다. 연구자들은 훈련 프로그램이 젖산염 대사에 영향을 주었다고 주장하였음에도 불구하고, 다른 연구자(Gayan & Olson, 2001)는 통계적인 분석결과에만 초점을 맞춘 연구결과에 의문을 제시하고 있다.

후속 연구에서 Richards와 동료들(2002)은 추가로 10명의 난독증을 가진 아동과 9~12세의 연령 범위에 맞는 통제집단을 추가로 모집하였다. 이 아동들은 형태론적(morphological) 인식에 대한 추가적인 훈련뿐만 아니라 알파벳 원리에 대한 28시간의 중재를 받았다(Berninger et al., 2003b). 이 연구는 또한 중재 전후에서 나타난 젖산염 활성도의 유의한 변화를 발견하였는데, 특히 형태론적 치료를 포함한 중재와 관련되어 있었다.

　세 번째 연구에서 Simos와 동료들(2002a)은 집중적인 음운 기반 중재에 참여한 심각한 난독증을 가진 아동들의 중재 전후에 MSI를 사용하였다. 이 아동들은 7~17세였고, 매우 심각한 단어재인 문제를 가지고 있었다. 8명 중 6명의 아동들이 3퍼센타일 혹은 그 이하였고, 다른 2명의 학생의 읽기 능력도 13, 18퍼센타일을 나타냈다. 하루에 2시간씩의 중재를 일주일에 5일, 8주의 회기 동안 약 80시간의 집중적인 음운 중재가 개별 아동에게 제공되었다. 중재 이전에 난독증을 가진 8명의 아동들은 한결같이 MSI의 검사에서 우반구의 비정상적인 활성화 패턴을 보였다. 중재 이후에 아동들의 단어 읽기 정확성 점수는 평균 수준으로 향상되었다. 게다가 각 사례에서 숙련된 단어 읽기 능력과 관련된 좌반구에서 신경회로(neural circuits)의 중요한 활성화가 나타났다. 또한 우반구 활동이 축소되는 경향을 발견하였다. [그림 5-5]는 중재 전후에 나타난 대표적인 변화 사례를 보여 준다. 이러한 연구들은 매우 흥미로우며 읽기 발달을 지원하는 신경 네트워크를 확립시킬 수 있는 교수가 매우 중요함을 암시하고 있다.

　Aylward와 동료들(2003)은 읽기 문제를 가지고 있는 10명의 아동(평균 11.5세)과 11명의 통제군에 대한 읽기 중재에서의 반응 변화를 평가하였다. 읽기 문제를 가진 아동들은 Simos와 동료들(2002a)의 연구에서보다는 덜 심각한 읽기 문제를 가지고 있었으며, 지능 검사에서 산출된 언어 능력에 비하여 읽기 능력이 낮아 불일치가 나타난 근거로 선정되었다. 참가자들은 단어재인에 관계된 음운과 형태적 전략들의 적용에 대한 중재를 3주 동안 받았다. 평균적으로 읽기 문제를 가진 아동들은 1.5 표준편차의 읽기 재인 능력 향상을 보였다(87에서 93의 단어 읽기 비율). 그들은 교수 기간 전과 후에 음소 소리 짝짓기와 형태소 작성 과제를 이용하여 fMRI를 찍었다. 기초선 결과와 함께 일반 아동의 수행 능력과 비교했을 때, 읽기

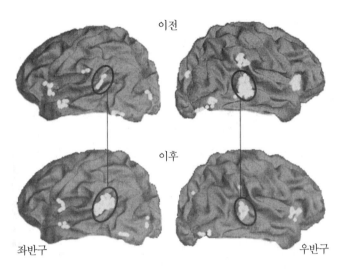

이전

이후

좌반구   우반구

[**그림 5-5**] 중재전략의 이전 이후에 촬영된 읽기장애 학생들의 활성화 지도. 좌반구의 측두에서 두드러진 활성화가 급격히 나타난 것은 음운 해독과 단어재인의 능력의 향상과 관련되어 있다.

출처: Fletcher, Simos, Papanicolaou, & Denton (2004). p. 273. Simos et al.(200b)에서 발췌한 자료. P. G. Simons가 사용을 허가함. Copyright 2004 by The Guilford Press. Reprinted by permission.

문제를 가진 아동들은 다양한 과제를 수행하는 동안 좌반구 영역에서 활성화가 뚜렷하지 않았다. 중재 이후에 통제집단과의 차이는 통계적으로 유의하지 않았고, 연구자들은 보상 패턴(compensatory pattern)과는 대조적으로 뇌 활성화는 정상적이었다고 결론지었다. 이렇게 변화가 발생한 뇌의 영역들은 Simos과 동료들(2002a)의 연구와 차이가 있었다. 또한 과제와 중재전략도 차이가 있었으며, Aylward와 동료들의 연구에 참여한 읽기장애 학생들의 손상 정도가 미비했다. 뇌영상학적 연구에서 참가자들과 과제 환경의 미묘한 차이는 활성화 패턴에서 중요한 차이를 만들 수 있는 원인이 된다. Simos와 동료들(2002a) 그리고 Aylward와 농료들(2003)의 연구에서 비슷한 점은 활성화된 뇌 영역이 주로 좌반구의 뇌 영역이고, 단어재인의 다른 측면들을 지원하는 신경 네트워크와 관련이 있었다는 점이다. 게다가 두 연구들은 보상 패턴을 설명하지 않았다.

　더욱 최근의 연구들은 뇌 기능에서 정상적인 변화가 있음을 보여 주지만, 초기에 진행된 4편의 연구와는 달리 연구 참여자들에게서 보상적 변화가 나타났음을 밝히고 있다. Simos와 동료들(2005)은 뇌기능의 변화를 측정하기 위해서 MSI를 사용하였으며, 이 연구에 참여한 학생들은 Mathes와 동료들(2005)의 중재 연구에서 중재전략을 받은 학생들이었다. 읽기 문제 위험군 아동과 그렇지 않은 아동들은 유치원 학기 말에 뇌를 촬영하였고 (Simos et al., 2002b) 그리고 1학년 말에 다시 한 번 촬영하였다. 글자 소리와 유사 비단어 명명 과제의 수행에서 얻은 뇌 활성화의 시공간적 프로파일의 비교결과에서 유치원 학기 말에 위험이 낮은 아동과 고위험 학생들 간에 분명한 차이가 있음을 보여 주고 있다. 일반적으로 위험군의 학생들은 통제집단과 비교했을 때 우반구의 측두두정 영역에서 더 많은 활동이 있음을 보여 주는 신경생리학적 과정이 초기에 발달함을 보여 주고 있다. 1학년 학기 말에 위험군 집단은 1학년 읽기 중재전략에 적절하게 반응하는 집단과 그렇지 않은 집단으로 구분되었다. 중재에 대한 적합한 반응을 보이는 위험군 학생들은 지역적 활성화의 정도에 있어 기초선에서 나타난 결과와 같은 패턴을 보였다. 그러나 활성화가 나타나는 시점은 비위험군 학생과 유사한 패턴으로 변화하였다. 중재에 대한 적절한 반응을 나타내지 않은 학생들은 우반구의 측두두정 영역에서 더 큰 활성화를 보이며, 이러한 결과는 심각한 읽기 문제를 가진 고학년 학생들에게서 전형적으로 나타나는 패턴들이다. 이러한 패턴들은 [그림 5-6]에서 세 집단별로 나타나 있다.

　세 번째 MSI 연구에서 Simos와 동료들(인쇄 중)은 Mathes와 동료들(2005)의 연구에서 단어재인과 유창성 기술을 발달하지 못한 소그룹의 학생들에게 뇌 영상학 기법을 사용하였다. 이 학생들은 16주 동안 중재전략

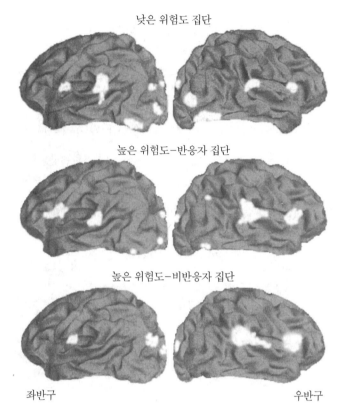

낮은 위험도 집단

높은 위험도-반응자 집단

높은 위험도-비반응자 집단

좌반구   우반구

[그림 5-6] 1학년 말에 읽기 문제의 위험도가 낮은 학생, 높은 읽기의 위험도를 갖고 있지만 중재에 반응한 학생, 높은 읽기의 위험도를 갖고 있지만 중재에 반응하지 않은 학생에 대한 활성화 지도. 좌반구의 측두 부분과 관련된 활성화의 차이가 명백하게 나타났다.

출처: Simos et al. (2005). 2005년 미국 심리학회가 이 그림에 대한 저작권을 갖고 있으며, 재사용에 대한 허가를 얻음.

을 제공 받았는데, 처음 8주 동안은(하루에 2시간) Phono-Graphix 프로그램(McGuiness, McGuiness, & McGuiness, 1996)에 기반을 둔 강도 높은 음운 해독 훈련을 제공받았고, 이후의 8주 동안에는 자연스럽게 읽기(Read Naturally)(Ihnot, 2000) 프로그램을 사용하여 하루에 1시간 동안 유창성과 관련된 중재를 받았다. 이러한 뇌 영상학 연구에서, 15명의 학생들은 중재 전과 8주 간격마다 뇌 영상 자료를 산출하였다. 중재에 대한 각각의 반응들은 매우 다양했지만 단어재인, 유창성, 읽기 이해에서 중요한 향상이 나타났다(Denton, Fletcher, Anthony, & Francis, 인쇄 중). 뇌 영상학 요소의 결과를 보면, 중재 후 뇌 활동의 변화는 대부분 정상화되었다. 이러한 뇌 활동의 변화는 좌측 측두두정 영역에서 나타난 뇌 활동화 시간이 증가되었다는 점과 함께 측두두정과 전두엽에서 모두 활성화의 시기에서 변화가 있었다는 사실에서 확인할 수 있었다. 특히 좌우 양측의 측두두정 영역에서의 활성화가 나타난 시기는 전두엽의 활성화보다 앞서 나타났다. 이러한 변화는 15명 중 12명의 뇌 영상 자료에서 명백하게 나타났다. 또한 참가자 중 절반은 오른쪽 측두두정과 전두엽 영역에서 보상적 활성화를 나타내는 증거를 제공하였다. 참가자들에게 실제 단어들을 읽도록 하였을 때 비슷한 변화들이 관찰되었고, 가장 두드러진 변화는 뇌 활성화가 나타나는 시기와 지속된 기간이었다. 양측의 중측두이랑(middle temporal gyrus)의 후면부에서는 증가된 신경심리학적 활동이 있었으며, 좌반구에 위치한 중측두이랑과 우반구의 후두측두 영역에서는 활성화 정도가 감소하였다. 상관분석 결과에 따르면, 향상된 읽기 능력은 일반적으로 우측 후두 영역(occipital region)의 이른 활성화 정도, 좌측 중측두이랑의 증가된 활동 기간, 전전두엽 영역에서 오래 지속되는 시작 잠재기(prolonged onset latency) 정도를 사용하여 예측할 수 있음을 보여 주고 있다.

Eden과 동료들(2004)의 연구에서는 발달적 난독증을 가진 성인들에게 음운 중재전략을 사용한 이전과 이후에 언어의 소리를 조작하는 과제를 제공하였고, 이러한 과제를 수행하는 동안 두뇌의 활동을 fMRI로 평가하였다. 난독증 성인의 절반은 8주 동안 Lindamood-Bell 방법에 근거한 중재전략을 받았다. 음운 처리과정과 읽기 능력의 향상과 함께, fMRI 연구는 좌반구의 하위두정엽 영역(inferior parietal area), 두정골구(interparietal sulcus), 방추상이랑(fusiform gyrus)에서 증가된 활성화가 나타났음을 보여 주고 있다. 우반구에도 변화가 있었다. 가장 대표적인 특징은 뇌 처리과정의 정상화이지만, 보상 패턴 또한 관찰되었다.

Temple과 동료들(2003)의 연구에서 20명의 학생은 Fast ForWord(음운인식 향상 프로그램–역자 주)를 활용한 중재전략에 참여하였으며 이들을 대상으로 fMRI를 실시하였다. 아동들은 읽기와 언어 기술 영역에서 중요한 향상을 나타냈다(그러나 다음의 연구들은 이 방법의 효과를 설명하지 않았다). 운율 맞추기 과제에서, fMRI는 좌반구의 측두두정과 하위전두엽에서 증가된 활성화가 나타났음을 보여 주고 있다. 또한 보상과정을 나타내는 우반구의 다른 뇌 영역에서도 향상된 결과를 얻을 수 있었다.

S. A. Shaywitz와 동료들(2004)은 Blachman과 동료들(2004)의 연구에서 중재전략을 제공 받은 학생들을 대상으로 fMRI를 실시하였다. 이 연구에서는 코네티컷 주의 뉴헤이븐에 거주하고 있는 일반 성취 집단과 학교에서 일반적인 중재전략을 받고 있는 읽기장애 집단 간의 비교를 실시하였다. 이 연구는 뉴욕 주의 시러큐스라는 지역 요인으로 인하여 제기될 수 있는 변인들을 통제하기 위해서 시러큐스에 거주하고 있는 학생들에게 뉴헤이븐으로 이동하여 연구에 참여하도록 요구하였다. 연구결과에 따르면 중재 이전의 읽기장애 학생들은 읽기장애와 관련된 좌반구의 영역에서 뇌의 활성화가 매우 미비하였다. 중재 이후에 학생들은 중측후두이랑(middle occipital gyrus)의 하위 영역, 중측과 하위 측두이랑과 관련된 뇌의 후두 영역, 왼쪽의 상측 두구(superior temporal sulcus), 양쪽의 하전두이랑(inferior frontal gyrus)에서 활성화가 크게 증가하였다. B. A. Shaywitz와 동료들(2004)은 이러한 결과를 읽기와 관련된 좌측 후두측두 영역이 정상화되었다고 해석하였고, 우측 전두엽과 관련된 보상 변화가 있었음을 언급하였다.

유전적 요인

가족 내 또는 세대 간에 발생하는 읽기장애는 읽기장애와 능력에 관한 유전적 연구의 기초가 된다. 이러한 관찰은 난독증의 초기 연구에서 시작되었다(예, Hinshelwood, 1917). 읽기장애를 가진 부모의 자녀가 읽기장애를 나타낼 위험률은 일반 인구보다 8배가 높다(Pennington & Olson, 2005). 난독증과 다른 읽기장애의 유전에 관한 연구에서 청소년기가 지난 이후에 가족력(familiarity)은 전적으로 유전적 요인임을 보여 주지만, 읽기장애는 유전적 영향력과 함께 환경적 요인에 영향을 받는다고 보고하고 있다(Petrill et al., 2006a). Grigorenko(2001), Fisher와 DeFries(2002), Pennington과 Olson(2005), Plomin과 Kovas(2005)에 의해 검토된 이 연구들은 이 분야에 오랜 역사가 있음을 보여 주고 있다. Grigorenko(2001)가 요약하였듯이, 연구의 세 영역들은 난독증이 유전적 요인들을 가진다는 것을 설명하는 데 초점을 맞췄다. 이 영역들은 쌍둥이와 가족 연구를 포함하며, 유전성을 가진 가족 내에서 나타나는 특정한 유전자의 역할을 조사하는 연구를 함께 포함하고 있다.

가족 집적성(集積性, Family Aggregation)

Grigorenko(2001)와 Olson, Forsberg, Gayan 그리고 DeFries(1999)에 의하여 검토되었듯이, 읽기 문제를 가지는 아동의 부모 중 25~60% 또한 읽기 문제를 가지고 있다. 이 비율은 모계(33%)보다 부계(46%)에서 높게 나타났다. 읽기 문제를 가진 부모의 자녀들은 일반 인구와 비교했을 때 훨씬 높은 위험성을 가지고 있다. 선별방법에 따라 그 비율은 30~60%에 이르렀다. 아동의 난독증을 부모가 확인하거나 학교가 확인했을 경우 차이가 있을 수 있지만, 그 비율은 30%에 가까웠다. 실제로 연구 도구(research instruments)를 이용하여 아동과 부모를 평가하면, 그 비율은 눈에 띄게 높아진다.

쌍둥이 연구

가족 연구의 제한점 중 한 가지는 환경적 요인을 서로 공유하고 있다는 사실이다. 생물학적으로 연관된 가족의 구성원들이 함께 살아가고 있는 연구에서는 유전과 환경적 요인이 서로 혼재되어 있다. 쌍둥이 연구는 일반적으로 읽기 성취의 공분산(covariance)뿐만 아니라 난독증의 일치성을 검사할 수 있기 때문에 이러한 문제를 설명하는 데 사용될 수 있다. 일란성 쌍둥이들은 동일한 유전자형을 가지고 있기 때문에, 유전적인 영향의 존재는 50%의 같은 유전자형만을 나눈 이란성 쌍둥이보다 일란성 쌍둥이의 일치율이 더 높을 것이라는 기대를 할 수 있다. 만약 가족의 공유된 환경적 요인이 관련되어 있다면, 일란성과 이란성 쌍둥이의 일치율은 같아야 한다. 환경적 영향력은 가족 간 차이를 설명할 수 있다. 이러한 환경적 요인으로는 부모의 사회경제적 지위, 부모 읽기 연습(parent reading practices) 등이 포함될 수 있다. 환경적 영향들은 또한 공유되지 않을 수도 있다. 이러한 요인들은 유전과 관련되어 있지 않으면서 가족 간의 차이를 설명할 수 있으며, 교사와 중재전략의 차이가 이와 관련된 요인들이다. 일반적으로 일란성 쌍둥이의 일치율(거의 항상 80% 이상)은 이란성 쌍둥이(약 50%)보다 매우 높다. 그러므로 유전적 요인이 중요함을 알 수 있다.

이러한 일치율을 넘어서서 다른 연구들은 통계적인 방법들을 사용하고 있는데, 이러한 통계적인 방법은 읽기 능력의 분산(variance)을 유전적 요인, 공유된 환경적 요인 그리고 공유되지 않은 환경적 요인으로 구분할 수 있게 해 준다(DeFries & Fulker, 1985). 50~75%의 읽기 성취 차이가 유전적 요인에 의해 결정된다고 하였다. 읽기 관련 과정들의 연구들 또한

중요한 유전적 영향들과 공유된 환경 그리고 공유되지 않은 환경의 변화
량을 보여 준다. 게다가 이러한 모든 연구는 유전적 요인의 기여도가 더
크기는 하지만, 환경적 요인이 읽기 기술에 중요한 영향을 미칠 수 있음
을 보여 주고 있다. 일반적으로 유전적 요인은 읽기장애의 가족력의 영향
력을 대부분 설명하고 있으며, 공유하지 않은 환경적 요인들은 아동의 나
이에 따라 가족력의 영향력이 미비함을 보여 주고 있다.

유전적 연관 연구

유전적 요인을 밝히는 마지막 증거들은 난독증과 관련된 특정한 유전
자를 확인하려고 한 연관 연구(linkage study)에서 시작되었다. 이러한 연
구들은 난독증을 가진 가족 구성원의 수가 매우 높은 가족에 초점을 두고
있으며, 표본 크기, 분석방법, 표현형(유전물질과 환경과의 상호작용의 결과
로 나타나는 모양·크기·색·행동 등과 같은 모든 관찰 가능한 생물체의 특
징-역자 주)의 정의에 초점을 맞추어 관련된 연구를 정리하였다. 포괄적
인 메타분석에서 Grigorenko(2005)는 '난독증'과 유전적 연관의 평가를
제공하는 26편의 출판된 보고서를 검토하였다. 이 연구들은 전세계 8개
국의 확대가족과 쌍둥이의 다수 표본들을 포함하였다. 검토 결과에 따르
면 Grigorenko(2005)는 1, 2, 3, 6, 11, 15, 18의 자리를 포함한 8개의 난독
증의 감수성 유전자 좌(susceptibility loci)를 확인하였다. 가장 흔히 확인된
자리는 14개의 연구에서 설명된 염색체 6p다. Grigorenko는 아직 미비한
증거임에도 불구하고, 이 자리가 난독증과 관련되어 있으며 특히 음운 해
독, 철자 부호화, 한 단어 읽기, 음소 인식의 평가로 확인된 표현형에 대한
강한 증거임을 주장하였다. 빨리 이름 대기와 철자로 정의된 표현형이 이
부분과 관련되어 있다는 증거는 없다. Grigorenko(2005)는 또한 염색체
1p, 2p, 3cen을 포함하는 3개의 위치를 조사하는 연구가 충분치 않음을

보여 주는 강력한 증거를 확인하였다. 이러한 연구들로부터 산출된 결과는 매우 확고하게 일관적이지만, 향후 진행되는 반복적인 연구에서 동일한 결과가 산출되지 않을 수도 있다. 염색체 15q는 두 번째로 가장 많이 연구된 위치임에도 불구하고 유의한 결과를 얻지 못했다. 염색체 6q의 유전자 좌는 검사를 통해서 지지받지 못했다. 11p와 18p의 평가는 각각 2개의 연구만이 진행되었기 때문에 지지를 받지 못했다.

Grigorenko는 메타분석에 사용된 방법이 매우 보수적이었으며, 일부 유전자 자리의 경우 연구의 수가 매우 적음을 지적하였다. 이 메타분석에서는 표현형을 정의하는 서로 다른 방법들 간의 차이를 비교하였다. 또한 읽기장애에 대한 유전적 연구들의 논쟁 영역인 다음과 같은 중요한 질문을 조사하였다. 즉, 표현형 정의의 차이는 유전적 차이를 설명하는가와 이러한 차이의 변산은 표현형의 정의와 표현형을 측정한 검사 도구의 측정 오차로 어느 정도 설명되는가 하는 질문이다. 표현형은 특정한 검사로 측정되는 경향성이 있기 때문에 이와 같은 차이점을 확인하는 것은 특별히 어려운 일이다. 표본, 분석방법, 기원 국가, 표현형의 정의의 차이에도 불구하고, 염색체 1p, 2p, 3cen, 6p에 대한 결과는 연구들 간 반복적으로 확인되었다. 난독증의 정의를 집단(분류) 표현형이나 차원적 표현형의 발단자(proband)로 다루는지 여부에 따라 차이가 나타났다.

이와 같은 유전적 연구는 읽기장애의 유전성에 대한 강한 증거를 제공하며, 왜 읽기 문제가 가족 내에서 나타나는지를 설명하고 있다. 특히 표현형의 평가가 해독과 음운 처리과정을 포함할 때, 다수의 유전자들이 관련되어 있는 것으로 나타났다. Raskind와 동료들(2005)은 음운 해독의 정확성이 다수의 유전자를 포함하여 다유전자 결함을 대표하는 데 반해, 음운 해독 유창성은 주요 유전자 결점으로 대표되는 염색체 2q 위의 염색체 좌를 가진다고 하였다. 차후에 표현형 변이의 영향에 대한 연구가 추가적으로 수행되어야 한다.

　유전적 요인들이 모든 읽기 결과의 변산(variability)을 설명하지 않음을 인지하는 것은 중요하다. Byrne와 동료들(2002)이 단어 읽기, 음운 인식, 빨리 이름 대기 측정에 대하여 환경의 영향은 거의 작다고 하였지만, 대부분의 연구는 공유되지 않은 환경적 요인의 영향력을 발견하였고, 몇몇은 공유된 환경의 요인도 영향을 줄 수 있음을 보고하고 있다. 이것은 어떤 읽기 문제들은 유전적이고, 다른 것들은 환경에 영향을 받는다는 것을 의미하는 것이 아니다. 오히려 환경적 위험과 영향을 주고받는 유전적 요인들은 읽기장애를 발생시킬 수 있음을 보여 주고 있다. 즉, 유전성의 평가는 대규모 표집에서 산출된 평균값이었다. 공유된 환경적 요인은 아동이 성장한 언어와 읽기 학습 환경을 포함한다. 난독증을 가진 부모들은 그들의 자녀에게 자주 글을 읽어 줄 수 없다. 또한 이 부모들은 학생의 읽기 능력에 영향을 줄 수 있는 도서의 수가 충분하지 않을 수 있다(Wadsworth et al., 2000). 다른 주요 요인은 형제자매들이 같은 교사에게 배웠거나, 비슷한 중재를 받는 등의 공유되거나 공유되지 않은 읽기 교수의 질과 관련되어 있다. 이러한 요인들은 발달과정에서 다양할 수 있다(Byrne et al., 2002).

　읽기 문제의 가족사는 가정에서의 제한적인 환경-교수적 상호작용의 결과일 수 있다(Olson et al., 1999; Pennington & Olson, 2005). 이 가설을 검증하는 연구로, Petrill과 동료들(2006a)은 학령기 형제자매 272쌍에서 여러 읽기 검사를 실시하였고, 그 검사결과를 바탕으로 양적인 유전적 모형(quantitative genetic model)의 추정치를 산출하였다. 이 추정치는 형제자매 간의 유사성을 조사하는 데 사용되었다. 일란성 쌍둥이, 이란성 쌍둥이, 입양된 형제자매를 포함한 가정이 연구에 참여하였다. Petrill과 동료들(2006a)은 공유된 환경적 요인이 유의한 변인이며, 이러한 요인은 단어재인과 음운 인식의 변산을 1/3에서 절반까지 설명하고 있음을 발견하였다. 빨리 이름 대기와 같은 다른 과제는 유전적 요인에 크게 영향을 받았다. 이 연구의 특별한 관심은 다음과 같은 증거에 있었다. 즉, 환경적 기여도의 추정치는 쌍둥이와 입양된 형제자매 간에 차이가 없다는 사실이다.

  학습장애의 유전적 연구를 종합적으로 검토한 연구에서 Plomin과 Kovas(2005)는 학습장애 아동들에 대한 유전적 연구를 요약하였다. 이 연구에서 유전적 요인의 효과는 일반적인 것으로 특별히 학습장애의 유형에 따라 다르게 나타나지 않았다. 그들의 연구에서 언어, 읽기, 수학 문제와 관련된 유전자는 일반 학생들이 지닌 유전자 군집과 동일한 것임을 보여 주고 있다. 게다가 하나의 언어 또는 학업 영역에 영향을 미치는 유전적 배치는 장애의 다른 요소에도 영향을 미치고 있었다. 마지막으로 유전적 영향은 독립적이지 않아서, 하나의 특정한 학습장애와 연관이 있는 유전적 조직은 다른 학습장애에도 영향을 미친다. Plomin과 Kovas(2005)는 콜로라도 집단(Colorado group)(Pennington & Olson, 2005)을 대상으로 실시한 연구와 영국에서 500쌍의 쌍둥이 연구인 쌍둥이의 초기 발달 연구(Twins early Development Study: TEDS)와 같은 대규모 표본을 사용한 연구를 강조하였다. 연구의 결과를 요약하면 Plomin과 Kovas는 읽기장애의 유전 가능성이 .6임을 보고하였다. 또한 이들은 다양한 읽기 능력을 지닌 집단을 대상으로 실시한 연구와 구별된 집단(예, 난독증 대 비난독증)을 사용한 분석결과가 유사함을 발견하였다. 그들은 "학습장애와 관련된 유전자를 발견했을 때, 그러한 유전자는 마찬가지로 정상 범위의 능력에서 나타날 수 있는 차이를 설명할 것으로 기대할 수 있다."(p. 600)라고 하였다. Plomin과 Kovas는 또한 단독 유전자 결함에 대한 증거가 부족함을 언급하면서 "장애에 대한 유전적 영향은 효과 크기가 큰 단일한 유전자에 영향을 받기보다는 효과 크기가 작은 여러 개의 유전자에 의해서 영향을 받을 것이라는 의견이 일반적으로 받아들여지고 있다." (p. 600)라고 하였다. 연구자들은 읽기장애의 다른 영역들 간에 높은 유전 가능성이 나타날 수 있음을 관찰하였다. 언어, 읽기, 수학 교과 영역 간 상관 정도를 조사한 연구에서 Plomin과 Kovas는 영역들이 높은 상관을 나타내지만, 그 상관 정도는 1.0의 완벽한 수치가 아니며 이러한 교과 영역 간에는 특정한 유전자와 함께 일반적인 유전자가 관련되어 있음을 설명하였다. 그들은 "일반적인 유전자의 중요성을 증명하는 결정적인 증거는 학습장애 유무와 관련된 DNA를 확인하는 분자 유전학 연구에서 확인될 수 있을 것이다." (p. 613)라는 결론을 내렸다. 그들은 또한 읽기 문제의 유전 가능성에 대한 성별 관련 요소들의 증거는 없다고 하였다.

요약: 학업 기술 결함에서 신경생물학적 요인까지

예외 준거가 아닌 포함적 준거(inclusionary criteria)를 사용하여 학습장애, 난독증의 일반적 유형을 정의할 수 있다. 이러한 준거는 단어재인과 철자(학업 기술 결함), 음운 처리과정(핵심 인지 과정)의 관계에 초점을 맞추고 있으며, 차별적 차이는 정신지체와 감각장애를 고려하여 만들어졌다. 배제 준거가 반드시 필수적인 것은 아닌데, 그 이유는 장애의 원인에 따라 단어재인의 어려움이 다르게 나타나지 않기 때문이다. 비록 신경생물학적 연구가 뇌 기능과 유전을 포함하는 요인들을 지속적으로 선별하고 있지만, 신경생물학적 및 환경적 요인이 난독증과 관련된 표현형(유전자의 작용과 환경에 의해 외부에 나타나는 성질)을 만들어 내기 위해 상호작용한다는 것은 명백한 사실이다. 이것은 특히 중재-뇌 영상화(intervention-imaging) 연구에서 명백히 드러난다. 중재-뇌 영상화 연구는 읽기 기술 발달에 영향을 미치는 신경계는 가소성을 갖고 있으며, 이러한 신경계는 읽기 능력을 발달시키기 위해 경험에 따라 달라질 수 있음을 보여 주고 있다. 우리는 연구 분야를 막론하고 의도적으로 중요한 연구만을 강조하였으며, 단어 수준 읽기장애와 관련된 수많은 기능적 신경 뇌 영상화 연구에 대한 대략적인 개관을 제공하였다. 그러나 많은 의문점이 남아 있는 것이 사실이다. 보수적인 관점에서 Price와 McCrory(2005)는 다음과 같은 결론을 내리고 있다.

> 최근 진행되고 있는 기능적인 뇌 영상화 연구는 아직 난독증 읽기 학습자에 있어서 신뢰성 있는 차이를 보여 주는 읽기의 구성요소를 확립하지 못했거나, 이러한 차이들 중 어떤 것이 난독증에 있어서 읽기장애의 원인이 되는지를 결정 내리지 못했다. 그러나 일부 연구에서 발견된 전두엽 활성화 증가와 후두측두 활성화 감소와 같은 패턴이 나타남을 발견하였다. 이 패턴은 난독증 읽기 학습자가 주로 능숙한 읽기 학습자와 마찬가지로 같은 신경계를 활성화시키지만 어떻게 이 체계의 구성요소가 맞물려 있는지에 대한 미묘한 차이를 보여 준다(p. 496).

뇌의 분석방법을 막론하고 이러한 연구결과들이 의미하는 것을 살펴보면, 단어 수준 읽기장애나 난독증을 가진 아이들의 경우, 특정한 뇌 영역에서 장애가 있다고 보기보다는 뇌의 여러 영역들 간의 기능적 연결 정도가 뇌의 활성화 정도에 영향을 미치고 있다고 볼 수 있다. 유전학 연구는 단어 읽기 능력에서 높은 유전성을 보여 준다. Pennington과 Olson(2005)은 읽기의 개인 간 차이는 유전적 요인이며 1/4은 공유된 환경적 요인임을 밝힌 영국과 콜로라도의 쌍둥이 연구를 요약하였다. 환경적 요인과 유전적 요인이 함께 미치는 영향은 어린 아동에게서 더 크게 나타났다

(Petrill et al., 2006a, 2006b). 읽기에 영향을 미치는 유전자는 읽기와 발달상에 있어서 초기에 시행되는 교수적 실제에 영향을 미칠 가능성이 있다. 그리고 이 유전자는 유전성을 증가시키는 환경과의 유전적인 상호작용으로부터 얻어진 것임을 보여 준다. 또한 쌍둥이와 형제자매 연구에서 교육정도, 참여자의 SES 수준이 제한되었기 때문에, 이는 경제적으로 불리한 집단에서의 읽기 결과를 일반화하는 데 한계점으로 남아 있다. 그러나 이러한 추정치는 사회경제적 지위가 낮은 집단에서의 읽기 성취가 유전적 요인 때문이라는 것과 어린 아동의 경우 유전적 요인으로 인해서 중재전략의 효과가 제한적이라는 것을 의미하지 않는다.

음운 처리과정 가설은 난독증의 특징인 단어 읽기 어려움을 강력하게 설명해 주지만, 난독증은 단순한 읽기장애 그 이상을 의미한다. 난독증을 지닌 많은 아동은 수학과 같은 다른 영역(ADHD)에서도 어려움을 갖는다. 단어재인 능력 발달의 실패는 유창성과 이해력의 문제를 가장 간결하게 설명할 수 있음에도 불구하고, 읽기 처리과정의 손상, 특히 유창성의 손상을 단지 음운 처리과정만으로 설명할 수는 없다. 일반적인 성취를 보이는 아동으로부터 읽기장애(난독증으로 잘 정의되는 않는 읽기장애) 아동을 구별하는 가설이 있다. 그러나 이러한 가설은 핵심적인 읽기 문제를 충분히 설명하지는 못한다. 이 연구의 영향력과 난독증에 대한 일관된 설명은 이 장의 뒷부분에서 소개될 단어 수준 읽기장애(WLRD)의 중재 연구에서 가장 잘 평가될 수 있다.

단어재인 중재

읽기장애는 교육적, 사회적, 직업적 행복에 부정적인 영향을 미친다.

그러므로 학령기 이전의 읽기와 관련된 능력의 발달에 대한 상당한 양의 연구와 유치원 및 학령기 이전의 읽기 실패를 예방하고 조기 판별하며, 초등학교 고학년과 중학교에서 보이는 읽기 문제를 교정하는 연구는 지난 10여 년간 지속되었다. 단어재인의 어려움으로 인해 고군분투하는 아동에 대한 연구부터 살펴보겠다. 이 분야의 연구와 특정한 교수방법 및 접근방법은 ① 학급과 지도 수준에서 읽기 실패를 예방하기 위한 조기 판별과 중재 연구, ② 고학년 학생에 대한 읽기 교정 연구의 관계로 설명된다. 우리는 먼저 상업적으로 잘 알려진 프로그램을 소개하고 연구에서 도출된 특정한 방법들을 논의할 것이다. 특정한 프로그램에 대한 수많은 증거 기반 중재의 검토 결과는 플로리다 읽기 연구 센터(Florida Center for Reading Research Website: www.fcrr.org)에서 확인해 볼 수 있다.

이러한 재검토에 대한 이전의 초점은 학업적 치료방법에 근거한 연구들이었다. 학업적 치료방법은 오로지 학습장애 학생에게 효과적이라고 증명된 방법들이었다. 중재전략은 청각 및 시각 처리과정 이론, 뇌손상을 가정하는 이론, 심지어는 괴이한 이론(다이어트, 운동)에 근거하는 것들이 지배적이었다. 이러한 수많은 프로그램은 학생들에게 읽기 활동을 요구하지 않기 때문에 받아들이기 어렵고 유용하지 않을 것이다. 예를 들어, Fast For Word 프로그램은 일반적인 말하기 활동에서 음향의 변화를 느리게 하고 확장시키는 컴퓨터 게임을 제공하지만, 읽기 구성요소를 포함하고 있지는 않다(Scientific Learning Corporation, 1999). 이 프로그램의 효과를 다루는 최근 연구에서는 비록 학생의 언어 능력이 향상되었다 하더라도 실제 읽기 능력은 유의하게 향상되지 않았다(Rouse & Kreuger, 2004; Pokorni, Wothington, & Jamison, 2004 참조). 다음 장에서 논의될 내용은 학습장애 학생을 위한 기본적인 중재 원리에서 학업적 내용 없이 감각, 시각, 신경이나 인지 과정의 훈련만으로 학업 성과를 향상시킬 수는 없을 것이라는 것을 다루고 있다.

경험적 연구의 검토

읽기장애 학생들이 지닌 단어재인의 어려움을 극복하기 위해서 특정한 교수 절차를 사용하는 것이 유용할 수 있음을 지지하는 충분한 증거가 존재한다. 이 연구들은 대부분의 읽기 프로그램 구성요소로 포함된 알파벳 원리를 적용하는 것과 학급 수준에서 명시적 교수의 중요성을 증명하고 있다. 국가 수준의 읽기 패널 연구(National Reading Panel: NRP, 2000)는 음운 인식 능력을 향상시키기 위한 연구목적을 가진 96개의 연구를 메타분석하였다. 분석결과를 살펴보면, 중재전략의 효과는 중재 직후에는 매우 크게(.86) 나타났으며, 오랜 기간이 지난 후에도 중재전략의 효과는 지속적으로 높게(.73) 나타났다. 중간 범위(.53~.59)의 효과 크기에서 읽기와 철자 능력의 일반화에 대한 증거도 확인할 수 있었다. NRP의 결과에서는 음운 인식 교수가 글자 요소를 포함할 때 가장 효과적이라고 보고하고 있으며, 다양한 유형을 포함하는 교수보다 음운 조작(phonemic manipulation)과 관련된 한두 가지의 유형에 초점을 맞출 경우 효과적이었고 또한 학생들이 소집단으로 교수될 때 효과적임을 확인하였다. 20시간 미만으로 지속된 프로그램은 이보다 긴 시간을 지닌 프로그램보다 효과적이었다. 교사와 컴퓨터 간의 효과성에 대한 차이는 거의 없었다.

유사한 결과는 읽기 성취(주로 단어재인)를 위한 음운 교수의 효과성을 연구한 NRP 메타분석에서도 명백하게 나타났다. 75개의 연구가 선별되었고, 최종적으로 38개의 연구만이 메타분석에 포함되었다. 음운 교수에 대한 전체 효과 크기는 중간 정도(.44)였다. 음운 교수를 포함하는 프로그램은 함축적인(implicit) 교수를 제공하거나 음운 교수를 제공하지 않은 프로그램과 비교 시 더욱 효과적임을 확인하였다. 음운이 '체계적으로' 교수되는 프로그램은 체계적이지 못한 프로그램보다 더 효과적이다. 음운 교수는 개별교수 프로그램(.57), 소집단 프로그램(.42), 전체 학급 프로그램(.39)의 효과를 보인다. 2~6학년(.27)의 효과와 비교했을 때, 유치원(.56)이나 1학년(.54)의 경우가 훨씬 더 효과적이었다. 음운 교수는 읽기 문제를 가질 수 있는 위험군 학생의 경우 유치원(.58)과 1학년(.74)에서 더 나은 학업성취를 보였다. 학습장애로 정의된 학생의 읽기는 .32로 덜 효과적이고, 2~6학년의 저성취 읽기 학습자를 대상으로 하는 효과 크기에서도 무시할 수 있을 정도의 미비한 효과만을 나타냈다. 단어재인 능력은 어린 학생에게(효과 크기=.60~.67) 가장 유의한 영향을 줄 수 있는 요인으로, 철자는 .67, 읽기 이해는 .51의 효과 크기를 산출하였다. 다시 한번 강조하지만 1학년 이후에 획득된 효과 크기는 모든 영역에서 작게 나타났다.

읽기 중재 발달의 현재 시점에서, 중요한 이슈는 음운 교수의 제공 여부와 관련되어 있지 않다. 대신 제기해야 할 중요한 질문은 음운 교수와 읽기와 관련된 다른 구성요소를 포함하는 교수를 어떻게 통합시킬 수 있는지에 관한 사항이다. 읽기 문제의 해결책으로, 다른 주요한 읽기 기술(예, 유창성, 어휘, 이해)과 관련된 교수를 포함시키지 않으면서 단지 음운인식 교수를 좀 더 증가시키면 된다고 주장하는 사람은 NRP의 결과나 최근에 각광을 받고 있는 과학적 증거를 간과하고 있는 것이다. 학급 내 소속된 모든 학생의 읽기 능력을 향상시키고자 하는 프로그램뿐만 아니라 학습장애 학생의 읽기를 향상시키고자 하는 프로그램에서도 이러한 내용은 사실이다.

읽기장애의 예방

예방 프로그램은 전형적으로 단어재인 및 유창성에 관한 기초 기술 습득에 어려움이 있는 학생을 판별하기 위한 평가를 포함하며 특정한 결함을 다루기 위한 중재에 초점을 맞추고 있다. 또한 이러한 프로그램 중 일부는 어휘와 읽기 이해 영역에서의 학업적 요구를 다루고 있다. 읽기장애를 예방하는 특정한 접근방법을 평가하는 연구들은 최근에 꾸준히 진행되고 있다. 왜냐하면 학교에 입학한 후 어떠한 학생이 읽기장애를 가질 수 있는지를 예측하는 것은 매우 중요하기 때문이다(Foorman et al., 2004). 그런 까닭에, 이러한 연구의 상당수는 초기 음운 처리과정 그리고/또는 단어재인 어려움으로 인하여 읽기 위험군으로 분류된 학생들에게 초점을 맞추었다. 이 장에서 우리는 위험군 학생을 선별하기 위한 연구와 일반학급에서 중재전략을 제공하는 연구들을 구분하고 있다. 우리는 유치원이나 1학년을 대상으로 진행된 연구를 검토하였지만, 학령기 이전의 중재전략이 효과적임이라는 사실을 부정하지는 않는다(Lonigan, 2003).

학급 연구

학급 연구는 수반된 전문성 개발을 강조하면서 새로운 종합적인 읽기 프로그램을 학급에 소개하려고 시도하거나, 교사가 직접 제공 또는 지시할 수 있는 학급 수준의 중재전략을 제공한다. 교육과정과 관련된 전문성을 발달시키면서 읽기 교육과정을 학급에 도입한다면 읽기 위험군 학생들의 향상된 읽기 발달과 함께 전체 학생들의 읽기 점수가 향상될 것이라는 점은 이미 널리 알려진 사실이다. 우리는 ① 직접교수(Direct Instruction), ② 텍사스-휴스턴 대학교의 학급 중재 연구, ③ 또래지원학습전략을 제시하겠다.

직접교수

'직접교수'라는 용어는 Engelmann과 동료들(예, Engelmann, Becker, Hanner, & Johnson, 1978)이 발전시킨 중재방법을 지칭한다. 직접교수 프로그램은 교사들이 읽기 교수, 수업 계획, 오류 교정방법, 집단화 전략에 대한 접근의 이론적 원리를 이해하도록 도와주는 확장된 전문가적 발달 구성요소를 포함한다. 교육과정은 음운 인식에서 유창성 및 이해력까지 그 영역을 확대하고 있다. 직접교수 수업은 일반적으로 빠른 속도로 진행되며 미리 정해진 수업 계획을 따른다. 수업은 주로 35~45분 동안 진행되며 12~20개의 과제를 포함한다. 이러한 방법들은 과제분석과 행동관리 시스템에 근거하지만, 음운 처리과정과 단어재인을 강조한다는 점은 변함이 없다. 프로그램은 교실 수업의 내용과 동일하게 개별화된 워크북을 사용하여 연습의 기회를 제공한다.

Adams와 Engelmann(1996)은 이러한 읽기방법론에 근거한 연구들의 결과를 검토하였다. 통제집단(일반적인 교수를 받은 집단)을 포함한 직접교수 연구에서 산출된 효과 크기는 일반적으로 .75으로 매우 큰 효과 크기가 산출되었다. Adams와 Carnine(2003)은 읽기 직접교수 방법과 관련된 약 300개의 연구를 종합적으로 검토하였다. 17개의 조사연구는 메타분석에서 사용된 구체적인 포함 준거와 배제 준거(통제집단 유무, 사전 검사 점수, 직접교수를 중요한 읽기방법으로 제외시킬 수 있는지의 여부)에 충족되었다. 특히 학습장애 학생을 포함하는 연구의 평균 효과 크기는 매우 큰 .93였다. 이것은 일반학급 학생(.82)과 모든 특수교육 범주(.84)에 속하는 학생을 대상으로 한 Adams와 Engelmann(1996)의 연구에서의 효과 크기와 비교할 만하다. 종합된 연구결과에서 초등학교 집단(.73)과 비교했을 때 중·고등학교 및 성인 집단(1.37)은 더 큰 효과 크기를 가지고 있음을 보여 주고 있다. 준거참조검사(1.14)와 규준참조검사(.77)에서도 그 점수

를 확인할 수 있다. 유사실험연구(quasi-experimental studies)의 평균 효과
크기는 .9였고, 무선통제실험(RCE)을 사용한 실험연구는 .95의 평균 효과
크기가 산출되었다. 이러한 결과는 NRP(2000)의 결과와 일치하고 있다.
1년까지 지속된 연구의 평균 효과 크기는 1.08이었으며, 1년 이상 지속된
연구의 평균 효과 크기는 .77이었다.

　Adams와 Carnine(2003) 연구의 한 가지 제한점은 읽기 영역 내에서의
효과 크기를 비교하지 않았다는 점이다. 읽기 점수는 가끔 읽기 종합 지
수로 제공되었다. 직접교수 프로그램의 효과가 단어재인, 읽기 유창성,
이해력에 따라 차이가 나타나는지를 확인하는 것은 매우 유용한 정보로
사용될 수 있다. 대부분의 최근 연구에서 Carlson과 Francis(2002)는 학교
전체에서 실시된 직접교수방법에 관련된 프로그램(Rodeo Institute for
Teacher Excellence: RITE)을 사용하여 4년간의 무선통제실험을 수행하였
다. RITE 프로그램이 시행된 20개교와 통계학적으로 비교 가능한 20개교
를 대상으로 평가가 진행되었다. RITE 프로그램에는 직접교수 교육과정
을 수행하는 방법과 현장 지도 및 학급 운영에 관한 전문성을 교사에게
제공할 수 있는 학교기관의 광범위한 전문성 개발 영역이 포함되었다. 이
연구는 실험집단의 학교와 비교했을 때 이 프로그램은 모든 학생의 읽기
능력을 향상시키는 데 효과적이었다고 밝히고 있다. 단어재인과 읽기 이
해에서 효과 크기는 모두 크게 나타났다. 프로그램에 일찍 참여하여 더
많은 프로그램을 제공받은 학생들은 그렇지 않은 학생들보다 우수한 수
행을 보였다. 그러므로 유치원 때부터 3학년 학기 말까지 참여한 학생들
은 가장 높은 성취를 보였다. 교수전략에 대한 교사의 전문성 함양, 처치
충실도 그리고 학생의 성취는 직접적인 연관성을 갖고 있었다. 단어재인
과 이해력 검사에서 미달된 점수를 습득한 학생의 수는 시간이 지날수록
감소하였다.

　직접교수의 효과성을 보여 주는 근거에도 불구하고 직접교수 프로그램은 오랫동안 비판을 받아 왔다. 직접교수 프로그램은 이해력 기술로 확장될 수 없다는 점과 초등학교 고학년이 될수록 직접교수의 사용은 점차 사라질 수 있다는 점이 직접교수의 제한점으로 인식되고 있다. 또 다른 이들은 스크립트된 프로그램(구체적인 지도방법이 명시된 프로그램–역자 주)을 사용하다 보면 교사의 전문성이 저해될 수 있다고 제안한다. 또한 직접교수는 행동주의 요소를 포함하고 있기 때문에 비판적 사고를 저해할 수 있다는 비판을 받고 있다. 직접교수의 효과가 감소된다는 초기의 연구 결과가 있지만, 이러한 결과는 직접교수와 같은 프로그램을 적용한 수많은 유형의 학교에서 흔히 볼 수 있는 특성이다. 이러한 특성은 횡적 표집(cross-sectional sample)으로 선별된 해당 연령 집단과 비교가 가능한 규준–준거 성취도 검사를 사용해야 함을 제안하고 있다. 그러므로 점수의 하락은 실제 능력의 감소를 의미하기보다는 증가 속도의 감소로 해석될 수 있다. 스크립트된 프로그램, 교사의 비전문성, 비판적인 사고와 관련된 직접교수의 비판점은 경험적 증거에 의해서 증명되지 않았다. 정해진 순서로 지도하기 때문에 교사의 판단과 능력, 내용의 전문성, 학생의 진전도를 평가하고 모니터하는 능력이 필요 없다는 것은 아니다. 향후 진행될 연구에서는 효과 크기가 실제로 감소하는지를 평가해야 하고 이러한 문제가 수많은 중재 연구에서도 명백한지를 조사해야 한다.

Foorman과 동료들

　Foorman와 동료들(1998)은 단어재인의 교수전략에서 명확성(explicitness)이 다양한 읽기 교육과정의 효과를 비교하였다. 이 연구는 8개의 초등학교에서 Title 1 프로그램을 제공받은 1~2학년 읽기 위험군 학생들을 대상으로 실시되었다. 학생들은 다음의 세 가지 교수방법 중 한 가지 방법으로 교육을 받았다. 세 가지 교수방법은 ① 명시적 코드(explicit code)-기저 교육과정(Open Court Reading, 1995)(이해력 교수와 함께 명확한 단어재인 교수 제공), ② 삽입 코드(embedded code)-음운 프로그램(Hiebert, Colt, Catto, & Gury, 1992)(통단어에서 음운 개념의 학습 강조), ③ 비명시적 코드(implicit code)-맥락적 읽기를 강조하는 교육과정(문맥 안에서 읽기, 쓰기, 철자에 대한 반응: 읽기, 쓰기, 듣기, 말하기의 통합)이었다. 모든 학생은 유사한 교사 비율과 동일한 시간 동안 해당되는 교수를 받았다. 교사는 전문성 개발과 함께 각각의 교수전략을 수행할 수 있는 지원을 제공받았다. 이러한 세 가지 교수방법은 전통적인 교수방법과 비교되었다.

성장곡선분석(growth curve analyses)은 음운 인식, 단어 읽기, 철자에 관한 검사결과를 분석하기 위해 사용되었다. 이러한 자료는 9월부터 4월까지 총 네 번 측정되었다. [그림 5-7]은 학기 중 네 번 측정된 단어 읽기 검사결과의 예를 보여 준다. 다양한 문해력(literacy) 검사결과에서, 명시적 코드 집단의 학생들은 비명시적 코드 집단의 학생들보다 더 빨리 향상되었고 결과적으로 4월에 시행한 단어 읽기, 음운 처리과정, 철자의 검사에서 모두 유의하게 높은 점수를 획득하였다. 삽입된 코드 조건에 소속된 학생들의 평균은 다른 두 집단의 중간 값을 나타냈다. 1년 동안 단어 읽기에서 향상을 나타내지 않은 학생 비율은 명시적 교수 집단에서 보다 비명시적 및 삽입 코드 집단 학생에게 더 높게 나타났다. 게다가 Foorman과 동료들(1998)은 음운적 분석(phonological analysis)과 단어 읽기 간의 관계는 비명시적 코드 집단보다 명시적 코드 집단 학생들에게 더 강하게 나타나고 있음을 발견하였다. 이러한 결과는 단어 읽기에 대한 명시적 교수의 효과는 음운 인식의 효과와 관련되어 있음을 제안하고 있다.

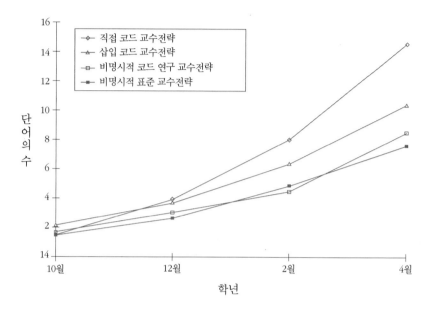

[그림 5-7] 학기 중 4회기 동안 측정된 단어 읽기 원점수의 기울기. 직접적(명시적) 코드 조건(교수방법)에 참여한 학생들은 학년 말에 더 가파르고 빠른 성장률을 보여 주었다.

출처: Foorman, Francis, Fletcher, Schatschneider, & Mehta (1998). p. 46.

또래지원학습전략

대안적인 방법으로 비용 면에서 효과적인 학급 수준의 중재는 협력학습(collaborative learning)에 근거하여 발전되어 왔다(Jenkins & O'Connor, 2003). 협력학습은 소집단 교수와 학습 활동에 함께 참여하는 학생과 관련된 교육의 실제를 의미한다. 이러한 활동은 앞에서 언급된 인지, 행동, 구성주의 원리와 같은 수많은 이론 모형에서 유래되었다. 협력학습은 학급 수준에서 사용이 가능함을 증명하는 수많은 경험적 증거들을 가지고 있다(Jenkins & O'Connor, 2003). 협력학습은 학급 안의 작은 집단에 초점을 두고 있기 때문에 차별화된 교수전략과 수월한 학급 운영이 가능하다.

읽기 영역에서 가장 잘 발달된 형태의 협력학습 중재는 또래지원학습전략(Peer-Assisted Learning Strategies: PALS)이다. PALS는 지난 20년 동안 30여 편 이상의 연구를 바탕으로 가장 정교하게 발달된 프로그램으로, Doug와 Lynn Fuchs가 이끄는 밴더빌트 대학의 연구 팀에 의해서 개발되었다(Fuchs & Fuchs, 2000, 2005). PALS는 학급 수준의 중재전략이다. 이 중재전략에서는 더 높은 학업 능력을 지닌 학생이 일주일에 3~5회 약 30분 동안 학업 능력이 낮은 학생에게 교수할 수 있도록 짝을 만들어 준다. 이러한 중재전략은 단어 인지, 해독기술, 읽기 이해전략을 포함한다. PALS의 효과를 조사한 광범위한 문헌들이 존재한다. PALS는 유치원부터 중·고등학교에서 개발되었으며, 읽기와 수학 영역을 증진시키는 연구들이었다(Fuchs & Fuchs, 2000, 2005). 비록 PALS에 관한 연구는 1학년 이상의 학년에서도 실시되지만, 우리는 여기서 유치원과 1학년들을 대상으로 하여 다양한 유형으로 PALS를 사용한 연구의 예를 제시하겠다.

유치원 연구에서 Fuchs와 동료들(2001a)은 세 집단의 학생들을 비교했다. 첫 번째 집단은 사다리식 문해성(Ladders to Literacy) 프로그램(O'Connor, Notari-Syverson, & Vadasy, 1998)을 기반으로 한 음운 인식 교수를 받았으며 음운 인식 교수는 이 집단이 제공받은 유일한 교수전략이었다. 두 번째 집단은 사다리식 문해성 프로그램에 근거한 음운 인식과 초기 단어재인 기술의 교수전략을 모두 제공받았다. 세 번째 집단은 이러한 중재를 제공받지 못한 비교집단이었다. 해독 교수전략은 PALS에 기반을 두고 있다. 두 처치집단은 유치원이 끝나갈 무렵에 음운 인식 기술에서는 차이가 없었지만, 표준 교수만 받은 비교집단보다는 우수한 결과를 나타냈다. PALS를 통해 해독 교수를 제공받은 학생들은 오직 음운 인식 교수만 받은 집단과 비교집단보다는 높은 수행 능력을 나타냈다.

두 번째 연구는 다른 학생들로 구성된 같은 비교집단(같은 연령)을 활용했는데, Title 1이 아닌 학교에 초점을 뒀다. 이에 Fuchs와 Fuchs(2005)는 다음과 같은 세 집단을 비교했다. 즉, ① 음운 인식 훈련을 포함한 PALS를 제공받은 집단, ② 오직 음운 인식 훈련만 제공받은 집단, ③ 아무런 중재를 제공받지 않은 집단이었다. 두 가지 중재집단은 일반적으로 음운 인식, 읽기, 철자 검사에서 유사한 성취를 획득했지만 비교집단보다는 높은 수행 능력을 나타냈다. 음운 인식 훈련을 통해 해독 기술을 강조한 PALS의 효과가 증가한다는 증거는 찾기 어려웠다. 이러한 연구는 단어재인 교수와 관련된 학교 수준 중재전략은 음운 인식 교수가 추가되더라도 향상되지 않음을 증명한다. 그러한 연구는 또한 교실에서의 더 많은 차별화 교수가 사용되도록 유발하는 학급 수준 중재의 역량을 증명한다.

초등학교 1학년 학생이 참여한 PALS의 다른 중재 연구에서, Fuchs와 Fuchs(2005)는 PALS를 사용하여 단어재인 기술뿐만 아니라 읽기 유창성과 이해력을 향상시킬 수 있다는 증거를 제공하였다. Mathes, Howard, Allen 그리고 Fuchs(1998)의 연구에서 1학년 PALS 프로그램은 낮은 수행 능력을 보이는 집단과 평균적인 수행 능력을 보이는 집단의 읽기 능력을 향상시켰다. 또한 PALS가 높은 학업성취 능력을 가진 학생들에게 불리하지 않음을 보고하였다. 1학년 PALS 관련 연구결과를 요약하면, Denton과 Mathes(2003)의 연구에서는 중재의 마지막 시점에서 측정된 검사결과, 읽기 능력이 저조한 학생의 69~82%는 평균 수준의 읽기 능력을 성취하였음을 보고하였다. 이 연구에서는 평균 수준이란 임의적인 기준으로 설정되었으며 그 기준은 25백분위 이상의 단어 읽기 검사 점수였다. 이러한 학생의 감소 결과를 학교 전체의 모집단으로 추정할 수 있다는 것은 PALS를 통해서 읽기 어려움의 비율을 궁극적으로 25에서 5~6%까지 감소시킬 수 있음을 보여 주고 있다. 이러한 결론은 Foorman과 동료들(1998)이 보고한 연구결과와 유사하다.

튜터링 연구들

다음 내용에서 우리는 주로 학급 수준 중재에 중점을 둔 연구들을 검토한다. 이러한 연구에서 위험군 학생은 일반적으로 학급에서 따로 분리되어 추가적인 교수를 받는 튜터링 모형(tutoring model)을 활용하고 있다. 비록 초기 연구는 개별화 튜터링(individualized tutoring)에 초점을 두고 있지만, 최근에는 3~5명의 학생들로 구성된 소집단을 활용하여 이 전략을 사용하고 있다. 우리는 폭넓게 적용이 가능한 프로그램을 먼저 검토한 이후 세부적인 튜터링 연구들을 조사할 것이다.

읽기 회복

읽기 회복(Reading Recovery: RR) 프로그램이란 읽기 능력이 하위 20%인 1학년 학생을 대상으로 하는 일반적인 초기 중재 프로그램을 말한다(Clay, 1993). 이 중재는 위험군으로 판별된 1학년 학생들에게 매일 개별적으로 30분의 수업을 제공한다. 완전한 RR 프로그램은 20주의 수업으로 구성되어 있는데 프로그램의 실제 지속 기간은 학생에 따라 다양하다. RR 프로그램이 강조하는 사항은 기초 해독 기술 및 음운 기술을 진정한 읽기(authentic reading)와 쓰기 활동의 맥락 내에서 교수되어야 한다는 점과 함께 '소리 내어 발음하기(sounding out)'와 같이 한 가지 전략만을 사용하기보다는 단어를 확인할 수 있는 다수의 중재전략[문맥 단서 사용하기, word attack(단어공격, 단어 속의 음가를 조합해서 소리를 완성하는 게임-역자 주)] 등을 학생들에게 가르쳐야 한다는 점이다. RR 프로그램을 사용하는 교사는 학생이 좌절하지 않고 도전할 수 있도록 개별 학생들에게 적합한 읽기 교재를 선택할 책임을 갖고 있다. 이 프로그램에서 교사의 관찰 기술과 판단은 매우 중요하다.

Shanahan과 Barr(1995)는 현재까지 수행된 RR 프로그램의 효과성 연구들을 종합적으로 검토하였다. 그들의 결과에 따르면, 참여 학생의 약 70%가 상당한 성취를 보였다고 보고하였다. 그러나 그들은 많은 연구가 방법론적으로 여러 가지 제한점을 갖고 있음을 지적하였다. 최근에 실시된 메타분석은 RR 프로그램이 1학년 학생들에게 효과적임을 발견했다(D'Agostino & Murphy, 2004). 이 메타분석에 RR 프로그램의 결과는 표준화된 성취 검사결과와 Clay(2002)에 의해서 개발된 관찰조사 결과로 구분하였다. 또한 방법론적인 엄격성에 따라 연구의 결과를 RR 프로그램을 성공적으로 끝마친 학생(즉, 프로그램 기준을 충족하여 중단함)과 20번의 수업을 받기 전에 프로그램을 떠나거나 성공하지 못한 학생으로 분리하였다. 저성취 학생 집단이 비교집단으로 설정되었고, 프로그램을 완료한 학생과 그렇지 못한 학생들의 표준화 성취도 검사에서 산출된 평균 효과 크기는 .32로 매우 작은 값이었다. 또한 프로그램을 수행한 집단(.48)은 성공하지 못한 집단(-.34)보다 더 높은 효과 크기를 나타냈다. 이러한 결과는 RR 프로그램이 좀 더 심각한 읽기 문제를 가지고 있는 학생들에게는 덜 효과적일 수 있다고 보고한 Elbaum, Vaughn, Hughes 그리고 Moody(2000)의 연구와 일치한다. D'Agostino와 Murphy(2004)의 메타분석에 포함된 연구 중 좀 더 엄격한 연구(평가집단은 사전 검사결과에서 유사함)에서 산출된 분석결과는 표준화 성취도 검사에서 작지만 유의한 효과 크기를 제공했다. 학생의 중재 완료 여부로 결과를 분리하는 것은 가능하지 않았다. 효과 크기는 관찰조사 결과보다 크게 나타났다. 그러나 이러한 검사들은 교육과정에 맞춰져 있으며, 1학년의 학기 초와 학기 말에서 심한 편포분포(skewed distribution)를 나타냈다. 이것은 관찰조사를 프로그램을 평가 연구로 사용할 때는 연속 변인으로 분석되어서는 안 된다는 것을 의미한다(Denton, Ciancio, & Fletcher, 2006).

RR 프로그램의 효과에 대한 관점은 두 가지 이슈로 초점을 맞출 수 있다. 즉, ① RR 프로그램이 극도로 낮은 저성취 학생들에게도 성공적인 지와 ② RR 프로그램이 비용측면에서 효과적인지의 여부다. 첫 번째 관점에서 RR 프로그램은 전형적으로 학급에서 하위 20% 학생들을 목표로 삼는다. 참여자들의 실제 수행 수준은 학교마다 다양하다. 비록 RR 프로그램 개발자로부터 시작된 연구는 프로그램에 참가한 약 70%의 학생에게는 효과적이었음을 보여 주고 있지만, 그러한 보고된 효과 크기는 프로그램을 이수하지 못한 학생이 연구결과에 포함될 경우 매우 작게 산출되었다. 또한 RR 프로그램 개발자들에 의해 보고된 수많은 연구는 출판 이전에 엄격한 동료 심사가 실시되지 않았음을 유의해야 한다.

Elbaum과 동료들(2000)의 논문 검토 결과에서 읽기 능력이 매우 낮은 학생들의 향상 정도는 매우 미비하였다. 이러한 결과를 바탕으로 Elbaum과 동료들은 해독과 관련된 추가적인 명시적 중재가 필요할 수 있다고 제안하였다. 일부 연구들은 이러한 관찰을 지지하고 있다. Iversen과 Tunmer (1993)는 표준 RR 프로그램에 등록된 학생들의 읽기 기울기와 알파벳 원리에 근거하여 명시적 교수가 추가되어 조정된 RR 프로그램에 등록된 학생들의 읽기 기울기를 비교했다. 모든 RR 집단은 다양한 읽기 검사에서 통제집단보다 유의하게 우수한 성취를 나타냈지만, 조정된 RR 프로그램을 제공받은 학생들은 표준 프로그램에 속해 있던 학생들보다 유의미하게 더 빠른 진전도를 보였다. Tunmer, Chapman 그리고 Prochnow(2003)의 연구는 뉴질랜드에서 실시되었는데, 뉴질랜드는 RR 프로그램을 처음으로 개발한 원조 국가이기 때문에 이 프로그램이 많이 사용되고 있다. 이 연구에서 경제적으로 부유한 학생 집단과 경제적으로 어려운 학생들은 읽기 기술에서 큰 차이가 나타났음을 보고하였다. Chapman, Tunmer 그리고 Prochnow(2001)는 RR 프로그램을 제공받고 있지만 프로그램에 투입하기 이전에 음운 인식과 해독 기술에 심각한 어려움을 경험한 학생

을 추적했다. RR 프로그램 참여자는 이러한 읽기 영역의 어려움을 극복하
지 못했으며, 그 이유는 알파벳 원리와 관련한 명시적 교수가 부재했기
때문이다. 최근에는 Tunmer와 동료들(2003)은 뉴질랜드에서 RR 프로그
램에 음운 인식과 명시적 음운 교수를 포함하도록 조정한 후 경제적으로
불리한 소수의 학생들에게 조정된 RR 프로그램을 제공하였다. 조정된
RR 프로그램을 사용한 7개 학교와 다른 통제집단(학교)을 비교한 결과를
살펴보면 모든 음운 인식과 읽기 검사(표준화된 읽기 성취도 검사와 RR 프로
그램에서 사용된 읽기 검사를 포함함)에서 조정된 프로그램을 제공받은 학
생들은 통제집단보다 더 높은 점수를 획득했음을 보여 주고 있다. 이러한
점수의 경향은 2학년까지 지속되었다. 즉, 뉴질랜드에서 실시된 연구결
과에 따르면, 조정된 프로그램은 경제적으로 불리한 학생들의 학업성취
를 극복하는 데 효과적임을 보여 주고 있다.

　RR 프로그램과 관련된 두 번째 이슈는 RR 프로그램의 비용 대비 효율
성 문제다(Hiebert, 1994). 전문성 개발을 위해서는 많은 돈이 필요하다. 왜
냐하면 RR 프로그램은 1:1 개인 튜터링을 사용해야 하며 많은 학교는 이
러한 프로그램을 장기간 동안 사용하기 어려운 문제가 있다. 그러나 여기
서 제기할 수 있는 질문은 초등학교에서 실시되는 모든 읽기 중재전략이
1:1 비율에 근거하여 사용되어야 하는지의 여부다. 메타분석 결과를 살펴
보면, Elbaum과 동료들(2000)은 3명의 학생당 1명의 교사가 배치된 수업
의 경우 모든 중재전략에서 1:1 집단의 수업과 동일한 효과를 갖고 있는
것을 확인하였다. Vaughn과 동료들(2003b)은 1:1, 3:1, 10:1로 제공되는
중재를 비교하기 위해서 체계적으로 집단 크기를 조정했다. 단어재인, 유
창성, 이해력을 포함하는 다양한 읽기 검사결과에는 1:3과 1:1 중재의 효
과는 유사했다. 하지만 이 두 가지 집단은 10:1의 집단보다는 중재전략의
효과가 우수했다. 이러한 결과는 NRP(2000)에서 보고한 결과와 일치한다.

최근에는 Iversen, Tunmer 그리고 Chapman(2005)은 1:1과 1:2 형식으로 교수받은 학생들 사이의 성과에 차이가 없음을 발견하면서 소집단을 위한 RR 프로그램을 개발하였다.

다른 튜터링 연구들

Torgesen과 동료들   Torgesen과 동료들(1999b)은 유치원부터 4학년까지의 기간 동안 학생을 추적하여 중재전략의 장기적인 효과성(long term effects)을 조사하였다. 이 연구에서 중재전략은 2학년까지 제공되었다. 학생들은 유치원 첫 학기에 글자 이름 지식과 음운 인식 검사의 점수를 바탕으로 선별되었다. 최종적으로 연구에 참여한 180명의 학생들은 다음과 같은 4개의 실험조건에 무선적으로 할당되었다. 즉, ① 실제 단어 읽기와 철자 활동에 근거한 음운 인식 훈련과 종합적 파닉스(phonological awareness training plus synthetic phonics: PASP) 교수, ② 실제 단어 읽기와 철자 활동에 근거한 파닉스 지도, ③ 일반 학급의 교육목표를 달성하기 위해서 개별 중재를 지원받는 유치원/교실 지원 집단, ④ 통제집단이다. 각 처치조건에서의 학생들은 유치원과 1학년 동안 매주 80분 동안 일대일 튜터링 중재를 받았다. 연구결과에 따르면 PASP 프로그램은 파닉스 지도(②)와 일반 학급 지원(③) 프로그램에 비해서 알파벳 읽기 기술(해독)과 철자에서 유의하게 높은 성취를 나타냈다. 파닉스 집단(②)와 학급 지원 중재집단(③)은 통제집단(④)보다 우수한 성취를 나타냈다. 세 처치집단에 포함된 학생들은 단일 단어 읽기 검사에서 동등한 성취를 나타냈다. 이러한 결과가 의미하는 것을 살펴보면, 향상된 예방적 교수전략(enhanced preventive instruction)은 중재전략의 차이와 상관없이 모든 학생에게 유익할 수 있음을 보여 주고 있다. 2학년 말에, 알파벳 원리에 대한 가장 명시적 교수전략을 제공받은 학생들은 모든 다른 집단의 학생들보다 단어 읽기 기술에서 좀 더 뛰어난 성취를 나타냈다. 이와 함께 가장 명시적인 교수전략을 제공받은 학생들은 다른 세 가지 조건에 포함된 학생들(25%-암묵적 파닉스, 30%-일반 학급 지원 조건, 41%-비처치 통제집단)의 유급 비율에 비해 가장 낮은 수치를 나타냈다(9%). 가장 명시적인 교수전략을 제공받은 학생들은 평균 범위의 중간 정도에 해당되는 단어 수준 읽기 기술을 나타냈다. 그러나 이러한 동일 집단에서 24%의 학생들이 25백분위 이상의 단어 읽기 준거로 평가해 보면 여전히 평균 수준 이하의 능력을 나타냈다. 전체 모집단에서 이 비율을 추정해 보면, 전체 모집단 중 읽기 실패 비율은 2.4%가 된다. 물론 이러한 숫자는 일반적으로 읽기장애 위험군 학생을 대략 20%로 추정하는 수치와 국가 수준의 교육 진전도 평가(National Assessment of Educational Progress: NAEP: NCES, 2003)의 읽기 검사에서 4학년 학생 중 37%는 기초 수준 이하로 선별된 결과보다는 작은 수치였다.

Torgesen(2004)은 학습 예방 연구에 대한 기초적인 자료를 제공하였다. 읽기장애 위험군 1학년 학생에게 도입한 예방 교수전략에서, 매일 45분 동안(약 30주 동안) 3~5명의 학생 집단에게 PASP를 제공하여 유의하게 향상된 학업성취를 얻을 수 있었다. 위험군 학생 중 단지 8%만이 단어재인 기술(1학년 말에 26백분위 이하)에서 평균 이하의 낮은 성취를 나타냈다. 이러한 실패율을 모집단에서 추정했을 경우 1.6%에 해당된다. 비록 단어재인보다 이해력(이해력 검사에서 4.1%의 학생들은 평균 이하의 성취를 나타냄)에서 더 낮은 성취를 보였지만, 이러한 결과는 2학년까지 지속되었다.

Blachman과 동료들 지속된 연구의 일환으로 Blachman(1997; Blachman, Ball, Black, & Tangel, 1994)은 84명의 저소득층 유치원(도심에 위

치한) 학생에게 11주 동안 교수전략을 실시하였다. 1명의 교사가 주 4일 정도 15~20분간 음운 인식과 글자 소리 지식을 4~5명의 학생에게 지도하였다. 학생들은 41회기의 수업(15~20분간)을 마쳤고, 전체 교수시간은 10~13시간이었다. 마지막 11주에 음운 처치(phonological treatment) 전략을 제공받은 학생들은 음운적으로 규칙단어와 관련된 과제의 읽기 검사에서 통제집단보다 우수한 성취를 나타냈다. 교육과정의 강조 사항이 음운 기술 발달과 해독, 단어재인 그리고 글 읽기와 같은 읽기 능력에 초점을 맞추고 있을 경우 이들의 학업성취는 그대로 유지되고 있음을 2월과 3월에 진행된 1학년 대상의 추후 연구(follow-up study)에서 확인하였다.

Vellutino와 동료들   Vellutino과 동료들(1996)은 1학년 2학기 초에 실제 단어와 유사 비단어 읽기 기술에서 15백분위 이하 점수를 받은 학생들을 판별하였다. 이들은 우수한 문해력을 지닌 학생의 비율이 높은 학교에 재학 중이었다. 이 학교들은 대략 중산층과 그 이상이었고, 표본에 포함된 대부분의 학생은 백인이었다. 이 학생들은 매일 개별화된 튜터링을 30분간 받았다. 이 튜터링 전략의 절반은 단어재인과 작문 활동, 명시적 코드에 근거한 활동이었으며, 나머지 절반은 지문 읽기에서 이해력과 단어재인과 같은 전략들과 해독 교수와 관련된 활동들이었다. 한 학기의 치료교육이 끝날 무렵, 대략 70%의 학생들은 국가 규준에서 평균이나 평균 이상의 읽기 능력을 나타냈다. 이러한 결과는 읽기 실패율로 해석해 볼 수 있다. 단어재인 검사에서 26백분위 이하를 읽기 실패로 가정했을 경우, 전체 모집단에서 1.5~3%는 읽기 실패를 나타내는 학생들로 추정할 수 있다. 만약 매우 낮은 읽기 능력과 중-등-고 수준의 읽기 능력을 보이는 학생을 모두 포함시킬 경우 읽기 실패 비율은 3%가 되며, 매우 낮은 읽기 능력 학생들만 포함시킨다면 1.5% 정도로 추정이 가능하다. 게다가 중재에 대한 적합한 반응을 보이며 일반 학생과 동등한 읽기 능력을 습득한 학생들은 일단 중재가 끝난 이후에도 그들의 성취 수준을 유지하였다. 추후 평가에서 Vellutino와 동료들(2003)은 4학년까지의 결과를 보고하였다. 이들은 중재전략으로 성취한 진전도의 결과로 학생들의 차이점을 분석하였다. 치료하기 매우 어려운 읽기 저성취 학생은 유치원, 1학년 그리고 3학년에 실시된 음운 능력 평가에서 일반 학생과 치료가 가능한 저성취 학생들보다 낮은 수행을 보였다. 모든 튜터링 집단의 학생들은 음운 검사뿐만 아니라 다른 검사에서도 정상적인 읽기 수행 집단보다 낮은 점수를 얻었지만 의미적(semantic), 통사적(syntactic) 그리고 시각적 검사에서는 차이가 나타나지 않았다.

Vellutino와 동료들(2003)의 연구결과에 따르면, 대다수의 학생들은 그들의 향상된 능력을 잘 유지했지만 많은 학생, 특히 치료가 매우 어려운 대다수의 학생의 경우 그들의 진전도를 유지하지 못했다. 이러한 학생들은 개별적인 중재와 종합적이고 통합적인 중재전략을 받지 못했음을 연구자들이 제안하고 있다. 또한 이 학생들은 그들의 초기 읽기 능력을 확고하게 정립하는 데 필요한 중재전략과 중재전략을 수료한 이후에도 기능적으로 독립적인 학습자가 될 수 있는 중재전략을 제공받지 못했다.

Berninger와 동료들　일련의 연구에서 Berninger와 동료들은 읽기 장애 위험군 1~2학년 학생들을 위한 다양한 중재와 훈련기법을 평가하였다. 중재들은 종종 구어와 문어의 관계에 초점을 맞추고 있다(Berninger et al., 1999). 즉, 단어재인과 읽기 이해 훈련이 조합된 다양한 읽기 구성요소(Berninger et al., 2003b) 또는 음운과 철자 인식 훈련이 포함된 다양한 조합(Berninger et al., 1999)의 훈련이 그 예다. 대부분의 중재전략은 매우 짧은 기간 동안 수행되었지만, 일관되게 매우 구조화된 연습의 기회를 제공하였다. Berninger와 동료들은 철자와 형태론적 관계를 포함하는 하위 어휘(sublexical) 수준으로 분석 수준을 확장한 중재전략들은 음운관계만을 포함한 중재전략보다 일반적으로 더 효과적이라고 보고하였다. 게다가 단어재인과 읽기 이해 훈련과 같이 더 많은 읽기 요소를 포함하는 중재전략들은 한 가지 읽기 요소를 포함한 중재전략보다 좀 더 효과적이었다.

다른 연구들에서 Berninger와 동료들은 성장 곡선의 평가에 기반을 둔 RTI 모형의 연구를 비교하였고, 이러한 RTI 모형의 연구로는 Vellutino와 동료들(2003)과 같은 연구가 포함된다. Berninger와 동료들(2002a)은 중재에 대한 반응으로 빠른 성장 곡선과 느린 성장 곡선을 나타내는 학생들을 비교하였다. 그들의 연구결과에서 1학년 시기에 빠른 중재반응을 보인 학생들은 2학년이 되어도 그러한 성취를 유지하였고, 초기 읽기 검사와 언어성 지능 검사에서 높은 점수를 획득했음을 발견할 수 있었다. 유사한 결과들이 Stage와 동료들(2003)에 의해 보고되었다. 느린 반응을 나타낸 학생들은 언어 영역, 특히 음운 인식과 철자 인식, 빨리 이름 대기, 언어 추론 기술의 검사에서 낮은 점수를 얻었다. 중재 반응을 나타낸 집단 중에서 일부 학생들은 읽기 이해보다는 단어재인에 빠른 성장을 나타냈다. 중재에 대한 반응이 느린 학생들은 지속된 튜터링 전략을 통해서 향상된 읽기 발달을 보였지만, 좀 더 장기간의 중재전략이 필요했다.

대체적으로 이러한 연구들은 조기중재 연구의 효과성을 증명하고 있다. 다음 단락에서 논의될 내용은 새로운 세대의 연구들이며 다층으로 제공되는 소규모 집단 전략과 학급 중심 전략에 관련된 연구를 검토하게 된다.

다층 중재전략 연구들

이 시점에 검토하는 학습부진 예방 연구들은 학급 중재나 개인 튜터링 중재와 관련되어 있다. 두 가지의 중재전략이 효과적이라면, 왜 학급 중재와 개인 튜터링 중재전략이 함께 제공되는 다층 중재모형의 효과성을 평가하지 않을까(O'Connor, 2000; Vaughn, Linan-Thompson, & Hickman, 2003b)? 이와 관련된 연구들은 어떤 학생이 튜터링 전략을 필요로 하는지, 즉 학급 중재전략에 반응을 나타내지 않는 학생이 누구인지를 결정하는 것이다. 여기에서 우리는 교실(Tier I)과 튜터링(Tier II) 중재를 다층으로 포함한 9개의 최근 연구를 검토하고 있다(Vaughn, Wanzek, Woodruff, & Linan-Thompson, 인쇄 중 참조).

세 편의 연구들은 유치원(Al Otaiba, 2000)이나 1학년(Berninger et al., 2000; Vadasy, Sanders, Peyton, & Jenkins, 2002) 학생을 대상으로 1학기 동안 중재전략을 사용하였다. 이들 연구에서 모두 첫 번째 중재 이후에 두 번째 중재를 제공하였다. Vadasy와 동료들(2002)의 연구에서는 두 번째 중재전략의 효과성이 확인되지 않았지만, Berninger와 동료들(2000) 그리고 Al Otaiba(2000)의 연구에서는 두 번째 수준의 중재가 유의한 성과를 도출했음을 보고하고 있다.

다른 연구들은 유치원과 1학년 학생들을 대상으로 장기간 진행된 중재전략을 사용하였다. O'Connor, Fulmer, Harty 그리고 Bell(2001)은 위험군으로 선별된 1학년 학생들이 참여한 다층 중재 프로그램의 효과성을 평가했다. 1단계에서 연구자들은 저성취 학생들을 위한 차별화된 읽기 교수를 제공할 수 있는 전문성 개발 교육을 학급교사들에게 제공하였다. 2단계에서는 추가적인 소규모 읽기 중재를 주 3회 30분 동안 제공하였다. 중재전략의 내용은 단어재인과 유창성의 차이에 따라 다양하게 구성되었다. 2학년 말에 단어재인, 유창성 그리고 읽기 이해 영역에서 튜터링 지도를 받은 학생들은 다층 중재전략에 참여하지 않은 학생들보다 월등한 성취를 나타냈다.

초기 연구에서 O'Connor(2000)는 유치원 유아를 대상으로 실시한 다층 중재전략의 효과를 평가하였다. 유치원에서 하위 40%에 해당되는 59명 학생들은 어휘, 기억, 문자 식별, 빨리 이름 대기 그리고 음운 인식 측정을 포함하는 종합 평가 검사에서 위험군 집단으로 판별되었다. 중재전략은 학급에서의 차별화된 중재전략과 유치원 교사의 전문성 개발에 초점을 맞추고 있었다. 게다가 위험군 학생들은 1:1 튜터링 지도를 받았다. 이 연구에서 다층 중재를 받은 28%의 학생들은 여전히 읽기에 어려움을 나타냈다. 1:1 집중적 교수를 포함하는 추가적인 중재전략을 제공하여 1학년 말에 읽기 어려움을 나타내는 학생 수를 감소시킬 수 있었다. 그러나 이러한 학생들을 2학년까지 추적한 결과에서 튜터링 지도를 받은 학생은 더 이상 비교집단보다 우수한 성취를 나타내지 못했다.

O'Connor, Fulmer, Harty 그리고 Bell(2005)은 3단계 중재전략을 제공받은 103명의 유치원생과 103명의 1학년생을 대상으로 연구를 실시하였다. 첫 번째 중재 단계는 유치원 교사와 1학년 교사를 위한 읽기 중재전략의 전문성 함양 연수로 구성되었다. 유치원 원아들 중 어려움을 겪는 학생은 추가적인 소집단 교수를 연속적으로 제공받았다. 그들의 진전도 결과에 따라, 학생들은 2학년과 3학년 기간 동안 2단계 중재를 제공받았다. O'Connor와 동료들(2005)은 이전 연구에서 15%였던 특수교육 대상자의 수가 감소했음을 보고하였다. 즉, 4년 후에 1단계 중재(전문성 개발)만 제공되었을 경우에는 특수교육 대상자의 비율이 12%로 감소했으며, 2단계 중재가 추가되었을 경우 8%로 감소했다.

Simmons, Kame'enui, Stoolmiller, Coyne 그리고 Harn(2003)은 유치원과 1학년 학생들을 위한 다층 중재 프로그램을 요약하였다. 이 연구에서는 7개의 유치원에서 하위 25%의 낮은 수행 능력을 보이는 113명의 학생을 선별하였다. 선별방법은 교육과정에 근거한 문자 이름 대기와 초기 음성 유창성(initial sound fluency) 검사였다. 위험군 유치원생들은 3개의 중재 조건 중 한 가지 조건에 할당되었다. 모든 중재전략은 30분간의 소집단 규모로 제공되었으며, 일반 유치원 중재와 구별되는 추가적인 교육 지원이었다. 첫 번째 프로그램(코드)은 체계적인 중재전략을 제공하고 있는데 이러한 중재전략은 알파벳 원리, 음운 인식과 해독 전략, 작문, 따라 쓰기, 쓰기와 관련된 기타 과제를 포함하고 있다. 두 번째 프로그램(코드/이해력 강조)은 ① 음운 및 알파벳 기술과 ② 어휘와 이해 활동을 포함하며, 이 두 가지 프로그램은 각각 15분 동안 진행된다. 세 번째 프로그램은 음운 인식과 해독 기술에 초점을 맞춘 상업적 중재 프로그램을 30분 동안 제공받은 비교집단을 갖고 있다. 이 연구결과에 따르면, 코드 집단은 코드/이해력 강조 집단이나 상업적 프로그램 집단보다 단어재인에서 더 높은 성취를 나타냈다.

설정된 읽기 유창성 기준(유사 비단어 읽기 유창성 검사에서 1분 동안 20개의 문자를 말하기)에 도달한 1학년 학생들은 모니터링 조건이나 유지 중재전략을 제공받았다. 유지 중재전략은 30분 동안 진행된 중재전략으로 해독, 단어재인 그리고 이와 관련된 지문 읽기를 강조하였다. 이 연구는 기초 학습 기술(entry level skills) 간의 상호작용과 유지 중재 프로그램의 효과성을 확인하였다. 처음부터 비단어 유창성에서 높은 점수를 획득한 학생들은 유지 프로그램 조건이나 모니터링 조건에서 차이를 나타내지 않았다. 가을에 측정된 검사에서는 설정된 기준을 충족했지만 여전히 낮은 점수에 해당되는 학생들은 구어 읽기 유창성 검사에서 낮은 기울기를 보였다. 세 번째 집단은 유치원에 재학 중일 때 중재를 받았으나 중재에 대한 반응을 나타내지 않은 학생들로 1학년까지 소규모 중재전략에 참여하였다. 연구에서 도출된 세 가지 결론은 다음과 같다. ① 유치원 중재에서 강력히 반응하지 않고 기준점 이상의 점수를 잘 받은 학생들은 1학년에

진급했을 때 추가적인 중재를 요구하지 않았다. ② 유치원 중재를 받고 기준점에 도달하지 못한 학생들은 적합한 성장률을 유지하기 위해서 추가적 중재를 요구했다. ③ 유치원에서 중재에 대한 반응을 나타내지 않았으며, 1학년 가을학기 시작 기준점에 미달된 학생들은 1학년에서 다양한 중재전략을 요구했다. 이러한 후자의 결과는 학생의 요구에 따라 교수전략을 수정할 필요가 있으며, 특정한 유형의 유치원 교수가 1학년 위험군 학생에게 향상된 읽기를 이끌 수 있음을 보여 주고 있다(Coyne, Kame'enui, Simmons, & Harn, 2004).

Vaughn과 동료들(2003a, 2003b)은 6개의 유치원에 재학 중인 학생들을 위해서 다층 중재전략을 사용하였다. 이 연구에서 유치원 교사들은 전문성 개발과 교실 내 지원을 제공받았다. 위험군으로 판별된 학생들은 추가적인 소집단 중재(즉, 다층 중재나 강화된 교실 중재)에 무선 할당되었다. 흥미롭게도 일반적인 전문성 개발과 함께, 교실 중재가 가능한 유치원 PALS 중재전략이 포함되었다. 오류교정, 명시적 교수와 계획된 예(purposeful examples)를 포함하는 직접교수 모형과 함께 음운 인식과 초기 해독을 강조하는 중재전략이 이 연구에서 사용되었다. 연속된 중재전략이 학생들에게 제공되었고, 모든 위험군 학생의 진전도는 모니터링되었다. 중재전략은 13주 이상의 기간 동안 50회기가 제공되었고, Tier I 중재로 대체되었다. 다층 중재전략을 제공받은 위험군 학생들은 통제집단의 학생들에 비해서 단어재인, 유창성 그리고 이해력 검사에서 유의하게 높은 성취를 나타냈다. 게다가 다층 중재전략을 제공받은 집단은 향상된 교실 중재를 받은 위험군 학생들보다 우수한 성취를 나타냈지만, 효과 크기는 이전의 통제집단과 비교했을 때 상대적으로 크지 않았다.

Mathes와 동료들(2005)은 읽기 곤란 위험군으로 판별된 292명의 학생 표본을 사용하여 두 개의 소규모 별도 중재전략(small-group pull-out intervention)의 효과성을 향상된 교실 중재와 비교하여 평가하였다. 이 학생들은 Title I 학교에 소속되지 않은 6개 학교 중 30개 이상의 학급에 소속되어 있었으며, 초기 읽기 발달에서 하위 20%의 성취를 나타냈다. 선별된 모든 학생은 향상된 교실 중재(향상된 교구 교재의 제작과 중재전략을 평가할 수 있는 검사 활용에 관한 해당 지역의 전문적인 발달 프로그램)를 제공받았다. 향상된 교실 중재를 받고 있는 위험군 학생들 중 하위 집단은 무선으로 할당되어 두 가지의 소규모 별도 중재전략에 참여했으며, 이러한 두 가지의 별도 중재전략은 조기 읽기 중재에 관한 서로 다른 철학적 배경을 갖고 있다. 첫 번째 중재전략(Proactive Reading: 교사주도 읽기)은 직접교수 원칙에 근거하여 개발되었다. 총 120회기로 개발된 중재전략은 음운 인식, 알파벳 해독, 철자 지식, 유창성 발달, 이해전략을 목표로 한 5개 영역의 검사들로 구성되어 있다. 다른 중재(Responsive reading: 반응적 읽기)는 유창성과 읽기 이해 교수와 함께 알파벳 원리를 지도하는 명시적인 교수와 관련되어 있다. 이러한 중재전략은 사전에 교수의 실제 절차들이 결정되지 않았다. 대신 교사들은 유용한 음운 요소의 순서를 정하거나 고빈도 단어 목록을 작성하며, 매일 측정된 관찰과 검사결과에서 확인된 학생들의 학업적 요구 사항에 상응하는 수업을 계획하는 방법을 제공받았다. 교사주도 읽기와 반대로, 반응적 읽기 중재에서 학생들은 난이도 차이에 따른 지문을 읽었지만, 음운적으로 명확히 해독 가능한 지문은 아니었다. 전형적인 수업의 모형을 살펴보면, 먼저 처음 8~10분은 유창성 과제(모델링을 통한 반복적 읽기)와 집단에 소속된 학생들을 개별적으로 평가하게 되며, 그 다음 10~12분은 음운 인식과 파닉스에 관한 명시적 교수를 제공하며, 나머지 20분 동안은 읽기와 쓰기 교수를 제공한다. 두 중재는 모두 약 8개월가량 매일 40분간 실시되었으며, 1명의 교사당 3명의 소규모 집단으로 제공되었다.

이 연구의 결과에서 모든 세 집단의 학생들은 학년 말에 실시된 단어재인, 유창성, 이해 그리고 철자 검사에서 평균 범위의 점수를 획득하였다. 소규모 별도 중재를 받은 2개의 집단은 다른 집단과 차이가 없었다. 하지만 음운 인식, 단어 읽기 그리고 구어 유창성 검사에 이 두 집단은 향상된 교실 중재만 제공받은 집단보다 높은 성취를 보였다. [그림 5-8]은 이 연구결과의 전체적인 패턴의 예를 제공하였다. 즉, 이 그림은 3주마다 측정된 CBM 검사의 읽기 유창성 기울기를 3개의 집단 및 통제 집단(비위험군 학생)과 비교하고 있다. 소규모 별도 중재를 받은 2개의 집단은 향상된 교실교수 중재만 받은 집단보다 월등히 높은 기울기를 산출했다. 소규모 별도 중재를 받은 2개의 집단은 1학년 말에 1분당 60단어를 읽는 준거에 해당되는 평균적인 유창성 기울기(인구학적으로 비위험군 학생들에게는 2학년 성취 준거에 가까운 기울기임)를 획득하였다. 단어재인 검사에서 하위 30% 준거를 사용했을 때 학년 말에 16%의 학생들은 평균적인 성취를 얻지 못했으며, 이러한 결과를 모집단에 견주해 보면 전체 1학년 모집단 학생 중 3%의 학생으로 추정된다. 소규모 별도 중재를 받은 학생 중 10% 미만은 평균적인 성취 수준에 도달하지 못했으며 이러한 결과는 모집단으로 추정해 보면 1.5% 이하로 해석된다. 이러한 결과는 소규모 별도 중재가 교실 중재보다 더 효과적임을 보여 주고 있으며, 심지어 높은 질의 교실 중재를 사용하더라도 소규모 별도 중재가 더 효과적이었다. 이 연구에 참여한 교사들은 읽기 중재에 관한 전문적인 개발 프로그램을 지역 교육청에서 제공받았으며, 그들의 학생들은 연구자들이 제공한 전문성 개발, 선별방법 그리고 모니터링을 통해서 유익한 이득을 얻었다.

McMaster, Fuchs, Fuchs 그리고 Compton(2005)의 연구에서 33명의 1학년 교사(교사의 절반은 매우 빈곤이 심한 학교에 근무하고 있으며 나머지 절반은 중산층 학교에 소속됨)들은 PALS(22명 교사들)를 사용하는 타당화된 교

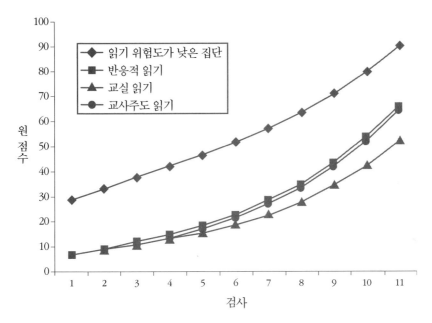

[그림 5-8] ① 읽기 문제를 가질 위험도가 매우 낮은 학생, ② 두 가지의 소집단 중재 전략 중 한 가지 전략에 참여한 학생(반응적 읽기, 교사주도 읽기), ③ 단지 일반교육만 받은 학생들에게 3주마다 CBM에 기반을 둔 읽기 유창성 검사를 실시하였고 이러한 검사에서 산출된 기울기. 소집단 중재전략을 받은 집단은 일반교육만 받은 집단과 비교했을 때 높은 기울기를 나타냈으며, 학년 말에 더 높은 성취를 얻었다.

출처: Mathes et al. (2005). p. 169.

실처치와 표준적인 교수방법을 사용한 조건(11개 통제 학급들)에 무선 할당되었다. 연구자들은 7주 동안 매주 전체 교실 수업에 대한 학생들의 반응을 지속적으로 모니터링하였다. 7주 동안 관찰한 학생들의 향상도 정도에 근거하여 평가했을 때, 이 연구의 결과는 PALS를 사용하여 28%에서 15%까지 부적절하게 반응하는 학생들의 비율을 감소시켰다고 보고하였다. PALS 중재에 적합한 반응을 나타내는 데 실패한 학생들은 다음의 세 가지 종류의 2차 서비스에 무선 할당되었다. ① 변화 없음(즉, 수정 없이 교실 PALS에서 지속), ② 교실에 적용시킨 PALS(즉, 수정된 형태의 교실 PALS를 받음), ③ 일대일 교사의 튜터링 교수. 교사 튜터링은 이야기 읽기 활동과 자기조절 전략을 지닌 단어 수준 교수(word level instruction)에 집중적인 초점을 맞추고 있는 전략으로 3주에 1회씩 제공되었다. 연구결과는 개인 교수가 다른 두 가지 조건들과 비교했을 좀 더 효과적이었다는 사실과 함께, 비반응에 대한 계산의 차이에 따라 비반응 학생의 수는 2%에서 5%까지 감소되었음을 확인할 수 있었다(McMaster et al., 2005).

Vellutino와 동료들(2006)은 유치원 입학 전에 읽기 문제 위험군으로 판별된 아동에게 중재전략을 제공하였다. 이 연구에서는 그림 개념(print concepts, 그림과 연관된 단어를 이해하기-역자 주), 문자 식별, 문자-소리 대응, 음운 인식, 안내된 읽기, 이야기 이해력을 포함하는 문해력 기술에 관한 중재전략들이 사용되었다. 이러한 중재들은 교사당 2~3명의 아동들로 구성된 소규모 집단으로 매주 두 번 30분가량 실시되었다. 이 연구에서 비교집단에는 유치원에서 어떠한 중재도 받지 않은 아동들이 포함되었다. 유치원 학기 말에, 중재집단은 다양한 문해력 검사결과에서 높은 점수를 획득하였다. 1학년 때 이 학생들은 다시 읽기 문제로 선별되었다. 여전히 어려움을 겪는 아동들은 알파벳 원리나 안내된 읽기 중재를 가르치는 데 초점을 맞춘 소규모 별도 중재에 무선 할당되었다. 두 중재는 모두 문해력과 관련되어 있지만 강조점에서 차이가 있었다. 1학년 말에 소집단 교수를 받은 두 집단 간에는 차이가 나타나지 않았다. 3학년 말에 실시된 추후 연구에서, 유치원 혹은 유치원과 1학년 시기에 중재를 제공받은 학생들 중 84%는 문해력 검사에서 평균 범위의 수행을 나타냈다. 이러한 결과는 전체 학생 중 3.2%(모집단의 하위 20%는 위험군 학생들로 가정됨)는 부적합한 반응 비율을 나타낸 것으로 해석된다.

요약: 학습 예방 연구들

지금까지 검토된 교실 연구와 개인 튜터링 연구들은 조기중재를 통해 경제적인 어려움으로 인해 읽기 학습의 준비가 제대로 안 된 학생뿐만 아니라 궁극적으로 읽기 학습장애로 판단될 수 있는 읽기 위험군 학생 수를 감소시킬 수 있음을 보여 주고 있다. 학생 모집단의 하위 10~25%를 포함한 중재 연구들은 대략 2~6%대로 위험군 학생 수를 감소시킬 수 있다 (Denton & Mathes, 2003; Torgesen, 2000). 이러한 중재 프로그램들을 검토한 결과, 교실 중재와 소집단 튜터링 프로그램 모두 효과적이라는 것을 확인하였다(즉, 성공적인 중재 프로그램들은 1:1 튜터링 교수를 요구하지 않는다). 게다가 가장 효과적인 프로그램은 알파벳 원리에 초점을 둔 포괄적이며 통합적인 프로그램으로, 글의 의미를 가르치고, 충분한 연습의 기회를 제공하고 있다. 이러한 중재전략의 요소들은 단어재인, 이해력, 그리고 유창성 영역에 따라 차별적인 영향력을 갖고 있다는 연구결과다.

교실 중재와 튜터링 중재를 다층화했던 연구들의 결과는 특히 흥미롭다. PALS를 사용하고 있는 학급에서 위험군 학생으로 선별된 학생들에게 다시 개인 튜터링 프로그램을 제공하는 다층화 중재전략을 사용할 경우, 위험군 학생의 수가 일부 연구에서 2% 미만으로 감소하였다. 게다가 연구결과들은 이러한 변화가 5학년까지 효과적이며, 단어재인, 유창성, 그리고 이해력 영역에도 영향을 줄 수 있음을 보여 주고 있다.

읽기 치료 연구들

경험적 연구들의 요약

중재전략을 2학년 이후에 제공할 경우, 단어 수준 읽기장애 학생을 학년 수준까지 교육시키는 것은 매우 어려운 것이 사실이지만, 치료 연구들은 조기중재 연구결과와 필적하는 효과 크기를 나타내고 있다. 중요한 사항은 인쇄물에 대한 학생들의 접근 시기가 너무 늦어서 읽기 경험의 결정적 시기—유창성을 습득하는 데 필수적인—를 놓칠 수 있다는 것이다(Torgesen et al., 2001). 학습장애 중재 연구의 메타분석에서, Swanson(1999)은 중재 연구들을 크게 네 가지의 교수 모형으로 분류하였다. 즉, 직접교수만 제공한 모형, 전략교수만 제공한 모형, 직접교수와 전략교수를 모두 제공한 모형, 직접교수나 전략교수로 분류되지 않는 중재를 제공한 모형 등이다. 직접교수란 과제를 작은 단계로 세분화하며, 반복적인 검사를 실시하고, 피드백을 제공하며, 행동과 기술의 모델링을 포함하는 중재전략이다. 이와는 반대로 전략교수는 학생의 협동, 교사의 모델링, 다중처리교수(multiporcessing instruction), 대화, 학생들에게 전략을 가르치는 중재를 포함한다. 전반적으로 이 연구에서 직접교수와 전략교수를 함께 제공한 중재들이 직접교수나 전략교수만을 포함한 중재보다 더 효과적이었다. 전략교수를 포함한 연구들은 포함하지 않는 연구보다 큰 효과 크기를 보였다(.84 대 .67). 직접교수를 포함한 연구들은 그렇지 않은 연구보다 더 큰 효과 크기를 나타냈다(.82 대 .66). 직접교수와 전략교수를 결합한 중재는 직접교수 단독(.68) 혹은 전략교수 단독(.72)보다 더 큰 효과 크기(.84)를 나타냈다. 이 연구에서는 중간 정도의 효과 크기부터 매우 큰 효과 크기가 산출되었으며, 이러한 결과는 치료 읽기 중재(remedial reading intervention)가 읽기 결과를 향상시킨다는 것을 보여 준다. 그러한 효과 크기는 단어재인, 읽기 이해 그리고 유창성 영역에서 관찰되었다. 치료 읽기 프로그램의 예는 무수히 많다. 다음 내용에서 우리는 보편적으로 가장 많이 사용되는 프로그램을 소개한 후 최근의 연구결과를 살펴볼 것이다.

다감각중심 방법

전통적으로 읽기장애 학생들을 위한 유명한 읽기 중재 전략들은 본질적으로 다감각적인 특성을 갖고 있으며, 개개인에게 적합한 형태로 제공되었으며, 읽기 기술뿐 아니라 철자 쓰기와 쓰기 기술의 향상에까지 활용되었다. 이러한 유형의 예로서 Fernald 읽기교수법(Fernald, 1943)을 들 수 있는데, 언어 경험(language experience) 및 통단어(whole-word)의 원리를 적용하고 있다. 여기서의 핵심은 학습할 읽기 자료를 학생이 직접 제공한다는 것인데, 학생들의 이야기를 교사가 받아 적는 과정을 제공한다. Fernald(1943)는 이 유형의 접근방식이 많은 학생에게 오래된 읽기 실패로 인한 부정적인 자기인식을 극복할 수 있게 돕는다고 하였다. 따라서 학생들은 그들이 배우고 싶어 하는 단어를 선택하고, 자신들이 선택한 단어들로 학습하며, 궁극적으로 단어를 기억 속에서 끄집어내어 쓸 수 있을 때까지 단어를 반복해서 말하고 따라 쓴다. 이렇게 학습된 단어는 파일함에 보관되었다가 추가적인 읽기 과제를 만드는 데 활용된다. Fernald 읽기교수법은 단어학습을 강조하는 반면에, 새로운 단어를 어떻게 '소리 내어 읽는지'는 가르치지 않는다. 최근에 읽기과정의 학습에서 글자 해독 능력의 중요성이 알려짐에 따라, Fernald 읽기교수법이 실제적인 연구들에 의해 지지되지 않는다는 사실은 그리 놀라운 일이 아니다(Myers, 1978).

'다감각적'인 접근의 또 다른 프로그램으로는 'Orton-Gillingham'식 접근에 영향을 받은 Samuel과 June Orton의 초기 연구에서 비롯되었다. 이 프로그램의 초기 형태는 모든 감각적 방식을 동원한 교수방법을 강조한다. 이 접근방법에서는 글자(letters)와 그 소리(sounds) 사이의 대응을 배우게 된다. 따라서 학생들은 글자를 보고, 그 글자의 소리를 들으며, 귀로 들은 그 소리를 말하고, 글자를 그려 보기도 하고 받아쓰기도 한다. 학생들이 익힌 단어들은 문장과 단락에 삽입되어 문장 읽기 및 읽기 이해 향상 교수에 사용된다. 이 프로그램에서는 언어의 구조에 대한 이해와 함께 단어를 소리 내어 말하는 것에 강조점을 둔다.

초기 이러한 접근방식들은 Anna Gillingham과 Besty Stillman에 의해 1960년대에 다시 강조되었고 이후 계속적으로 발전해 왔다. 언어의 구조에 대한 명시적이고 체계적인 교수의 중요성을 강조하는 연구들(Blachman, Berninger, Wolf와 다른 사람들에 의한 연구들)을 포함하여 이 장에서 소개하는 읽기 중재 접근들의 대다수는 바로 이들 초기 읽기 중재 접근들의 특성을 반영하고 있다(Moats & Farrell, 1999). 이와 유사하게 읽기, 철자 쓰기, 말하기를 위한 Lindamood Sequencing 프로그램(Lindamood & Lindamood, 1998)이나 Phono-Grafix(McGuiness et al., 1996)와 같은 상업 프로그램 또한 Orton-Gillingham 교수방법의 영향을 받았다. 학생들의 흥미에 대한 반응에서 이러한 프로그램들은 초기에 주로 단어재인에 초점을 맞추고 있지만, 다감각적으로 구조화된 언어교육의 영향 아래 읽기 유창성과 읽기 이해, 쓰기 그리고 구두 언어와 관련된 활동들을 모두 포함하는 것으로 확대되어 왔다.

Birsh(1999)가 정리한 결과에 따르면, 다감각적으로 구조화된 언어 교수방법은 다음의 여섯 가지 요소를 포함한다. ① 음운과 음운 인식, ② 소리-모양(음소-문자) 대응, ③ 음절(syllable) 교수, ④ 형태론, ⑤ 구문론, ⑥ 의미론 그리고 이 요소들은 다음의 다섯 가지 교수원리를 반영한다. ① 기억력과 학습 향상을 위한 동시적이고 다감각적인 모든 학습형태(시각, 청각, 운동감각)에 대한 교수, ② 학습 자료에 대한 체계적인 축적과 조직화, ③ 지속적인 교사-학생 상호작용을 통한 직접교수, ④ 개개인의 요구에 대한 지속적인 평가를 포함하는 진단적 교수, ⑤ 종합적(전체를 구성하기 위해 언어의 요소들을 종합함)이면서 분석적(전체로 구성하고 그것을 부분으로 분할)인 교수다. 여전히 논쟁적인 다감각적 요소를 제외하고, 2~5번까지의 교수원리들은 언어 구조에 대한 명시적인 교수에 초점을 둠으로써 단어재인과 유창성의 문제를 지닌 학생들을 위한 읽기 중재적 방법의 효과적인 접근을 그 특징으로 한다.

Orton-Gillingham식 접근방법들이 반영된 초기의 방법들은 경험적 연구에 의한 지지를 거의 받지 못하였으나(Hallahan, Kauffman, & Lloyd, 1996), 최근의 방법들은 활발히 평가되고 있으며 주목을 받기 시작했다. NRP는 초기 다감각적 Orton-Gillingham 프로그램에서 적절한 방법론을 사용한 연구를 4개밖에 찾지 못하였다. 이 중 두 연구에서는 비교적 양호한 효과 크기를 보였으나, 나머지 둘은 그렇지 못했다. 예를 들어, Oakland, Black, Stanford, Nussbaum 그리고 Balise(1998)는 난독증 훈련 프로그램을 고안하였는데, 이는 텍사스 Scottish Rite 병원에서 2년간 매일 소집단을 대상으로 지도하여 개발한 알파벳 파닉스 프로그램을 폭넓게 적용한 것이다. '일반 교실'에 재학 중인 학생들과 비교했을 때, 난독증 훈련 프로그램의 효과 크기는 통계적으로 유의하지 않았다(NRP, 2000). 2년간 프로그램을 적용한 결과, 단어재인 수준이 3퍼센타일에서 10퍼센타일로 변화가 있었다.

다른 연구에서, 공립학교의 특수교육 학습 도움실에서 공부하는 읽기장애로 판별된 2, 3학년 학생들에게 파닉스를 명시적으로 가르치는 두 가지 프로그램 중 하나를 적용하였는데, 이 중 하나는 Orton-Gillingham 모형을 기반으로 한 알파벳 중심(종합적) 음운 분석 프로그램이었고, 다른 하나는 분석적인 파닉스 방법(Recipe for Reading)이었다. 이 두 집단의 학생들은 일견 단어(sight-word) 인지 기술을 가르친 집단과 비교되었다(Foorman et al., 1997). 알파벳 중심 파닉스 프로그램은 음운적 분석력과 단어 읽기 기술에서 보다 나은 결과를 보여 주었지만, 그 차이는 언어성 지능 점수가 분석에서 통제되었을 경우 명백하게 유의하지는 않았다.

Foorman과 동료들(1997)은 교수 대상 집단의 크기가 너무 커서 어떤 유형의 프로그램을 적절하게 적용시키기가 어려웠다고 지적하였다.

비교적 덜 엄격한 방법으로 수행된 연구들은 이러한 유형의 프로그램을 지지하며, 보다 정교한 후속 연구들이 지속적으로 출판되고 있다. 전통적인 다감각적 요소들을 포함한 교수방법과 그렇지 않은 교수방법을 비교한 연구들은 그 결과에서 유의한 차이를 나타내지 않았다(Clark & Uhry, 1995; Moats & Farrell, 1999). Wise, Ring 그리고 Olson(1999)도 Lindamood 프로그램처럼, 다감각적 조음(articulatory) 요소들이 중재에서 필수적이라는 근거를 찾지 못하였다. 이 프로그램들의 강점은 집중적이면서 체계적인 교수방법을 포함하며 그것을 특정 유형의 문제를 나타내는 학생들에게 연결시킴과 동시에, 언어의 구조에 대한 관심을 이끌어 낼 수 있다는 가능성에 있다. 다감각적인 접근법에 기반을 둔 프로그램들은 제한적인 효과성을 보이는 반면, 다음에서 살펴볼 다른 프로그램들은 그 내용과 구조에서는 유사하지만 보다 나은 효과를 보여 주고 있다.

Lovett과 동료들

읽기 중재 연구 분야에서 가장 오랫동안 지속되고 있는 프로그램은 토론토 아동병원의 Maureen Lovett에 의해 수행되고 있다. 이 연구의 초기 단계에서 심각한 읽기장애를 가지고 있는 아이들은 다음의 두 가지 전략에 무선 할당되었다. 첫 번째 전략은 읽기 숙달(Reading Mastery) 프로그램과 직접교수의 변형된 중재전략으로 음운적 분석과 혼성/직접교수(Phonological Analysis and Blending/Direct Instruction: PHAB/DI)라 이름 붙였다. 두 번째 전략은 단어식별전략훈련(Word Identification Strategy Training: WIST)으로, 서로 다른 전략들을 적용하여 단어재인 교수에 초점을 둘 수 있는 초인지 프로그램이다. 이들 프로그램은 모두 단어를 구분하는 데 도움을 주는 해독 교수의 중요성 및 학습의 전이를 극대화하는 교수방법의 중요성을 강조한다. PHAB/DI 프로그램은 문자 소리 단위(letter sound units)에 초점을 두고 있으며, WIST 프로그램은 그보다 낮은 하위 음절 단위(subsyllable units)에 초점을 둔다. 초기의 프로그램 효과성 평가에서, 표준화되고 실험적인 측정에 있어서 두 프로그램 모두 비교집단에 비해 더 효과적이었다(Lovett, Warren-Chaplin, Ransby, & Borden, 1990). 이들 프로그램은 서로 다른 학습 전이 형태를 도출하였으며, 처치 특정적인 (treatment-specific) 효과를 보여 주었다. 예를 들어, PHAB/DI는 유사 비단어와 같은 단어의 음운적 해독에서의 특정적인 연계성이 있었으며, WIST 프로그램은 영어에서 규칙 변화를 갖고 있는 단어와 특수 변화를 지닌 단어들의 법칙화와 연계성을 갖고 있었다. Lovett, Barron 그리고 Benson(2003)은 이들 프로그램이 읽기 능력을 규준화하지 못한 점과 35시간에 이르는 교수시간은 적절하지 않음을 지적했다. 중재에 참여했던 학생들은 대부분 중재를 받기 시작했을 때 초등학교 고학년 및 중학교 학생들이었고, 매우 심각한 읽기 어려움을 가지고 있었으며 5퍼센타일 미만의 학생들이었다.

Lovett과 동료들(2000a)은 PHAB/DI와 WIST를 혼합한 RCE를 적용해 보았으며, PHAB/DI나 WIST로 각각 따로 장기간 중재한 결과를 통제집단과 비교해 보았다. 연구자들은 70시간의 교수활동을 제공하였는데, PHAB/DI 실시 후 WIST 실시, WIST 실시 후 PHAB/DI 실시 또는 동일한 시간 동안 둘 중 하나의 중재만을 적용한 경우로 구분하였다. 단어 식별, 지문 이해 그리고 음운적 해독에 대한 표준화된 검사의 일반적인 처치 효과는 네 가지 절차 모두에서 증명되었다. 연구결과, PHAB/DI와 WIST의 혼합 프로그램(순서 상관없이)은 둘 중 하나만을 적용한 프로그램보다 비단어 읽기, 음소적 지식 그리고 상이한 단어의 식별에 대한 측정에서 보다 효과적이었다. 즉, PHAB/DI 프로그램에서의 35시간 교수와 WIST 또는 RAVE-O(Retrieval: 인출, Automaticity: 자동화, Vocabulary elaboration: 어휘 정교화, Enrichment with language-Orthography: 정서법의 향상) 프로그램에서의 35시간 교수를 혼합한 것이 PHAB/DI나 WIST(WIST 중재는 수학이나 공부방법에 대한 교수보다 효과적임) 중재를 각각 70시간 동안 실시한 것보다 효과적이었다.

이 연구결과는 읽기 곤란으로 확인된 학생들이 소속된 특수한 개별 학급 상황에서 진행이 되었기 때문에, 후속 연구에서는 이들 프로그램을 학교 상황에 적용하여 실험하였다. PHAB/DI와 WIST 혼합 프로그램은 현재 'PHAST(phonological and strategy training)' 추적 읽기 프로그램(Track Reading Program)으로 불린다. 토론토의 지역사회 학교에 적용된 이 프로그램에 대한 연구에서, 초기 데이터들은 이 중재를 받은 학생들이 표준화된 검사에서 주목할 만한 결과를 얻었으며, 실험실 기반 중재에서의 성취 결과와 비교해 보면 평균 정도의 수준을 성취한 학생이 2/3 정도였다. 지역사회 기반 중재에서는 그 반응에서 다양한 결과가 산출되었는데, 이는 아마도 연구의 충실도와 연구 수행의 지속력에서의 차이를 반영하는 것으로 보인다.

Morris, Lovett 그리고 Wolf

Lovett 학파, 보스턴의 Wolf 학파 그리고 조지아 주립대의 Morris가 공동으로 연구한 최근의 다지역 중재 연구에서 PHAST 읽기 프로그램이 적용되었다(Morris et al., 2006). 첫 5년 동안, 연구에 참여한 학생들은 토론토, 애틀랜타, 보스턴의 학교에서 서로 다른 혼합 중재를 받았다. 연구의 표집은 사회경제적 지위(SES), 인종, 지적 수준 등의 변수를 통제하기 위해 신중하게 선발되었고, 모두 2학년과 3학년 학생들이었다. 각 지역 및 각 집단 아동들 중 절반은 낮은 SES 배경을 가지고 있었고, 백인과 아프리카계 미국인이 절반씩이었으며, 다음과 같이 네 가지 실험집단과 비교되었다. 첫 번째 집단은 PAHST 추적 읽기 프로그램(글자 해독과 단어 식별에 초점)을, 두 번째 집단은 PHAB/DI와 Wolf의 RAVE-O의 혼합 프로그램(Wolf, Miller, & Donnelly, 2002; 제6장의 유창성 중재에서 다룸)을 받았다. 이 두 가지 프로그램은, 언어 형태에 따른 서로 다른 강조점을 가진 알파벳 원리를 강조하는 직접교수 방법과 전략교수를 조합한 방법이며, 다음과 같은 두 집단과 비교하였다. 그중 한 집단은 직접교수로 수학과 공부 기술을 가르친 집단이고, 다른 하나는 공부 기술 훈련과 함께 PHAB/DI 중재를 받은 집단이다. 연구결과, 혼합 중재를 받은 집단의 학생들이 PHAB/DI만을 받은 집단의 학생들보다 단어재인과 읽기 이해에서 보다 높은 수준의 성취를 보였으며, 다른 세 집단이 수학 비교집단보다는 높은 성취를 보였다. 대략 70시간의 교수를 포함하는 이 중재는 약 .5 표준편차 정도의 변화를 가져왔으며, 두 가지 방법을 조합한 중재를 받은 학생들 중 대략 50% 정도가 평균 범위에 근접하는 단어재인 능력을 보였다. 이 연구결과에 따르면, 이러한 다면적인 프로그램들은 낮은 IQ의 아동들이 높은 IQ의 아이들과 동등해질 수 있는 결과를 산출했고, 낮은 SES 환경에 있는 아이들이 보다 높은 SES를 가진 아이들과 동등해질 수 있는 가능성을 제공할 수 있음을 보여 준다.

Olson과 동료들

Olson과 Wise(2006)는 심각한 읽기장애(읽기장애는 해독의 어려움으로 정의됨)를 지닌 학생들을 위한 일련의 컴퓨터 기반의 중재 연구들을 요약하였다. 이 학생들은 일반적으로 2~5학년 때 읽기장애로 판별된 학생들로, 학급 또래 가운데 하위 10% 미만에 속하는 단어재인 성취를 보였다. 그들의 초기 연구에서, Olson과 Wise(1992)는 일반적인 읽기 수업이나 국어 수업에서 학생들을 선발하여 흥미로운 교수에 적합한 이야기들을 컴퓨터를 이용하여 한 학기에 걸쳐 대략 30분씩 28회기 동안 읽도록 하였다. 이야기에 포함된 목표 단어에 대한 해독 지원은 합성음성(synthetic speech)을 사용함으로써 다양한 형태로 사용 가능했다. 컴퓨터 기반 중재전략을 받은 집단은 무선 할당된 통제집단(일반적인 읽기 교정 또는 국어 수업에서 읽기부진인 학생들)과 비교했을 때 음운적 해독 기술과 단어재인에서 유의하게 높은 결과를 보여 주었다. 그러나 읽기부진 학생들에 있어서는 그 성취가 극명하게 드러나지 않았는데, 이들은 음소 인식 측정에서 가장 낮은 성취를 보였다.

두 가지 조건에 무선 할당된 200명의 학생들을 대상으로 진행된 연구에서, Wise와 동료들(2000)은 보다 긴 기간 동안의 컴퓨터 기반 음운 중재를 개발하였다. 첫 번째 조건의 프로그램은 소집단을 대상으로 하여 학기 중 30분씩 50~60회기 동안 음운 인식과 해독에 초점을 두었다. 중재기간의 처음 1/3은 음운 및 조음 인식에 관한 컴퓨터 기반 및 소집단 상호작용 교수(부분적으로 Lindamood & Lindamood, 1998)가 개발한 프로그램에 기반을 두고 있는 프로그램)를 제공하였다. 또 다른 1/3 기간은 무의미단어의 음운적 해독 및 컴퓨터에서 음성으로 제시되는 무의미단어와 의미단어를 조합해 보는 연습들이었다. 마지막 1/3 기간은 컴퓨터로 제공되는 읽기 교수에 적합한 수준의 이야기를 포함하는데, 어려운 단어에 대한 요청이 있을 경우 단어 해독을 위한 도움이 제공되며, 선다형 이해력 문항에 답하게 되고, 각 회기의 말미에는 목표단어를 복습하는 시간을 갖는다.

두 번째 조건은 문맥 안에서 정확히 읽기(Accurate Reading in Context)로, 중재시간의 1/3은 소집단 상호작용과 읽기 이해전략의 사용과 관련된 역동적인 토론 활동이 포함되며(Palinscar & Brown, 1985), 이는 음운 인식 조건에서 소규모 음운 인식 활동에 높은 동기 부여를 제공하기 위함이다. 음운 인식 조건에서 제시된 것과 같이, 정확히 읽기 중재의 나머지 2/3은 컴퓨터상에서 혼자 읽기 자료를 읽는 것을 포함한다. 이 두 번째 중재의 주된 목적은, 명시적인 음운적 교수 없이 이야기에 근거한 정확히 읽기 연습의 장점과 음운 인식 조건의 장점을 비교하기 위함에 있다.

Wise와 동료들(2000)의 연구는 중재의 마지막 시점에서 문맥 안에서 정확히 읽기 집단과 음운 훈련 집단(phonological group)을 비교했는데, 음운 훈련 집단은 음운 인식에서 3배의 향상을 보였으며, 무의미단어 해독에서도 2배의 향상을 보여 주었다. 그러나 단어 읽기의 표준점수는 읽기부진 학생들의 학년 및 읽기 수준 그리고 단어 읽기 측정시간의 제한 혹은 미제한 여부에 따라 좌우되는 경향을 보였다. 2~5학년을 통합했을 때, 음운 인식 조건의 학생들은 시간의 제한이 없는 두 번의 단어 읽기 측정에서 유의하게 높은 표준점수를 얻었지만, 이 주효과(main effect)는 학년과 읽기 수준 간의 유의한 상호작용에 의해서 제한되었다. 예를 들어, 음운 인식 훈련을 받은 2~3학년 읽기부진 학생들은 시간제한이 없는 단어 읽기에서 큰 성취를 보였지만, 마찬가지로 음운 인식 훈련을 받은 4~5학년 학생들은 상대적으로 뛰어난 그들의 음운 기술에도 불구하고 별다른 도움을 받지 못하였다. 반대의 처치 주효과가 시간제한 단어 읽기의 실험 측정에서 발견되었다. 사실 음운 훈련 집단은 학업성취의 증가가 크지 않았는데, 이러한 처치의 차이는 4~5학년 읽기부진 학생들에게서 보다 더 크게 나타났으며, 이들의 빠르고 정확한 단어 읽기의 기울기는 컴퓨터상에서 정확하게 이야기를 읽는 데 대부분의 시간을 할애한 집단과 비교했을 때 더욱 높게 나타났다. 이 결과는 제6장에서 살펴볼 유창성 연구들에서도 일관되게 나타나는데, 이 연구들은 지문 읽기 연습으로부터 상당한 유창성을 획득할 수 있음을 보여 준다(예, Stahl, 2004).

Wise와 동료들(2000)은 중재 종료로부터 각각 1년과 2년 후에 실시된 사후 검사를 수행하였다. 음운 기술에 있어서 음운 훈련 집단의 효과가 중재 1년과 2년 이후에도 유의했지만, 읽기나 철자 쓰기 측정에 대한 서로 다른 훈련 집단의 주효과와 상호작용 효과는 유의하지 않았다. Wise와 동료들(2000)은 향상된 음운 기술이 오랜 기간 동안 읽기로 전이되기 위해서는 음운 기술을 '자동화'시킬 수 있는 좀 더 장기적이면서 강도가 높은 중재전략이 제공되어야 하며, 읽기에서 그러한 기술을 활용할 수 있는 지속적인 지원이 제공되어야 한다고 하였다.

Olson과 Wise(2006)는 많은 중재 프로그램에서 제공하는 하위 어휘 영역의 음운적 중재로 얻을 수 있는 장기간의 특정한 효과를 고학년 읽기부진 학생이 경험한다는 증거는 부족하다고 결론지었다(예, Lindamood & Lindamood, 1998). 이렇게 논란이 되고 있는 결론에 대해서, 이들은 Torgesen과 동료들(2001)의 연구를 언급하였다. 이 연구는 확연히 다른 강조점을 가진 명시적인 음운적 중재임에도 불구하고 Wise와 동료들(2000)의 연구와 유사한 결과를 획득하였다. 비록 Torgesen과 동료들(2001)의 연구에서 사용된 Embedded Phonics 중재 프로그램이 하위 어휘 요소들을 포함했다고 하더라도, 이러한 결과는 결국 해독 프로그램인 PALS(하위 어휘 요소)에 음운 인식 훈련을 추가하더라도 읽기 산출에서 부가적인 가치가 없었음을 보여 주고 있다. Mathes와 동료들(2005)도 음운 인식 중재와 하위 어휘 파닉스 중재의 양을 다양하게 하는 두 가지 읽기 중재방법에 대하여 유사한 효과를 발견하였다. Berninger와 동료들(2003b)의 연구결과에 따르면, 하위 어휘 요소와 반성적 읽기 이해를 포함한 단어 인지 훈련 중재를 받은 집단은 읽기 기술 연습만을 받은 집단이나 단어 인지 중재만을 받은 집단에 비해서 더 향상된 단어재인 기술을 나타냈다. 단순히 읽기 기술만을 연습한 집단의 단어재인 결과는 읽기 이해 교수만을 받은 집단과 다르지 않았다. 그러나 나머지 중재집단들은 단순히 읽는 것 자체만 연습한 비교집단에 비하여 높은 읽기 이해 성취를 보였다. 콜로라도 중재 연구가 가장 극명한 차이를 보여 주지만, 명심해야 할 사항은 컴퓨터 읽기 조건 상황에서 목표단어로 제시된 발음들이 강조되었고, 그로 인해 문자-발성(음성) 관계에 대한 암묵적인 학습이 제공되었다는 사실이다.

Blachman과 동료들

알파벳 원리 지도 시 사용되는 명시적인 교수와 다양한 전략적 중재를 함께 포함하고 있는 중재전략의 강조는 이전의 중재와 좀 더 최근의 중재에서 찾아볼 수 있다. Blachman과 동료들(2004)은 낮은 단어재인 능력을 지닌 2~3학년 학생들의 표집을 대상으로 표준적인 실행 중재(standard practice intervention)를 비교하면서 그들의 읽기 중재의 결과를 보고하였다. 중재전략은 8개월 동안 개별화된 교수(평균 105시간)로 제공되었는데, 이 프로그램에서는 음운과 철자의 연결 및 텍스트 기반 읽기에 대한 명시적 교수를 강조하였다. 각각의 수업은 다음과 같이 다섯 가지의 핵심 단계로 구성되었다. ① 소리-상징 연합 복습, ② 새로운 해독 기술 습득을 위한 단어 만들기 연습, ③ 이미 습득한 단어들 및 높은 빈도의 일견 단어 복습, ④ 소리 내어 이야기 읽기, ⑤ 교수 초반에 나온 단어 및 문장들을 써 보기. 각각의 수업은 유창성, 읽기 이해 그리고 다른 쓰기 활동 및 게임 활동에서의 참여를 높이기 위한 추가적인 이야기 및 설명적 지문 읽기를 실시하는 활동을 포함한다.

[그림 5-9]는 읽기 정확성, 읽기 이해 수준 그리고 지문 읽기의 유창성에 대한 사전-사후 측정 변화를 보여 준다. 반복 측정된 검사결과에서, 중재를 받은 학생들은 단어재인, 유창성, 읽기 이해력, 그리고 철자 쓰기

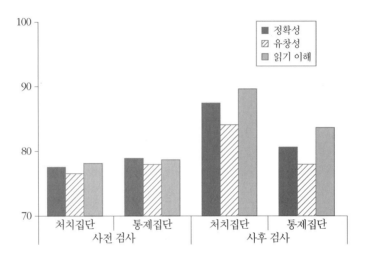

[그림 5-9] Gray 구어 읽기 검사(Gray Oral Reading Test: GORT)의 하위 검사인 읽기 정확성, 읽기 유창성, 읽기 이해에서 실험집단과 통제집단의 사전-사후 중재전략의 결과들. 실험집단과 통제집단 간에는 명확한 차이가 나타났다.

출처: Blachman et al. (2004).

에서 일반 학교에서 중재를 받은 학생들보다 뛰어난 결과를 보여 주었고, 그 성취 수준은 1년 여 동안 지속되었다. 이 학생들은 일반적으로 10~12퍼센타일 정도의 단어재인 능력을 가진 상태로 중재에 들어왔지만, 중재가 끝날 때쯤에는 이들의 성취가 단어재인에서 23퍼센타일까지 상승하였다. 특히 철자 쓰기에서 높은 성취를 보이며 읽기 유창성에서는 상대적으로 조금 낮은 점수를 그리고 읽기 이해에서는 비슷한 수준의 성취를 보여 주었다. 효과 크기는 읽기 영역들에 걸쳐 일반적으로 중간 정도보다 약간 높은 수준의 범위를 보였으며, 표준화 검사에서 읽기 이해의 효과 크기는 .55, 단어재인의 효과 크기는 1.69였다.

Torgesen과 동료들

다른 중재 연구들 또한 앞의 결과들과 유사한 결과를 보고하고 있으며,

일반적으로 프로그램이 지닌 고유한 특성은 프로그램의 포괄성(compre-hensiveness)과 강도보다는 덜 중요하다. Torgesen과 동료들(2001)은 단어재인 능력에서 3퍼센타일 미만 수준의 3~5학년 학생들을 대상으로 하루에 2시간, 주 5일(8주 동안 대략 67시간)씩 지도를 받는 8주짜리 프로그램을 적용해 보았다. 이 프로그램에서는 잘 알려진 린다무드-벨 청각 심층 변별(Lindamood-Bell Auditory Discrimination In-Depth) 프로그램이나 이 연구를 위해 개발된 '임베디드 파닉스(Embedded Phonics)'를 포함하였고, 두 가지 중재 프로그램 모두 심각한 읽기 어려움을 지닌 학생들에게 효과가 있다고 입증된 중재방법들이 사용되었다. 또한 이들 프로그램은 새로운 기술을 습득하기 위한 구조화된 풍부한 연습 기회들과 지문 내에서 적절한 전략에 대한 단서 활용하기 그리고 알파벳 원리를 통한 명시적 교수를 포함한다. 시간분배에 관한 분석결과를 살펴보면, 린다무드-벨 프로그램은 85%의 시간을 음운 해독 교수에 할애하고, 10%는 일견 단어 교수에 그리고 나머지 5%는 연관된 지문을 읽고 써 보는 데 사용하였다. 이와 대조적으로 임베디드 파닉스 프로그램에서는 음운 해독에 20%, 일견 단어에 30% 그리고 지문 읽기 혹은 쓰기에 50%를 각각 할애하였다.

　이 두 가지 중재 프로그램 사이에 상대적인 효과성 차이는 거의 없었는데, [그림 5-10]에서 그래프의 하락 양상이 이를 보여 준다. [그림 5-10]에서 보여 주는 것과 같이, 단어재인에서는 1 표준편차 가량의 유의한 향상을, 읽기 이해에서는 그보다 약간 작은 향상을 보였고, 유창성에서는 거의 변화가 없었다. 또한 단어재인과 읽기 이해에서의 향상은 중재 후 2년 동안 지속됨을 알 수 있다. 두 개의 중재 중 한 가지 중재를 받은 학생들의 약 70% 정도가 평균 수준으로 읽을 수 있었고, 단어재인에서 중재 이후 25퍼센타일 수준의 성취를 보였으며 가장 놀라운 사실은 이 중 40%가 특수교육에서 벗어났다는 사실이다. 그러나 유창성에서 유의한 차이를 보

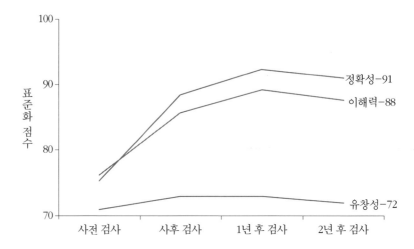

[그림 5-10] 사전 검사, 사후 검사, 1~2년 추후 검사에서 측정된 Gray 구어 읽기 검사(Gray Oral Reading Test: GORT)의 읽기 정확성, 읽기 유창성, 이해력 점수의 기울기. 읽기 유창성과 비교했을 때 더욱 가파른 기울기는 단어 읽기 정확성과 이해력에서 나타났다.

출처: Torgesen et al. (2001).

여 주지 못한 것은 아쉬운 점이다. Torgesen과 동료들(2001)은 이 결과를 설명하면서, 평균적인 읽기 수준을 지닌 학생들과 비교했을 때, 중재에 참여한 학생들은 한번에 바로 읽을 수 있는 단어의 수가 매우 적었기 때문에 이들의 읽기 속도, 즉 유창성에 제한을 주었을 것으로 분석하였다. 그렇기 때문에 중재에 참여한 학생들의 교수적 단계에 적합한 이야기 지문에 대한 유창성 비교에서 유의한 차이가 나타나지 않은 것으로 추측된다. 또한 해당 학년 수준의 지문들은 중재에 참여한 학생들이 일견 단어 어휘집으로 가지고 있지 않은 단어들이 너무 많이 포함되어 있기 때문에 유창성을 저해하는 요인으로 작용하였다. 읽기 유창성과 읽기의 실제와는 밀접한 상관이 있기 때문에, 만일 학생들이 3~5학년 수준의 읽기 자료를 읽을 수 있는 능력이 되지 않으면 그 간극을 좁히기는 매우 힘들 것이다. Torgesen(2002)은 1년 동안 하루에 8시간씩 꾸준히 읽기 중재 프로그램을 받은 학생이 이 간극을 좁힐 수 있을 것이라 추정한 바 있다.

　Torgesen(2004)은 또 다른 시도로서 유사 연령대 아동의 해독 능력 결손을 평가한 기초 연구 자료를 보고하였다. 이 연구에서 3~5학년의 심각한 읽기 어려움을 지닌 학생들이 집중적인 음운 기반 중재 또는 단어와 지문을 반복적으로 읽는 유창성에 기반을 둔 중재를 받았다. 초기의 결과에서 두 가지 중재 간에 유의한 차이가 없었다. 이 두 중재는 단어 읽기 유창성과 읽기 이해력에서는 유의한 향상을 가져왔지만, 규준-참조 유창성 검사에서는 명확한 차이가 거의 나타나지 않았으며, 이는 앞서 언급된 Torgesen과 동료들(2001)의 연구와 같은 결과였다.

Berninger와 동료들

　Berninger와 동료들(2003a)은 가계 유전 연구에 참가하고 있는 4~6학년 학생 20명을 연구하였다. 이 학생들은 다수의 읽기 검사에서 그들의 언어성 지능지수에 비해 1 표준편차만큼 낮은 읽기 성취를 보였다. 선정 기준으로 인해 다른 표집보다 언어성 지능지수가 훨씬 높은 경향을 보이면서, 이와 함께 기초선에서 높은 읽기 점수를 획득한 학생이 선별되었다. 이 학생들은 28시간 동안 집중적인 음운 인식 중재 또는 단어의 형태를 인지하는 중재방법에 무선 할당되었다. 음운 중심 중재는 음운의 분석 및 결합을 통한 단어 형성에 강조를 두는 반면, 형태인지 중심 중재는 음운보다 큰 단위의 어휘 생성 및 단어 형성에 초점을 두는 방식이다. 각 학생은 10일에서 3주의 기간 동안 중재에 참여하였는데, 그 결과 두 가지 조건 모두에서 중재 전 성취와 비교했을 때 .5 표준편차 정도의 향상을 보였다. 이 표집이 이 장에서 살펴보았던 다른 읽기 중재 연구에서보다 상당히 높은 언어 능력 점수를 가졌고, 주의력 문제를 지닌 학생들이 거의 없었다는 점은 결과 해석 시 고려되어야 한다.

요약: 치료 연구들

읽기 중재 관련 연구들은 읽기 학습장애, 특히 단어재인에 어려움을 가진 학생들의 기본적인 읽기 능력을 향상시킬 수 있음을 보여 준다. 단어재인에서 그 효과는 대부분 명확했으며, 이는 중재의 효과가 읽기 이해로 전이될 수 있음을 보여 주었다. 유창성의 향상은 많은 경우 그 효과가 작았지만, 실제로 연구들마다 차이가 있었고 연구에 참가한 학생들의 읽기 문제의 심각성과 그들의 연령에 따라 차이가 나타난 것으로 추측된다. 예를 들어, Blachman과 동료들(2004)의 연구에서는 Torgesen(2001)의 연구에서보다 유창성이 향상되었지만, 대부분의 학생들이 Torgesen의 연구보다 연령대가 낮았으며 읽기 문제의 심각성이 크지 않았다. Wise와 동료들(2000) 또한 유창성 향상에서 연령과 관련된 변화를 발견하였다. 서로 다른 연구들에서 사용된 상업적 중재 프로그램(Lindamood-Bell, Phono-Graphix), 연구 기반 프로그램(PHAB/DI, RAVE-O, PHAST, PASP) 그리고 여기서·언급되지 않은 프로그램(Spell-Read; Rashotte, MacPhee, & Torgesen, 2001; Florida Center for Reading Research, 2005, 2006 참조) 등을 포함한 다양한 중재적 접근들이 아이들의 읽기 향상에 적용되고 있다. 이와 같은 중재 프로그램 자체보다는 그것들이 어떻게 전달, 교수되는가가 더 중요하며, 가장 두드러진 중재의 효과는 프로그램의 집중적인 강도와 명시적이고 체계적인 전달에 기인한다(Torgesen et al., 2001). 중재를 제공하는 시간과도 관련이 있는데, 상대적으로 높은 연령대(2학년 이상)에서의 읽기 발달을 가속화하기 위해서는 많은 시간이 요구된다. 주요 연구결과에 따르면, 명시적이고, 숙달될 때까지 가르치며, 비계(scaffolding)를 제공하고 정서적인 도움을 제공하면서 진전도를 모니터링하는 프로그램들이 특히 효

과적이었다고 보고하고 있다. 읽기 중재 프로그램 발전을 위한 향후 과제
는 중재에 대한 반응이 상대적으로 가장 낮게 나타난 읽기 유창성에 집중
하는 것이다(제6장 참조).

결 론

　단어 수준 읽기장애 또는 난독증에 대한 연구의 광범위한 개관은 난독
증을 이해함에 있어 전 세계적으로 지난 30년이 넘는 시간 동안 축적되어
온 발전상을 보여 준다. 이들 연구에서 특별히 인상적인 점은 인지적 정
보처리과정, 뇌 기능, 유전에 관한 연구 그리고 읽기 중재와 같이 각 연구
의 영역뿐만 아니라, 이 영역들 간의 통합에서도 발전이 있었다는 것이
다. 난독증을 지닌 아동과 성인을 포함하는 서로 다른 영역들에 걸친 연
구가 진행되었고 난독증에 대한 통합적이면서 일관성 있는 시각을 확립
했다는 점은 분명하다. 일관성 있는 이론의 형성을 위한 첫 단계는 신뢰
성 및 타당성을 갖춘 분류와 해당 개념의 실재와 부재를 가를 수 있는 판
별 기준을 확립하는 것으로부터 시작된다. 이러한 측면에서 난독증은 난
독증을 지닌 사람들을 판별하는 방법을 명확하게 구체화하는 정의를 갖
고 있다는 측면에서 학습장애의 독특한 유형으로 볼 수 있다. 난독증을
다룬 연구들은, 난독증을 유발하는 주요 학업 기술상의 결함들이 단어 해
독 기술의 정확성과 유창성 그리고 철자 쓰기 등에 있다는 것을 보여 준
다. 인지 관련 연구들은 이들 지표 변인들 간의 신뢰할 수 있는 상관과 예
측변인을 규명하고자 하였는데, 가장 확고한 변인은 음운 인식이었다. 덧
붙여 숫자나 글자에 대한 빨리 이름 대기나 음운 과제에 대한 작업기억
등이 인지적 정보처리과정에 포함된다. 난독증은 신경생물학적인 상관을

갖고 있는데, 단어재인과 난독증 간의 신경학적인 상관에 대한 최근의 연구결과들이 이를 뒷받침한다. 뿐만 아니라 몇몇 유전자를 포함하는 난독증의 특정한 유전적 요인을 규명하는 데 중요한 연구들도 있다. 읽기 중재와 관련 연구들은 난독증으로 판별되었을 때 중재가 가능함을 보여 준다. 대부분의 중요한 연구는 난독증이 발생하지 않도록 예방적 차원의 시도를 하며, 궁극적으로 그것이 장애로 발전되지 않도록 예방하는 것이었다. 난독증을 지닌 사람들의 비율은 높으며, 읽기 문제를 규명하는 데 사용되는 기준에 따라 향후에도 난독증이 판별되겠지만, 정말로 다루기 힘든 읽기 문제를 갖고 있으면서 오랜 기간의 중재를 필요로 하는 학생들의 수가 실제로 감소할 것이라는 낙관론을 지지할 만한 이유는 있다. 이러한 연구들의 초점은 난독증에 대한 표현형을 명확히 정의하는 것이며, 난독증은 학업 기술 결함에 대한 평가로 정의되어야 함을 의미한다.

이 목표를 성취하기 위해서는 중재에 대한 반응의 개념이 난독증을 비롯한 다른 학습장애 유형의 정의에 적용되어야만 한다. RTI의 개념이 포함되지 않은 정의에서 학습장애 출현율을 진단한다는 것은 계속 어려운 과제로 남을 것이다. 비만이나 고혈압 등과 같은 여타의 의학적인 질환들은 중재전략과 관련지어 정의를 내린다. 뇌졸중이나 심장마비, 당뇨 등을 유발하는 위험을 줄이기 위한 치료의 핵심이 무엇인지에 대한 연구가 없다고 했을 때, 비만 또는 고혈압에 대한 구체적인 판단의 기준을 생각해 보라(Ellis, 1984; Shaywitz, 2004). 다시 학습장애의 영역들로 돌아오면, 우리는 단어 수준 읽기장애와 학습장애의 다른 영역들에 대한 연구 및 그 실제가 어느 정도로 발달해 왔는지 그 차이를 알아야 한다.

Chapter 06
읽기장애: 유창성

    읽기장애의 하위 집단이 읽기 유창성의 문제로 명확하게 구분될 수 있는지에 대한 결론은 충분히 연구되지 못했지만, 그럴 가능성은 충분히 있다. Wolf와 Bowers(1999), Lovett, Steinbach 그리고 Frijters(2000b)는 읽기에서의 '속도 결함(rate deficit)' 집단이 음운적인 영역에서는 문제가 없었지만, 유창성의 문제로 인하여 읽기 이해에서의 문제를 지닌다는 증거를 발견하였다. Morris와 동료들(1998)은 음운적으로 결함은 없지만, 속도를 요하는 처리 과제에서는 어려움을 보이는 속도 결함 측면의 하위유형을 발견하였다. Wolf와 Bowers가 가정하는 것과 같이, 이 하위유형은 읽기 유창성과 읽기 이해에서 모두 어려움을 갖고 있었지만 한 가지 예외 영역은 단어재인이었다. Wimmer와 Mayringer(2002)도 독일 사람들에게 유창성 문제가 있음이 확실하나, 단어 해독이나 철자 쓰기에서는 뚜렷한 어려움이 없음을 보여 주었다. 우리의 주 관심사는 구별되는 읽기 유창성 집단을 판별할 수 있는가의 여부에 관한 것이라기보다, 일차적인 관련이 음운 처리과정에 있는지 그리고 그러한 유형의 학습장애가 단어 수준 읽기장애(WLRD)와 정말로 독립적인 것인가에 관한 것이다. 이 장에서는 학업 기술 결함, 핵심 인지 처리과정 그리고 읽기 유창성 장애에 적절한 중재 방법들의 증거를 검토할 것이다. 한편 발생학, 발달과정 혹은 학습장애의 이 유형에 특정적으로 관련된 신경생물학적인 연관성 등에 대한 자료는 충분히 제공하지 못했다.

학업 기술 결함

명백한 읽기 유창성 문제를 지닌 사람을 특징짓는 핵심적인 학업 기술 결함은 읽기 속도이며, 이는 단어 및 지문 읽기에 대한 자동성(automaticity)의 또 다른 이름으로 여겨진다. 유창성에 대한 최근의 관점은 유창성을 단지 단어재인 능력의 발달 수준으로 개념화하지 않는다. 예를 들어, NRP (2000, pp. 3-5)는 유창성을 "주어진 글을 빠르고, 정확하고, 적절한 표현과 함께 읽을 수 있는 능력"으로 정의하였다. Meyer(2000, p. 15)는 유창성의 개념을 "글을 빠르고, 순조롭고, 무리 없이 그리고 해독에 의식적인 주의를 거의 하지 않고 읽을 수 있는 능력"이라고 하였다. 그러나 유창성의 중요성은 단어재인 능력의 발달 그 이상의 것을 의미하며, 이는 자동성의 개념까지 포함한다(Logan, 1997). 글의 해독과정이 자동적으로 일어날 때, 읽기 지문을 소리 내어 읽는 것은 의식적 주의를 거의 필요로 하지 않으며, 이로 인해 더 많은 인지적 자원을 보다 고차원적인 글의 의미를 파악하는 처리과정에 할애할 수 있게 된다. 더욱이 인지적인 주의, 실행적 기능, 효율적인 인지적 자원의 할애에 영향을 주는 기타 기술들의 어려움으로 인하여, 정확한 단어재인을 함에도 불구하고 유창성 발달에 어려움을 나타낼 가능성이 있다(Denckla & Cutting, 1999). 유창하게 읽는 사람들은 여러 가지 과제들을 동시에 처리할 수 있는데, 이는 이러한 기술들의 작동을 반영하는 인지적 자원들을 효율적으로 사용하기 때문인 것으로 추측된다. 유창성에 대한 대부분의 정의들은 또한 운율(prosody), 적절한 표현, 억양, 어법(phrasing)을 포함하여 읽을 수 있는 능력을 포함한다. 여기서는 유창성의 이러한 요소들에 대해서는 논의하지 않을 것인데, 그 이유는 읽기부진 학생들에게 있어서 이 요소들의 결함은 일반적인 장애로 간주되지 않는 것들이며 자동성과 관련된 문제의 차원에서는 다소 부차적인 것들이기 때문이다.

유창성의 측정은 읽기 이해의 측정과 비교하면 그리 어려운 과제는 아니다(제7장 참조). 앞의 요소들 중 운율을 단어와 지문 읽기의 자동성과 관련된 잠재적 구인으로 고려하지 않는 것은, 유창성은 필연적으로 읽기 속도로 요약되지만 운율에 대한 지식은 항상 포함되지 않았다. 제4장에서 논의한 것과 같이 유창성은 하나의 단어, 일련의 단어들, 단문 혹은 장문을 정확하게 읽는 데 소요된 시간으로 측정할 수 있으며, 이 측정치들 사이에는 대체로 높은 상관을 갖는 경향이 있다. Jenkins, Fuchs, van den Broek, Espin 그리고 Deno(2003)는 연속적으로 제시된 일련의 단어들을 읽을 때와 지문 속에서 읽을 때의 유창성 모두 단어 수준 읽기장애들이 보이는 읽기의 결함에 민감하다고 확인하였다. 더욱이 읽기 속도에 결함을 지닌 개인들을 판별하는 것은 단어재인에 어려움을 가진 사람을 판별하는 것보다 어렵지 않다. 절단점(cut-points)에 관한 의사결정이 필요하며, 앞서 논의한 것과 같이 고려되어야 할 중요한 문제는 지속적으로 유창성에서 어려움을 갖고 있으면서 정확한 단어재인에 어려움을 나타내는 하위 집단을 만들어 내는 것이며, 이러한 하위 집단을 유창성에 주된 문제가 있는 하위 집단과 비교하는 일이다.

하위유형의 가설

유창성 장애에 대한 중요한 질문은, 제7장에서 다룰 읽기 이해의 판별과 유사한 점이 있다. 즉, 단어재인의 정확성과 관련된 문제를 가지는 사람들이 단어 해독이나 지문 읽기의 속도에 주로 결함을 보이는 사람들과 구별될 수 있는가를 조사하는 것이다. 읽기 이해에서는 낮은 읽기 능력을 지닌 사람들의 주요한 결함이 낮은 읽기 이해 수준의 문제인가 아니면 단어재인과 지문 읽기에서의 정확성과 유창성의 문제인가에 대한 논쟁을 거의 하지 않는다. 유창성은 그 자체로 단어재인과 읽기 이해와는 분리된 과정이다. 그러나 이 과정들은 서로 밀접한 상관이 있고, 특히 어린 아동들이나 읽기 어려움을 지닌 사람들에게 있어서는 더욱 명확하다. 단어 해독이나 읽기 이해에 어려움을 지닌 학생에 비해, 유창성에만 어려움을 지닌 학생의 연구는 많이 진행되지 않고 있으며, 이러한 사실은 조작적 정의의 문제와 관련되어 있다. 그러나 하위유형에 관한 연구는 다음과 같은 것이 있는데, ① 단어 읽기의 자동성 또는 지문 읽기의 유창성에 문제를 지닌 학생 집단과 단어를 부정확하게 읽는 읽기부진 학생 집단을 구분하기, ② 단어 읽기의 정확성과 지문 읽기의 유창성을 각각 대표하는 음운 인식 및 빠른 이름 대기에 대한 검사결과의 결함 유형에 따라 읽기부진 학생을 구분하기 등이다. 다음 절에서 이와 관련된 연구들을 살펴볼 것인데, 읽기 유창성의 주된 인지적 관련성을 이해하는 데 도움을 줄 것이다.

속도 대 정확성

Lovett(1987; Lovett et al., 2000b)는 읽기장애를 두 가지 하위유형으로 제

안하였는데, 이는 단어재인이 연속적인 세 가지 단계에 따라 발달한다는 가정에 기초한다. 이 세 가지 단계는 인쇄된 단어를 식별할 때의 반응 정확도, 단어를 '소리 내어' 읽을 필요없이 자동적으로 단어를 인지, 그다음으로는 발달적으로 적합한 빠른 읽기 속도(읽기과정의 요소들이 기억에 저장됨) 등과 연관된다. 첫 단계에서 실패하는 아동은 '정확성 장애(accuracy disabled)'로 명명된다. 연령 수준에 적합한 단어재인 성취를 보이지만, 두 번째와 세 번째 단계에서 극명하게 결함을 보이는 아동을 '속도 장애(rate disabled)'라고 한다.

Lovett의 하위유형 연구의 강점은 연구의 강력한 외적 타당도에 있다. 두 가지 하위유형(속도 대 정확성 장애) 집단과 정상 아동의 집단(단어재인 검사에서 속도 장애 집단과 유사한 점수를 지닌 집단)을 대상으로 진행된 연구에서, 정확성 장애 집단의 아동들은 읽기 장애를 구분하기 위해서 사용된 외현적인 요소인 구어와 문어 영역에서 전반적인 결핍을 나타냈다. 즉, 속도 장애 집단은 지문 읽기 영역과 철자 쓰기 영역에서 더욱 심각한 결함을 나타냈다(Lovett, 1987). 정확성 장애 집단은 모든 읽기 이해력 검사에서 결함이 있는 것으로 나타났고, 단어재인 능력과 높은 상관이 있었다. 그러나 속도 장애 집단은 몇몇 읽기 이해 측정에서만 결함을 보였다. 추가적인 하위유형-처치 교차 연구들(Lovett, Ransby, Hardwick, & Johns, 1989; Lovett et al., 2000b)은 문맥적 읽기에서 정확성 장애 집단과 속도 장애 집단 간 차이를 발견한 반면, 단어재인에서는 두 집단 모두에서 향상을 보였다.

이중 결함 모형

최근의 연구들은 읽기 정확성과 속도 사이의 기본적 격차의 중요성을 강조하면서, 이 관계에 대한 인지적인 대표치들(proxies)을 활용하고 있다. Wolf와 동료들(Wolf & Bowers, 1999; Wolf et al., 2003)에 의해 개발된 모형에서, 이들은 음운 처리과정이 단어재인의 결함에 중요한 영향을 끼치지만, 정확하고 유창하게 읽는 것 또한 중요한 학업 기술이라고 설명하였다. 일부 아이들은 음운 처리과정과 관련된 문제와는 다소 독립적으로 보이는 유창성의 결함을 드러낼 수도 있다. 유창성에 국한된 결함만 있을 때, 글자나 숫자에 대한 빠른 이름 대기를 요구하는 과제와 가장 밀접한 상관성을 보인다고 보고하였다. 그렇기 때문에 Wolf와 동료들은 하위유형들에 대한 '이중 결함 모형(double-deficit model)'을 가정하였다.

이 모형은 다음 세 가지 하위유형을 규정하고 있다. 음운 처리과정 및 빠른 이름 대기 모두에서 결함을 보이는 유형, 음운 처리과정에서만 결함을 보이는 유형 그리고 자동화된 빠른 이름 대기에서만 결함을 보이는 유형이다. Wolf와 동료들(Wolf & Bowers, 1999; Wolf et al., 2003)은 이 유형들의 체계에 대한 외적 타당도를 지지하는 증거를 요약하였고, 다음 절에서 정리된 내용을 제공할 것이다.

하위유형 가설에 따르면, 이중 결함 모형에는 몇 가지 쟁점 사항이 있다 (Vellutino et al., 2004). 가장 주요한 쟁점은 음운 인식과 빠른 이름 대기의 결함이 정말로 이중 결함 집단에서 서로 독립적인 요소들인가 하는 점이다. 이중 결함 집단에서의 두 가지 결함은 이 집단을 특성지을 수 있는 심각한 음운 처리의 문제로 인해 나타날 것일 수 있다(Compton, DeFries, & Olson, 2001; Schatschneider, Carlson, Francis, Foorman, & Fletcher, 2002). 연속적인 철자 처리(serial-letter-processing)가 단어재인을 설명해 주는 요인이라는 점은 잘 알려져 있다(Gough, 1984). 더욱이 몇몇 연구들은 단어 읽기 능력을 예측할 때 사전 경험을 통제하여 빠른 이름 대기 변수의 고유한 설명량을 제거할 수 있었지만, 이는 유전 연구의 결과와는 상반되는 것으로, 이 연구들에서는 빠른 이름 대기에 대한 환경적인 영향의 근거를 거의 찾지 못했다(Petrill et al., 2006a, 2006b). 끝으로 Schatschneider와 동료들(2002) 그리고 Compton과 동료들(2001)은 연구방법론의 문제를 제기하였는데, 이는 단일 결함 대 이중 결함 유형의 정의를 내리는 것과 관련된 주제였다. 아동이 음운 처리과정과 빠른 이름 대기 모두 결함이 있을 때 그 아동은 두 영역 모두에서 심각한 결함을 보이기 때문에, 단일 혹은 이중 결함을 결정하기가 어렵다. 이중 결함을 가진 아동들은 단일 결함을 가진 아동에 비하여 음운이나 빠른 이름 대기뿐만 아니라 읽기에서도 심각한 문제를 나타내고 있었다. 측정학적 측면에서 Spector(2005)는 이러한 하위유형들이 1학년의 기간을 넘어서게 되었을 때 일관성 있게 구분되지 않음을 보고하였고 이는 그리 놀라운 결과는 아닐 것이다. 1학년이 시작될 때, 음운 인식과 빠른 이름 대기의 단일 결함이나 이중 결함으로 판별된 아동들 가운데서 겨우 절반 정도만이 학년 말에도 해당 유형에 포함되었다.

핵심 인지 처리과정

읽기 유창성과 관련된 주요 인지 처리과정은 단어재인, 빠른 이름 대기, 빠른 정보처리, 실행 기능, 철자적 처리과정 등을 포함한다. 단어재인에 문제를 지닌 사람들이 유창성과 읽기 이해에서도 어려움을 가질 것은 명백하다. 이러한 능력들은 단어 수준 읽기장애의 중요한 지표가 되기 때문에, 뒤에서 더 구체적으로 논의할 것이다(제5장 참조). 단어 읽기 정확성과 유창성과의 관계에서 중요한 사실은, 구체적으로 유창성 문제를 규정함에 있어서 단어 읽기의 정확성이 반드시 포함되어야 한다는 사실이다.

읽기 속도 결함을 지닌 집단에서 가장 주목하는 주요 인지 처리과정은 자동화된 빠른 이름 대기(rapid automatized naming)인데, 이러한 과제는 빠른 정보처리 및 다른 인지 기능들이 요구된다. 유창성은 보다 큰 하위 어휘 단위를 처리할 수 있는 능력과도 관련이 있는데, 여기서 몇몇 연구자들은 철자적 정보처리를 고려하기도 한다. 중요한 질문은 좌에서 우로 읽어 가는 빠른 이름 대기나 철자적 처리과정을 돕는 언어학적 능력처럼 읽기 처리과정들을 대변하는 과제들 간의 관계성을 조사하는 것이고, 빠른 이름 대기가 빠른 정보처리의 한 가지 유형이 될 수 있는지를 확인하는 것이다.

자동화된 빠른 이름 대기

다음과 같은 세 가지 종류의 증거들은 빨리 말하기의 속도가 읽기의 어려움을 독립적으로 설명할 수 있는 변인임을 지지해 준다. 첫째로 명명 속도 과제(naming-speed tasks)이며, 특별히 해당 글자를 빨리 말하는 능력을 의미한다. 이러한 능력은 읽기 성취의 총 변화량을 독립적으로 일정하게 설명하는데, 이는 음운 인식 능력으로 설명할 수 있는 설명량보다 크다. 이 사실은 장기적 측면에서 학업성취를 예측하고자 하는 연구(Schatschneider et al., 2002; Wolf & Bowers, 1999)에서뿐만 아니라, 확인적 요인분석을 통한 서로 다른 잠재 변인 사이의 관계를 살펴본 연구들(McBride-Chang & Manis, 1996; Wagner et al., 1994)에서도 명백히 드러났다.

둘째로, 하위유형 연구들에서 음운 인식과 빠른 이름 대기 모두 결함을 보이는 아동과 단일 결함만을 갖는 아동을 비교하였다(Lovett et al., 2006b; Wolf & Bowers, 1999). 이들 연구에서, 이중 결함을 가진 아동들이 단일 결함만을 가진 아동에 비하여 더 심각한 읽기 어려움을 보였다. 뿐만 아니라 빠른 이름 대기 집단은 이중 결함 또는 음운적 결함 집단과는 달리, 음운 처리나 해독에서는 유의한 결손을 드러내지 않았다(Wimmer &

Mayringer, 2002). 그러나 이 연구들은 앞에서 밝힌 방법론적인 문제들에 좌우될 수 있는 제한점을 가지고 있다. 게다가 연구자들은 분류 준거에 따라 예측될 수 있는 모든 하위유형의 집단을 확인하지 않았다(Waber, Forbes, Wolff, & Weiler, 2004).

끝으로 Morris와 동료들(1998)의 군집분석 연구에서는 음운 인식과 빠른 이름 대기 속도에 결함이 있는 유형뿐만 아니라, 음운 인식 또는 처리 속도 중 하나에만 결함을 보이는 하위유형에 대한 근거를 찾았다. 이중 결함을 가진 유형은 한 가지 결함만을 가진 유형의 집단에 비해 읽기에서 더 큰 결손을 보였다. 더욱이 속도 결함을 가진 하위유형 집단은 음운 인식이나 단어재인의 정확성에서는 결함을 보이지 않았다. 동시에 속도 결함 집단은 낮은 빈도로 나타났는데, 이는 읽기장애를 지닌 전체 아동들 중 10% 미만에 해당하는 수치다.

빠른 이름 대기는 단지 음운적 과제인가

선행연구 결과에도 불구하고, 연구자들은 빠른 이름 대기가 음운적 요소로서 읽기 성취에 독립적으로 영향력을 갖고 있는지에 대한 논쟁을 지속하고 있다(Vellutino et al., 2004; Vukovic & Siegel, 2006). 조음적 요소를 포함한 정보 인출이 요구되는 과제들은 음운 처리과정을 수반할 수밖에 없다. 빠른 이름 대기 과제가 음운 인식 측정치와 중간 정도의 상관을 갖기 때문에, 이는 합리적인 결론으로 보인다. 이 해석에서 이름 대기 속도는 필연적으로 한 사람이 음운적인 코드에 얼마나 빠르게 접근하는가를 측정함으로써 얻어진다. 그럼에도 불구하고, 이름 대기 속도와 음운 정보 처리는 마치 단어재인과 유창성의 관계처럼 서로 분리될 수 있는 요소들로 인식되고 있다(제5장 참조).

빠른 이름 대기와 다른 인지 처리과정

대안적인 관점은 이름 대기 속도를 측정할 때 읽기와 관련이 있는 비음운 처리과정(nonphonological process)을 포함하는 것이다(Wolf & Bowers, 1999). 빠른 이름 대기 과제를 완수하기 위해서는, 다양한 인지 처리과정들이 관련되어 있으며, 이러한 과정들로는 응답을 제한하기, 목표 수정 등을 수행하는 실행 기능들, 정보 인출 및 이름 대기를 가능하게 하는 어휘 처리과정이 포함된다(Denckla & Cutting, 1999; Wolf et al., 2003). 물론 이러한 처리과정들은 유창한 읽기와도 관련되어 있는 것들이며, 빠른 이름 대기 과제가 실제로 무엇을 측정하는지에 관한 질문을 던지고 있다. Wolf와 동료들(2003, p. 361)은 "이름 대기 속도는 읽기를 구성하는 요소들의 축소판 혹은 하위유형"이라고 정의하였다.

이름 대기 속도가 빠른 철자 이름 대기(rapid letter naming)에 대한 가장 예측력 있는 요소가 아니라는 사실은 중요하다. Neuhaus, Foorman, Francis 그리고 Carlson(2001)의 연구와 Wolf와 Obregon(1992)의 연구결과에 따르면, 다른 인지 처리과정이 일어나는 자극과 자극 사이 간의 멈춤 시간(pause time)은 읽기의 어려움과 높은 관련성을 갖고 있다고 밝혔다. 물론 자극들 사이의 간격은 어떤 사람이 글을 큰 소리로 읽는다고 했을 때 주의력과 실행 기능 그리고 어휘의 인출 등을 포함하는 인지 처리과정들이 작동하는 시간이다. Clark, Hulme 그리고 Snowling(2005)은 음운적 기술들이 통제되더라도 철자와 숫자를 빠르게 이름 대기 과제는 예외 단어 읽기(exception word reading)의 변산을 독립적으로 설명하는 것을 확인하였다. 그러나 이름 대기의 서로 다른 요소들을 평가함에 있어서, 개별 단어를 읽는 데 소요된 평균 시간과 단어를 읽지 않는 평균 시간 모두 읽기 능력을 의미 있게 예측해 주지는 못하였다. 오히려 그보다 이름 대기에서 멈춘 횟수가 의미 있는 예측변인이었다. 그렇기 때문에, 빠른 이름 대기의 결함은 읽기 실제와 읽기 경험 간의 차이를 반영하는 '하향식(top-down)' 또는 전략적인 요인으로 해석되었다. 이 사실은 빠른 글자 이름 대기가 읽기 능력에 대한 간명한 평가이기 때문에 읽기를 예측할 수 있다는 Schatschneider와 동료들(2004)의 주장과 일치한다. 또한 여기서 색깔이나 물체의 이름 대기 과제가 아닌, 철자와 숫자 이름 대기 과제만이 읽기 능력을 예측할 수 있음을 기억해야 한다.

빠른 이름 대기와 빠른 정보 처리과정

마지막 쟁점은 읽기 어려움에 대한 빠른 이름 대기 결함의 특이성(specificity)에 관한 것이다. 자동화된 빠른 이름 대기에 관한 연구를 검토한 결과, 몇몇 연구자들은 빠르고/또는 연속적인 처리를 요하는 과제의 결함을 나타내는 증거를 발견하였다(예를 들어, Waber et al., 2001; Wolff, 1993). Catts, Gillispie, Leonard, Kail 그리고 Miller(2002b)는 읽기부진을 보이는 아동들의 경우 그들의 빠른 이름 대기 결함을 설명하는 빠른 정보처리에서의 전반적인 결함을 가지고 있음을 확인하였다. Catts와 동료들에 따르면, 빠른 정보처리는 읽기 산출에서 유의한 예측력을 갖고 있으며, 빠른 정보처리의 측정은 아동들의 읽기 어려움에서 '음운외적(extraphonological)'인 요인을 나타낸다고 제안하였다. Waber, Wolff, Forbes 그리고 Weiler(2000)는 음운 인식 과제와는 달리, 빠른 이름 대기의 측정은 다른 영역에서의 학습 곤란을 갖는 아이들을 구분하기 어렵다고 하였다. ADHD를 지닌 아동들은 보통 자동적인 빠른 이름 대기의 측정에서 어려움을 나타낸다(Tannock, Martinussen, & Frijters, 2000). 그러나 Semrud-Clikeman, Guy, Griffin 그리고 Hynd(2000)는 읽기 어려움을 나타내는 아동들이 ADHD이면서 읽기 어려움을 지니지 않은 아동들에 비하여 빠른 이름 대기 속도가 느림을 발견하였다. Waber와 동료들(2001)은 이러한 자료를 근거로 하여, 빨리 말하기의 어려움들은 대부분의 학습 결함에서 일어나는 신속한 정보처리나 타이밍과 연관된 일반적인 뇌 기반 문제를 반영하는 것이라고 주장하였다.

뇌손상을 가진 아동들에 관한 연구들은 단어재인의 빠르기와 정확성은 구별되어야 한다는 증거를 제공하고 있으며, 읽기 어려움의 특이성에 대한 관점을 지지하였다. Barnes, Dennis 그리고 Wilkinson(1999)은 외상적 뇌손상을 지닌 아동들의 단어 해독에 관한 정확성을 살펴보았다. 그들의 연구에서 읽기 속도(유창성)와 빠른 이름 대기를 비교한 결과는 다음과 같다. 즉, 외상적 뇌손상을 지닌 아동들은 유창성에서 더 낮은 수행을 보였다(Waber et al., 2001; Wolf & Bowers, 1999). 게다가 유창성은 뇌손상 유무와 관계없이 읽기 이해와 관련되어 있었다(Barnes et al., 1999; Morris et al., 1998).

빠른 이름 대기와 읽기와의 관련성을 규명하고자 하는 과정에 개입된 많은 쟁점은 명칭 사용에서의 차이를 반영한다. 우리는 지금까지 정확성, 유창성, 읽기 이해를 포함하는 읽기의 구성요소들을 신중하게 구분해 왔고, 그 맥락에서 난독증이라는 용어를 특정하게 단어 인지의 정확성을 수반하는 어려움으로 사용하는 것을 유보해 왔다. 또 다른 연구자들(예, Wolf & Bowers, 1999)은 난독증이란 용어를 모든 형태의 읽기 곤란을 지칭하기 위해 사용하기도 하는데, 대개의 경우 '난독증의 다양성'을 나타낸다. 난독증과 빠른 이름 대기 간의 연결성을 총체적으로 살펴본 연구에서, Vukovic과 Siegel(2006)은 빠른 이름 대기가 난독증에 있어서 특정한 주요 인지 처리과정이라는 증거를 찾지 못하였다. 그러나 난독증은 주요한 음운적 결함을 지닌 단어 수준 읽기장애로 정의된다. 빠른 이름 대기와 단어 재인의 연관성은 비교적 약하며 음운적 처리과정과 구별 짓기가 어렵다. 만일 읽기의 요소가 유창성 평가라면, 비록 평가가 연속된 단어와 무의미

단어를 가능한 한 빨리 읽는 것이라 하더라도, 글자에 대한 빠른 이름 대기는 분명히 읽기 능력의 특정 변량을 설명해 준다. 반대로 산출된 결과가 단어재인에 대한 유창성이라면, 빠른 이름 대기는 결과에서 산출된 대부분의 변량을 설명한다(Petrill et al., 2006b; Schatschneider et al., 2004). Morris와 동료들(1998)에 의해서 구분된 하위유형은 빠른 처리과정에 어려움을 갖고 있었지만, 단어재인 또는 음운적 처리과정의 결함은 없었으며, 따라서 이들은 난독증이라 규정될 수 없다.

음운 인식 및 빠른 이름 대기 측정의 정확성과 속도 요소들을 구별하는 것이 가능하다 하더라도, 더 많은 연구는 읽기 유창성에서 특정한 하위집단이 구분될 수 있는지 밝혀야 한다. 그러나 명확한 점은 유창성이 읽기 중재 연구의 결과를 평가함에 있어서 읽기 정확성과는 독립적으로 고려되어야 한다는 것이다. 고학년의 학생을 포함한 연구들은 심각한 읽기 어려움을 지닌 아동들에게 유창성에서의 뚜렷한 향상은 없었으나, 정확성은 향상될 수 있음을 보여 준다(Torgesen et al., 2001).

철자 처리과정과 다른 언어에 관한 연구들

철자적 범주화

단어를 유창하고 자동화되게 읽는 능력과 지문의 글을 읽는 능력은 큰 단위의 단어들을 처리할 수 있는 능력과 관련되어 있다(Foorman, 1994). 제5장에서 논의했듯이, 뇌의 후두측두엽 부위에서의 시각적 연합이 철자적 관계성을 빠르게 범주화하는 데 개입하는 것으로 보인다. 아동이 계속적으로 큰 단위의 단어들을 동시에 인식하게 되면, 단어재인은 자동화되어 이것이 결국 읽기 이해의 처리과정에 할당해야 하는 인지적 자원들을 효율적으로 배분할 수 있게 해 준다.

읽기는 글(지문)에 있는 철자적 단위들과 함께 언어의 음운적 표상들을 연합시키는 것으로 생각할 수 있다. 단어에 대한 음운기억을 바탕으로 아동은 그들이 보고 있는 단어를 소리와 함께 연합함으로써 철자적 단위들과의 다양한 관계성을 파악할 수 있게 된다(Foorman, 1994; Ziegler & Goswami, 2005). 읽기가 발달함에 따라, 아이들은 철자법적 패턴들을 더 많이 알게 되고 계속적으로 큰 단위의 단어들을 처리할 수 있게 됨으로써 단어를 보는 것 자체로 많은 단어를 인지할 수 있게 된다. 그러나 이 발달의 기원은 단어의 소리와 인쇄된 단어와의 관계를 드러내는 음운적 코드와 관련되어 있다(Lukatela & Turvey, 1998).

다른 언어에 관한 연구

음운-철자적 범주화(phonological-orthographic mapping)에 관한 논쟁은 다른 언어에서 어떻게 읽기가 발달하는지를 이해하기 위해 특히 중요하다. 영어는 많은 철자 단위가 다양한 발음을 갖기 때문에 종종 음성과 문자가 임의로 연결되는 특징을 갖는 언어다. 다른 언어들은 음운과 철자의 관계가 보다 명확하다. 예를 들면, 독일어, 이탈리아어 그리고 스페인어는 단어의 발음이 철자에 의해 거의 확실하게 나타나는 언어들이다. 그렇다면 음운과 철자 사이의 이러한 차이들이 읽기 발달과 관련되는가? 그리고 이러한 다양성에 따라 읽기 문제는 다른가?

다양한 언어의 차이에 따른 연구는 이 책의 범위를 넘어가고 있다(Caravolas, 2005; Seymour, 2005; Ziegler & Goswami, 2005 참조). Seymour (2005)는 몇 가지 서로 다른 유럽 언어들 간 초기 읽기 발달 사이의 차이를 비교하는 일련의 연구들을 요약하였다. 그는 아동들이 읽기를 얼마나 빠르게 배우는지는 음절의 복잡성과 철자의 난해함의 영향을 받는다는 것을 발견하였다. 영어나 덴마크어와 같이 철자 구조가 난해하고 비일관

적이고, 음절 구조도 복잡한 언어에서는 읽기가 가장 느리게 발달되었
다. 대조적으로 읽기는 상대적으로 명백한 철자와 간단한 음절 구조를
가진 이탈리아어나 스페인어와 같은 언어에서 훨씬 더 빨리 발달되었
다. 그러므로 읽기 학습은 아동이 읽기를 시작할 때 인쇄물과 관련된 철
자의 복잡성에 의해 영향을 받는다. Ziegler와 Goswami(2005)는 언어 간
읽기 발달에 영향을 미치는 다음의 세 가지 요소들을 확인하였다. ① 읽
기 전 명시적으로 접근할 수 있는 음운 단위의 이용 가능성, ② 다양한
발음과 음운 단위 그리고 다양한 철자를 가질 수 있는 철자 단위의 일관
성, ③ 'granularity problem'이라고 하는, 문어 체계 내에서 이용 가능한
철자 단위의 크기였다. 그들은 어휘 조직과 서로 다른 언어의 철자 간에
숙련된 읽기를 특징짓는 처리전략에서의 차이를 설명하기 위해 '심리언
어적 입자 크기(psycholinguistic grain size)' 이론을 개발하였다.

심지어 중국어와 같은 언어에서도, 아동들은 중국어 표기에서 나타나
는 음운 요소에 민감하고, 중국어 표기의 음운 요소가 발음에 주는 영향에
서의 규칙성에 주의를 기울인다(Hanley, 2005). 비록 영어 읽기 학습자들이
강력한 음운 인식 기술을 가지고 있지만, 중국어 읽기 학습자들은 영어 읽
기 학습자보다 음절 및 음소 인식에서 더 나은 경향을 보였다(Tan, Spinks,
Eden, Perfetti, & Siok, 2005). 그러나 이러한 모든 언어 기술은 부분적으로
다양한 음운과 철자 단위의 관계를 갖고 있는 하위 어휘 요소(sublexical
unit)와 관련되어 있다.

다른 국가에서의 읽기 문제들

서로 다른 언어의 차이에 따른 읽기 문제의 차이점을 조사한 연구에서
음운 기술은 여전히 단어재인과 유창성의 획득을 이끄는 중요한 요소인
것으로 추측된다(Caravolas, 2005; Wimmer & Mayringer, 2002). 그러나 영어

와 같이 음운-철자 단위의 관계가 비일관적일수록, 더 많은 읽기 학습자들은 어려움을 겪는 경향이 있다. 유사 비단어 읽기 과제는 특히 어렵다. 그래서 Aro와 Wimmer(2003)는 독일어, 네덜란드어, 영어, 스웨덴어, 프랑스어, 스페인어 그리고 핀란드어를 사용하는 1~4학년 학생들 사이의 글자 유형, 두음 그리고 각운을 통제한 유사 비단어 읽기를 비교하였다. 영어가 유일하게 1학년 말까지 낮은 정확도와 관련되었다(약 90%). 낮은 수준의 독일어 읽기 학습자들 중 유사 비단어 읽기에 어려움을 가진 경우는 흔하지 않으며, 음운 처리에 어려움이 있을 경우, 낮은 수준의 읽기는 유창성과 철자 문제로 특징지을 수 있었다. 그러나 몇몇 낮은 수준의 독일어 읽기 학습자들은 철자법은 우수하나 유창성에 문제가 있었고, 빠른 이름 대기에 더 심각한 어려움을 가지고 있었다(Wimmer & Mayringer, 2002). 종단 연구에서 Wimmer, Mayringer 그리고 Landerl(2000)은 이중 결함 모형에 기초하여 독일어 사용자 집단을 구성하였고, 3년 후에 그들의 읽기와 철자법 발달을 비교하였다. 발달 초기에 나타난 음운 인식 결함은 음운 해독과는 낮은 관련성을 갖고 있었으나, 철자법과 외국어 단어 읽기에는 좀 더 강력하게 연관되었음을 보고하였다. 대조적으로 이름 대기 속도는 읽기 유창성, 철자 그리고 외국어 단어 읽기와 관련되었다. Wimmer와 연구자들은 좀 더 규칙적인 음운론과 철자법의 관련성을 가진 언어에서는 읽기를 종합적 발음 지도법(synthetic phonics methods)으로 가르칠 경우, 읽기 습득은 단어의 철자 관련성을 형성하는 후기 단계보다 음운 처리를 습득하는 초기 단계에서 영향을 적게 받는다고 제안하였다.

대조적으로 Ziegler, Perry, Ma-Wyatt, Ladner 그리고 Schulte-Karne (2003)는 읽기의 강점 및 약점의 유형들이 독일어와 영어 사용자에게 유사하게 나타난다는 결론을 내렸다. 즉, 두 집단의 아동들 모두 실제 단어보다 유사 비단어를 읽을 때 더 심한 어려움을 나타냈으며, 느린 읽기 속도를 나타냈다. 네덜란드 아동에 대한 연구(de Jong & van der Leij, 2003)에서, 유치원, 1학년, 6학년 학생들을 대상으로 음운 인식과 빠른 이름 대기 과제가 사용되었다. 빠른 이름 대기 과제를 통해 6학년 아동들의 읽기 수준을 구분하였고, 음운 인식 결함은 6학년까지 감소되었다. 이러한 결과는 천정 효과(ceiling effect)를 반영하는 것으로 해석된다. 왜냐하면 두 번째 연구에서 낮은 수준의 네덜란드어 읽기 학습자들은 과제 요구가 증가되었을 때 음운 처리로 인하여 어려움을 겪었기 때문이다. Caravolas, Volin 그리고 Hulme(2005)은 음운 인식이 체코어와 영어를 사용하는 아동들의 유일한 읽기 예측변인이며, 두 언어에서 우수하거나 낮은 수준의 읽기 학습자들은 유사한 음소 인식의 어려움을 나타내는 것으로 확인하였다. 또 다른 논문들을 검토한 Goswami(2002)는 몇몇 국가와 언어에 걸친 연구들에서 단어 수준 읽기장애의 핵심 결함은 음운론을 포함하며, 이러한 어려움은 언어의 철자에 따라 다양하게 나타남을 주장하였다.

철자 처리에 관한 이러한 많은 연구는 난독증에 초점을 맞추어 왔고, 일차적으로 유창성에 문제를 나타내는 아동들에 대해서는 관심을 갖지 못했다. Wimmer와 Mayringer(2002)의 연구와 마찬가지로 다양한 철자 능력을 지닌 학생 중 규칙적 철자에서 읽기 저성취를 나타내는 학생과 불규칙적인 철자에서 읽기 저성취를 나타내는 학생을 선별하는 것과 함께 낮은 읽기 유창성과의 상관을 조사하는 것은 매우 흥미로운 연구주제다. 또 다른 흥미로운 연구 문제는 Wimmer와 동료들(2000)이나 다른 연구들(Wolf et al., 2003)에 의해 언급된 것처럼 빠른 이름 대기 과제에서의 수행이 음운 처리보다 철자에 대한 능력과 좀 더 관련이 있는지를 조사하는 것이다. Manis, Doi 그리고 Bhader(2000)는 심지어 음운 처리와 어휘가 통제되었을 때에도 빠른 이름 대기가 읽기 변산에 영향을 미치고 있음을 발견하였다. 빠른 이름 대기는 철자 처리에 더욱 강력하게 영향을 미쳤고, 음운 인식은 유사 비단어 읽기와 좀 더 관련되었다. 빠른 이름 대기와 철자 처리의 관계를 다루는 다른 연구들은 빠른 이름 대기 구성요소가 철자 처리과정에서 특별한 영향력은 갖고 있는지에 대해서 의문을 제기하면서, 음운처리와 철자 처리 모두 빠른 이름 대기 수행과 관련되었음을 밝혔다(예, Bear & Barone, 1991; Holland, McIntosh, & Huffman, 2004). 비록 몇몇 연구결과에 따르면, 음운 처리과정과는 독립적인 일부 시각 조절과정(timing mechanism)에서는 빠른 이름 대기와 유창성 간의 관련성이 있었지만(Bowers & Wolf, 1993), 빠른 이름 대기 검사들은 읽기 유창성 평가의 핵심적인 요인임을 고려한다면, 이러한 가설의 증거는 매우 미약하다고 평가할 수 있다.

신경생물학적 요인

뇌 구조와 기능

성인의 뇌손상에 관한 연구들은 실독증(alexia)의 특정 유형으로서 유창성 결함을 분리시키지 않았다. 유창성 장애가 제외된 학습장애의 하위집단을 대상으로 실시한 구조적 혹은 기능적 뇌 영상학 연구는 없다. 뇌활성화에서 혈역학적(hemodynamic) 변화의 국지적 대뇌 혈류 측정을 사용한 연구는 물체와 색을 갖고 있는 물체가 포함된 빠른 이름 대기 과제가 두정엽을 활성화시키는 것을 발견하였다. 색 이름 대기는 뇌 활성화에서 신뢰할 수 있는 변화를 일으키지 않았다(Wiig et al., 2002). Misra, Katzir, Wolf 그리고 Poldrack(2004)은 물체와 글자에 대한 이름 대기 과제에 대한 반응에서 뇌 활성화를 평가하기 위해 fMRI를 사용하였다. 그

들은 글자와 색 과제가 사용되었을 때의 차이와 함께, 단어 읽기를 함축
하고 있는 네트워크가 활성화되었음을 발견하였다([그림 5-3] 참조). 게다
가 연속적 자극을 처리할 때 요구되는 눈 움직임과 주의력과 관련된 영역
에서 추가적인 활성화가 일어났다. 해독 문제를 가진 아동들에 대한 음운
매개 중재 반응에 관한 뇌 영상학 연구에서(Blachman et al., 2004), B. A.
Shaywitz와 동료들(2004)은 복측 시각 영역(ventral visual region)이 글자
유형의 빠른 처리에 중요하다는 관점에 근거하여 유창성 향상에 관련된
뇌의 후두측두 영역(occipitotemporal region)에서의 중요한 변화를 관찰하
였다. 유사하게 낮은 해독 수준의 학습자들이 해독과 유창성 모두를 강조
하는 중재를 받을 때(Denton et al., 인쇄 중), 단어 읽기 유창성을 평가하는
과제와 관련된 특정한 영역에서의 반응이 정상적이었음을 Simos와 동료
들(인쇄 중)은 밝혔다. 그러한 변화들은 후두측두 영역에서 더 많은 변화
를 일으키는 유사 비단어 해독 과제보다 뚜렷하지 못했다.

숙련된 읽기 능력을 지닌 성인들과 단어 수준 읽기장애 아동들의 빠른
이름 대기와 읽기 유창성에 대해서 최근에 연구가 진행되고 있다. 우리는
유창성 측면에서 손상된 아동들을 다루는 뇌 영상학 연구들을 찾을 수 없
었다. 이러한 연구들은 읽기 중 활성화되는 뇌의 영역이 유사하다는 가정
하에 빠른 이름 대기 과제는 연속된 지문 읽기 능력의 대표치임을 지지할
것이다.

유전적 요인

비록 유창성 하위 집단에 대한 유전학적 측면에 초점을 맞춘 연구들은
없지만, 다차원적으로 고려할 때 단어 읽기 기술의 정확성 및 유창성은
공통적이며 차별화된 유전성을 가지고 있음을 보여 주는 증거는 존재한

다. Davis와 동료들(2001)은 읽기 검사들이 포함되더라도 빠른 이름 대기 검사들은 유의한 유전성을 갖는다고 밝혔다. 800쌍의 쌍둥이에 대한 연구에서, Compton과 동료들(2001)은 장애를 지닌 쌍둥이들 사이에서 음운 처리, 빠른 이름 대기 그리고 읽기에 대한 공통적인 유전적 요인에 대한 증거를 발견하였다. 이 집단은 또한 빠른 이름 대기와 읽기의 관련성에 있어 유전적 영향에 대한 증거를 제공했다. 반대로 장애를 갖고 있지 않은 쌍둥이의 비교집단 역시 음운, 빠른 이름 대기 그리고 읽기에 대한 공통된 유전적 영향을 드러냈으나, 빠른 이름 대기와 읽기 사이의 독립적 관계에 대한 증거는 없었다. 8~18세 아동들을 포함하는 장애 쌍둥이 집단에서 공통된 환경적 영향에 대한 증거는 미약했다. 대부분 연령이 높은 아동들의 유사한 표본에서, Tiu, Wadsworth, Olson 그리고 DeFries(2004)는 음운 처리와 빠른 이름 대기 측정 모두 읽기에 유의한 유전적 영향을 미치는 것을 발견하였다. 연령이 낮은 쌍둥이에 대한 연구에서, Petrill와 동료들(2006a)은 글자 빨리 이름 대기의 유의한 유전성을 발견했는데, 이러한 유전성은 음운적 검사로는 설명이 되지 않으며 환경적 요인과도 관련성이 적었다. 이러한 결과는 이름 대기 속도가 병인론적으로 음운 인식과는 차별화된 차이를 보인다는 가설을 지지한다. 이와 관련하여, Raskind와 동료들(2005)은 유사 비단어 읽기의 정확성과 유창성의 유전성을 비교하였다. 다양한 유전학 관련 방법들과 전유전체 검사(genome-wide scan)를 사용하여, 연구자들은 유사 비단어 해독의 유창성과 관련되어 있지만 유창성과는 관련이 없는 2번 염색체의 증거를 발견했다. 이외에도 이러한 두 가지 관련된 과정에 대한 공통된 유전적 병인에 대한 명백한 증거들이 있다.

요약: 학업 기술 결함에서 신경생물학적 요인까지

읽기 유창성은 단어재인과 관련되어 있기도 하며, 한편으로 독립적이기도 한 중요한 읽기 기술이다. 핵심 인지적 관련 요소로는 빠른 이름 대기 및 철자 처리와 함께 다른 인지 기술들(주의력, 억제 처리과정 그리고 어휘 인출을 조절함)을 포함한다. 주요한 이슈는 빠른 이름 대기 검사를 통해 측정되는 것이 실제로 무엇인지, 그것이 지문 읽기 유창성의 대체 검사로서 사용 가능한지의 여부를 밝히는 것이다. 비록 빠른 이름 대기가 음운 처리의 영역과 정확히 일치하고 있는지에 대한 논란이 있지만, 대부분의 증거들은 독립성을 갖고 있다고 주장하고 있으며, 특히 준거가 유창성 측정일 경우 더욱 명백하다. 뇌 영상 및 유전 연구들은 음운 처리와 빠른 이름 대기의 독립성에 대한 명백한 증거를 나타낸다. 영어 사용 국가들에서 진행된 연구는 하나의 언어만 사용하는 제한점이 있지만, 다른 언어들에 대한 연구들은 아동들이 유창성에 관한 특정한 어려움을 가질 수 있음을 더욱 강력하게 보여 주고 있다. 다음 중재 부분에서 나타나게 될 것과 같이 특정한 유창성 결함을 가진 아동들에 관한 연구 기반 중재 연구는 매우 부족한 상황이다. 신경생물학적 연구들이 계속해서 진행되고 있으며, 가장 흥미로운 것은 음운 처리/해독과 빠른 이름 대기/유창성에 대한 서로 다른 유전적 메커니즘의 가능성에 관한 것이다.

읽기 유창성 중재

단어재인에 어려움을 갖는 학생들에 대한 예방 혹은 치료를 목표로 하는 연구들과는 달리, 읽기 유창성에 문제를 가진 학생들을 위한 특정한 중재는 매우 부족하다. 유창성 결함을 다루는 중재들은 학생들이 구별된 하위 집단으로 확인될 때 적용될 수 있다. 그러나 대부분의 시도는 보통 단어재인에 문제를 갖는 학생들을 포함하며, 일반적으로 중재에서는 단어재인과 유창성 요소들이 모두 포함되고 있다. 가장 빈번하게 연구되는 중재들은 반복 읽기 혹은 안내된 구어 읽기와 같이 학생들이 읽기를 연습하도록 돕는 방법들에 관한 것과 독립적 읽기에 소요되는 시간을 증가시키는 것이다.

경험적 연구

NRP(2000)는 유창성에 관한 중재 연구로 교실에서 진행되는 중재 연구와 1:1 튜터링 연구들을 고찰하였다. 연구자들은 398명의 낮은 수준의 읽기 학습자들과 281명의 우수한 읽기 학습자들을 포함하는 16개의 연구들을 확인하였다. NRP는 낮은 수준의 읽기 학습자와 평균적인 읽기 학습자 간에 중간 정도의 효과 크기(약 .50)를 발견하였다. 비록 다양한 중재 프로그램들이 조사되었으나, 유일하게 효과적인 영역들은 반복 읽기와 안내된 구어 읽기 중재들에 관한 것이었다. 일반적으로 중재의 유형들은 시범 혹은 또래나 부모와 함께하는 반복된 구어 읽기를 포함한다. 그러한 연구들은 반드시 낮은 수준의 읽기 학습자들에 초점을 맞추고 있지는 않았다.

Kuhn과 Stahl(2003)은 연구의 범위를 확장하여 NRP 보고서를 재분석하였다. 연구자들은 임상 환경에서의 반복 읽기, 보조 읽기에 관한 연구와 전체 교실에서의 유창성 발달 방법을 포함함으로써 NRP 보고서의 결과를 확장시켰다. 이 연구에서 효과 크기를 산출하지는 않았지만 NRP 보고서의 후속 연구이기 때문에 여기에 포함시켰다. 문헌들에 대한 평가를 통해, Kuhn과 Stahl은 유창성에 대한 실제 기반 중재들이 효과 있다는 NRP의 연구결과를 재확인하였다. 그러나 읽기 어려움을 갖는 학생들에게서는 일반적으로 더 낮은 효과가 나타났다. 시범 후 읽기, 읽기 중 듣기와 같은 몇몇 보조 형식을 포함하는 접근들은 묵독과 같이 보조를 포함하지 않는 접근방법보다 더욱 효과적이었다. 이러한 결과들은 교사 안내와 모니터 링이 유창성 교수의 핵심 요소임을 보여 준다. Kuhn과 Stahl은 글의 지문과 이야기를 간단히 반복해서 읽는 중재전략의 효과는 거의 없음에 언급하면서, 단순한 반복 읽기보다는 구어 읽기에 할애한 시간이 유창성과 이해력에 영향을 미칠 수 있을 것이라 추정하였다.

학습장애 학생에 대한 경험적 중재들에 대한 고찰에서, Chard, Vaughn 그리고 Tyler(2002)는 유창성에 관한 발표되거나 미발표된 24편의 연구들을 확인하였다. 이들 연구는 반복 읽기와 읽기 시범이 있거나 없는 연구들, 지속적 묵독을 사용한 연구를 포함하였고, 반복 횟수, 텍스트 난이도 그리고 향상 정도에 관한 이슈를 평가하였다. Chard와 동료들(2002)은 지문을 반복적으로 읽는 것이 학습장애 학생들의 읽기 유창성을 향상시키는지의 여부를 다루는 21편의 연구를 확인하였다. 이러한 연구들은 적정 범위 내에 평균적인 효과 크기를 산출하였다(.68). 14편의 연구에서, 성인에 의한 시범을 포함하는 대부분의 사례는 작거나 큰 범위에서 긍정적인 효과 크기가 산출되었다. 또래 시범은 또한 작은 정도에서 중간 정도의 효과 크기를 산출하였다. 네 편의 소규모 연구들에서 오디오 테이프 혹은 컴퓨터를 통한 시범은 작은 정도에서 중간 정도까지 크기의 효과를 나타냈다. 지문의 양, 지문의 난이도, 반복 횟수, 피드백의 종류 그리고 반복 읽기의 준거들을 포함하는 다양한 요소들이 효과 크기 산출에 영향을 미쳤다. NRP과 유사하게 Chard와 동료들은 유창성 발달에 대한 그동안의 관심이 부족했음을 지적하며, 더 많은 연구가 요구된다고 결론지었다. 동시에 교실 중재나 1:1 튜터링 중재의 일부로 유창성을 강조하는 것은 유창성을 향상시키는 데 필수적인 요인임은 분명하다.

읽기부진 학생을 위한 중재

Torgesen과 동료들(2001)이 밝힌 것처럼, 단어재인 결함을 가진 학생들을 위한 읽기 치료적 접근방법의 공통된 결과는 단어 읽기와 이해 영역에서는 향상된 결과를 확인했지만, 유창성에서는 거의 변화가 없었다는 사실이다. 비록 조기중재는 이러한 어려움을 극복하는 데 도움을 줄 수 있지만, 상당수의 치료적 접근방법의 효과가 감소한 이유는 초기의 중재전략을 통해서 감소될 수 있었던 단어재인의 어려움이 계속된 원인일 것이다. 예를 들면, 조기중재 프로그램은 단어재인뿐만 아니라 유창성에도 영향을 줄 수 있다(Torgesen, 2002). 이러한 결과는 조기중재에서 제공된 인쇄물을 더 빨리 접하게 될 수 있음을 보여 주며 또한 해독 기술에서 좀 더 빠른 발전을 기대할 수 있음을 보여 주고 있다. 이러한 발달된 해독 기술은 궁극적으로 읽을 수 있는 기회를 증진시키며 큰 단위의 철자를 빠르게 처리할 수 있는 단어에 반복적으로 노출될 수 있는 기회를 제공한다. 그럼에도 불구하고 그동안의 치료 연구들은 계속해서 알파벳 원리 교수에 반응하지만, 유창성에 어려움을 가진 학생들이 있음을 보고하고 있다. 결국 이러한 학생들의 대부분은 그들이 읽은 글의 내용을 이해할 수 없다. 왜냐하면 그들은 읽기 속도가 너무 느려 그들이 읽은 글의 내용을 이해하는 데 너무 많은 에너지를 소비해야 되기 때문이다. 더욱이 낮은 유창성을 지닌 학생들은 읽기를 즐거워하지 않기 때문에 읽으려 하지 않고, 정확하고 유창한 읽기 기술 발달의 핵심인 일견 단어 어휘를 쌓아 나가는 데 실패한다.

자연스럽게 읽기 프로그램

유창성에 관한 상업적 프로그램 중 한 가지는 '자연스럽게 읽기(Read Naturally: RN)'라는 프로그램이다(Ihnot, 2000). RN 프로그램에서 학생들은 1~8학년 수준에 적합한 이야기의 글을 읽게 된다. 학생들은 짧고 흥미로운 단락에 대해 구어 읽기를 연습하고(즉, 반복 읽기), 가능한 속도로 비디오 테이프를 따라 읽으며, 그들의 읽기 속도를 측정하고 그래프를 그림으로써(예, 분당 정확히 읽은 단어 수), 학생들은 자신의 진전도에 대해 계속적으로 인지하게 된다. 이해력에 관한 요소는 단락에 대해 교사와 토론하고 그들이 읽은 것이 무엇인지에 대답하는 것으로 평가된다. RN에 관한 연구의 수는 많지 않다. Hasbrouck, Ihnot 그리고 Rogers(1999)는 RN의 효과를 보고하였지만, 이러한 결과는 통제집단을 사용하지 않았다. 부적절한 반응자들에 대한 연구에서, Denton과 동료들(인쇄 중)은 RN에 기반을 둔 8주간의 교수(하루에 1시간)가 읽기 유창성 기술의 유의한 향상을 이끌었음을 보고했지만, 해독 혹은 이해 능력에서의 향상은 거의 없었다. 읽기 유창성에 대한 효과성 연구는 더 많이 이루어져야 할 것이다.

유창성에 근거한 읽기 중재

Stahl, Huebach 그리고 Cramond(1997)는 교실 수준에서 사용할 수 있는 유창성에 근거한 읽기 중재(Fluency-Oriented Reading Instruction)를 개발하였다. 이러한 중재전략은 자동화된 단어재인과 유창성을 향상시키기 위해서 고안되었으며 다음과 같은 세 가지 구성요소를 포함하고 있다. ① 유창성에 관한 특정 구성요소들을 포함하는 기초 읽기 교수의 재설계, ② 학교에서의 자유 읽기 기간, ③ 가정에서의 읽기에 관한 구성요소. 기초 읽기 학습자를 재설계한다는 것은 학생들을 그들의 읽기 수준에 따라 두 집단으로 분리하여 차별화된 중재전략을 제공하는 것으로, 특별히 도움이 필요한 시간의 양에 따라 유창성 중재전략을 수정하게 된다. 학교와 가정 요소들은 관련 지문을 읽는 데 소비되는 시간의 양을 증가시키기 위해 고안되었다.

프로그램에 대한 초기의 평가는(4명의 교사, 2개의 학교는 후에 10명의 교사, 3개의 학교로 확대됨) 긍정적인 결과를 나타냈다. 평균적으로 학생들은 비형식적 목록에서 약 2년간의 전반적 읽기 성장을 이루었다. 특히 중요한 점은 읽기 어려움을 가진 학습자들도 2년 동안 유창성에서 향상이 있었고, 학년 말에 2학년 읽기 수준 이하에 있는 학생은 105명 중 단지 2명뿐이었다는 점이다. 이 연구에 따르면 읽기 연습은 명백히 유창성을 향상시켰다.

Stahl(2004)은 통제집단을 포함하여 유창성에 근거한 읽기 중재를 평가하고자 보다 넓은 범위의 초기 연구결과들을 요약하였다. 연구 첫해에는 3개의 지역에서 9개 학교, 28개 교실이 참여했으며, 유창성에 근거한 읽기 중재와 반복 읽기만을 강조한 프로그램을 비교하였다. 세 번째 집단은 일반학급 교육과정하에 교육을 받은 통제집단이다. 역사적 통제집단(이전의 연구결과에서 사용된 집단의 결과-역자 주)을 포함하여 평가하였다. Stahl(2004)은 유창성 교수를 포함하는 두 중재 모두 역사적 통제집단 및 교육과정 통제집단보다 더 나은 결과를 나타냈고, 두 처치집단 사이에 체계적인 차이는 없었음을 보고하였다. 결과는 특히 해독 결함을 다루기 위해 직접교수 원리를 사용한 유창성 프로그램을 제공받은 낮은 수준의 읽기 학습자들에게 특히 효과가 있었다(Lovett et al., 1990). 과거에 동일한 학교 프로그램에 속해 있던 학습자들과 비교했을 때(역사적 통제집단), 단어재인, 구어 읽기 속도와 정확성 그리고 이해력에서의 향상은 분명하게 나타났다. 읽기 학습장애를 지닌 대부분의 학습자에게 효과적이었다는 사실은 흥미로운 결과였다.

초기 연구의 두 번째 단계는 이러한 초기 연구결과들을 반복하고 확장하는 것이었다. 두 접근방법의 핵심은 읽기 학습자의 교수적 수준에 적합한 지문을 비계(scaffolding, 구조화하여 사용함–역자 주)로써 사용한다는 것이다. Stahl(2004)은 두 가지 중재를 통해 유창성과 이해력을 증대시킨 이유를 비계로 설명할 수 있지만 지속적 묵독(drop everything and read: DEAR)에 기반을 둔 접근방법은 읽기 향상에 미치는 주요한 효과가 아님을 보고하였다.

RAVE-O

Wolf와 동료들(2002)에 의해 개발된 RAVE-O 프로그램은 유창성의 특성을 잘 반영하는 새로운 시도로 치료 영역 중재에서 중요하게 강조되고 있다. RAVE-O란 인출(Retrieval), 자동화(Automaticity), 어휘 정교화(Vocabulary elaboration), 철자법(Orthography)에서의 질적 향상을 의미한다. RAVE-O는 읽기 하위 기술에서 자동성의 발달을 촉진하고, 해독과 이해과정에서 유창성을 촉진하며, 이 영역에서 학습장애를 가진 학생들에게 읽기와 언어 사용에 흥미와 참여를 높이기 위하여 설계되었다.

RAVE-O는 유창성의 발달적 모형에 근간을 두고 있으며, 이러한 모형의 초점은 우수한 이해력에 영향을 줄 수 있는 다수의 변인에 있다. 여기서 다수의 변인은 단어의 의미, 형태소 부분, 문법적 사용에 대한 학생들의 지식과 일반적인 철자 패턴에 대한 학생의 친숙도를 포함하고 있다 (Wolf et al., 2003). 주요한 기본 가정은 학생이 단어에 대해서 더 많이 알면 알수록 학생은 그 단어에 대하여 더 빨리 인출해 내고(retrieve), 더 빨리 읽을 수 있을 것이라는 점이다. 게임 형식은 빠른 철자 패턴 재인, 단어 망 (word webs) 만들기, 단어 인출과 이해전략 학습, 애니메이션으로 강화한 컴퓨터 게임들을 통한 언어 게임하기, 주요 단어들의 여러 가지 의미들과 구문론적 사용을 포함하는 짧은 미스터리 이야기를 빠르고 반복적으로 읽기 등의 집중적인 활동을 포함한다.

　이 프로그램들은 전형적으로 단어재인 프로그램과 관련되어 사용되고, 제5장에서 설명된 Morris, Wolf 그리고 Lovett 연구집단에 의해 만들어진 추적 읽기 프로그램(PHAST Track Reading Program)으로 평가가 된다. Morris와 동료들(2006)은 RAVE-O가 해독 기술 프로그램에만 근거한 교수보다 단어재인, 유창성, 이해를 더 향상시킨다고 하였다. 현재까지 RAVE-O가 알파벳 원리에서부터 통사적 수준(morphosyntactical level)에 이르는 더 큰 하위 어휘 요소로 일반화시키는 전략들을 가르치는 PHAST와 같은 프로그램보다 단어 수준의 유창성에서 더 효과가 있다는 강한 증거는 없다. 이 연구들은 해독과 유창성에 어려움이 있는 사람들에게 큰 하위 어휘 요소에 초점을 맞춘 교수를 포함하는 것이 중요함을 강조하고 있다.

　RAVE-O와 같은 프로그램을 단어재인 기술의 일반화를 강조하는 프로그램과 비교했을 때, 이해력뿐만 아니라 관련된 지문 읽기에서 더욱 향상된 결과를 얻을 수 있는지에 대해서는 아직 의문이 남아 있다. 이러한 질문을 제기한 이유는 RAVE-O와 같은 프로그램은 하위 어휘, 단어, 관련된 지문 수준에서의 유창성에만 초점을 맞추고 있기 때문이다. 유창성의 발달과정을 설명하는 이전의 이론들은 정확하고 유창한 단어재인에 초점을 맞추고 이러한 사항은 WIST와 같은 단어 수준 유창성 결과에 의해서 지지를 받고 있다. 만약 RAVE-O가 관련된 지문의 수준에서의 이해력과 유창성에서 더 큰 효과가 있다면 그러한 연구결과들은 지문 수준의 숙달과 이해력과 관련된 중재에 대한 더욱 포괄적인 접근들을 지지할 것이다. 게다가 정확성을 제외하고 유창성 문제만을 지닌 아동으로 판별된 아동들에게 RAVE-O와 WIST의 효과를 비교하여 보는 것은 흥미로울 것이다.

　RAVE-O와 같은 프로그램이 지문 수준의 유창성에 더욱 초점을 맞추고 있지만, 유창성의 발현과 관련된 대부분의 이론은 WIST와 같은 프로그램과 마찬가지로 또한 정확하고 유창한 단어재인에도 초점을 맞추고 있다. 예를 들어, 유창성 장애를 설명하는 일련의 치료적 연구들에서(Levy, 2001) 유창성 문제를 가진 것으로 판별된 아동들은 여러 가지 중재를 받았다. 또한 대부분은 단어재인의 문제점을 갖고 있었다. 이러한 연구들은 특히 유창성의 전이(transfer)는 단어재인의 수준이나 지문 읽기의 수준에 의해 변화될 수 있는지를 평가하기 위하여 설계되었다. 일반적으로 Levy(2001)에 의하여 요약된 연구결과에 따르면, 읽기 문제를 가진 사람들의 읽기 유창성은 단어 수준에서의 느린 처리 속도 때문이라고 보고 있다. 또한 '이름 반복하기(repetition of names)' 게임에서의 단순한 연습은 특히 읽기 문제를 가진 사람들에게 단어재인 기술에서 뛰어난 효과를 보인다고 하였다. 가능한 한 빨리 단어 목록을 읽도록 가르치는 단어 훈련 연구를 통하여 단어들은 가장 잘 학습된다. 대안적인 방법들은 학생들에게 똑같은 단어들을 포함한 이야기를 네 번 연속 읽도록 하는 활동을 포함한다. 읽기 문제를 가진 사람들에게 있어서, 향상된 읽기 속도의 전이는 문맥의 차이와 상관없이 나타났다. Levy(2001)는 글 문맥이 경험의 중요한 요소가 아님을 언급하면서, 읽기 문제를 가진 사람들에게 단어 읽기의 자동성을 가르치고 성공시키는 것이 가능하다고 보고하였다. 문맥의 언어적 수준 간에 전이가 가능함을 보여 주는 명백한 증거가 있다. 다른 연구에 따르면 공유된 철자적 요인을 강조함으로써 얻을 수 있는 추가적인 이익은 매우 적었다. 그러나 철자적 관계를 더욱 분명히 하는 데 효과적인 것으로 알려진 방법은 철자적 요소들은 군집화하는 것으로, 이러한 군집화 전략은 읽기 자동성을 향상시켰다. 이 결과들은 단어들을 비슷한 철자 형태로 군집화하는 것이 유창성을 향상시킨다는 것을 보여 주는

RAVE-O의 전제와 일치한다.

Levy(2001)는 읽기 문제를 가진 대부분의 사람의 경우, 단어들 간의 관계를 일반화하는 것이 매우 느리다는 점에 주목하였다. 특정한 유창성 문제를 가진 학생들을 대상으로 한 연구 중 하나인, Thaler, Ebner, Wimmer 그리고 Landerl(2004)은 20명의 독일어를 사용하는 아동에게 25일 이상 32개의 단어를 반복해서 읽을 수 있는 컴퓨터 기반 훈련을 제공하였다. 각 단어들은 첫 분절음을 강조하도록 설계되었고, 하루에 여섯 번까지 제시되었다. 5주 이상의 기간 동안 훈련된 단어들의 읽기 유창성은 향상되었지만, 훈련되지 않은 단어 읽기에는 약간의 향상이 있었을 뿐이었다. 네덜란드어 읽기에 어려움을 가진 사람들을 대상으로 한 de Jong과 Vrielink(2004)의 연구에서 연속적으로 나타나는 글자의 빠른 이름 대기를 1학년 학생들에게 훈련시켰다. 글자의 빠른 연속적인 이름 대기가 직접적으로 훈련되었을 때 약간의 향상 증거가 있었다. 그러나 철자 처리과정에서 학생들을 훈련시키는 것은 새로운 단어로 일반화시키지 못했으며 성취하기도 어려웠다.

결 론

읽기에서 단어재인과 이해력은 유창성과는 관련이 없다는 명백한 증거가 있다. 또한 빠른 이름 대기와 철자 처리과정을 강조하는 인지 과정들은 유창성 문제와 관련이 있는 것으로 보인다. 아직까지 해결되지 않은 문제 중 한 가지는 유창성을 어떻게 정의해야 하는지와 관련되어 있다. 다른 문제는 읽기장애 아동들의 빠른 이름 대기 문제의 특정성과 관련되어 있다. 북아메리카 지역에서 실시된 읽기 유창성 장애 연구의 수는 매우 적다.

　유창성 중재는 주로 단어에 대한 반복 노출 과정에 초점을 맞추고 있다. 이러한 중재 접근방법은 아동의 교수적 수준에 맞게 읽기과제가 제공될 때 효과가 극대화된다. 유창성을 발전시키기 위하여, 아동들이 읽기 시작할 때 인쇄물에 노출시킬 필요가 있다. 글의 해독을 늦게 배우는 아동들이 저성취 읽기 학습들로 남게 되는 이유는 일견 단어 어휘의 발달을 막는 경험 부족의 누적된 효과로 추측된다(Torgesen et al., 2001). 반복된 읽기 이상으로 확장하여 유창성의 넓은 관점에 근거한 RAVE-O와 같은 프로그램들이 나타나고 있다. 보다 큰 철자적 단위를 처리하는 것을 학습하는 중요성이 인정을 받게 되면서, 이러한 학습에 초점을 맞춘 읽기와 철자 교수에 대한 접근들은 유창성과 연관이 있을 것이다.

Chapter 07
읽기장애: 읽기 이해

단어재인 문제를 가진 아동들에 대한 연구는 ① 일반적인 학업성취를 나타낸 아동과 비교했을 뿐 ② 유창성, 읽기 또는 수학과 쓰기표현과 같은 다른 영역에서의 장애를 고려하지 않았다. 이러한 방법으로 연구가 진행된 이유는 단어재인에 관한 연구의 결과가 공존장애의 여부에 따라 다른 결과를 산출하지 않았기 때문이다. 그러나 이러한 연구방법은 단어재인 문제를 가진 다양한 아이들을 포함하고 있는 다양한 유형의 학습장애 연구에서는 적합하지 않다. 그러므로 읽기 이해력에 특정한 어려움을 가진 아동들의 연구는 낮은 단어재인 능력과 낮은 읽기 이해력을 가진 아동들과 정상적인 단어재인 기술을 가지고 있지만 낮은 읽기 이해력을 가진 아동들 간의 비교에 초점을 맞추고 있다(Nation & Snowling, 1998; Oakhill, Yuill, & Parkin, 1996; Stothard & Hulme, 1996). 만약 읽기 이해력 연구가 단어 해독 능력이 떨어지는 아동들을 많이 포함하고 있다면(예, Perfetti,

1985; Shankweiler et al., 1999), 읽기 이해력 문제의 가장 큰 원인은 다름 아닌 해독 능력의 부족일 것이다. 정확하면서 유창한 해독 능력은 뛰어난 읽기 이해력의 기본 가정으로 여겨진다.

단어재인에 어려움이 없음에도 불구하고 읽기 이해력의 어려움을 경험할 수 있으며, 구어장애는 단어 수준 읽기장애(WLRD)와 동일하지 않다는 타당한 증거가 있다(Bishop & Snowling, 2004). Catts, Adlof, Hogan 그리고 Weisner(2005)의 연구결과에 따르면 음운 처리과정에서의 어려움을 아이들이 갖고 있을 경우 공통된 장애 특성을 공유할 수도 있지만, 특정한 언어 손상을 가진 아이들은 다른 장애와 구별되는 특정한 장애를 갖고 있음을 발견하였다. 특별히 읽기 이해력에는 결함이 있지만 해독에는 문제가 없는 아동을 확인하는 연구가 필요하다. 그러나 아쉽게도 단어재인에 관한 학습장애 연구보다 이러한 장애를 분석한 연구의 수는 매우 적다. 생물학적 상관이나 발달과정에 관한 연구도 부족하다. 읽기 이해 학습장애를 가진 아동들에 대한 신경생물학적 연구 또한 불충분하다. 대부분의 연구는 학습장애 학생들의 읽기 이해력을 향상시키는 것에 초점을 맞추고 있다.

학업 기술 결함

읽기 이해 영역에서 학습장애를 정의할 때 주요한 학업 기술 결함은 지문으로부터 추상적인 의미를 이해하는 여러 가지 능력의 결함을 의미한다. 이것은 여러 가지 측면에서 언어를 이해하는 능력과 같은 의미이고, 읽기 이해의 많은 모형은 눈과 귀에 의한 언어 시스템의 차이에 주목하면서, 읽기와 듣기 이해과정 간의 관계에 주된 초점을 맞추고 있다(Gough &

Tunmer, 1986). 예를 들어, 추론하는 행위는 읽기 이해력과 듣기 이해력에서 동일한 과정으로 인식될 수 있지만, 지문의 이해는 또한 이야기 구조에 대한 민감성과 같은 더욱 특정한 과정들을 요구한다(Perfetti, Landi, & Oakhill, 2005). 우리는 다음에서 이 이슈를 다시 다룰 것이다.

읽기 이해력을 사용하기 위해서는 적절한 수준의 해독 능력이 필요하며, 해독 능력이 발달함에 따라 읽기 이해력은 듣기 이해력에 버금가는 능력을 가질 수 있다. 그러나 제4장에서 논의하였듯, 읽기 이해의 평가는 간단한 일이 아니다. 읽기 이해 검사는 다른 언어 처리과정(예, 단어재인)과는 달리 문어 이해력의 특정한 절차를 얼마나 정확히 측정할 수 있는지에 대한 논의가 지속되고 있다. 단어재인의 정확성을 측정하는 검사는 상대적으로 측정하는 내용들과 단어 읽기를 위해 필요한 능력 간에 명확한 관계를 가지고 있다. 하지만 표준화된 읽기 이해 검사는 우리가 일상적으로 매일 사용하는 읽기의 과제와는 차이가 있는데, 왜냐하면 일상적인 읽기 과제를 수행할 때는 지문의 길이, 즉각적이거나 지연된 회상 능력, 학습에 대한 기본적인 요건 등이 포함되는 다양한 측면을 포함하고 있기 때문이다(Pearson, 1998; Sternberg, 1991). 이 점에서 단일 검사만으로 아동의 이해의 어려움을 평가하는 것은 매우 어려우며, 적절하지 않을 수 있다. 정확하게 어떻게 학업 기술의 구성요소들을 측정하고 정의 내리는가의 문제는 중요하며 연구되어야 할 영역이다(Francis et al., 2005b).

낮은 이해력을 가진 학생들의 하위유형

읽기 기술의 구성요소 평가는 정확성, 유창성, 읽기 이해 등에 근거한 하위 집단으로 나누어진다는 명확한 증거를 가지고 있다. 간단한 읽기 모형(Simple Model of Reading)(Gough & Tunmer, 1986)에 근거하여, Aaron,

Joshi 그리고 Williams(1999)는 다음과 같은 영역에 어려움을 가지는 읽기 장애의 네 가지 하위 집단을 발견하였다. 네 가지 하위 집단은 단순 해독에 어려움이 있는 집단, 단순 듣기 이해에 어려움이 있는 집단, 해독과 듣기 이해 모두 어려움이 있는 집단, 철자 처리과정 및 속도에 어려움이 있는 집단이다. Catts, Hogan 그리고 Fey(2003)는 구어 결함(spoken language deficit)을 가진 아동들을 대상으로 해독과 듣기 이해를 평가하였다. 이 연구의 주된 목적은 다음의 네 가지 집단, 즉 문자 해독에서만 어려움이 있는 집단, 듣기 이해에서만 어려움이 있는 집단, 문자 해독과 듣기 이해 모두 어려움이 있는 집단, 마지막으로 특정한 장애가 없는 집단이 일정한 기간 동안 안정적인 하위 집단으로 선별될 수 있는지를 확인하는 것이었다. Leach와 동료들(2003)의 연구결과와 유사하게, Catts와 동료들(2003)은 고학년 학생(4학년) 표본 중 70%에 해당되는 읽기부진 학생들(의도적으로 구어 읽기부진 학생들을 과잉 선별함)은 해독의 어려움을 갖고 있는 것으로 확인하였다. 이러한 결과는 낮은 읽기 능력을 지닌 중학교와 고등학교 학생들의 절반 이상이 특정한 읽기 이해력의 문제를 가진다는 것을 제안한 연구결과와 차이가 있으며(Biancarosa & Snow, 2004), 읽기에 어려움을 갖는 학생들의 15%가 읽기 이해력에 어려움이 있다는 Nation(1999)의 리뷰와 좀 더 일치한다.

읽기 요소 모형(Reading Components Model)은 읽기장애 집단의 하위 유형을 구분하는 데 있어서 유용한 접근이지만, 유창성(제6장)을 반드시 포함해야 하는지에 대해서는 아직 명확하지 않다. Joshi와 Aaron(2000)은 읽기 이해의 48%의 변인이 해독과 듣기 이해에 의하여 설명될 수 있지만, 나머지 10%는 빠른 글자 이름 대기 검사가 추가되었을 때 설명될 수 있다고 하였다. 우리가 제6장에서 다루었듯, 이러한 검사들은 유창성과 연관되어 있다(Schatschneider et al., 2004). Catts와 동료들(2003)의 연구에서 확인되지 않은 하위유형의 아동들은 유창성 문제로 특징지어지지 않았으며, 이 집단의 연구자들은 읽기 요소 모형에서 유창성을 포함하도록 확장할 필요성을 제안하는 증거를 찾지 못하였다. 그럼에도 불구하고 Joshi(2003)가 제안하였듯, 읽기 요소 모형은 읽기 문제의 명확한 특성에 초점을 맞추고 있으며, 치료적 중재에 목적을 둔다. 이 모형은 낮은 이해력을 지닌 학습자들에 관한 주요한 연구 전략과 관련되어 있다.

읽기 이해와 듣기 이해 간의 불일치에 관한 이슈는 더욱 다루기 어렵다. 제3장에서 우리는 능력-성취 불일치 모형은 다른 이변량(bivariate)의 불일치 모형과 마찬가지로 똑같은 심리측정학적 문제를 가진다고 하였다. Badian(1999)는 단어 수준 읽기장애에서 사용된 능력-성취 불일치 모형의 정의를 사용할 경우 나타날 수 있는 동일한 문제점, 즉 일정한 기간 동안 일관된 결과를 얻기 어려운 불안정성이 읽기 이해 영역에서도 나타날 수 있음을 확인하였다. 그러나 이 문제점에 덧붙여, 듣기와 읽기 이해 간의 불일치에만 근거한 정의는 낮은 읽기 이해력을 가진 학습자를 구체적인 하위 집단으로 분리시키지 못한다. 왜냐하면 단어재인 기술의 측정을 고려하지 않고 있기 때문이다. 단어재인 능력을 반복적으로 측정하지 않고 단어재인 능력이 정상적인 평균 범위에 있다는 확신이 없다면, 읽기 이해에 관한 특정 학습장애 집단을 정의하는 것은 불가능하다.

핵심 인지 처리과정

이해력의 인지적 모형(Perfetti et al., 2005)은 표면적인 기호를 처리하는 과정, 지문에 기반을 둔 표상들(대명사 참조, 맥락으로부터 단어 의미 추론, 지문 내의 추론들을 관련짓기)을 만들기, 지문에 의하여 설명된 상황들의 정신적 모형을 구조화하기(추론하기 위하여 일반적인 지식을 사용하기, 독자들의 목표를 통합하기)와 관련이 있다. 이해력에 대한 개인 간의 차이는 작동기억 작용과 장기기억으로부터의 회상과 같은 처리과정들의 실패 또는 상황적 모델과 지문을 구조화하는 등의 일반적인 인지 처리과정들로부터 발생할 수 있다(van den Broek, Rapp, & Kendeou, 2005). 읽기 이해를 포함하는 특정 학습장애를 고려할 때 해독 능력은 문제가 없다고 가정된다. 즉, 연구들은 일반적으로 해독을 잘하지만 읽기 이해에 어려움이 있는 아동들은 지문의 표면적 기호에 의해 규정되거나 추정된 의미를 접근할 수 있으며 해독할 수 있음을 증명하고 있다(Barnes, Johnston, & Dennis, 인쇄 중). 그러한 이유로 연구들은 후자의 두 집단에 대하여 초점을 맞추고 있다.

읽기 이해 문제를 가진 아동들의 연구들은 읽기 이해 문제에 내포된 주요한 결함들을 확인하기 위한 시도로서 세 가지 주요한 실험적인 설계를 사용하였다. 첫 번째는 동일 연령으로 해독은 잘하지만 이해를 잘 못하는 아동들과 두 가지 모두 잘하는 아동들을 비교하는 것이다(생활연령 설계). 두 번째 연구의 설계는 우수한 해독 능력을 갖고 있지만 읽기 이해에 어려움이 있는 학생과 이들보다 연령은 어리지만 유사한 읽기 이해 능력을 가진 학생들을 비교하는 것이었다(읽기 이해-수준 맞춤형 설계). 세 번째 설계는 읽기 이해장애 학생을 중재하는 연구로 특히 읽기 이해장애에 원인이 되는 기술에 초점을 맞춰 중재한 후 그러한 중재전략이 실제로 효과적인지를 평가하는 것이다. 이 세 가지 방법에 의한 결과에 따르면 언어, 듣기 이해, 작동기억 그리고 추론과 같은 의미 구조의 여러 가지 처리과정들을 포함하는 핵심적인 인지적 능력이 읽기 이해에 공통적으로 필요한 능력임을 확인할 수 있다.

언 어

좋은 해독 능력과 함께 낮은 이해력을 가진 아동들은 때때로 읽기 이해에 결함을 가져오는 어휘, 형태소, 구문의 이해 등의 기본적인 영역에서 어려움을 나타낼 수 있다(Nation, Clarke, Marshall, & Durand, 2004; Stothard & Hulme, 1992, 1996). 이러한 아동들이 지닌 언어 결함은 그들을 말 또는 언어장애로 판별할 만큼 심각하지는 않다(Nation et al., 2004). 또한 그들의 음운적 기술에서 심각한 결함이 나타나지 않았다(Cain & Oakhill, 1999; Nation, Adams, Bowyer-Crane, & Snowling, 1999; Oakhill, 1993). 글의 지문에서 내용을 이해하는 읽기 이해는 구어의 이해 능력을 능가할 수 없다. 이러한 명백한 예는 어휘 영역에서 확인할 수 있는데, 한 아동이 단어를 해독하더라도 그 글의 의미를 모른다면, 지문을 이해하기는 어려울 것이다.

궁극적으로 언어 발달에서 읽기 이해는 가장 중요하다. 낮은 이해력을 지닌 학생들의 언어 기술과 구어장애를 가진 아동들의 이해 기술을 조사한 Catts와 동료들의 연구에 따르면, 어휘와 구문의 문제는 공통적으로 서로 연관되어 있었다(Catts & Hogan, 2003). 어휘와 같은 기본적인 언어 기술과 해독 수준 모두를 통제한 어휘적 처리과정의 연구에서, 낮은 이해력을 지닌 학생들의 경우 의미적 판단과 유창성을 포함하는 다양한 평가에서 어려움을 갖고 있음을 확인할 수 있었다(Nation & Snowling, 1998; Nation et al., 1999).

듣기 이해

언어 이해와 듣기 이해는 때때로 수용 언어 기술을 의미하는 데 쓰인다. 그러나 읽기 이해 영역에서, 듣기 이해는 수용 언어 기술 이상의 의미

를 지닌다. 듣기 이해는 읽기와 듣기 이해에 영향을 주는 통제과정의 역할
을 하는 담화 수준 처리과정(discourse-level processes)을 포함한다. 그렇기
때문에 듣기 이해란 용어는 측정하기 어려운 과정을 의미하며 그러한 과
정이 추후에 밝혀질 필요가 있음을 의미한다. 우리는 읽기와 듣기 이해의
저변에 깔려 있는 몇 가지 처리과정을 설명하려고 한다. 이해 영역에서 사
용된 용어에만 초점을 맞춘다면, 듣기 이해의 문제는 읽기 이해의 문제와
유사하다(Shankweiler et al., 1999; Stothard & Hulme, 1996). 규준이 되는 표
본에서의 읽기와 듣기 이해를 비교한 대부분의 연구는 높은 수준의 일치
된 결과를 제공한다. 아동들은 구어를 이해하는 것보다 문어를 더 잘 이
해할 수는 없다. 일부 사례의 경우, 듣기 이해와 읽기 이해 간의 불일치가
나타날 수 있으며, 특별히 듣기 이해보다 읽기 이해 능력이 더 우수할 수
있다. 이러한 결과는 나이가 많은 아동과 성인기에 더 잘 나타나지만, 이
러한 분리를 설명하는 연구의 수는 매우 적다. 결론적으로 구어 이해를
방해할 수 있는 모든 언어적 또는 인지적 어려움은 또한 지문을 읽는 능
력이나 그들에게 읽어 준 지문을 이해하는 능력에 부정적인 영향을 미칠
수 있다.

작동기억

낮은 이해력을 지닌 학습자에 관한 연구들에서 어려움의 원인으로 확
인되는 특정한 인지 기술은 작동기억이다. 듣기 이해와 읽기 이해 모두
정보를 저장할 수 있는 작동기억을 필요로 하는데, 여기서 말하는 작동기
억이란 사전 지식을 통합하고 좀 더 확장된 처리과정을 위해 단어들과 문
장들을 잠시 저장해 주는 역할과 함께 이미 선행된 지문의 해석이 새롭게
들어온 정보에 의해서 수정될 수 있는 정신적 작업공간(mental workspace)

으로서의 역할을 수행한다(Barnes et al., 인쇄 중). 여러 연구들은 구어 작동기억과 이해력 간의 관계를 다루었는데, 낮은 이해력을 지닌 학습자는 작동기억이 손상되어 있다는 것을 확인하였다(Stothard & Hulme, 1992; Nation et al., 1999). Cain, Oakhill 그리고 Lemmon(2004b)은 새로운 단어와 글의 맥락 간의 관련성이 적을 경우 낮은 이해력 학습자는 새로운 어휘를 글의 지문으로부터 학습하는 데 어려움(예, 우연적 단어 학습)이 있다는 것을 발견하였다. 즉, 즉각적인 기억 용량(immediate memory span)이 아닌 작동기억 용량은 글의 맥락으로부터 새로운 단어의 의미를 추론하는 것과 관련이 있다는 것을 밝혔다. 흥미롭게도 평균의 어휘 지식과 낮은 이해력을 지닌 학습자들은 직접적으로 배운 새로운 단어들(예, 문맥으로 추론할 수 없는)을 학습하는 데 문제가 없었다. 그러나 어휘 지식이 부족하고 낮은 이해력을 지닌 학습자들은 명시적 교수를 통해서 새로운 단어를 학습하는 것에 어려움이 있었다. Cain, Oakhill 그리고 Bryant(2004a)는 해독 능력, 언어성 지능지수, 어휘가 통제된 후 문장 범위 검사(sentence span test)에 의해 측정하였을 때, 작동기억은 추론, 이해 점검, 이야기 구조 지식의 변량을 설명하였다. 비슷한 패턴은 이해의 어려움과 해독의 문제를 보이는 뇌손상을 입은 아동들에게도 발견되었다(Barnes et al., 인쇄 중). 이해력에 어려움을 지닌 아동들에게서 꾸준히 발견된 사실들은 낮은 수준의 읽기(와 듣기 이해)의 매개체로서 작동기억이 중추적인 역할을 한다는 것이다. 다양한 이해력 처리과정에 대한 작동기억의 저장/통합과 억제 처리과정의 개인적 차이에 대한 연구가 앞으로 필요하다. 그러나 작동기억을 포함한 연구에서도, 고차원적인 처리과정의 평가는 다음 부분에서 볼 수 있듯 이해력의 결과에 대한 독립변인으로 작용한다.

고차원적인 처리과정

읽기 이해는 단순히 단어재인, 구어, 작동기억에 근거한 이론으로만 설명될 수 없다. 해독, 기초 언어 능력과 작동기억이 통제되더라도, 읽기 이해에서의 결함은 여전히 존재할 수 있다(Cain, Oakhill, & Bryant, 2000; Cain et al., 2004a; Nation & Snowling, 1998). 그러한 이유는 연속된 문장을 이해하는 담화 수준 기술(discourse-level skill), 즉 추론하기, 이해 정도를 모니터링하기, 지문의 내용을 통합하기, 기타 이해력과 관련된 메타인지 능력에서 어려움을 갖고 있기 때문이다(Cornoldi, De Beni, & Pazzaglia, 1996; Cain et al., 2004a, 2004b).

추론하기

낮은 읽기 이해 학습자들은 읽기 자료나 규정된 의미(stipulated meaning)를 표면적인 내용으로는 받아들이지만, 내용의 통합이나 해석을 해야 하는 추론에는 어려움을 가지고 있음을 보여 주는 연구의 수는 매우 많다(Oakhill, 1993 참조). 새로운 어휘와 구어 능력을 학습할 수 있는 아동(Barnes & Dennis, 1996)에게 있어서 작동기억과(Oakhill, 1993) 개인의 배경지식에 대한 차이가 함께 통제되더라도(Barnes et al., 인쇄 중) 이러한 차이는 명백히 나타난다. 이는 추론의 어려움은 추론을 하는 데 근본적으로 불가능한 능력을 지니고 있다는 것을 의미하는 것이 아니다. 대신 문맥에서 이해하는 데 불가능하다는 것을 의미하며, 이는 전략을 사용하는 데 결함을 갖고 있다는 의미로 추정할 수 있다. Cain과 Oakhill(1999)은 이해력에 어려움을 지닌 학습자들에게 작동기억과 초인지 요구를 축소시키고, 추론을 지원하는 전략을 촉진할 경우 추론 능력이 향상되었음을 발견하였다(Cain, Oakhill, Barnes, & Bryant, 2001; Barnes & Dennis, 2001). 다음의 리뷰 내용과 마찬가지로, 중재 연구에서 추론하기를 지원하는 명시적 촉구(explicit prompt)와 다른 전략의 사용은 추론 문제의 전략적 특성을 입증한다(Vaughn & Klingner, 2004). 그러나 초인지와 전략적 중재가 추론하기와 읽기 이해를 향상시킨다고 할지라도 이러한 전략과 초인지 능력이 읽기 이해 능력과 인과적인 관련성을 갖고 있다고 해석할 수는 없다.

사전 지식과 추론하기

많은 연구에서 이해력과 관련된 사전 지식의 역할에 대해 조사했다. 어휘 지식이 풍부하고, 폭넓고 해박한 일반 지식을 갖고 있으며, 평소에 많은 글을 읽는 어린이와 성인들은 사전 지식과 새로운 정보를 통합시킬 수 있는 우수한 읽기 이해 능력을 갖고 있을 것이다. 그렇다면 쟁점은 특히 추론하기와 이와 관련된 처리과정을 평가하는 데 있어서 사전 지식을 어떠한 방법으로 통제하는지에 있다. 사전 지식을 통제하는 지문 이해력의 상황 모형(situation model)의 구성을 조사하기 위해, 정상적인 발달을 보이는 아동(Barnes, Dennis, & Haefele-Kalvaitis, 1996), 신경학적으로 문제가 없지만 해독과 이해에 어려움을 보이는 아동(Barnes & Dennis, 1996), 신경학적으로 문제가 없으며 해독도 뛰어나지만 이해력에 어려움이 있는 아동(Cain et al., 2001), 해독은 잘하지만 이해에는 어려움을 지닌 이분척추증(spina bifida)과 수두증(hydrocephalus)이 있는 아동(Barnes et al., 인쇄 중), 뇌손상으로 인하여 낮은 이해력을 지닌 아동(Barnes & Dennis, 2001)을 포함하여 이해력에 어려움을 지니고 있는 많은 학습자를 대상으로 연구를 하였다. 이러한 연구들이 사용한 패러다임은 아동에게 가상세계(pretend world)에 대한 교수를 제공하여 사전 지식을 통제하였다. 그런 후에 그들은 이야기 속에 묘사된 가상세계의 사건을 통합해야 하는 이야기를 듣거나 읽었다. 추론하기는 ① 일관성(coherence: 즉, 이야기의 일관성 유지에 필

요한)과 ② 정교성(elaboration: 즉, 이야기 속의 사물과 사람을 상세히 언급하
는) 측면에서 평가된다.

　학생들이 적합한 지식을 갖고 있는지의 여부를 과제의 마지막 단계에
서 배경지식을 얼마나 잘 기억하고 있는지의 능력으로 검증한 연구들은
유사한 결과를 산출하였다. 첫째, 낮은 이해력의 학습자들은 기초적인 지
식(knowledge base)을 획득하는 데 더 오랜 시간이 걸렸기 때문에 지식 획
득상의 어려움을 단순히 경험과 노출의 문제로 간주하기는 어려울 것이
다(Barnes & Dennis, 2001). 둘째 ,이해력에 어려움을 갖고 있으면서 고학
년의 학습자들은 연령은 낮지만, 능숙한 이해 기술을 지니고 있는 학습자
와 유사한 성취를 보였다. 두 집단 모두 고학년이면서 능숙한 이해력 기
술을 지닌 학습자보다 추론 능력은 부족했다. 셋째, 추론에 어려움을 나
타내는 원인은 유사하다(Barnes et al., 인쇄 중; Cain et al., 2001). 추론적 활
동이 지속적으로 저장된 기억에서 지식을 도출하길 요구할 때, 정보처리
과정상 큰 부담을 가질 수 있기 때문에 추론 능력 간의 차이는 크게 나타
날 수 있다. 이와는 대조적으로 추론에 필요한 사전 지식과 지문이 단서
로 사용될 때 그 차이는 더 작아지는데, 그 이유는 처리과정상의 부담이
감소하기 때문이다. 넷째, 정보처리에 대한 부담이 감소할 경우 일관성
추론보다는 정교화 추론을 더 쉽게 사용할 수 있지만(Barnes et al., 1996),
글의 내용을 이해하고자 할 때는 읽기 이해 능력과 상관없이 정교화 추론
보다는 일관성 추론을 더 많이 사용한다.

　기초적인 지식(knowledge base)을 숙달하는 데 더 많은 시간이 걸린다
는 사실은 매우 흥미로운 결과다. 유사한 맥락에서 Cain과 동료들(2001)은
정상적인 해독 능력과 우수한 이해력을 지닌 학습자와 그렇지 않은 학습
자가 궁극적으로 기초적 지식을 회상하는 유사한 능력을 지녔다고 해도
일주일 후에는 낮은 읽기 이해 능력을 지닌 학습자가 우수한 읽기 이해

능력을 지닌 학습자보다 기초 지식을 덜 회상하게 된다는 것을 보고했다. 지식을 획득하고 유지하는 데 있어서 어려움의 원인을 이해하는 것은 향후 진행될 연구에 중요한 함의를 제공한다. 이것은 일반 언어나 학습의 어려움과 더 관련되어 있으며, 노출이나 경험과 같은 다른 요인들이나 작동기억 및 자원 할당의 어려움과도 관련되어 있다.

이해력 모니터링

읽기(그리고 듣기)를 할 때 이해력을 점검하고 통제하는 여러 가지 초인지적 처리과정이 있다. 성공적인 이해력 모니터링에서 읽기 학습자는 지문의 불일치성 및 이해도에서의 차이를 판별하거나 다른 지문에서 정보를 찾게 된다(Cataldo & Cornoldi, 1998). Nation(2005)은 이해력에 어려움을 지닌 아동들이 이해력 모니터링에도 어려움을 지닌다는 것을 보여 주는 많은 연구를 요약했다. 그러므로 읽기 이해 중재와 관련하여 전략교수의 일반적인 한 부분으로서 이해력 모니터링에 초점을 두는 것은 그리 놀라운 일이 아니다.

이야기 구조 민감성

읽기 이해와 관련한 고차원적인 처리과정의 마지막 예는 아동이 읽는 지문의 특성에 대한 아동의 민감성을 고려하는 것이다. 지문은 이야기 글(narrative story), 설명하는 글(expository text), 시(poem), 대사(direction, 연극이나 영화의 대사-역자 주), 하이퍼텍스트(hypertext, 전자적 연결을 통해 관련된 정보를 획득할 수 있는 글-역자 주) 및 다른 장르의 다양한 유형이 있다. 각 유형은 구별되는 언어 스타일을 가지고 있고, 종종 다양한 방식으로 구성되어 있다. 이러한 다양성을 이해하는 것은 이해력을 향상시킬 수 있다.

글 유형의 효과와 함께 지문과 구조의 다른 유형은 이야기 제목, 문단의 첫 문장, 시작 문단과 끝 문단, 이야기 구조에 관련된 관점과 같은 이해를 촉진시키는 중요한 정보를 제공한다. 이해력에 어려움이 있는 아동들은 글 유형과 이야기 구조의 다양성을 쉽게 파악하지 못한다. 그들은 이러한 정보 유형에 의도적으로 관심을 갖지 못하지만 지문의 특징을 가르치고 이러한 특징이 이해력을 어떻게 촉진시키는지 교육을 받는다면 이러한 능력을 습득할 수 있다(Perfetti et al., 2005).

역 학

출현율

역학 연구에서 특정 읽기 이해의 장애를 측정하는 것은 불가능하다. Badian(1999)은 1~8학년인 1,000명 이상 아동을 모집단으로 하여 하위 25%의 낮은 학업성취 정의와 적성 검사(aptitude measure)와 읽기 이해 검사와의 1.5 표준오차의 차이 기준을 모두 이용하여 읽기 이해력을 정의했다. 그녀는 주어진 절단점을 적용했을 경우 불일치 정의에 의한 전체 학습장애 출현율은 2.7%, 저성취 정의로는 9.1%가 산출되었다고 보고하였다. 그러나 단어재인 능력 수준에 대한 통제가 없었기 때문에 특정 읽기 이해 어려움의 출현율은 결정할 수 없었다. 연령에 적절한 단어재인 능력을 지니고 있지만 읽기 이해에 어려움이 있는 아동을 대상으로 실시한 연구에서 출현율은 5~10% 범위에 분포하였으며 이것은 집단을 정의하기 위해 사용된 배제 준거에 따라 다양하게 나타났다(예, Cornoldi et al., 1996; Stothard & Hulme, 1996). Nation(1999)은 읽기에 어려움을 가진 아동의

15%가 이해력과 관련된 문제를 가지고 있다고 추정하였다.

읽기 이해의 어려움과 연령의 관계는 불분명하지만 특정 읽기 이해 문제는 연령이 높은 아동에게서 더 분명하며 읽기를 학습하는 초기 단계 이후에 나타난다. Shankweiler와 동료들(1999)은 다른 유형의 학습장애를 지닌 소수의 2학년 및 3학년 학생을 대상으로 단어재인 능력은 좋지만 이해 능력이 부족한 학생들을 확인할 수 있었다. Leach와 동료들(2003)은 읽기 문제를 지닌 아동 표본의 약 20%만이 특정한 이해력의 어려움을 지니고 있으며 이러한 아동의 대부분은 2학년 이후에야 판별된다는 것을 발견했다. 반대로 Badian(1999)은 불일치 정의에 부합하는 출현율이 8학년까지 조금씩 감소했지만 저성취 정의에서는 증가했다는 것을 발견했다. 각 학년별로 장애 아동의 수는 매우 적었으며, 이러한 아동은 특정 읽기 이해력의 어려움을 지닌 것으로 판별되지 않았다. 만약 아동이 심각한 구어장애를 지니고 있다면 읽기 이해 문제는 발달상 비교적 이른 시기에 판별될 가능성이 높고 또한 이러한 아동의 대부분은 단어재인 능력도 낮을 것이다(Catts, Fey, Tomblin, & Zhang, 2002a). 언어 이해력에서 감지하기 어려운 장애를 지닌 아동들은 발달상으로 늦은 시기에 판별될 것이다(Nation, Clarke, & Snowling, 2002). 모든 학습장애 정의에서 발생률(incidence)은 규준-참조 검사의 절단점 선정에 대한 판단에 따라 다양하다.

성별 비율

Badian(1999)은 읽기 이해 어려움에 있어서 성별 비율이 불일치 정의에서 약 2.4 : 1이며, 저성취 정의에서는 1.6 : 1이라는 것을 발견했다. 이러한 수치는 제5장에서 논의된 전반적인 출현율보다 높지만, 이것은 이해 영역에서만 국한된 성비일 뿐이다.

발달적 과정

특정한 읽기 이해력 장애의 발달 단계는 연구되지 않고 있다. 이 영역에서 이루어진 최근 연구는 아동의 초기 읽기 발달에서 확인된 낮은 이해력이 어떠한 과정으로 이후에 성취되는 이해력과 단어 해독 기술의 지속적인 발달에 영향을 미치고 있는지를 조사하였다. 비록 해독 및 이해력의 장애는 서로 분리할 수 있는 것으로 여겨질지라도 해독이 뛰어나지만, 이해에 어려움을 지닌 아동들은 지문에 대한 경험 부족 때문에 학년이 높아질수록 해독 능력이 뒤처질 수 있다(Oakhill et al., 2003). 그들은 읽기 경험이 감소됨으로써(Cunningham & Stanovich, 1999), 그들의 일견 단어 어휘 수준은 더 뛰어난 이해 능력과 유창성을 지닌 또래들과 같은 속도를 유지하여 발달하기는 어렵다. 게다가 사용 빈도가 낮은 단어를 해독하기 위해서 의미론적 단서를 사용할 수 있는 능력의 부족은 더 높은 수준의 어휘 발달을 제약할 것이다(Nation & Snowling, 1986). 이러한 패턴은 마태 효과(Matthew effect)라 일컬어지며(Stanovich, 1986) 또한 연령이 증가함에 따라 출현율도 증가한다는 Badian(1999) 연구의 이해력 부진 학습자에게 더욱 명백히 나타난다.

신경생물학적 요인

우리는 읽기 이해와 관련하여 특정 신경생물학적 요인들에 대한 간략한 논의만 제공하고 있는데 그 이유는 분리된 집단으로 이해력에 어려움을 지닌 학습자들을 신경 영상학이나 유전학의 관점에서 연구를 진행하

지 않았기 때문이다. 게다가 읽기 이해에 대한 기능적인 신경영상학 연구
는 단어재인, 작동기억, 의미론적 처리과정과 같은 특정한 하위 기술에
초점을 두는 경향이 있다.

뇌 구조와 기능

의미 및 언어 이해와 관련된 뇌 영역은 상당히 잘 알려져 있다. 이해력
에 어려움이 있는 학습자에 대한 해부학적 MRI 연구는 없다. 개인들은 특
정 언어(읽기) 이해의 어려움과 관련된 뇌손상을 지속적으로 갖고 있을 수
있다. 이와 관련된 뇌의 영역은 [그림 5-3]에서 확인된 영역과 거의 일치
하고 있는데, 이 영역은 음운 처리과정과 단어재인을 담당하고 있다. 흥
미로운 점은 언어 이해에 영향을 미칠 수 있는 실어증을 가진 환자들은
읽기 이해의 손상 정도에 따라 다양하게 나타나지만 모든 영역(언어와 읽
기 이해)에서 전형적인 손상이 확인되었다.

문장 및 담화 처리과정과 관련된 신경영상학 연구에 대한 재검토에서,
Gernsbacher와 Kaschak(2003)은 문장 처리과정 및 담화 수준의 처리과정
에 관한 연구들을 판별하였다. 이러한 일반적인 두 가지 종류(문장과 담화
수준의 처리과정)의 과제에서 이러한 패러다임은 실제 지문 읽기와는 상응
하지 않는다. 대신 글을 읽는 독자(또는 듣는 이)는 반드시 예외성을 확인
하거나 운율 또는 감정과 같은 담화의 특정한 요인들을 처리해야만 한다.
문장 이해력에 관한 연구결과를 요약해 보면, Gernsbacher와 Kaschak
(2003, p. 102)은 "문장 처리과정은 Werniche 영역(단어/음운 처리과정), 상
측두 및 중측두 영역(음운론/어휘/의미론적 처리과정), Broca 영역(생산/구
문론 분석), 하전두회(음운론적/구문론적/의미론적 처리과정), 중전두와 상전
두 영역(의미론), 우뇌 상동 기간에 이르는 영역까지를 포함한다."라고 하

였다. 담화 연구를 요약해 보면, Gernsbacher와 Kaschak(2003, p. 105)은 "담화 처리과정은 뇌 영역의 분산된 네트워크에서 나타난다. 이것은 저수준의 언어 처리과정(단어, 문장 등)뿐만 아니라 특정 담화 영역, 우측 측두 및 전두 영역(담화 처리과정의 통합적인 측면뿐만 아니라 측두엽 모두에서도 중요한)이다. 이 영역의 정확한 기능은 아직 알려지지 않았다."(p. 105).

문장(written sentence)의 이해와 관련된 기능적인 뇌 영상학 연구에 초점을 둔 다른 연구에서, Caplan(2004)은 언어가 문어든 구어든 관계없이 문장 수준에서 요구되는 일부 처리과정들은 유사한 뇌 영역과 관련된다는 것을 발견했다. 서로 다른 뇌 영역은 문장 처리과정에 각기 다른 영역에 영향을 미치지만, 입증된 뇌 영역은 실제로 명확하지 않다. 그러므로 주로 특정 문장 및 담화 특징에 대한 연구는 이해 처리과정에 초점을 두는 경향이 있다. 그러한 연구에서 사용된 읽기(듣기)의 개념은 눈으로 쉽게 관찰이 불가능하며, 지문에서 의미를 도출하기 위해서 다양한 영역의 공동 작업이 필요한 과정으로 정의된다.

유전적 요인

이러한 장애로 판별된 개인을 대상으로 낮은 읽기 이해 능력의 유전성을 구체적으로 다룬 연구는 없다. Petrill, Deater-Deckard, Thompson, Schatschneider 그리고 De Thorne(인쇄 중)은 Woodcock 검사(예, Woodcock et al, 2001; 제4장 참조)의 하위 검사인 지문 이해(Passage Comprehension) 빈칸 채우기 검사를 사용하여 어린 쌍둥이 표본에서 읽기 이해의 강력한 유전성을 발견했다. 그 중요성은 단어재인에서 관찰된 것과 비슷하다. 이 연구에서 글자와 단어재인, 음운 인식, 구어 어휘는 공유된(그리고 공유되지 않은) 환경적 요인과 유의한 관련성을 나타냈지만, 읽기 이해는 공유되

지 않은 환경적 요인에서만 유의한 관련성이 있는 것으로 밝혀졌다. 그러
나 서로 떨어져서 성장한 성인 쌍둥이 연구에서는 단어 읽기에서 유사한
유전성이 발견되었지만 읽기 이해에 대해서는 유전성이 낮게 추정되었다
(Johnson, Bouchard, Segal, & Samuels, 2005).

  1학년 표본을 사용한 Byrne와 동료들(인쇄 중)의 연구에서는 Woodcock
지문 이해 검사에서 .76의 유전성 측정결과를 획득했고, 이러한 수치는
Petrill과 동료들(인쇄 중)의 연구결과와 유사했다. TOWRE(Torgesen et al.,
1999; 제4장 참조)에 기초한 유창성 평가는 .82의 유전성 측정결과를 산출했
다. 유전성 측정의 상관관계는 .97이고, 이러한 결과는 빈칸 채우기(cloze)
검사로 측정된 어린 아동들의 이해력과 해독 능력에서 유의한 독립적인
유전의 영향이 나타나지 않았음을 보여 주고 있다. 콜로라도의 고학년 학
생들의 표본을 이용하여 Keenan, Betjemann, Wadsworth, DeFries 그리고
Olson(2006)은 지식에 근거한 추론하기 과제와 반응 형식 및 지문의 길이
가 다양한 여러 가지 과제를 사용하여 듣기 이해와 읽기 이해의 종합적인
검사를 실시했다. 이 측정에서 읽기 이해는 .51의 유전성 검사결과가 산출
되었고, 듣기 이해는 .52를 기록했다. 해독은 .65의 유전성 수치를 산출했
다. 이러한 수치들은 공통적인 유전의 영향이 강하다는 것을 보여 주지만,
그러한 수치들은 모두 1 미만으로, 이는 독립된 유전적 영향이 있음을 의
미한다. Petrill과 동료들(인쇄 중)의 연구와 같은 맥락에서 볼 때, 이러한 연
구결과들은 어린 쌍둥이와 비교했을 때 연령이 높은 쌍둥이 간에는 단어
재인과 읽기 이해에 대해 더 큰 독립성이 존재함을 보여 주고 있다. 이러한
결과들은 다른 인지 메커니즘과 유사한 읽기 요소 모형(Reading Components
model)을 입증하고 있다.

  읽기 이해와 관련된 다양한 언어 능력은 많은 연구를 통하여 유전성의
정도가 다양함을 보여 주고 있으며(Plomin & Kovas, 2005), 구어장애는 분

명히 유의한 유전성 구성요소를 지니고 있었다(Bishop & Snowling, 2004). 읽기 및 언어 문제에서 유전성은 중복되는 부분이 있지만 이것은 또한 독립된 장애(independent disorder)로 인식된다. 특히 언어 발달에서 의미론과 구문론 구성요소가 유전성이 있고, 이것은 일반적으로 구어장애를 지닌 아동의 특징이며 읽기 이해에 확실히 영향을 미친다. 이러한 대부분의 개인들은 읽기 이해에 어려움을 갖고 있으며, 구어장애와 읽기 이해장애에 영향을 줄 수 있는 언어장애는 유전과 관련되어 있다. 반대로 주요한 문제가 단어 수준 읽기장애인 아동은 음운 처리과정에 관한 어려움을 갖고 있으며 이러한 어려움 때문에 궁극적으로 단어재인의 어려움을 갖게 된다. 특정한 읽기 이해에 어려움이 있는 학습장애가 유전된다고 주장할 수는 없지만, 이러한 장애의 언어적 구성요소가 별개의 유전적 특징을 공유한다고 추정할 수 있다. 빈칸 채우기(예, Kennan et al., 2006) 검사를 뛰어넘는 다른 평가방법을 사용한 읽기 이해의 더 많은 연구가 필요하다.

요약: 학업 기술 결함에서 신경생물학적 요인까지

앞서 논의된 읽기 이해의 결함은 지속적으로 보고되고 있으며, 집단 구성원에 대한 다양한 절차와 준거를 활용한 많은 연구가 반복되었지만 여전히 읽기 이해를 어떻게 측정할 수 있는지에 대한 의문이 남아 있고, 읽기 이해장애에 잠재하고 있는 핵심 인지 처리과정에 대한 지속적인 논쟁이 진행 중이다(Snow, 2002; Stanovich, 1988). 그럼에도 불구하고 단어 수준 읽기장애 아동, 읽기 이해장애 아동 또는 단어와 읽기 이해의 장애를 모두 지닌 아동, 신경발달적 장애를 지닌 아동, 전형적인 성취를 보이는 아동의 연구는 읽기의 두 가지 구성요소가 분리되었음을 입증하고 있다.

또한 이러한 결과는 읽기의 두 가지 요소가 각기 다른 인지 결함과 관련되어 있음을 보여 주고, 이는 서로 다른 학습장애 유형의 문제점을 치료하기 위해서 서로 다른 중재가 필요함을 입증하고 있다. 특히 이해력을 단어 수준 읽기장애와는 별개의 범주로서 구분할 필요가 있으며, 읽기 이해에 초점을 맞춘 신경생물학적 연구가 필요하다.

읽기 이해 중재

일반적인 교수적 접근

일반적인 교수 접근방법은 종종 두 가지 다른 유형의 교수인 특정 기술 교수(specific skils instruction)와 전략교수(strategy instruction)로 구분된다 (Clark & Uhry, 1995; Swanson, 1999). 명칭에서 알 수 있듯이 특정 기술 교수는 어휘, 주제 찾기, 추론하기, 사실 찾기와 같이 지문에 적용될 수 있는 교수방법에 초점을 두는 것이다. 어휘는 명시적 교수 접근(explicit instruction approach)이나 맥락적 접근(contextual approach)을 통해 중재할 수 있다 (NRP, 2000). 주제 찾기와 추론하기와 같은 기술은 아동들에게 짧은 구절을 읽고 질문에 답하게 함으로써 가르칠 수 있다. 그러나 이러한 접근이 효과적이기 위해서 교사는 명시적이고 체계적인 방법으로 교수를 제공해야만 한다.

특정 기술 교수와는 대조적으로 전략교수는 "의사결정과 비판적 사고를 요구하는 [교수에서의] 인지 처리과정이다."(Clark & Uhry, 1995, p. 107) 읽기 이해에서 전략교수는 인지 심리 이론 및 개념, 특히 스키마(schemas), 초인지, 중재 학습(mediated learning)의 파생물이다. 예를 들어, 지문에 대한 스키마는 독자가 특정한 심리학적 틀이나 '정신적 스키마'를 가져오는 개념과 관련된다. 글을 읽는 동안 독자가 내용을 이해하기 위해서는 독자의 정신적 스키마에 사실들이 더해지거나 조정되어야만 한다. 초인지에 대한 연구는 또한 읽기 이해 연구와 관련하여 상당한 영향을 미치고 있다. "읽기에서 초인지 기술을 지닌 능숙한 독자는 읽기의 목적을 인식하고 있으며 과제 간의 요구를 식별한다. 그들은 주어진 자료를 읽기에 앞서 적극적으로 자기 질문을 통해 과제 요구나 목적을 명확히 하고, 그들은 자료를 읽으며 스스로 이해한 것을 평가한다."(Wong, 1991, pp. 239-240)는 것을 발견했다. 다른 기술 영역(예, 작동기억)에서도 통용되는 것처럼, 비록 초인지가 이해 기술과 인과적으로 관련은 없지만 이해의 본질적인 부분으로 고려될 수 있기 때문에 초인지 전략교수는 이해에 어려움이 있는 학습자에게 유용하다(Perfetti et al., 2005).

마지막으로 문제를 스스로 해결하는 학생의 능력에 대한 학생-교사 상호작용의 효과와 관련되는 협력학습(cooperative learning)의 개념은 읽기 이해 이론 및 교수에도 영향을 미친다. 예를 들어 Maria(1990)는 독자, 지문, 교사 사이의 상호작용으로서 읽기 교수를 개념화했다. 독자는 해독능력, 구어 어휘, 지문에 대한 배경지식을 활용한다. 지문은 더 이상 모든 학생에게 단일한 의미로서 인식되지 않는다. 오히려 의미는 이러한 상호작용을 통해 구성된다. 교사는 전략에 있어서 직접교수를 제공하지만 또한 독립성을 장려하는 관리자 및 촉진자로 역할을 담당하게 된다(Clark & Uhry, 1995).

이러한 유형의 인지전략에 기반을 둔 다른 중재방법들은 이해력을 가르치기 위해 개발되어 왔다. 예를 들어, Palinscar와 Brown(1985)은 이해력 기술을 강화하는 것으로 알려진 '상호적 교수(reciprocal teaching)'로 불리는 교수방법을 개발하였다. 이에 더해 Pressley와 동료들은 이해력 기

술을 증가시키기 위한 '교류 전략(transactional strategies)'에 기반을 둔 중
재를 개발하였다(Pressley, 2006). 이러한 교류전략은 Vygostky의 개념을
일부 반영하고 있다. 이러한 방법의 교수에서, 학생들은 "수많은 이해전
략 중 하나로 직접교수를 제공받았고, 그들은 읽은 글을 이해하기 위한
전략을 선택하고 말하도록 촉진되었다. 학생들은 전략이 성공적일 때 긍
정적 교수를 제공받았다고 판단한다."(Clark & Uhry, 1995, p. 111). 또 다른
교수전략은 다른 이해전략의 교사모델링과 관련되어 있다.

　Bos와 Anders(1990)는 상호적 교수모형을 개발하였는데, 이는 Pressley
(2006)의 교류 교수 방법(transactional teaching method)과 유사하고, 이는
또한 Vygostky의 원리에 기반을 둔다. 이 모형은 6개의 교수-학습 특성
을 포함하고 있다. ① 사전 지식을 활성화하기, ② 새 지식과 오래된 지식
을 통합하기, ③ 협동적 지식 나누기와 학습, ④ 개념들과 지문의 의미를
예측하기, 증명하기, 확인하기, ⑤ 개념들 간의 관계를 예측하기, 증명하
기, 확인하기, ⑥ 목적을 가진 학습. 먼저, 교사는 학생을 위해 이러한 전
략 사용을 위한 모델의 역할을 수행하나, 점차적으로 교수자에서 촉진자
로 이동하게 된다.

　비록 특정 기술 훈련과 전략교수방법이 다소 유사할지라도, 이해력 장
애 학생을 위한 가장 효과적 교수는 명시적 교수, 교수 중재를 받을 수 있
는 다양한 기회 그리고 주의 깊게 배열된 수업의 특성과 관련되어 있다
(Clark & Uhry, 1995). 인지적 개념들에 기반을 둔 전략들(즉, 전략교수)은
이해력을 위한 중재에 가장 효과적인 방법인 것처럼 보이며, 장애를 갖고
있는 독자들에게 가장 효과적이었다.

　이러한 일반적 관찰은 고학년의 낮은 읽기 능력을 지닌 학생들에게도
나타난다. 청소년의 문해력에 대한 카네기 재단의 최신 보고서에서
(Biancarosa & Snow, 2004), 청소년의 70%가 차별화된 문해력 교수를 필요

로 한다. 이들 중 얼마나 많은 학생이 이해력 수준에서 구체적인 문제를 가졌는지에 대해서는 알려지지 않았으며, 낮은 읽기 성취를 보인 학생들 중 소수의 학생들만이 단어해독에 어려움이 있을 것이라고 밝혔던 부분도 정확하지는 않은 것 같다. 실제로 Catts, Taylor 그리고 Zhang(2006)의 연구결과에 따르면, 청소년인 8학년과 10학년 중 특정한 읽기 이해에서만 어려움이 있는 학생은 6.8%, 특정한 단어 해독에서만 어려움이 있는 학생은 3.7%, 두 가지 어려움을 모두 나타낸 학생은 19%였으며, 특정한 읽기 이해에서만 어려움을 나타낸 학생과 비교해 보면, 단어 해독에 어려움이 있는 학생은 3배 이상가량 많은 것으로 나타났다. 이해나 해독 문제 어느 것도 경시되어서는 안 될 것이다. Catts, Hogan 그리고 Adlof(2005)는 낮은 읽기 능력을 지닌 8학년 학생들 중 30% 정도가 특정 듣기 이해 문제, 13%는 특정 해독 문제, 33%는 해독과 이해 문제를 보인다는 것을 발견하였다. 10학년까지, 단지 3%의 학생들만 특정 해독 문제를 나타냈다. 해독의 어려움은 고학년 학생들과 성인에게서 경시되어서는 안 된다. 읽기 곤란의 원인은 매우 다양하며, 특히 해독과 유창성이 이슈가 되는 학생들에게서조차 명시적 교수는 이해력 향상에 있어서 효과적이라는 증거를 감안한다면, 읽기 중재는 이해력에 초점을 맞출 필요가 있다.

카네기 보고서는 청소년에게 이해력을 가르치기 위한 15가지 조언을 하면서(〈표 7-1〉), "유창한 독자들이 그들이 읽는 것을 이해하기 위해 사용하는 전략과 과정인 직접적, 명시적 이해 교수, 이야기를 요약하기, 자신이 이해한 내용을 간직하기, 기타 다른 전략들이 여기에 포함된다."(p. 4)라고 주장하였다. 우리는 이러한 실제에 대해 다음에서 기술할 것이며, 교수가 명시적이라는 관점이 가장 핵심 사항이다. 많은 사람은 폭넓게 읽고 반복적으로 읽는 것만으로 이해력을 향상시킬 수 있을 것이라 가정하고 있다. 그러나 초기에 진행된 연구결과와 마찬가지로 아동은 중재전략이 명확할

〈표 7-1〉 카네기 보고서에서 추천한 읽기 이해력을 향상시킬 수 있는 조언

1. 이해력을 지원하기 위한 전략과 과정에 명시적 교수를 제공하라.

2. 내용 영역(예, 사회나 과학 교과)에서 이해력을 가르쳐라.

3. 자기주도학습은 학생이 읽기와 쓰기를 하도록 동기화한다.

4. 다양한 지문들을 사용하여 협동학습을 지원하라.

5. 이해력, 작문, 내용 영역에서 어려움을 겪는 사람들을 위해 소집단으로 중재를 제 공하라.

6. 곤란 수준과 주제에서 다양한 지문을 사용하라.

7. 모든 주제 영역에서 집중적 작문을 하도록 하라.

8. 교수 도구로 사용할 수 있는 첨단기술을 개발하라.

9. 학생 진전도와 프로그램 효과성에 대한 평가를 제공하라.

10. 문해력을 위해 충분한 시간을 제공하라. 중학교에서는 2~4시간은 문해력 교수와 언어와 내용 수업으로 매일 사용되어야 한다.

11. 문해력에 관한 지속적이며 전문적인 발달을 제공하라.

12. 학생과 프로그램 결과를 평가하라.

13. 교과 영역을 가르치는 교사와 정규적으로 만날 수 있는 교사 모임을 만들어라.

14. 읽기 교수를 이해하는 교사와 교장들에게 리더십을 제공하라.

15. 지역구의 교육청은 유치원에서 고등학교까지 학년 전반에 걸친 종합적이며 통합 된 문해력 교육 계획을 갖고 있어야 한다. 즉, 이러한 계획은 다학문적이며 다부 처들(interdepartmental)이 관련되어 있으며, 지역사회와 이외의 자원들을 통합할 수 있어야 한다.

때 향상된 이해력 기술을 발달시킨다(Knapp, 1995, p. 8). "학생들은 심오 한 의미를 찾을 수 있는 능력을 갖고 있지 않다. 교사들은 그들이 읽은 것 에 대해 분석하고 생각할 수 있는 방법에 대해 아동들이 배울 기회를 구 조화해야만 한다."

다른 조언들은 교수전략과 기초 구조 영역 모두를 고려하고 있다. 명시 적 읽기 이해 교수는 교과목을 가르치는 교사(content teacher: 예, 역사, 과

학, 언어 등을 가르치는 사람)에게도 매우 중요한데, 왜냐하면 이러한 교과
목 수업시간의 상당 부분은 모든 학생의 이해력을 향상시키는 데 사용되
기 때문이다. 다양한 관심사를 갖고 있음에도 불구하고 학교교육 안에서
자신의 관심 영역을 잃어버린 고학년의 학생들을 수업에 적극적으로 참
여시키는 것은 매우 중요하다. 협동적으로 지문 읽기, 다양한 지문들, 집
중적 쓰기, 문해력과 관련된 활동에 더 많은 시간을 투자하기, 학생 수행
을 지속적으로 모니터링하는 것과 관련된 조언들은 이 책의 제4장과 다음
에 기술된 특정 중재들의 중요한 사항들이다. 이러한 과제들을 성취하기
위해서, 중재전략에 대한 구조적인 변화가 요구되는데, 특히 중재전략은
종합적으로 구성되어야 하며, 다양한 교과 영역에 읽기 중재를 포함시킬
수 있어야 하고, 유치원에서 12학년까지 학년 전반을 연계할 수 있는 중
재전략이 필요하다.

읽기 이해 중재의 효율성

경험적 연구

다행히도 단어재인, 유창성 그리고 듣기 이해 영역에서 어려움을 가진
학생들을 위한 효과적인 읽기 이해 중재전략이 있다. 이해력에 관한 대부
분의 중재들은 교실 수준에서 사용할 수 있는 것이며, 일반적으로 '학습
장애'로 선별된 학생들에게 초점을 맞추고 있다. 읽기 이해 영역에 어려움
을 가진 특정한 학습장애 학생을 위한 중재전략 연구는 매우 적다.

읽기 이해력에 초점을 맞춘 중재는 읽기 어려움의 원인과 상관없이(심
지어 해독에 어려움이 있는 학생들도) 긍정적인 결과를 산출한다는 강력한
증거들을 제공하고 있다. Swanson(1999)의 메타분석에서, 전략교수는 낮
은 이해력을 가진 학습장애 학생들에게 효과적이라고 보고하였다. NRP

보고서(NRP, 2000)는 어휘 교수를 포함하는 47개 연구들과 지문 이해를 포함하는 203개 연구들을 요약하였다. 그러나 많은 연구는 그들의 연구 설계에서 제한점을 갖고 있기 때문에, 경험적 연구들로 사용하는 것은 적합하지 않다. 어휘 중재전략의 실험 연구에서 사용된 연구방법론과 수많은 다양한 변인들을 구분하고 분류하는 것은 매우 어려운 과제였다. 지문 이해력 중재에 관한 203개의 연구들은 16개의 다른 유형의 교수를 확인하였고, 8개의 연구는 그들이 사용한 중재전략을 통해 이해력을 향상시켰음을 보여 주는 과학적 근거를 제공하였다. 이해력을 지속적으로 모니터링하기, 협력학습, 그래픽 조직자와 의미조직자, 이야기 구조 교수, 질문 대답, 질문 만들기, 요약, 다중전략교수(multiple strategy teaching) 등은 이 연구들에 포함된 전략들이다.

　학습장애 학생들에 대한 최근의 협력학습(Jenkins & O'Connor, 2003)과 그래픽 조직자의 역할(Kim, Vaughn, Wanzek, & Wei, 2004)에 관한 메타분석에서, 이러한 중재전략은 중간 정도의 효과 크기부터 큰 효과 크기가 산출되었음을 보고하였다. 다른 리뷰에서 Vaughn과 Klingner(2004)는 학습장애 학생의 이해력을 촉진할 수 있는 다양한 중재전략을 확인하였다. 이러한 중재전략으로는 ① 배경지식 활성화를 돕기, ② 글을 읽는 동안과 읽은 후에 읽기 이해력을 모니터링하기, ③ 질문하기를 사용한 절차, ④ 지문의 요약을 통해서 핵심 주제를 생각할 수 있는 다양한 방법, ⑤ 명시적인 어휘 발달 지도이며, 이는 표면적으로 기억하는 전략과 달리 학생들이 개념을 이해할 수 있도록 도울 수 있는 방법, ⑥ 의미 지도, 단어 지도, 의미 속성 분석을 포함하는 그래픽 조직자가 포함되었다. 맥락적 단서, 형태음소적(morphophonemic) 분석, 외적 준거(external reference) 사용하기와 같이 모르는 단어를 이해하는 데 효과적인 전략 또한 유용하게 사용될 수 있다. 특히 설명문(expository text)과 같은 글에서 지문의 구조를 파악할 수 있도록 도울 수 있는 명식적인 교수법은 효과적이었다. 마지막으로 NRP의 결과와 마찬가지로, 다수의 중재전략을 사용하여 지도하는 것은 효과적이었다.

상호적 교수, 교류적 전략교수(transactional strategies instruction), 협력적 전략 읽기(collaborate strategies reading) 그리고 PALS와 같이 읽기 학습장애 학생들에게 사용된 중재전략은 효과적인 것으로 확인되었다. Mastropieri와 Scruggs(1997)의 연구결과와 일치하게, Vaughn과 Klingner(2004)는 교사가 다음의 경우에 학습장애 학생의 이해력을 향상시킬 수 있다고 결론을 내렸다. ① 이해력에 효과적이라고 증명되어 온 전략교수를 제공할 때, ② 명시적으로 수업을 설계해야 하며, 맥락이나 우연학습에 근거하여 수업을 설계하지 않을 때, ③ 모델링, 지원 그리고 중재전략에 대한 안내를 제공할 때, ④ 다양한 지문을 통해 일반화가 촉진될 수 있는 기회를 제공할 때, ⑤ 체계적으로 학생 진전도를 모니터하고 교수 계획 시 모니터링 결과를 적용할 때다.

협력적 전략 읽기

협력적 전략 읽기는 교실 수준에서 사용할 수 있는 접근방법이다(Vaughn, Klingner, & Bryant, 2001). 협력적 전략 읽기에서 교사는 모델링, 역할극 그리고 생각을 말하기(think-aloud)와 같은 전략을 학급 전체 학생들에게 제공하게 된다. 학생들은 그들이 읽은 지문에서 사건이 왜, 언제, 어떻게 일어났는지를 파악할 수 있는 전략을 명시적으로 배우게 된다. 학생들이 다양한 수준으로 전략을 습득한 후에, 전략의 숙달 정도에 따라 집단들을 구분하였다. 집단 안에서 학생들은 설명문을 읽고 협력적으로 전략을 사용할 때 정해진 역할을 수행하게 된다. 협력적 전략 읽기에서 네 가지 전략들을 학생들에게 지도하였다. ① 사전 검토(preview) 요소(이 단계에서 학생들은 필수적으로 배경지식을 활성화시키려는 시도를 함), ② 이해력 모니터링(글을 읽는 동안 어려운 단어와 개념을 확인하며, 글의 내용이 이해가 되지 않을 경우 어떻게 해결해야 하는지 도움을 줄 수 있는 전략을 사용하고 있는지를 모니터링함), ③ 단락에서 가장 중요한 생각을 재학습하기, ④ 요약하기/질문에 답하기(summarization/question asking). 일부 연구결과들은 이러한 전략을 사용하여 읽기 이해력과 다른 교과 영역에서 유의한 성취를 얻었음을 보여 주고 있다. 그러나 일부 학생들은 반응을 보이지 않았으며, 이러한 결과는 교실 중재를 받은 학생들의 진전도를 주의 깊게 모니터링하는 것이 중요함을 강조하고 있다.

또래지원학습전략

유사한 방식으로, 2~6학년 읽기에 관한 또래지원학습전략(PALS)의 연구들(중재전략의 초점이 읽기 이해에 있음)은 낮거나, 평균 혹은 높은 성취를 나타내는 학급(영어가 주 언어로 사용되는 학급)에서뿐만 아니라 학습장애 학생들에게도 PALS는 매우 효과적임을 증명하고 있다(Fuchs, Fuchs, Mathes, & Simmons, 1997; Saenz, Fuchs, & Fuchs, 2005). 물론 Vaughn와 동료들(2001)의 연구결과와 마찬가지로, 일부 학습장애 학생들을 PALS에 대한 반응이 충분하지 않음을 보여 주고 있다.

주제 찾기 프로그램

읽기 이해에 어려움을 지닌 초등학교 학습장애 학생들을 치료하는 연구에서 Williams와 동료들(Williams, 2003 참조)은 초등학교 2~3학년 학생뿐 아니라(Williams et al., 2005) 중학교에 재학 중인 학습장애 학생을 포함하여 연구를 수행하였다(예, Wilder & Williams, 2001). 이러한 프로그램에서는 우수한 이해력을 습득하는 데 도움을 줄 수 있는 전략과 여러 과정들을 가르칠 수 있는 지문의 구조가 사용되었다. 이 연구는 주제 찾기 프로그램(Theme-Identification Program)에 기반을 두고 있으며, 이 프로그램은 14회 수업차수로 구성되었다(Williams, 2002, 2003). 이 프로그램의 목적은 학생이 주제를 이끌어 내도록 돕는 것과 특정한 구성요소들(specific plot components)에 의해서 요약된 이야기의 전체 의미를 파악하는 것이다. 주제 찾기 프로그램에서 2회기의 도입 수업은 구성요소에 초점을 맞추고 있으며, 나머지 12회기의 수업은 이야기의 주제를 확인하는 활동과 관련되어 있다. 각 회기는 단일 이야기로 구성되어 있으며, 주제의 핵심 개념을 사전에 논의하기, 이야기를 큰 소리로 읽기, 이야기에서 중요한 정보를 논의하기, 교사의 도움으로 조직화된 질문을 사용하기(즉, 주제 스키마), 이야기의 주제를 다른 이야기의 예나 실제 상황에 적용하거나 활용하기, 검토하기 그리고 행동으로 옮기기 등과 같은 활동이 포함되어 있다. 프로그램의 핵심은 주제 스키마에 있다. 주제 스키마란 학생들이 이야기의 구조를 이해하고 주제를 파악하는 데 도움을 줄 수 있는 중요한 이야기의 구성요소들을 구조화할 수 있도록 질문을 제공하는 역할을 한다. 교사는 주제를 이끄는 8개 질문들에 대답할 수 있는 방법에 관한 모델링을 제공하며, 학생들은 질문에 대답을 해야 한다는 책임감을 점차 인식하게 되면서 글의 주제를 확인하게 된다. 게다가 학생들은 이러한 절차를 반복하게 되며 이러한 질문들을 기억하려고 노력하게 되면서 그들은 배우지 않은 이야기에서도 주제 스키마를 적용할 수 있게 된다. 이러한 중재의 후반부에서는 전이 교수전략(transfer instruction)이 명시적인 방법으로 제공되며 학습된 주제를 다른 관련된 상황에서 일반화시키도록 도울 수 있는 추가적인 2개의 질문을 제공하게 된다.

Williams와 동료들(2002)은 이 프로그램을 뉴욕 할렘 지역의 2학년 5개 통합학급과 3학년 5개 통합학급에 적용하였고, 학생들은 고-중-저 성취 학습자로 구분되었다. 이들 120명의 학생 중 12명은 학습장애로 확인되어 왔다. 10개의 학급들은 주제 찾기 프로그램이나 어휘와 글의 구성(plot)을 강조하는 좀 더 전통적인 이해력 프로그램에 무선 할당되었다. 연구결과에 따르면 주제 찾기 프로그램을 사용하여, 학생들은 주제의 개념을 획득하고 주제 스키마 질문들을 학습(효과 크기=2.11)하였다. 더욱 중요한 사실은 새로운 단락에서 실험조건의 학생들은 주제를 확인하는 데 좀 더 숙련된 능력을 보였다는 것이다(효과 크기= .68). 2~3학년의 학습장애 학생뿐만 아니라, 고-중-저 성취를 보이는 학생들에게도 이 프로그램은 효과적이었다.

Williams와 동료들(2005)은 동물 분류에 대한 학습방식으로서 주제 찾기 프로그램을 사용하여 이 프로그램의 효과를 검증하였다. 이 연구에서 효과의 검증방법은 주제 찾기 프로그램을 받은 집단을 전통적인 내용 프로그램으로 동물을 분류하는 집단과 아무런 처치를 받지 않은 집단과 비교하는 것이었다. 3개의 뉴욕 공립학교에서의 2학년 10학급들의 교사들은 자발적으로 이 연구에 참여하였고, 무선적으로 집단에 할당되었다(지문 구조 n=4, 내용 n=4, 무 전략 n=1). [그림 7-1]은 두 프로그램들 간 비교를 보여 주고 있으며, 내용 수준에서 중첩되고 있음을 보여 준다. 그러나 실험조건에서의 교수전략은 지문 구조 측면에서 명백한 차이가 있음을 보여 주고 있으며, 직접교수와 전략교수의 두 가지 원리를 적용하여 지도하였다. 내용 프로그램에서는 동일한 교재를 사용했지만, 사실들과 동물에 관해서는 좀 더 일반적인 정보에 초점을 맞추고 있었다. 이 연구의 참여자들은 128명의 학생들로, 그들 중 대략 6%가 학습장애를 가진 것으로 판별되어 왔다.

연구자들은 처음에 비교/대조 단락을 요약할 수 있는 학생들의 능력에 초점을 맞추고 있었으며 이러한 능력은 프로그램 안에서 명시적으로 가르쳤다. 지문 구조 집단은 수많은 요약진술 과제에서 다른 두 집단들을 능가하였다. 연구자들은 또한 학생들의 전이(transfer) 능력을 조사했는데, 이러한 조사는 중재전략에서 사용된 지문과 동일하게 구성되어 있지만, 새로운 내용을 통합한 세 가지의 새로운 비교/대조 지문을 사용했다(세 가지 지문은 교실에서 사용된 교재와는 다른 새로운 내용을 포함하고 있다). 전이를 측정하는 검사에서, 지문 구조 집단의 학생들은 비교집단보다 유의하게 높은 점수를 획득하였다. 이와 함께 연구자들은 비교/대비에 관한 교수전략은 새로운 지문 구조에서 전이되지 않았음을 발견하였다. 이러한 결과는 다양한 지문구조에서 명시적인 교수가 필요함을 제안하고 있다.

학습전략 교육과정

캔자스 대학의 학습연구센터가 실행한 장기적 프로그램 연구(Schumaker, Deshler, & McKnight, 2002)는 일련의 여러 가지 전략들과 교수 내용(teaching routines)을 확인해 왔는데, 이는 단지 학습장애 학생의 학습에만 영향을 주는 것이 아니라 교실 모든 학생에게 영향을 준다. 이러한 교수 내용은 학교 안과 밖(예, 숙제)의 다양한 조직화 전략뿐 아니라 독해, 작문을 포함한 다양한 영역들을 포함하고 있다. 중학교의 교실 수준에서 대규모로 교수전략을 실시할 때, 교수 내용은 학습전략 교육과정으로 조직화되며, 이는 기본 교육과정에서 제시된 세 가지 주요 요구 사항인 정보의 획득, 저장, 표현에 초점을 맞추고 있다. 정보의 획득에 관한 교수 내용은 단어재인과 이해력을 촉진하는 전략들을 포함한다(바꿔 쓰기, 시각적 상상, 이야기 지문의 회상, 자기질문하기, 관련된 전략 활동들). 단일 사례연구 설계에서 반복적인 측정을 사용한 일련의 연구들은 학습장애 청소년들이 복잡한 학습전략을 배울 수 있으며, 이러한 전략의 실행이 향상된 학업적 수행을 가져온다는 것을 확인하였다(Shumaker et al., 2002). 효과 크기들은 다양한

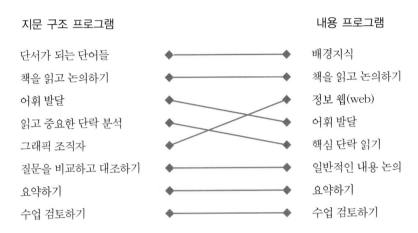

지문 구조 프로그램

- 단서가 되는 단어들
- 책을 읽고 논의하기
- 어휘 발달
- 읽고 중요한 단락 분석
- 그래픽 조직자
- 질문을 비교하고 대조하기
- 요약하기
- 수업 검토하기

내용 프로그램

- 배경지식
- 책을 읽고 논의하기
- 정보 웹(web)
- 어휘 발달
- 핵심 단락 읽기
- 일반적인 내용 논의
- 요약하기
- 수업 검토하기

[그림 7-1] 주제 찾기와 내용 프로그램에 대한 개관. 양쪽의 다이아몬드 모양을 지닌 선은 2개의 프로그램에서 비교 가능한 영역을 연결하고 있다.

출처: Williams et al. (2005). p. 541.

전략에서 일관되게 매우 큰 수치였다. 교실 수준에서 조직화 기술을 사용한 연구에서, 이러한 교수가 학습장애 학생들에게 조직화 기술과 전반적 수행을 향상시킬 뿐 아니라 학습장애가 없는 학생들도 이러한 명시적 교수를 사용하여 향상되었다는 것을 확인하였다(Hughes et al., 2002).

결 론

이해력의 발달과정과 읽기 이해의 어려움을 초래하는 다양한 원인들을 확인할 수 있는 강력한 증거들이 있다. 앞으로 더 많은 연구가 수행될 필요가 있지만, 이러한 연구 프로그램에 대한 근거 자료들은 점차 증가하고 있다(Snow, 2002). 읽기의 일차적 문제가 해독이나 유창성이 아닌 이해력의 어려움을 갖고 있는 아이들에 있으며, 구어장애는 모든 읽기 이해의 어려움을 설명하지 못한다는 것은 명료한 사실이다. 읽기 이해를 측정하는 방법과 서로 다른 측정방법과 관련된 학업 기술 결함의 핵심 인지 상관은 무엇인지에 관한 논쟁은 아직도 진행 중이다. 낮은 이해력을 가진 학생들을 위한 신경생리학적 연구는 매우 부족하며, 낮은 이해력을 가진 학생들에 관한 연구결과의 대부분은 낮은 읽기 저성취 학생들에 관한 연구에서 도출되었다. 극히 소수의 중재 연구들이 특정 하위 집단으로서 낮은 이해력을 가진 학생들을 선별하였다. 그러나 읽기 이해 중재전략을 사용한 연구들은 심지어 단어 수준 읽기장애를 지닌 학생조차도 이해력을 향상시킬 수 있음을 보여 주고 있다. 이러한 연구결과에 따르면, 이해력 향상에 영향을 줄 수 있는 대부분의 요인은 전략교수와 관련되어 있으며, 이러한 전략교수는 단어재인과 유창성에 어려움을 지닌 학생들을 위한 종합적인 중재전략의 일부를 포함하기도 한다.

제9장에서 학습장애 학생을 위한 전략교수의 중요성은 쓰기 영역으로 확장되고 있다. 특히 필기와 철자에서 '기술교수(skill instruction)'에 대한 역할이 필요하더라도, 학습장애 학생을 위한 쓰기 중재전략은 전략의 발달에 초점을 둔다. 다양한 영역에서 학습장애 학생들이 자발적으로 전략들을 선택하지 못한다는 사실은 널리 알려져 있다. 만약 학습장애 학생들이 전략을 배운다면, 그들은 일반화를 촉진하는 특정 교수전략을 사용할 것이다. 전략교수는 자기조절을 촉진하고 학생의 독립성을 향상시킨다. 그러한 중재전략은 다양한 교과 영역을 통해서 학습장애 학생들에게 공통적으로 관찰되는 '실행 기능'의 결핍에 초점을 맞추고 있다.

Chapter 08
수학장애

읽기 유창성과 읽기 이해 영역과는 달리, 수학 영역에서 학습장애의 정의는 역사적으로 단어 수준 읽기장애(WLRD)의 배제 정의와 같이 발전해 왔다. 제2장에서 언급한 것과 같이, 연방법에 의한 학습장애 정의에서는 수학 계산과 개념으로 수학 학습장애를 설명하는 반면, 미국학습장애연합위원회(National Joint Committee on Learning Disabilities: NJCLD, 1988)의 학습장애 정의에서는 수학 능력에서의 심각한 어려움으로 설명하고 있다. 그리고 DSM-IV(American Psychiatric Association, 1994)에서는 '수학장애(mathematics disorder)'라는 용어를 사용하고 있다. 국제질병분류(International Classification of Diseases-10: ICD-10; World Health Organization, 1992)에서는 '산술 능력에서의 특정 장애(specific disorder of arithmetical skill)'를 진단 준거로 정하고 있다. 수학 학습장애에 관한 이러한 정의들은 평균 혹은 평균 이상의 지능을 가지고 있고, 감각 기능이 정상적이며,

적절한 교육 기회를 받았고, 다른 발달장애나 정서장애로 인한 수학의 문제가 아니라는 가정을 기반으로 하고 있다. 그러나 이러한 정의들은 수학학습장애를 가진 학생을 판별할 수 있는 특정 학업 기술 결함의 정도에 대해서는 명확히 제시하지 못하고 있다.

이와 같이 현재 정의들의 모호한 특성 때문에, 수학 학습장애를 판단하기 위한 일관적인 기준은 없다. 수학 계산에서부터 문장제 문제해결까지 수학 기술에서의 다양한 문제에 대해서 '수학 학습장애(LDs in mathematics)' '발달적 산술장애(developmental arithmetic disorder)' '수학장애(mathematics disabilities)' '특정 수학장애(specific mathematics disabilities)' 등의 용어들이 광범위하게 사용되고 있는 상황이다. Fleishner(1994)가 지적한 것처럼, '수학 학습장애(mathematics learning disability)'는 계산이나 수학적 사고에서 특정한 결손을 보이는 '난산증(dyscalculia)'이라는 용어와도 일부의 경우에 유사하게 사용되어 왔다. 여기에서 '특정(specific)'이라는 단어는 보통 구어, 읽기, 쓰기는 손상되지 않았음을 의미하는 것이다(예, Strang & Rourke, 1985; World Health Organization, 1992 참조). 그러나 수학에서의 문제는 다른 영역에서의 학습장애와 자주 연관된다(Fleishner, 1994; Fuchs, Fuchs, & Prentice, 2004; Rourke & Finlayson, 1978). 따라서 수학에서 학습장애를 가지는지를 알 수 있는 지표로서 핵심적인 학업 기술 결함을 분명히 제시하는 것에 초점을 맞출 필요가 있다. 읽기가 단어재인, 유창성, 이해력과 같은 학업 기술로 구성된 것처럼, 수학 능력의 핵심 구성요소를 확인하는 모형에서부터 수학 학습장애의 판별이 시작되어야 할 것이다.

학업 기술 결함

정의에 따르면, 수학에서의 문제는 독립적으로 나타나며 계산이나 문제해결에서의 어려움으로 나타난다. 구체적인 학업 기술을 목표로 하는 중재라면 문제해결에 초점을 두는 것이 중요하다(Fuchs et al., 2004). 사실 읽기와 언어의 어려움에 의해 설명될 수 없는 수학적 추론이나 수 개념과 같은 학업 기술 결함이 있는지를 파악하는 것은 명확하지 않다(제3장 참조). 수학적 발달 모형에서, 개념적 측면(예, 기수 개념에 대한 이해)과 절차적 측면(예, 10까지 수 세기 절차에 대한 이해)의 수학 지식은 여러 수학과제 수행을 위해 필요한 것이다. 그리고 수학 기술은 이러한 개념적 지식과 절차적 지식의 관계에서 상호적인 특성을 가지며 발달하였다(Rittle-Johnson, Siegler, & Alibali, 2001). 이에 수학장애 정의에서는 수학 계산과 수학 개념에 대한 지식을 따로 분리하려는 것에 대해 의문이 제기되었다.

제5장에서 우리는 단어 수준 읽기장애의 특정 지표로서 단어재인과 같은 읽기 학업 기술의 결함과 음운 처리 같은 핵심 인지 처리과정을 구분하였다. 읽기 영역에서 서로 다른 인지 과정이 읽기에서 서로 다른 기술들(단어재인, 유창성, 이해)을 예측함을 보여 주는 것은 중요하다.

수학 영역을 구성하는 학업 기술 사이의 구분도 중요하다(Geary, 2005). 그러나 수학 학습장애에서 어려움을 가질 수 있는 수리적 능력(numerical competency)에 대한 이해는 읽기나 쓰기에서처럼 명확하게 발달하지는 못했다(제9장). 이러한 구성요소들은 분리된 수 처리와 계산 체계(McCloskey & Caramazza, 1985), 즉 후천적 실산증(calculia) 연구에서 나온 모형으로 설명될 수 있다. 이 모형에서는 수리적 능력을 특정 신경계와 관련을 가진 모듈식 기술(modular skill)로 보려는 경향이 있다. 또 다른 관점은 수학 기술 발달에 대한 아동 연구에서 나온 것으로서, 수학 능력이 개별 아동들 마다 다른 수준으로 발달하는 것을 보여 주는 인지적 기제를 파악하는 것이다. 이에 따라 Geary(2004)는 십진법 계산과 같은 개념적 지식과 받아내림 및 받아올림의 규칙과 같은 절차적 지식을 구분하였다. 그런 다음 이러한 수학적 지식의 형태들이 서로 다른 인지적 체계에 의해 이루어졌음을 주장하였다.

수학 능력에 관한 이러한 관점들은 수학장애 연구의 발전에 대한 두 가지 다른 이론적 입장을 보여 주고 있다. 수학 능력은 그 자체로 핵심이라는 관점, 즉 모듈적 속성이라는 것은 Butterworth(2005)의 발달 연구에서 제시되었다. 그의 주장은 수학이 크기와 양을 이해하거나 셈과 수를 비교하기 위한 고대의 개체발생학적 요구로부터 나타났다는 것이다. 이 능력들은 인간이나 인간이 아닌 생물 모두에게서 관찰되는 종 간(cross-species) 능력으로서, Dehaene과 Cohen(1997)이 '수 감각(number sense)'이라는 용어로 설명한 것이다. 인간에 대한 연구에서, 영유아들도 작은 수 집합(small sets)들의 차이를 구분할 수 있고(Starkey, Spelke, & Gelman, 1991), 여기에 더하는 것과 같은 수의 조작 값을 추론하기 시작한다(Wynn, 1992). 유치원생들은 집합들과 수에서 크기 차이를 정확하게 분별할 수 있고, 비언어적 문제해결 상황에서 덧셈과 뺄셈과 같이 수를 변형할 수 있다(Ginsburg, Klein, & Starkey, 1998). Butterworth(2005)는 이러한 초기의 수리능력이 언어(Hodent, Bryant, & Houde, 2005 참조)와 다른 환경적 요인에 영향을 받지 않으며, 초기 수학 능력에서의 어려움은 결국 수학 관련 학습장애를 초래한다고 지적하였다.

이러한 관점에서 수학 학습장애를 정의하고 이해하는 것의 중요한 핵심 이슈는 진화의 산물인 인간과 비인간의 기본 뇌 용량 구성과 뇌 회로연결 능력을 확인하는 것이다(Dehaene, Molko, Cohen, & Wilson, 2004). 특히 문제해결에 관해서는 언어가 단순하게 수학적 기술의 발달을 촉진하는 것이든(Gelman & Butterworth, 2005), 핵심적인 수학적 기술과 개념의 발달에 원인이 되는 것(Carey, 2004)이든 상관없이 모든 수학 능력은 언어 체계로의 확장이 필요하다. 영유아와 유치원생들의 수 관련 과제 수행이 타고나거나 초기의 숫자 표상에 의존하는지의 여부, 이러한 수행이 개념 단서가 되는 언어와 주의력 기제의 결과인지의 여부는 계속해서 활발히 논의되고 있다(예, Cohen & Marks, 2002 vs. Wynn, 2002; Hodent et al., 2005; Mix, Huttenlocher, & Levine, 2002). 어떤 경우이든 초기 수 관련 과제에서의 수행 정도가 학년에 따른 수학 능력에서의 개인차를 예측해 주는지에 대해서는 현재까지도 알려지지 않았다.

Geary(2004)는 좀 더 전통적인 견해를 제시하였는데, 이것은 수학 학습장애에 관한 초기 연구에서도 명백히 나타났다(Rourke, 1993). 이러한 관점에서 수학 기술은 언어 체계, 시공간 체계, 주의력을 유지하고 관련 없는 정보를 억제하는 중앙 실행 기능과 같은 인지적 또는 신경심리학적 체계를 바탕으로 하여 서로 다른 영역에서 나타난다(Geary, 2004). 수학에서의 어려움은 이러한 인지적 체계 중 하나 혹은 이들의 상호작용에 의해 이루어지고, 다양한 수학적 과제에서 서로 다른 양상의 문제를 일으킨다.

이에 대한 몇 가지 증거가 있지만(Geary, 2004, 2005), 이러한 접근이나 앞서 논의된 모듈 접근을 지지하기 위한 연구 기반은 아직 확립되지 못했다. 수학 학습장애 아동들은 수학 기술의 구성과 이러한 기술과 관련된 인지 과정이 다양하다는 것은 명백하다(Fuchs et al., 2005, 2006b; Hanich, Jordan, Kaplan, & Dick, 2001). 그러나 수학장애의 모형과 상관없이 수학 학습장애가 가진 핵심 과정을 이해하려는 목적은 학습장애 판별을 위한 학업 기술 결함에 대한 질문에 답을 하려고 하는 것이다. 대부분의 연구는 수학 계산의 어려움으로 선별된 아동들에 초점을 맞추어 왔다. 초기 신경학적 연구들이 성인이나 아동이 구어 혹은 지필 과제에서 간단한 산술 계산을 수행하는 데 어려움을 겪는 것을 '난산증(dyscalculia)'이라고 설명하는 것을 보면, 이러한 관점은 놀랄 만한 것이 아니다. 그러나 수학은 산술 계산을 넘어 그 이상의 것을 포함하는 영역이다.

난산증, 즉 계산의 문제를 보면, 수학 계산을 수행하는 능력은 다양한 핵심 인지 처리과정에 의해 결정되는 단어재인, 단어 유창성, 지문 읽기, 읽기 이해 등과 같이 다양한 능력을 필요로 한다는 것이다(Fuchs et al., 2006b). 수학은 계산, 수 지식의 인출, 절차적 지식의 적용을 포함한다. 문제해결, 특히 문장제를 해결하는 것에는 계산, 언어, 추론, 읽기 기술, 시공간 기술 등도 포함된다(Geary, 1993). 그리고 수학을 성공적으로 수행하기 위해서는 주의집중하고, 조작하며, 전환하고, 서로 다른 종류의 정보에 접근하고 이를 유지하며 기억의 과부하를 피할 정도로 빠르게 작업하는 능력을 필요로 한다. 읽기 성취 검사에서 읽기 기술의 구성요소들은 구별이 명확하고 혼동되지 않는 것과 달리, 수학 성취를 측정하는 검사들은 수학의 다양한 구성요소들이 중첩되어 있으면서 계산 혹은 문제해결에 일차적으로 초점을 맞추는 경향이 있다. 기본 수리 능력에 초점을 맞추는 것은 수학 기술의 구성요소들을 좀 더 분리된 요소들로 나눈다는 점에서 가치가 있다. 만약 연구자들이 수학 구성요소들을 구체화시키고 다양한 학생들에게서 이러한 구성요소와 인지적 관련성을 조사한다면, 수학 능력과 인지 문제의 연관성은 보다 명백해질 수 있다. 따라서 두 관점들은 긴밀하게 연결되어야만 한다(Geary, 2005). 인지적 연관성은 다양한 경향이 있으므로 연구자들은 수리 능력의 구성요소를 조심스럽게 구체화해야 할 것이다.

핵심 인지 처리과정

수학 학습장애를 가진 학생을 판별하기 위한 학업 기술의 문제를 정의하는 것은 어렵기 때문에, 수학 학습장애의 기저에 놓인 핵심 인지 처리과정(core cognitive processes)의 판별에 대한 연구가 많이 발전되지는 못했다. 대부분은 이론적 유형이며, 수학 학습장애를 판별하기 위해 사용된 수학 능력에 관한 것이었다. 수학 학습장애를 판별하는 데 있어서 중요한 특성 중 한 가지는 단어 수준 읽기장애를 가지고 있는지의 여부를 확인하는 것이다. 비록 수학장애만 가진 집단과 수학장애와 단어 수준 읽기장애를 모두 가진 집단 사이에서 수리 능력이 실제로 다양한지는 확실하지 않다. 그러나 수학과 읽기에서 학습장애를 모두 가진 아동이 읽기 문제와 관련된 언어 손상을 가지고 있다면 인지적 관련성이 다양하다는 것은 확실하다. 게다가 수학 기술의 결함 여부와 상관없이 단어 읽기와 음운 처리의 관련성은 명백하다. 즉, 단어 읽기와 수학 문제를 모두 가진 사람은 좀 더 심각한 언어(읽기)의 어려움을 갖는다. [그림 8-1]은 학습장애가 없는 일반 집단, 읽기 학습장애 집단, 수학 학습장애 집단, 읽기와 수학 모두에서 학습장애를 가진 집단 간의 비교를 보여 주고 있다. 그림에서는 읽기와 수학 모두에서 문제를 가진 집단이 좀 더 심각하고 전반적인 손상을 나타냈다. 이러한 집단과 읽기 문제만 가진 집단은 음운 인식과 빠른 이름대기 평가에서도 유사성을 보이고 있다. 또한 읽기 및 수학 학습장애를 함께 가지면 읽기 및 수학에서 더 심각한 어려움을 보임을 알 수 있다.

이와 같이 수학장애 정의의 어려움과 이론적 기반의 차이에도 불구하고, 다음과 같이 작업기억/실행 기능 처리와 언어의 인지적 처리에 관한 연구들이 이루어졌다.

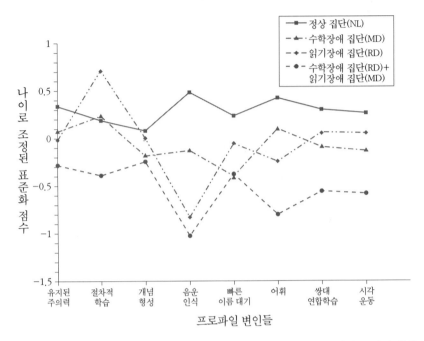

[그림 8-1] 학습장애가 없는 일반적인 학생(NL), 읽기에서만 학습장애를 가진 학생 (RD), 수학에서만 학습장애를 가진 학생(MD), 읽기와 수학 모두에서 학습장애를 가진 학생(RD+MD)의 인지 능력 프로파일. 읽기와 수학 모두에서 학습장애를 가진 학생은 한 영역에서만 학습장애를 가진 학생들보다 더 심각한 양상을 보이고 있다.

출처: Fletcher (2005). p. 310.

작업기억/실행 기능 처리

수리 능력과 상관없이, 작업기억 과제(Bull & Johnston, 1997; Geary, Hoard, Byrd-Craven, & DeSoto, 2004) 및 실행 기능 과제(Sikora, Haley, Edwards, & Butler, 2002)에서의 문제는 수학 학습장애 아동에게 공통적으로 관찰된다. Swanson과 동료들의 연구들(Keeler & Swanson, 2001; Swanson & Sachse-Lee, 2001; Swanson & Siegel, 2001)에서, 특정 수학장애를 가진 아동들과 읽기장 애와 수학장애를 모두 가진 아동들을 대상으로 언어적, 시공간적 작업기

억과 전략 지식을 포함하는 실행 기능 처리, 작업기억을 효율적으로 사용하는 능력에 대해 연구가 이루어졌다.

일부 연구들에서는 수학장애를 가진 아동의 특징으로 시공간적 작업기억에서의 문제를 제시하고 있는데(Seigel & Ryan, 1989), 이에 반해 읽기장애와 수학장애 모두를 가진 아동들은 보다 전반적인 언어 및 언어적 작업기억 곤란을 가진다고 제안하고 있다. 그러나 Keeler와 Swanson(2001)은 특정 수학장애를 가진 학생의 수학 계산 기술은 시공간적 작업기억보다는 언어적 작업기억에 의해 더 예측된다고 밝혔다. 또한 실행 기능의 문제뿐만 아니라 특정 영역에서 작업기억의 어려움이 수학 영역에서 더욱 전반적인 문제들을 야기시킨다고 밝히고 있다. 대조적으로 Swanson과 Sachse-Lee(2001)는 읽기 문제와 직접적으로 관련 없는 일반적 영역의 체계가 읽기장애 아동의 낮은 작업기억에 중요한 영향을 미친다고 밝혔다. Wilson과 Swanson(2001)은 일반적 영역과 특수적 영역의 작업기억 측정은 수학 계산을 위한 전략 획득 능력과 관련된다고 밝혔다. Geary와 동료들(Geary, Hamson, & Hoard, 2000; Geary et al., 2004)이 지적한 것처럼, 작업기억과 수학장애의 관련성은 복잡하며, 수학장애가 읽기장애를 수반하는지의 여부에 따른 관련성을 알아보기 위해서는 좀 더 추가적인 연구들이 필요하다. 확실히 읽기장애와 수학장애 모두를 가진 아동들은 읽기장애나 수학장애 둘 중 하나만 가진 아동들에 비해 작업기억에 좀 더 심각한 문제를 가지는 경향이 있다(Fletcher et al., 2003). 그리고 여러 측면의 작업기억은 서로 다른 수학 기술들과 연관되어 있을 수 있으므로 작업기억과 수학장애 사이의 관련성은 매우 복잡하다. 예를 들어, 일반적인 발달을 보이는 아동들의 경우에 수리적 계산은 받아 내림이 있는지에 여부에 따라 단기적 언어기억이나 언어적 작업기억과 관련되지만, 시공간적 작업기억은 수리적 추리와 관련된다고 할 수 있다(Khemani & Barnes, 2005).

언 어

　　Carey(2004)는 언어는 형식적인 수학 학습에 중요할 뿐 아니라, 언어의 영향이 적은 기하학과 같은 수학 영역의 발달에도 중요하다고 제안하고 있다(Spelke & Tsivkin, 2001). 언어는 수를 세는 단어들과 같이 본래의 의미는 없지만 서로 다른 표상 체계를 연결하도록 하는 상징을 제공한다. 그래서 통합된 표상들은 좀 더 강하고 새로운 구조를 만들어 낸다.

　　초기 수학 기술 발달에서 언어의 중요성에 대해서는 영유아 및 유치원생에 대한 연구들에서 나타났다(Hodent et al., 2005). 비록 이 연구에서는 수학 능력에서 언어의 역할에 대해 일반적인 발달 양상을 제시하고 있지만, 비정상적인 언어 체계의 발달은 특정 영역의 수학 기능에 문제를 일으킬 수 있음을 예상할 수 있다.

　　여러 선행연구들은 읽기와 수학 계산에서 모두 문제를 가진 아동들이 단어재인만 손상된 아동들에 비해 더 심각하고 전반적인 구어장애를 나타낸다고 지적하고 있다. 이러한 어려움은 정확한 계산을 위한 핵심적인 수 지식(math fact)의 학습, 유지, 인출에서의 문제이며, 이것은 수학에서의 전반적인 어려움을 초래한다. Jordan과 Hanich(2000)는 읽기와 수학에서의 어려움을 동시에 가진 아동들은 수학적 사고의 다양한 영역들에서 문제를 나타낸다고 밝혔다. 즉, 언어 손상은 확실히 수학 기술의 습득에 어려움을 초래하는 것이라고 할 수 있다.

다른 인지적 관련성

　　여러 다양한 인지적 기술들이 수학 학습장애 연구들에서 강조되어 온 것은 놀랄 일이 아니다. Fuchs와 동료들(2006b)은 여러 가지 수학 능력과 아동의 특성이 어떻게 연관되는지 조사하였다. 이들은 기초적인 계산 기술에서 처리 속도, 음운 처리, 주의집중이 계산 능력과 관련된다고 보고하였다. 작업기억도 중요한 예측요인이지만, 읽기와 읽기 관련 기술을 모형에서 고려하지 않을 때만 예측이 가능했다. 수학 계산과 관련된 작업기억에 대한 증거들은 이미 앞서 언급하였다. 처리 속도는 수를 세는 속도 측면에서 계산과 관련된다. 즉, 빠른 처리는 인지적 자원을 빨리 사용하게 하고, 작업기억을 보다 효율적으로 사용할 수 있게 한다. Bull과 Johnston(1997)은 처리 속도가 7세 아동의 계산 기술의 강한 예측요인이라는 것을 발견하였고, Hecht, Torgesen, Wagner 그리고 Rashotte(2001)는 심지어 언어 능력이 통제되었을 때도 처리 속도가 계산 기술에 관련됨을 발견하였다. Geary(1993)는 성공적인 계산을 위해서는 음운 표상을 만들고 유지하는 능력이 필요하므로 음운 처리가 계산에 중요하다고 주장하였다. 그런데 이에 대한 연구들은 다른 결과를 제시하고 있다. Fuchs와 동료들(2005)은 1학년 학생에 대한 연구에서 음운 처리가 수학 계산 기술의 유일한 예측요인임을 발견한 반면, Swanson과 Beebe-Frankenberger(2004)는 음운 처리가 수학 계산 능력에 영향을 미치지 않는다는 연구결과를 제시하였다. 최근의 연구들은 수학 기술의 강력한 예측요인으로 주의력의 역할을 강조하고 있다. 예를 들면, Fuchs와 동료들(2005)은 주의력에 대한 교사 평가가 여러 인지 능력이 통제되었을 때도 수학 계산 기술을 예견할 수 있음을 보여 주었다. 물론 교사들이 학생들의 주의력 수준을 평가할 때 무엇을 평가했는가에 대한 것은 의문으로 남는다. 아마 교사들은 학업 능력에 따라 아동들을 단순히 평가했을 수도 있다.

또한 Fuchs와 동료들(2006b)은 아동의 계산 능력을 예측할 수 있는 요인을 조사하였는데, 이것은 몇 가지 단계에 따라 절차적 지식을 적용하는 '알고리즘 계산(algorithmic computation)'에 관한 것이었다. 이에 Fuchs와 동료들(2005)은 주의력에 대한 교사 평가가 수학 계산 수행을 예측할 수 있는 유일한 요인이라고 밝혔다. 그리고 이와 같은 결과는 ADHD 아동들에 대한 다른 연구들에서도 보고되었다(Ackerman, Anhalt, & Dykman, 1986; Lindsay, Tomazic, Levine, & Accardo, 1999). 또한 다른 선행연구에서도 알고리즘 문제해결을 위한 작업기억과 음운 처리의 중요성을 제시하고 있다(Hecht et al., 2001).

마지막으로 문제해결을 위해 계산을 수행하는 문장제 문제에서는 지문 이해와 관련된 인지 능력뿐만 아니라 계산 기술이 필요하다. 계산 문제와 문장제 문제 사이에 주요한 차이는 문제 구성에서 언어적 정보가 추가되는 것이다. 문장제 문제는 정보가 지문으로 이루어져 있고, 이를 통해 수식을 구성하며, 정보를 찾기 위해 계산 문제를 도출하는 것 등을 필요로 한다. 문장제 문제해결을 다루는 연구들은 작업기억, 언어 및 읽기 능력 그리고 문제해결과 개념 형성에 관여하는 여러 실행 기능들에 초점을 맞춘다. 이에 대해 Desoete와 Roeyers(2005)는 의미 처리에 대한 언어적 요소와 실행 기능에 대한 비언어적 요소가 수학 문제해결 기술의 수준을 다르게 하는 것이라고 밝혔다. 계산, 알고리즘 계산, 산술적 문장제 문제와 수리적 능력의 연관성을 확립하려는 시도로 Fuchs와 동료들(2006b)의 연구를 들 수 있다. 이 연구에서는 3학년 아동들의 대규모 표집을 통해 언어, 비언어적 문제해결, 개념 형성, 처리 속도, 장기기억, 작업기억, 음운 해독, 주의력, 일견 단어 효율성을 측정하였고 이에 따라서 앞서 언급한 세 가지 수학 영역의 능력을 평가하였다. 또한 이들은 학생의 부주의에 대한 교사 평정을 실시하였다. 서로 다른 인지 과정에 따른 세 가지 수학 능력 모형을 평가하기 위해 경로분석이 이루어졌다. [그림 8-2]는 최종 모형으로서 가는 선은 중요하지 않은 경로를 나타내고, 굵은 선은 중요한 예측요인을 나타낸다. 이 연구에서는 계산, 알고리즘 계산, 산술 문장제

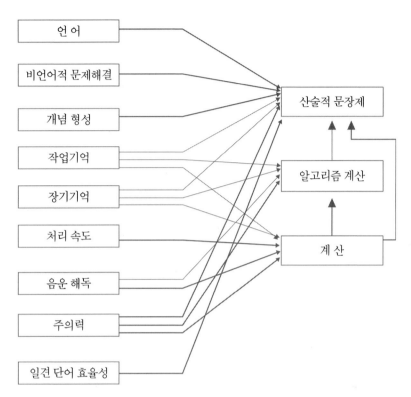

[그림 8-2] 수학 능력과 인지적 관련성에 대한 경로 분석. 가는 선은 중요하지 않은 요인을 나타내고, 굵은 선은 중요한 예측요인을 나타낸다. 주의집중 행동, 음운 해독, 처리속도는 계산 능력을 예측하였고, 계산 능력과 주의집중 행동은 알고리즘 계산 능력을 예측하였다. 그리고 계산 능력, 주의집중 행동, 비언어적 문제해결, 개념 형성, 일견 단어 효율성, 언어 기술은 산술적 문장제 능력을 예측하는 것으로 나타났다. 작업기억은 전체 모형에서 중요한 경로를 나타내지 않았지만, 읽기와 음운 처리를 0으로 통제할 때는 계산 능력과 산술적 문장제 능력의 중요한 예측요인이 되는 것으로 나타났다. 그래서 읽기 또는 읽기 관련 처리과정은 작업기억과 수학 기술과의 관계에 영향을 미치는 것으로 제안할 수 있다.

출처: Fuchs et al. (2006b). p. 37.

의 세 가지 수학 수행 모두를 독립적으로 예견하는 유일한 요인은 부주의에 대한 교사 평정이었다. 이와 함께 음운 해독과 처리 속도는 유일하게 계산 능력을 예측하였고, 비언어적 문제해결, 개념 형성, 일련 단어 효율성, 언어는 산술적 문장제 문제에 대한 능력을 예측하였다.

수학장애의 하위유형

마지막 논점은 수학 학습장애의 하위유형이 존재하는지의 여부에 관한 것이다. 평균적인 단어재인 능력을 가지고 있으며 일반적인 음운 처리 기술에 어려움은 없지만, 수학 계산에서 눈에 띄게 어려움을 가진 아동들의 하위유형에 대한 명확한 증거들이 제시되었다. 이러한 하위 집단들은 Rourke와 동료들에 의한 일련의 연구들에서 보고되었고(Rourke & Finlayson, 1978; Rourke, 1993), 이러한 결과는 현재 비언어적 학습장애의 개념을 이끌게 되었다(Rourke, 1989). 비언어적 학습장애의 개념은 몇몇 학습장애 아동들이 단어 수준 읽기장애와 다른 방식으로 수학, 사회적 기술, 읽기 이해에서 핵심 처리과정의 손상 때문에 학업 기술(즉, 수학 계산)에서 문제를 보이는 것을 의미한다. 이것은 특정 수학 능력에 언어가 관여하지 않음을 의미하는 것이 아니며, 읽기 수준이 낮은 아동들이 수학은 잘한다는 관점이 옳다는 것을 의미하지도 않는다. 이것은 특정 유형의 학습장애가 언어 체계와 관련성이 적다는 것을 강조하는 것이다(Johnson & Myklebust, 1967).

Rourke(1993)의 연구에서는 학습장애 아동의 단어 읽기, 철자 쓰기, 수학 기술의 패턴에 기반을 두고 다음의 세 집단을 비교하였다. ① 읽기장애를 수반하지 않은 수학장애, ② 읽기장애를 수반한 수학장애, ③ 수학장애를 수반하지 않은 읽기장애([그림 8-1] 참조). Rourke의 연구에서, 단지 수학적 수행이 낮은 아동들은 청각-언어적 측정에서 더 높은 점수를 나타내었고, 읽기와 수학 모두 낮은 아동들은 두 영역 모두에서 문제를 나타내었다. 그리고 읽기에서만 장애를 가진 아동들은 언어 영역에서만

문제를 보였다. 이후의 연구들에서는 이러한 연구결과에 기반을 둔 수학
과 읽기 학습장애의 구분에 대한 연구가 이루어졌다(Ackerman & Dykman,
1995; Keller & Sutton, 1991; Morrison & Siegel, 1991).

　비록 이 연구들이 학습장애의 특수성(specificity)과 공존성(comorbidity)
을 고려해야 함을 지적하고 있지만, 인지적 지표(cognitive marker)가 수학
학습에 영향을 미치는 기제에 대한 분석은 이루어지지 못했다. 수학 능력
과 인지 처리 간의 연관성을 근거로 하여 다음과 같은 하위유형 가설이
있다. Geary(1993, 2004, 2005)는 서로 다른 인지 처리과정을 근거로 하여
다음과 같은 세 가지 유형을 분류하였다. 첫 번째는 의미적 기억 하위유
형(semantic memory subtype)으로, 학습, 표상, 수학 지식의 기억에 어려움
을 나타내는 것이다. 이것은 속도가 느리고, 부정확하며, 일관적이지 못
한 산술적 문제해결 능력을 나타낸다. 일부 예에서, 이러한 아동들은 수
학 지식을 기억해서 인출하지 못하기 때문에 수 세기 전략을 사용하는 경
향이 있다. 두 번째는 절차적 하위유형(procedural subtype)이다. 이것은 서
로 다른 수학적 절차들(예, 10진법에 대한 이해)을 이해하는 것에서 어려움
을 보이는 것으로, 이러한 아동들은 종종 어린 나이에 사용하는 미숙한
전략들을 사용하기도 한다. 이러한 아동들은 산술적 문제해결에 미숙한
전략과 알고리즘을 사용하기 때문에, 수학 기술에서의 발달 지체를 갖고
있는 것이라고 Geary(2004)는 보고하였고 대조적으로, 의미적 기억 하위
유형(semantic memory subgroup)은 수학 능력에서의 지속적인 결함으로
인하여 어려움을 겪는 것이라고 가정하였다. 세 번째의 하위유형은 시공
간적 하위유형(visual-spatial subtype)으로, 공간적 표상과 수 정보를 조작
하는 능력을 포함한다. 그런데 선행연구들에서는 이러한 시공간적 기술
과 수학의 연관성에 대해 확실한 근거를 제시하고 있지 않기 때문에
(Barnes et al., 2006; Cirino, Morris, & Morris, 2006; Geary et al., 2000; Rovet,

Szekely, & Hockenberry, 1994), 더 이상 논의되지 않고 있다. 특정 수학장애를 가진 많은 아동은 시공간적 처리과정에 어려움을 갖는 것으로 나타나지만, 이러한 처리 문제와 구체적인 수학 능력을 연결시키는 것에서는 대부분 의미 있는 결과를 도출하지 못했다.

Geary(1993)는 수 지식의 표상(fact representation)과 인출에 대한 어려움은 수학과 단어재인 모두에 어려움을 가진 학생들의 특징이라고 가정하였고, 이에 대해 Robinson, Menchetti 그리고 Torgesen(2002)도 지지하였다. Geary와 동료들(2000, 2004)은 수학장애와 읽기장애를 모두 가진 1학년 아동들이 수 세기와 수 개념 이해 과제에서 문제를 가지고 있음을 발견하였다. 수 개념 이해에 대한 문제는 특정 수학장애 아동에게 나타나지는 않았지만, 이러한 아동들은 1학년과 2학년에서 수 세기에서 어려움을 보이는 것으로 나타났다. 그리고 두 가지 유형의 아동들 모두 1학년에서 수 세기 절차와 수 지식의 인출에 더 많은 문제를 가지고 있었다. 기억 오류를 평가하는 과제에서, 읽기장애 및 수학장애를 모두 가지고 있는 아동들은 수학장애만 가진 아동들보다 더 많은 어려움을 보였다. 이러한 집단들 모두 읽기장애만 가지거나 혹은 장애를 가지지 않은 아동들보다 더 낮은 수준의 수행을 보였다. 여기에서 절차적 과정의 문제를 가진 아동들이 수 지식의 인출 수행에서 향상을 보인 것을 통해, Geary는 절차적 문제가 결손(deficit)이 아니라 지체(delay)라고 가정하게 되었다.

신경학적인 뇌손상 아동들에 대한 최근의 연구들에서는 수학의 어려움에 대한 두 가지 유형이 구별된 학습장애를 나타낸다는 것을 지지하지는 않았다(Barnes et al., 2006; Jordan, Hanich, & Kaplan, 2003b). 수학적 지식을 표상하고 빠르게 기억해서 인출하는 데서의 어려움과 수학적 절차를 학습하고 실행하는 어려움은 문제는 직교과정(orthogonal processes, 두 영역 간 상관관계가 존재하지 않음-역자 주)으로 나타나지 않는다. 발달과정에서 수학적 어려움을 경험하는 어린 아동들은 보통 학교교육 초기에 수 지식과 절차적 지식에 대한 어려움을 모두 경험한다(Geary, Hoard, & Hamson, 1999; Geary et al., 2004). 그러나 이러한 어려움은 별개의 수학장애라기보다는 심각성이나 지속성의 문제인 것으로 판단된다. 단어재인 문제를 수반하거나 수반하지 않은 수학 학습장애의 문제들은 서로 다를 수 있다. 그렇지만 읽기와 수학 학습장애는 공존하고 있어서, 그들의 인지적 관련성은 수학장애 및 읽기장애와 관련된 것을 모두 포함하는 경향이 있다. 비록 기초 읽기 능력이 수학에서의 성취를 예견하지만, 유치원 초기에 실시된 수 감각 검사보다 초등학교 1학년 말의 수학 성취도를 예측할 수는 없다(Jordan, Kaplan, Olah, & Locuniak, 2006). 다른 공존장애들과 마찬가지로 두 장애가 공존될 경우, 읽기와 수학 문제는 더욱 심각하다. 읽기와 수학 문제를 모두 가진 아동들의 수 지식 습득의 결손은 수학 문제만 있을 경우와는 질적으로 다르지 않다. 구체적으로 읽기장애와 수학장애의 공존 집단에서 음운적 지식의 결손은 수 지식의 문제를 설명하지 못하지만, 수학장애만 가진 집단에서 다른 인지적 요인들은 수 지식의 어려움을 설명할 수 있다. 읽기 및 수학 문제를 모두 가진 아동들은 낮은 언어 및 읽기 기술 때문에 문장제 문제해결에 어려움을 나타낼 수 있다. 읽기와 수학의 공존장애를 가진 집단과 수학장애만을 가진 집단은 구별된 특성을 갖고 있기보다는 공통점을 더 많이 갖고 있으며, 질적으로 차이가 나는 수학의 문제로 보기보다는 심각성의 연속성(continuum of severity)으로 이해해야 한다.

역 학

출현율

수학 학습장애는 읽기 학습장애만큼 흔하게 발견되고 있다. Fleishner (1994)는 선행연구를 분석한 결과, 수학 학습장애의 출현율(Prevalence)에 대한 연구들이 유사한 추정치를 보이고 있다고 밝혔다. Badian과 Ghublikian (1983), Norman과 Zigmond(1980)에 의한 초기 연구들에서 학령기 아동의 약 6%가 수학 학습장애의 여러 형태를 나타내고 있다고 보고하였다. 좀더 최근의 연구들은 5~6%(Shalev et al., 2000), 그리고 3.6%(Lewis et al., 1994)의 추정치를 제시하고 있다. 이후 연구에서 산술장애(arithmetic disability)만 있는 경우(1.3%)와 산술장애 및 읽기장애를 함께 가진 경우 (2.3%)로 나누었는데, 이러한 추정치는 3.9%인 특정 읽기장애의 출현율과 대조적이라고 할 수 있다.

대부분의 선행연구들은 원래 유럽에서 이루어진 것으로, 북아메리카에 비해 절단점이 더 엄격한 경향이 있다(<5퍼센타일). 최근의 북아메리카 연구(Barbaresi, Katusic, Colligan, Weaver, & Jacobsen, 2005)에서는 수학에서의 학습장애에 대한 세 가지 정의를 사용하였다(회귀 기반 지능-성취 불일치, 지능과 수학 성취의 조정되지 않은 불일치, 수학에서의 저성취). 이러한 수학장애의 출현율은 정의에 따라 5.9%에서 13.8%까지 나타났다. 읽기 문제가 없는 수학에서의 특정 학습장애는 정의에 따라 표본의 약 1/3에서 1/2까지 나타났다. Fuchs와 동료들(2005)의 연구에서는 564명의 1학년 학생들을 대상으로 네 가지 정의(지능-성취 불일치, 평균 지능을 가진 저성취, 중재반응 이론과 저성취에 기반을 두어 시간에 따른 성장이나 변화에 관련된 두

가지 유형)로 분류된 일곱 가지 판별방법에 따라서 출현율의 추정치를 비교하였다. 당연하게 항목 내와 항목 간 차이로 인하여 출현율의 추정치들은 상당히 다양했다. 지능-성취 불일치에 기반을 둔 정의에 의한 출현율은 1.77%였다. 그리고 10퍼센타일의 절단점에 의한 저성취 정의에서는 9.75%의 출현율이 나타났다. 또한 중재반응에서는 최종 저성취가 기준점이고 표준화된 검사가 사용되었을 때는 1% 미만의 출현율을 나타냈고, 저성취 기준점이 교육과정 중심 측정으로부터 도출되었을 때는 6~9%로 나타났다. 기울기와 저성취 모두에 근거한 추정치는 약 4%의 출현율이 산출되었다. 연구자들은 출현율 추정치의 변산을 설명하는 데 있어 절단점에 관한 결정, 중재의 역할 그리고 측정된 수학 기술의 유형의 차이를 강조하였다.

성별 비율

Barbaresi와 동료들(2005)의 연구에서는 정의에 따라 1.6~2.2:1로 남성이 여성보다 수학 학습장애가 더 많음을 제시하였지만, 대부분의 연구에서는 수학 학습장애의 출현율에 성차가 존재한다고 보고하지 않았다(Shalev et al., 2000). 후속 연구들은 장애를 보고하는 기록들에 의존하기 때문에, 평가에 의뢰된 사람에 대해서는 편견이 존재할 수 있다. Spelke(2005)는 수학 능력에서의 성차에 관한 문헌을 고찰하였는데, 인지적 그리고 신경생물학적 기제에 있어 다양한 연령 수준에서 남성과 여성 간의 차이를 발견하지 못했다고 보고하고 있다.

발달적 과정

Shalev, Manor, Auerbach 그리고 Gross-Tsur(1998)에 의한 3년간의 종단 연구(4~8학년)에서는 5학년 때 수학장애를 가진 47%의 학생들이 8학년 때도 수학장애의 기준(5퍼센타일의 수학 점수)에 해당했다고 보고하였다. 이 표본에 대한 6년의 후속 연구로서 Shalev, Manor 그리고 Gross-Tsur(2005)는 5학년 때 수학 문제를 가진 것으로 판별된 95%의 학생들이 11학년 때 계속해서 하위 25% 수준으로 수행하고 있음을 밝혔고, 40%는 지속적으로 수학장애를 가지는 것으로 나타났다(<6퍼센타일). 따라서 읽기에서와 마찬가지로(S. E. Shaywitz et al., 1999), 수학에서의 문제는 지속된다고 할 수 있다. 이 연구에서 8학년에서 47%, 11학년에서는 40%의 학생들이 정의에 따라 수학 학습장애를 가지는 것으로 판별된 것을 주목해 볼 필요가 있다. 이것은 시간이 지나면서 학생들이 학습장애 범주에 들기도 하고 벗어나기도 한다는 것을 암시하는 것이다. 또한 이러한 현상은 초등학교 아동들에 대한 종단 연구들에서 관찰되었다(Gersten, Jordan, & Flojo, 2005; Mazzocco & Myers, 2003). 이것은 읽기장애를 가진 학생들에 대한 연구들에서 관찰된 결과와 유사하다(Francis et al., 2005a; S. E. Shaywitz et al., 1992, 1999). 그리고 이것은 제3장에서 살펴본 측정오류나 정규분포에서의 절단점 설정에 따른 문제를 나타낼지도 모른다. 읽기 영역처럼 수학장애의 출현율은 정의와 정의에 포함된 저성취 수준에 달려 있다.

신경생물학적 요인

뇌손상이 있는 성인을 대상으로 한 연구들은 뇌손상의 유형에 따라 특정 수학 능력을 잃을 수도 있고 유지할 수도 있음을 보여 준다(Dehaene & Cohen, 1997). 그러나 아직까지 수학 학습장애를 지닌 아동들에 대한 뇌 구조나 그 기능에 대한 연구들은 충분히 이루어지지 않았다. 뇌손상을 지닌 성인을 대상으로 한 연구에서 사용된 방법과 유사하게 수학 능력의 발달 측면을 분리할 수 있는지는 명확하지 않다. 최근의 연구에서는 수학장애의 유전성과 가족력(familial segregation)에 대한 것을 다루고 있으며 그 내용은 다음과 같다.

뇌 구조와 기능

계산불능증

뇌, 수학, 수학장애에 관한 연구들은 앞서 살펴본 이론적 기반 중에 수 감각의 종 간(cross species) 발달에 초점을 두는 모형에 의해 이루어졌다. 이것은 Dehaene, Spelke, Pinel, Staneseu 그리고 Tsiukin(1999)의 초기 연구에서 시작되어 이후 발달을 거듭해 왔다(Dehaene et al., 2004). Feigenson, Dehaene 그리고 Spelke(2004)는 수를 표상하는 데 핵심적인 두 가지 체계를 제안하였다. 첫 번째 체계는 수의 크기에 대한 대략적인 판단을 할 수 있는 능력으로, 초기에 발달하며 종 간에서도 관찰되었다(Dehaene et al., 2004). 이 체계는 결과적으로 계산을 돕는 상징적인 수 체계와 통합된다. 두 번째 체계는 별개의 사물을 정확하게 표상하는 능력을 말하며, 이것은 작은 수와 관련되어 있으며 발달적으로 초기에 나타나며 종 간에서도 관찰된다.

Dehaene과 동료들(2004)은 신경세포의 수준에서 양반구의 두정엽내구열(intraparietal sulcus)이 수 감각에 대한 대략적인 표상과 밀접히 연관되어 있다고 제시하였다. Dehaene과 동료들(1999)은 보다 정확한 표상에는 좌측 하전두(left inferior frontal) 영역과 각이랑(angular gyrus)이 보다 밀접한 연관이 있다고 가정하였으나, 정확한 계산과 관련해서 특정한 신경 체계는 명확하게 밝혀지지 않고 있다(Dehaene et al., 2004).

수 계산에 어려움을 지닌 성인을 대상으로 한 연구들에서는 이전에서 언급된 분류를 지지하고 있다. 구체적으로 Dehaene과 Cohen(1997)은 계산하는 것에 어려움을 보이지만, 숫자를 읽고 쓰는 것에는 문제가 없는 계산 능력 손상 환자 두 명을 비교하였다. 한 환자는 좌측 하위피질에서 손상이 있었으며 수학 능력에까지 확장되는 언어 정보를 인출하는 데 어려움을 보였다. 반면에 다른 환자는 두정엽 손상 환자로서, 수학적 지식을 요구하는 복잡한 과제에서 어려움을 보였다. 단순한 기계적인 계산에 대한 지식은 있었지만, 뺄셈과 나눗셈 하는 과제에서는 어려움을 보였다. 연구자들은 분리된 신경망이 수학적 지식에 영향을 미친다고 결론지었다. 한 신경망은 좌반구와 연관된 것으로, 수 지식의 저장과 인출에 기여하며, 다른 신경망은 수의 양을 다루는 능력에 기여하는 두정엽 영역이다. 이 연구결과는 다른 연구들에서도 확인되었다(예, Lemer, Dehaene, Spelke, & Cohen, 2003).

기능적 뇌신경 영상

양전자 방사 단층 촬영법(PET)과 기능성 자기 공명 영상(fMRI)을 활용한 기능적 뇌신경 영상(Functional Neuroimaging) 연구들도 정확한 계산과 추정하는 능력 간의 신경학적 관련성이 서로 다를 수 있음을 보여 주었다.

Dehaene과 동료들(1999)은 문제에 대해 정확히 답을 하는 것과 추리를 요구하는 과제에 대하여 서로 다른 뇌신경 영상이 나타남을 밝혔다. 정확한 답변을 요하는 과제에서는 좌반구의 전전두엽피질(inferior prefrontal cortex) 및 좌측 각이랑(left angular gyrus)이 활성화되었다. 이들 영역은 언어 기능을 매개하는 영역들과 사실상 중첩되어 있다. 이와는 상반되게 추리 과제들에서는 하두정엽(inferior parietal lobes) 양측 모두에서 활성화를 보였는데, 이 영역은 공간인지와 시각 주의력에 관여하는 영역과 겹치는 영역들이다. 수학 학습장애를 포함한 많은 학습장애 아동은 공간인지의 어려움을 갖고 있는 것으로 알려졌다. 추리하는 것과 공간인지에 대한 신경학적 표상이 중복되는 것은 공간적 정보처리의 어려움이 수학 능력과 강한 관련성을 갖지 않으면서도 심각한 수학적 어려움을 지닐 수 있는 것에 대해 설명해 줄 것이다. 이러한 뇌 영역의 기능에 따라 민감하게 반응하는 인지적 과제에서 특정 수학장애 학생은 결함을 보일 수 있다. 그러나 이러한 사실은 인지적 결함들이 서로 밀접한 관련을 갖고 있다는 것을 의미하지는 않는다. 수학장애와 읽기장애를 모두 지닌 아동들에게 다양한 수학 과제가 주어졌을 때 나타나는 뇌 영상들이 어떤 상관관계를 갖는지는 분명하지 않다. 이러한 이론들은 이 분야의 연구에 중요한 기반을 제공할 것이며, 단어 수준 읽기장애를 대상으로 수행된 것과 같은 뇌 영상 연구들이 매우 필요한 상황이다.

소아 뇌손상

소아 뇌손상(Pediatric Brain Injury)을 지닌 아동들에 대한 연구는 수학 학습장애를 이해하는 데 특히 유용하다. 이것은 아동들에게 영향을 미치는 뇌 관련 장애들이 읽기에는 영향을 미치지 않으면서 수학에는 심각한 손상을 줄 수 있기 때문이다. 예를 들어, 터너 증후군(Turner syndrome)은 일 반적으로 정상적인 단어 읽기 능력을 가지면서 낮은 수학 능력을 나타내는 특징을 가진다(Mazzocco, 2001). 여러 수학 능력에 대한 연구에서 Bruandet, Molko, Cohen 그리고 Dehaene(2004)은 터너 증후군을 지닌 여성들과 통제집단 간에 가장 유의한 차이는 인지적 추정, 직산(subitizing), 셈하기에서의 문제라고 제시하였다. 여기에서 수에 대한 이해와 산출, 구두로 수 세기, 읽기, 쓰기에 대한 과제에서는 뚜렷한 어려움을 보이지 않았다. Mazzocco(2001)도 수에 대한 정보 처리를 정상적으로 수행하지만 수의 계산에서는 결함을 보이는 사례를 보고하였으며, 초기 연구에서는 터너 증후군을 지닌 여성들에게서 여러 자리 숫자의 계산을 다루는 전략에 문제를 보인다고 보고하였다(예, Rovet et al., 1994). Bruandet과 동료들 (2004)은 이것을 계산상의 처리과정과 연관된 것으로 알려진 두정엽 부위 [예, 두정엽내구(intraparietal sulcus)]에 영향을 주는 것으로 해석하였다. 또한 후속 연구에서, Molko와 동료들(2004)은 터너 증후군을 지닌 14명의 환자들과 14명의 정상집단을 대상으로 구조적 MRI 연구를 수행하였는데, 연구자들은 이들이 다양한 뇌 영역, 특히 두정엽내구에서 이상을 보임을 확인하였다.

프레자일 엑스(Fragile X) 증후군 대상 연구에서, 남자 아동들은 일반적으로 학업 기술에서 결함을 보였는데(Roberts et al., 2005), 이러한 비율은 정신지체 남자 아동들보다 높은 수치다. 여자 아동들은 정상적인 지적 능력과 단어 읽기 능력을 보임에도 불구하고 특정한 수학 문제를 더 빈번하게 나타냈다(Keysor & Mazzocco, 2002). 프레자일 엑스 증후군을 지닌 여성들을 대상으로 단순한 수학적 조작과 복잡한 조작 활동에서 기능적 뇌 영상을 촬영한 결과, 전전두엽과 두정엽 부위에서의 활성화 정도가 감소함을 발견하였다. 통제집단과는 달리 이러한 뇌 활성화의 두 가지 과제에서 차이가 없었다(Rivera, Menon, White, Glaser, & Riess, 2002).

Simon, Bearden, Mc-Ginn 그리고 Zackai(2005a)는 입천장심장얼굴증후군(velocardiofacial syndrome)을 지닌 아동들의 수학적 정보 처리 능력에 관하여 연구하였는데, 이 아동들은 숫자 크기 판단, 시각 주의력과 숫자 열거하기 같은 과제에서 어려움을 보였다. 이러한 어려움은 심리운동 속도의 문제로만 설명될 수는 없었다. 연구자들은 이러한 경향을 후측 두정엽 부위와 관련된 결함으로 판단하였다. 이 장애에 대한 구조적 뇌 영상 연구들에서는 두정엽과 측두엽 부위에서의 회색질(gray matter) 부피의 감소를 보고하였고, 뇌 전반에 걸쳐 백질(white matter)의 이상성을 제시하였다(Zinkstok & van Amelsvoort, 2005). Simon과 동료들(2005b)은 화적소 기반 형태계측(voxel-based morphometry)을 사용하여 입천장심장얼굴증후군을 지닌 아동들과 통제집단 간의 뇌 용적을 비교하였는데, 특히 넓은 영역에 걸쳐 후두엽의 회백질이 뚜렷한 감소가 나타난 반면에 다른 전두엽 부위에서는 회백질의 증가를 보고하였다. 확산텐서이미징(Diffusion Tensor Imaging) 촬영에서는 뇌량(corpus callosum)의 후측 부분과 두정엽의 후측 부위 사이의 연결 문제를 보고하였다.

정상적인 단어재인 기술과 저조한 수학 능력을 지닌 수두증(hydro-cephalus) 혹은 이분척추(spina bifida)를 지닌 아동을 대상으로 한 연구에서, Barnes와 동료들(2002)은 이분척추를 지닌 아동들이 동일 연령대의 통제집단에 비하여 절차적인 오류를 더 많이 보인다고 보고하였다. 반면에 수 지식의 인출과 시공간적 오류에서는 이 아동들이 통제집단과 비슷한 수준을 보이고 있음을 제시하였다. 게다가 이들이 보인 절차적인 오류들은 고학년인 뇌손상 아동들과 비교했을 때 유사함을 보였다. 또한 수두증을 지닌 아동들은 그들의 연령에 비해 손 계산(written computation)에서 미성숙한 오류를 보였으며, 수학장애가 없으면서 이들보다 더 어린 아동들과 비교했을 때 비슷한 양상을 보였다. 이러한 결과는 읽기에서는 정상이나 수학에 문제가 있는 아동들은 계산 문제를 푸는 데 있어서 미숙한 연산법을 적용하는 것 같이 절차적 문제를 보인다는 가설과 일치한다. 이분척추 척수수막류(myelomeningocele), 수두증을 지닌 아동들에 대한 최근의 대규모 연구에서는 읽기 해독 문제와 수학장애를 지닌 집단, 수학장애만을 지닌 집단, 읽기장애나 수학장애를 지니지 않은 집단으로 구분한 뒤 정상 발달집단과 비교하였다(Barnes et al., 2006). 이때 이분척추를 지닌 아동들은 여러 자릿수 계산에서 시공간적 오류를 보였는데, 한 자리 숫자의 덧셈에서 정확성, 속도, 전략 사용의 결함은 읽기장애와는 상관없이 수학장애를 지닌 두 집단에 나타났다. 이때 음운적, 시공간적 처리 능력은 수학적 지식의 인출에서 작은 부분만을 설명하는 것으로 나타났고, 한 자리 숫자의 덧셈에서 정확성과 속도는 여러 자리 숫자의 뺄셈을 다루는 과제 수행에서의 강력한 예측요인으로 나타났다.

성인과 소아를 대상으로 한 일부 연구들에서는 두정엽내구를 수 감각의 발달에서 결정적인 부위로 본다([그림 8-3] 참조). Issacs, Edmonds, Lucas 그리고 Gadian(2001)은 저체중으로 태어난 영아들에게서 많이 나타나는 수학 계산의 문제가 바로 이 부위에서의 회백질 발달 감소와 관련되어 있음을 보고하였다. 입천장심장얼굴증후군과 터너 증후군을 지닌 아동 그리고 프레자일 엑스 증후군을 지닌 여자 아동들에 대한 연구에서도 비록 결함이 이 부위에 국한되지는 않았지만 여전히 이 영역의 문제임을 제시하고 있다. 이러한 것을 종합해 보면, 초기 뇌손상 아동에 관한 연구들은 수학 학습장애를 지닌 아동들에 대한 연구와 그 맥을 같이하고 있음을 알 수 있으며, 반대로 읽기 능력에서 다양성을 지닌 하위 집단과는 다른 경향성을 보여 주고 있음을 알 수 있다. 수학 학습장애를 지닌 비-뇌손상 아동들을 다루는 뇌 영상 연구들은 없는 것으로 보이는데, 뇌손상을 다룬

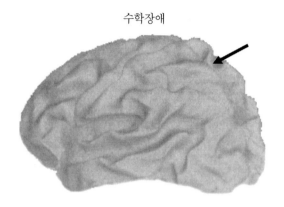

수학장애

[그림 8-3] 인간 두뇌의 좌반구. 화살표가 가리키는 부분이 두정엽내구 주위 부분이며, 이것은 수와 관련된 다양한 과제들에서 여러 의미를 가지고 있는 부분이다.

출처: Dehaene et al. (2004).

연구들은 확실히 이 분야의 연구 발달에 필요한 영역이다.

유전적 요인

읽기장애의 경우와 마찬가지로, 최근의 연구들은 수학장애의 유전적 요인을 밝히고 있다. 단어 수준 읽기장애에서 발견된 사실들과 다르게 아직까지 특정 유전자가 수학장애와 관련된 것으로 드러나지는 않았다. 그런데 수학장애는 특정 가족에게서 더 많이 나타나는 것으로 보고되었다. Gross-Tsur, Manor 그리고 Shalev(1996)는 특정 수학장애를 지닌 아동들 중 10%는 가족 중 한 명 이상이 수학에서 문제를 가지고 있었다고 밝혔다. 또한 45%의 아동들은 가족 중 한 명 이상이 다른 유형의 학습장애를 지니고 있는 것으로 나타났다. 수학장애의 가족력을 가지고 있는 아동들은 수학에서 어려움을 더 지속적으로 가지는 것으로 나타났다. Shalev와 동료들(2001)은 수학장애의 출현율이 수학장애를 지닌 모계 쪽(66%)에서 다소 높았고, 부계(40%), 형제자매(53%) 등으로 나타남을 발견하였다. Shalev와 동료들은 수학장애의 출현율이 일반 인구에서보다 수학장애를 가진 가족 구성원이 있는 가족에서 약 10배 정도 높게 나타난다고 결론지었다.

수학장애와 관련된 유전 연구는 그 수가 적고 읽기와 수학장애의 공존 및 특정 수학장애에만 초점을 두어 왔다. 쌍둥이 연구에서, Alarcon, DeFries, Light 그리고 Pennington(1997)은 일란성(monozygotic, MZ) 쌍둥이들의 58%가 수학장애를 함께 가지고 있으며, 이란성 쌍둥이의 경우는 39%밖에 되지 않음을 보고했다. Knopik과 DeFries(1999)는 쌍둥이 집단에서 읽기장애와 수학장애 간의 공유 변량 중 83%를 유전적 요인으로 설명하고 있음을 밝혔는데, 이는 통제집단에서 공유 변량 중 58%만을 설명한 것과 대조적인 결과다. 여기에서 환경적 영향은 상당히 작은 편이라고 할 수 있다. 7세 쌍둥이를 대상으로 한 최근의 연구(Kovas, Harlaar, Petrill, & Plomin, 2005)에서는 일란성 쌍둥이를 대상으로 수학장애의 상관성을 검증한 결과, 유전적 요인이 유의하며 환경적 요인의 효과는 보통 수준이라고 제안하였다. 그리고 수학과 읽기 간의 유전적 상관은 높은데, 이것은 곧 읽기에서의 개인차를 예측하는 유전자가 수학에서의 개인차도 예견할 수 있음을 시사하는 것이다. 이것은 제5장에서 다룬 단어 수준 읽기장애에서 일반적 유전자에 대한 논의로 돌아가 보자(Plomin & Kovas, 2005). 이러한 사실은 유전적 요인이 읽기와 수학 모두에 영향을 미치고 있음을 제안하는 것이다. 읽기와 수학 모두에서 어려움을 가지는 많은 사람을 생각해 볼 때, 읽기장애와 수학장애의 유전성에서 유의한 공변량이 있다는 사실은 놀라운 일이 아니다. 또한 Plomin과 Kovacs는 수학이 독립적인 유전적 영향을 받는다는 증거를 관찰하였다.

수학장애와 ADHD의 공존 또한 유전적 관점에서 연구되었다. Monuteaux, Faraone, Herzig, Navsaria 그리고 Biederman(2005)은 수학

학습장애와 관계없이 ADHD를 지닌 아동들의 친족에게서 ADHD가 많이 나타났고, 이와 유사하게 특정 수학 학습장애는 ADHD의 출현과 상관없이 많이 나타났다고 보고하였다. 연구자들은 수학 학습장애와 ADHD가 독립적으로 유전되며 서로 다른 장애라고 결론지었다. 이러한 연구결과는 읽기와 ADHD를 지닌 학습장애 아동들의 유전에 관한 연구들과 맥을 같이한다고 할 수 있다(제5장 참조).

요약: 학업 기술 결함에서부터 신경생물학적 요인까지

Fuchs와 동료들(2006b)의 연구에서처럼, 수학 학습장애와 인지적 처리 과정 간의 연결은 학업 기술과 수학 능력들의 세심한 조작이 필요한 다변량적 접근을 필요로 한다. 읽기 분야에서 이러한 연구들이 단어 수준 읽기장애와 음운 처리 간의 독특한 관계성을 밝혀 주었다(Wagner et al., 1994). 읽기 문제를 지니거나 지니지 않은 수학장애의 특성이 서로 구별되어야 하는데, 수학적 문제들이 양적으로나 질적으로 학습장애의 하위 집단에 따라 상이할 때만 구별이 된다. 확실히 한 집단은 읽기 교수를 필요로 하고 다른 집단은 그렇지 않기 때문에 중재도 달라야 할 것이며, 읽기와 수학 문제에 대한 초기 예측요인들도 다르게 나타날 것이다(Jordan et al., 2006). 그러므로 수학 학습장애에 대한 연구에서 중요한 점은 서로 다른 수학 능력에 따른 인지적 관련성이 다양하기 때문에 기본적인 초점이 학업 기술 결함에 맞춰져야 한다는 것이다(Fuchs et al., 2006b). 수학적 부주의를 특별히 강조할 필요가 있다. 학생의 주의력에 대한 연구들은 주로 교사 평정에 의존해 왔지만, 이것은 주의력에 대한 확고한 인지적 모형에 기반을 둔 것은 아니었다. 따라서 부주의한 특성을 갖는 수학 학습장애 유형이 공간적 정보처리뿐 아니라 수를 처리하는 능력과 연관된 뇌 영역과 중첩된 후두엽 부위의 체계를 반영할 수 있기 때문에 이러한 모형에 대한 연구가 필요하다(Dehaene et al., 2004; Simon et al., 2005a).

수학 학습장애의 신경생물학적 상관에 대한 연구는 아직까지 미진하다. 그러나 최근 들어 이러한 연구를 뒷받침하는 이론들이 수립되고 있다. 뇌의 서로 다른 영역들이 상이한 수학 능력에 연관되는 것으로 보이며, 그중에서도 두정엽내구는 보통 수 감각과 추정과 관련된 영역으로 여겨지고 있다. 일란성 쌍둥이는 확실한 유전적 요인을 가지는데, 그에 대한 특정 유전자가 규명되지는 않은 상태다. 읽기장애로 판별된 아동들과의 신경학적 그리고 유전적 상관에 차이가 있는 반면에 또한 중첩되는 부분들도 존재한다.

수학장애 중재

경험적 연구

Baker, Gersten 그리고 Lee(2002)는 학습장애, 수학 저성취, 수학장애 위험군 등으로 판별된 아동들의 수학 성취 향상을 위한 효과적인 중재를 다룬 경험적 연구(Empirical Synthesis) 결과들을 종합하였다. 이들은 수학 저성취에 대한 명확한 개념 정립과 함께 연구의 엄격성을 갖춘 방법론적 기준에 부합하는 연구를 15개밖에 찾지 못했다. 연구들을 종합해 본 결과, 여러 중재방법들이 수학 성취 수준의 향상과 연관된 것으로 나타났다. 특히 ① 학생 성취에 대한 자료를 교사와 학생에게 제공하기(총 효과 크기= .57), ② 또래 교수(총 효과 크기= .66), ③ 학생 성취에 대해 부모에게 피드백 제공하기(총 효과 크기= .42), ④ 수학적 개념과 풀이 절차에 대한 명확한 교수(총 효과 크기= .58) 등으로 나타났다. Baker와 동료들은 이 연구들의 수가 너무 적었고 학습장애로 명확하게 판별된 아동들이 포함된 연구가 부족했음을 지적하였다. 그들은 좀 더 많은 수학 중재전략을 다룬 연구들이 필요하다고 지적했으며, 현재 이러한 노력이 조금씩 이루어지고 있다.

학급 교수

다른 교과 영역에서의 교수방법과 마찬가지로, 수학 기술에 대한 차별화된 교수는 다음과 같은 특징을 갖는다. ① 교수는 집단으로 이루어지고, ② 교사 중심이며, ③ 학업 기술 측면에 초점을 맞추고, ④ 학생 개개인의 특별한 필요를 충족시킨다(Stevens & Rosenshine, 1981). 학습장애를 지닌 학생들을 위한 다수의 발달적 프로그램들은 이러한 특성을 가지고 있다. 예를 들어, 수학 개념 연결(Connecting Mathematics Concepts)(Engelmann, Carnine, Engelmann, & Kelly, 1991) 프로그램은 행동적/과제분석적 모형을 근거로 한 모형으로서, 학습장애를 지닌 초등학생들에게 자주 사용된다. 이 프로그램에서는 교사의 질문과 학생의 답변이 자주 이루어지며 매우 구조화된 교수가 실시된다. 그리고 여러 연구들은 수학 학습장애를 지닌 학생들에 대한 직접교수의 효과성을 입증해 준다(Carnine, 1991). 이와 유사하게 수학적 PALS에 대한 연구들에서는 또래 중재 연습을 포함하여 개념적 지식과 절차적 기술의 습득을 위한 명시적 교수의 중요성을 강조하고 있다. 이러한 중재적 접근은 유치원부터 6학년까지 일반 학습 내에서 학습장애, 저성취, 평균 성취, 높은 성취를 보이는 학생들의 성취를 향상시키는 데 도움을 줄 수 있다(예, Fuchs et al., 1997; Fuchs,

Fuchs, & Karns, 2001b; Fuchs, Fuchs, Yazdian, & Powell, 2002b).

　기초 중재 및 특별 교수 프로그램과 함께, 많은 학급 교수 기술들이 학습장애 아동들의 수학적 개념과 수리적 계산 능력을 발달시키는 데 도움을 주는 것으로 나타났다. 예를 들어, Rivera와 Smith(1987)는 계산 기술을 가르치는 교수 모형의 효과에 대한 연구를 종합하면서, 수학적 연산과 높은 수준의 풀이 절차 단계에 대한 교사 시범이 학생의 계산 및 문제해결 능력 향상에 모두 효과적이라고 보고하였다. 그리고 Lloyd(1980)는 수학 능력에 결함을 보이는 학생들 대상으로 전략교수의 효과를 입증하였다. 이러한 유형의 중재에서는, 인지적 조작에 대한 과제 분석을 학생들에게 명확히 보여 주고 설명해 준다. 그리고 학생들이 필요한 요소들에 대한 기술들을 완벽히 습득하였을 때, 각 단계들을 통합하여 다른 문제해결 시 적용할 수 있도록 도와주는 전략을 제공한다. 마지막으로 인지 행동적 중재 모형 측면에서는 학습장애 학생들이 다양한 유형의 문제해결 맥락에서 효과적으로 사용할 수 있게 하는 자기 교수전략 기술이 발달되었다(Hallahan et al., 1996). 이러한 유형의 중재가 갖는 핵심 요소는 학생이 우선적으로 특정 수학 문제를 해결하기 위하여 거쳐야 할 단계를 언어화하는 것이다. 일단 학생이 문제해결 알고리즘의 적용을 습득하고 나면, 그다음으로 자기교수를 하게 하는데 이때는 목소리를 내지 않는다. 이러한 전략은 초등학교 연령의 학생들과 청소년들에게 유용한 것으로 나타났다(Seabaugh & Schumaker, 1993).

개별 중재

수 지식의 인출과 절차

　수학 학습장애를 지닌 학생들을 위한 대부분의 중재 연구는 수 지식의 인출이나 절차(Fact Retrieval and Procedural Mathematics; 예, 여러 자릿수 계산)를 포함하는 낮은 수준의 기술에 초점을 맞추었다. 이러한 연구는 효과적인 중재방법으로, 명시적 설명, 그림 묘사, 언어적 시연과 소거, 다양한 문제에 대해 시간제한을 둔 연습, 이전에 습득한 기술에 대한 지속적 검토, 자기조절 전략들을 제시하고 있다.

선행연구들은 명시적 설명, 그림 묘사, 언어적 시연, 시간제한된 집중적 연습, 습득한 기술에 대한 지속적인 검토 등의 전략이 학생들의 학업 성취에 도움을 주었다고 보고하고 있다. 예를 들어, Fuchs와 동료들은 학생들의 수 지식 인출(Fuchs et al., 1997; Fuchs, Fuchs, Phillips, Hamlett, & Karns, 1995)과 절차(예, 여러 자릿수 계산 및 추정)(Fuchs et al., 2001b; Fuchs, Fuchs, Yazdian, & Powell, 2002b) 능력을 향상시키기 위한 교수 요소들을 검증하였다. 학습장애, 저성취, 평균 수준, 높은 성취를 보이는 학생들을 대상으로 다음과 같은 중재 요소들에 대한 효과를 검증하였다. 초 · 중등학교 학년에 걸쳐 ① 명시적, 절차적, 개념 중심의 설명, ② 그림 설명, ③ 언어적 시연과 점진적 소거, ④ 이전에 학습한 문제 유형에 대한 검토와 함께 여러 문제들에 대한 시간제한 연습이 네 유형의 학습자들(학습장애, 저성취, 평균 수준, 높은 수준의 성취 학생) 모두에 걸쳐 통계적으로 유의한 효과를 나타냈으며, 효과 크기는 0.35~1.27였다.

이러한 중재 원리들을 숙달 체계(expert system)에 적용하여, 2~8학년 학습장애 학생들을 대상으로 수학을 가르치는 33명의 교사들에게 실험적으로 검증해 보았다(Fuchs et al., 1991b). 교사들은 20주 동안 다음과 같은 세 가지 중재집단에 할당되었다. ① 학생들의 강 · 약점에 대한 프로파일을 가지고 학생 성장을 지속적, 체계적으로 평가하기, ② 이에 더하여 명시적 설명, 그림 제시, 언어적 시연, 조언, 다양한 문제들의 지속적인 검토와 집중적 연습을 위한 과제 분석이 이루어진 숙달 체계 사용, ③ 철저하게 연습시킨 통제집단. 연구결과에서는 숙달 체계 집단만이 보다 나은 학습결과를 나타내었는데, 이것은 중재 원리들을 조합하는 것이 효과적임을 보여 주는 것이다.

자기조절 전략에 관한 연구들은 수 지식의 인출과 절차에 대한 학생들의 목표 설정 및 피드백의 지속적인 모니터링 효과를 보여 주고 있다. 예를 들어, Fuchs, Bahr 그리고 Rieth(1989a)는 수 지식 인출에 결함을 보이는 학습장애 학생 20명을 자기 선택 집단이나 목표가 주어진 집단 그리고 자유로운 활동이 보장되거나 그렇지 않은 놀이활동 집단에 무선 할당하였다. 그리고 모든 실험 상황은 컴퓨터 기반으로 수 지식 인출 연습을 실시하는 것이었다. 이때 3주간 중재의 사전-사후에 학생들의 수행에 대한 평가가 이루어졌다. 연구결과, 목표를 스스로 선택한 학생들이 목표를 부여 받은 학생들에 비해 더 뛰어난 학습결과를 보였으며, 효과 크기는 .68이었다. 반면 자유로운 활동의 보장 여부는 집단 간에 유의한 차이를 나타내지 않았다.

이와 유사한 방법을 활용하여, Fuchs, Fuchs, Hamlett 그리고 Whinnery(1991c)는 피드백 효과를 연구하였다. 학생들은 20주 동안 주 2회씩 컴퓨터상에서 수학 절차에 대한 평가를 실시하고 즉시적인 피드백을 제공받게 되었다. 특수교사(20명)들은 수학 절차 수행에서 지속적인 어려움을 보이는 학습장애 학생 2명을 판별하여 이들을 대상으로 연구를 실시하였다. 이 중 한 학생에게는 자신의 수학 수행을 보여 주는 그래프와 목표선(goal line)을 함께 보여 주었고, 나머지 학생에게는 목표선 없이 그래프만을 보여 주었다. 연구결과, 목표선과 그래프를 함께 피드백으로 제공하는 것은 학습장애 학생의 높은 수학 수행에 상관이 있는 것으로 나타났고 효과 크기는 .70이었다. 이러한 연구결과에서 보여 주듯이, 학생 자신의 수행에 대한 모니터링은 수 지식 인출 및 절차적 과제에서 유의한 영향을 미친다는 것을 알 수 있다.

문제해결

학습장애 아동을 대상으로 한 대부분의 중재 연구는 수학 지식의 인출과 연산 과정에 초점이 맞추어져 있었다(예, Cawley, Parmar, Yan, & Miller, 1998; Harris, Miller, & Mercer, 1995). 그런데 학생들이 기초적인 수학 기술을 습득하게 되면 이러한 기술을 문제해결 상황에 적용할 수 있을 것이다(Catrambone & Holyoak, 1989). 이에 관계없는 정보를 배제하고 구문적 구조를 이해하면서 해결방안이 필요한 수리적인 문장제에 초점을 두기 시작했다.

수리적 문장제 해결 능력의 향상을 위해 Case, Harris 그리고 Graham(1992)은 4명의 학습장애 학생들을 대상으로 자기조절 전략의 효과를 검증하였다. 연구결과, 이들의 전반적인 성취도는 향상되었고 잘못된 연산을 적용하는 비율은 낮았지만, 4명 가운데 2명의 학생만이 그 효과를 계속 유지하였다. Hutchinson(1993)은 이러한 유형의 인지적 전략을 가르치는 효과가 단기간만 유지된다고 지적하였다(Montague, Applegate, & Marquard, 1993 참조).

또한 다른 연구에서는 초등학교 학습장애 학생을 대상으로 수리적 문장제 풀이에 도움을 주기 위한 구체적인 사물과 다이어그램 활용의 효과를 검증하였다(예, Jitendra & Hoff, 1996; Mercer & Miller, 1992). Jitendra와 동료들(1998)은 스키마와 다이어그램을 같이 활용하는 것이 효과적이라고 보고하였다. 그러나 학교 교육과정에서 수학적 문제해결 문제들은 주로 연산 문장제보다도 더 다양하고 복잡한 것들이다. 이 복잡한 형식의 수학적 문제해결 문제는 관계없는 정보와 다양한 구문 구조를 가지고 있으며, 두 가지 이상의 계산 단계가 필요하고, 계산뿐 아니라 도표를 읽고 해결책을 모색하는 것과도 연관되어 있었다.

이러한 수학적 문제해결에 대한 관심의 부족은 초등학교 저학년으로 갈수록 더 심하다. 이러한 양상은 다음의 세 가지 측면에서 우려가 된다. 첫째, 학습장애 학생들이 학교에서 수학을 배울 때 문제해결이 매우 중요하다. 왜냐하면 이것은 실생활에서 활용되는 것이기 때문이다. 둘째, 비장애 학생들을 대상으로 한 연구들에서도 학생들이 수학적 문제해결 수행에 어려움을 가지고 있다고 밝히고 있다. 연구자들은 수리적 연산 문장제를 위한 중재들이 수학적 문제해결까지 전이되어 긍정적으로 영향을 미칠 것이라고 잘못 생각하고 있다(Catrambone & Holyoak, 1989). 마지막으로 수학적 문제해결 능력을 증진시키기 전에 기초적인 수학 기술을 완수하기만을 기다리는 것은 추후에 문제해결 능력의 결함을 이끌 수도 있다(Jordan & Hanich, 2000).

이러한 문제를 해결하기 위하여 Fuchs와 동료들은 3학년 학생들을 대상으로 수학적 문제해결 능력에 초점을 맞추었다. 이 연구는 두 개의 범주로 나누어졌는데, 첫 번째 연구는 일반 학급에서 3학년 학생들을 대상으로 창의적인 수학 문제해결 중재의 효과를 연구하였다. 이때 학습장애뿐 아니라 저성취, 평균 수준, 높은 초기 성취를 보이는 아동들을 대상으로 연구를 실시하였다. 두 번째 연구는 학습장애 학생들의 수학 문제해결 능력을 높이기 위한 개별 중재의 효과를 연구하였다. 두 가지 유형의 연구 모두에서 수업은 명시적이고 체계적으로 이루어졌다. 즉, 교사는 특정 문제 유형의 풀이를 위한 문제해결 규칙에 대해 예시들을 활용하면서 수업을 시작하게 된다. 그리고 예시로 든 문제에서 해결방법을 설명하고 문제해결 전략의 단계들을 적은 종이를 보여 준다. 교사는 문제풀이의 일부 과정이 생략된 예시를 이용하여 학생들에게 해결방안을 찾게 한다. 그리고 학생은 자신의 문제풀이 절차를 설명하고 교사는 이에 대한 피드백을 제공한다. 교사는 학생에게 예시 문제들에 대하여 스스로 해결할 수 있는 기회를 점차적으로 더 많이 제공한다. 다음으로 교사는 높은 성취 학생과 낮은 성취를 보이는 학생을 짝지어 문제 전체를 해결하는 데 서로 도울 수 있도록 하며, 그 문제가 해결되었을 때 마찬가지로 올바른 피드백을 제공하면서 문제해결 과정을 검토한다. 매 수업시간이 종료되기 전에 학생들은 스스로 문제를 끝까지 해결하게 되고 교사는 그 과정을 정리해 주며 숙제를 내준다. 수업은 명확하고 간략하게 제공되며, 학생들은 교사 수업과 또래 중재를 통해 개별적 및 집단적으로 반응할 수 있는 다양한 기회들을 제공받는다. 더욱이 어떤 문제의 유형을 숙달하고 나면 그것을 한꺼번에 모아서 검토과정이 이루어진다.

이러한 형태의 명시적이고 체계적인 비계(scaffolding)가 제공되는 수업은 문제해결 규칙의 교수뿐만 아니라, 이것의 전이를 촉진하기 위해 수업에도 적용된다. 이론적으로 이러한 중재 접근은 도식 이론(schema theory)에 근거를 두고 있다. 이 이론에서는 학생들이 이전에 한 번도 접하지 않은 문제를 해결해야 하기 때문에 문제해결을 전이의 과정으로 보고 있다. 이 전이를 성공적으로 달성하기 위해서는 다음의 세 종류 단계가 필요하다(Cooper & Sweller, 1987). 첫째, 학생들은 여러 유형의 문제에 대해 문제해결 규칙들을 완벽히 습득해야 한다. 둘째, 학생들은 유사한 해결책을 요구하는 여러 문제들을 하나의 집단으로 체계적으로 정리하는 도식 전략을 발달시켜야 한다(Gick & Holyoak, 1980). 이러한 도식이 확대될수록 친숙한 문제와 생소한 문제 사이를 연결시킬 수 있는 가능성이 그만큼 더 커진다(Cooper & Sweller, 1987). 셋째, 학생들은 교사가 가르치는 것과 전이되는 것의 관련성에 대해 주의 깊게 숙지해야 한다(Gick & Holyoak, 1980).

Salomon과 Perkins(1989)는 도식을 확장하는 데 필요한 체제를 위해 새로운 과제와 익숙한 과제 간의 연결을 모색하는 연구를 수행하였다. 이 체제에 따르면, 도식은 한 맥락에서 다른 맥락으로 옮겨 가는 가교역할을 하며, 여기에서 상위인지는 도식의 적용과정이라고 보고 있다. Salomon과 Perkins(1989)는 이 체제가 명시적인 교수를 통해 학생들의 전이를 돕는 교수 기회를 제공한다고 강조하였다.

학급 대상 연구들

3학년 학생 대상의 수학 문제해결 연구에서, Fuchs와 동료들(2003a, 2003b)은 Cooper와 Sweller(1987) 그리고 Salomon과 Perkins(1989)의 체제를 다음과 같이 조작적으로 정의하여 연구를 수행하였다. 즉, 문제해결 규칙 가르치기, 학생들이 전이의 개념에 친숙해지도록 하기, 문제해결 방법은 동일하지만 문제 형태는 변화될 수 있음을 학생들에게 보여 줄 수 있는 도식 구축을 가르치기, 새로운 문제들이 실제로는 표면적으로 그렇게 보일 뿐 동일한 문제임을 학생들에게 주의하게 하고 이미 문제의 해결 방법을 알고 있는 친숙한 문제유형임을 인지하는 것이다. Fuchs와 동료들(2003a)은 이러한 체제를 학급의 전체 학생들을 대상으로 수학 문제해결 전이를 명시적으로 가르치기 위해 사용하였다. 학급은 다음과 같이 네 개의 조건에 무선 할당되었다. ① 교사가 설계한 수업, ② 문장제 풀이 수업(20회기), ③ 문장제 풀이 수업+전이에 대한 명시적 설명(20회기: 절반은 문제해결 규칙 교수), ④ 문장제 풀이 수업+전이에 대한 명시적 설명(30회기 동안 두 가지 요소를 충분히 교수). 16주간 전체 학급에 대하여 엄격한 통제하에서 교수가 이루어졌다. 교수 중재의 효과는 복잡한 수학 문제해결 측정에 대한 전이의 정도에 따라 평가되었고, 처치조건은 학급 간 변인으로 하고 학생 유형(상, 중, 하)은 학급 내 변인으로 하였다. 처치효과는 학습장애 학생들을 대상으로도 관찰되었다(n=30). 연구결과, 문장제 풀이 수업전략은 수학 능력을 향상시키는 데 효과적이었다. 그러나 전이에 대해 명시적으로 설명하는 것은 덜 유사한 문제들에 대한 수행을 향상시키기 위해 필요했으며, 학습장애 및 저성취 학생들에게 이러한 두 가지 요소를 모두 가르쳤을 때 그 효과가 가장 컸다. 학습장애가 아닌 학생들에게 모든 요소를 투입한 조건 ④의 효과 크기는 즉시적 전이(immediate transfer)가 1.82, 근 전이(near transfer)가 2.25, 원 전이(far transfer)가 1.16이었다. 반면 모든 것을 투입한 조건 ④에서 학습장애 학생들에 대한 효과 크기는 즉시적 전이가 1.78, 근 전이가 1.18 그리고 원 전이가 .45로 나타났다.

이러한 중재를 강화하기 위하여 후속 연구에서는 자기조절 전략의 효과성을 평가하였다(Fuchs et al., 2003b). 학급의 학생들은 16주 동안 세 가지 처치조건에 무작위로 배정되었다. ① 교사가 설계한 수업, ② 전이에 대한 명시적 설명(문제해결을 위한 규칙 포함), ③ 전이에 대한 명시적 설명(문제해결을 위한 규칙 포함)+자기조절 학습전략(자신의 수행 및 목표 설정에 대하여 도표화하고 점검하기). 이에 대한 효과는 복잡한 문장제 측정에 대한 즉시적 전이, 근 전이, 원 전이로 측정되었으며, 처치조건은 학급 간 변인으로 하고 학생 유형(상, 중, 하)은 학급 내 변인으로 간주하였다. 처치효과는 학습장애 학생들에 대해서도 관찰되었다(n=40). 연구결과, 자기조절 전략이 결합된 중재 ③이 효과적이라고 보고하고 있다. 전체 학생들을 대상으로 이러한 중재의 효과 크기는 즉시적 전이가 2.81, 근 전이가 2.43, 원 전이가 1.81로 나타났다. 그리고 학습장애 학생의 경우, 효과 크기는 1.43, .95, .58로 각각 나타났다.

튜터링

복잡한 문제에 대한 수학적 문제해결 중재 연구의 두 번째 축은 튜터링이다. Fuchs와 동료들은 소집단의 튜터링(tutoring)의 중재에서 수학 문제해결 중재에 대한 도식 기반의 명시적인 전이 수업의 효과를 연구하였다. 이 연구의 목표는 수학 학습장애를 지닌 4학년 학생들을 중재하는 것으로, 중재효과를 높이기 위하여 컴퓨터 기반 교수를 사용하였다(Fuchs, Fuchs, Hamlett, & Appleton, 2002a).

학생들은 ① 확인/분류 활동(통제집단), ② 확인/분류 활동+ '원 전이 과제(for transfer)'에 대한 컴퓨터 기반 연습, ③ 확인/분류 활동+문제해결 규칙에 대한 소집단의 명시적 튜터링, ④ 확인/분류 활동+ '원 전이 과제'에 대한 컴퓨터 기반 연습+문제해결 규칙 및 전이에 대한 소집단의 명시적 튜터링 집단에 무선 할당되었다. 교수는 16주 동안 엄격한 통제하에 이루어졌다. 처치효과는 문장제 문항 측정에 대한 즉시적 전이, 근 전이, 원 전이로 각각 평가되었다. 연구결과, 즉시적 전이와 근 전이에 대하여 소집단 튜터링이 효과적인 것으로 나타났다. 원 전이에서는 중간 수준의 효과 크기가 관찰되었지만, 통계적으로 유의하지는 않았다. 흥미롭게도 이 연구결과는 컴퓨터 기반 교수가 소집단 튜터링에 큰 기여를 하지 못했음을 보여 준다. 통제집단에 비해 튜터링 집단의 효과 크기는 .64에서 2.10까지의 범위인데 컴퓨터 활용 집단은 .51에서 .64로 나타났다. 튜터링 집단 대 컴퓨터 활용 집단은 원 전이에서 −1.60에서 .05로 나타났고, 튜터링 집단 대 튜터링+컴퓨터 활용 집단은 −.03에서 −.14로 나타났다.

이 연구를 확장하기 위하여 Fuchs와 동료들(2004)은 학급 수준의 도식 기반 중재에 대하여 학습장애 각 하위 집단, 즉 수학장애, 읽기장애, 수학 장애+읽기장애 집단의 반응도(responsiveness)를 연구하였다. 학급 학생들은 타당성이 입증된 중재집단이나 통제집단(예, 교사가 설계한 수업)에 무선 할당되었다. 교수는 학급 전체에 16주 동안 엄격한 통제절차에 따라 이루어졌다. 효과는 수학 문제해결 측정에 대한 즉시적 전이와 근 전이에 대한 측정으로 이루어졌으며, 수행 차원(문제해결, 계산, 의사소통)이 대상

자 내 변인으로, 처치조건이 대상자 간 변인으로 사용되었다. 모든 학습
장애 하위 집단은 계산과 의사소통에서 비장애 집단에 비해 향상이 적게
나타났다. 그러나 문제해결의 정확성에서는 읽기와 수학 공존 장애를 지
닌 학생들만 비장애 학생들에 비해 덜 향상되었다.

　읽기나 수학에서의 문제가 읽기장애와 수학장애를 지닌 학생의 서로
다른 문제해결 능력에 상대적으로 어떤 역할을 하는지를 파악하기 위하
여 Fuchs와 동료들(2004)은 탐색적 회귀분석을 실시하였다. 연구결과, 장
애 학생들이 가지고 있는 여러 자릿수를 다루는 계산상의 결함이, 읽기
이해력의 결함보다 문제해결 중재 처치에 대한 반응도에서 매우 큰 변량
을 설명하고 있다고 제시하였다.

결 론

　수학장애 아동들은 단어 수준 읽기장애의 존재에 따라 두 집단으로 분
류된다. 그러나 읽기 문제가 읽기와 수학 모두와 관련되는 것처럼 수학
문제는 공존될 수 있다. 차이점은 문제의 정도인데, 읽기와 수학에서 둘
다 어려움을 지니는 아동들은 모든 학업 영역에서 더욱 심각한 문제를 보
이게 된다(Jordan, Hanich, & Kaplan, 2003a; Rouke & Finlayson, 1978). 두 유
형 모두에서 장애를 지니고 있는 아동들의 다양한 수학 능력을 연구하는
것은 중요하다. 비록 수리적 계산은 수학 학습장애 판별을 위한 주요 학
업 능력의 결함으로 제시될 수 있지만, 이러한 결함만이 유일한 특성은
아니다. 수학 학습장애 정의에 대한 해결방안은 수학 능력이 손상된 아동
의 하위 집단, 특히 다른 인지적 및 신경생물학적 상관관계와 관련된 이
들을 대상으로 하는 체계적인 수학 능력 평가로 좌우될 것이다.

작업기억, 언어, 주의력 문제, 이외의 아동 특성을 포함한 다양한 인지 처리과정에서 수학 학습장애 아동은 문제를 가진다. 이러한 인지 처리과정이 다양한 수학 능력과 어떠한 관계가 있는지에 대해서는 앞으로의 연구에서 집중 조명되어야 할 것이다. 신경생물학적 연구에서는 특히 뇌손상 아동이나 성인에 있어서 다양한 수학 능력과 관련하여 다양한 신경 체계를 다루고 있다. 이러한 연구는 겨우 시작 단계이지만, 수학 문제의 유전성, 읽기장애 및 수학장애의 유전적인 유사성이나 분리에 대한 강력한 증거를 제시하고 있다.

수학 학습장애 아동을 위한 중재들을 분석한 결과, 중재들이 기초적인 기술의 결함 및 문제해결을 포함하는 높은 수준의 기술 결함과 관련되어 있음을 보여 준다. 수학 학습장애를 위한 중재는 기술의 교수뿐만 아니라 자기조절에 초점을 둔 명시적 교수도 포함된다. 게다가 지금까지 진행된 수많은 연구에서는 학급 상황뿐만 아니라 학업 기술이 활용될 수 있는 더 넓은 영역으로 전이되는 것이 중요함을 주장하고 있다. 이번 장에서 검토된 증거 기반 교수의 효과성을 고려한다면, 향후 우리가 가질 수 있는 질문은 이러한 중재전략을 어떻게 교육의 실제로 전이시킬 수 있는지와 관련되어 있다.

Chapter 09
쓰기표현장애

쓰기 처리과정과 관련된 장애는 Ogle(1867)이 후천적 언어장애인 실어증(aphasia)과 후천적 쓰기장애를 구분하기 위해 '후천적 쓰기장애(agraphia)'라는 용어를 사용한 이래로 꾸준히 논의되어 왔다. 20세기 초기에 Goldstein(1948), Head(1926) 등의 학자들은 쓰기표현과 구어표현 간의 결합이나 분리를 탐색하기 위해 임상적 관찰과 사례연구 방법을 적용하였다. 그러나 일반적으로 쓰기는 말하기에 의존하기 때문에 말하기와 유사한 신경적 상관관계를 가져야 한다는 것으로 결론지었다. 그런데 이러한 가설은 시간이 지나면서 확립되지 못하였다.

실어증학(aphasiology)에서 읽기와 쓰기는 후천적 읽기장애인 실독증(alexia)과 후천적 쓰기장애로 구분되며, 이러한 후천적 쓰기장애는 손상 패턴(lesional pattern)에 따라 실독증을 동반하거나 동반하지 않을 수 있다(Roeltgen, 2003). 실독증과 후천적 쓰기장애 모두 다양한 하위 요인을 갖고 있으며, 이러한 하위 요인들은 쓰기언어의 요인들과 중복되는 부분도 있지만 중복되지 않는 요인도 있으며, 실어증이 항상 동반되지는 않는다 (Ralph & Patterson, 2005). 그러나 일반적으로 후천적인 장애는 발달적인 장애보다 손상의 범위가 더 넓다. 그러한 이유로 후천적 장애와 발달적 장애의 공통된 특징은 그다지 많지 않다(Romani, Olson, & Betta, 2005). 손상된 유형의 측면에서 보면, 후천적 장애와 발달적 장애는 뚜렷이 구분되지는 않으며, 여기서 언급된 발달적 장애는 연차적인 기술을 발달시키는데 있어서 어려움을 갖고 있는 것을 의미한다. 대조적으로 후천적 장애는 명확한 손상을 가진 성인에게 주로 확인된다. 그리고 후천적 장애를 지닌 아동의 경우 구별된 특성을 나타내지 않는데, 그 이유는 손상이 발달 처리과정에 영향을 미치기 때문이다(Dennis, 1988).

읽기 및 쓰기의 발달적 장애에서는 철자 문제가 종종 단어 수준 읽기장애와 함께 나타나지만, 글씨 쓰기 및 작문의 문제는 단어 수준 읽기장애가 없어도 일어날 수 있다. 철자 및 단어 읽기는 음운 처리과정을 포함한 문제와 관련된다(Berninger, 2004). Wong(1991)에 따르면, 쓰기의 어려움은 읽기의 음운 인식 영역 이외의 영역과도 관련되어 있기 때문에 쓰기표현의 어려움과 읽기장애는 관련되어 있다고 주장하였다. 특히 읽기 이해 및 작문은 계획, 자기점검, 자기평가, 자기조정 등의 초인지 처리과정에 의해 영향을 받을 수 있다. 그러나 이른 시기에 발생하는 다양한 장애는 비언어적 학습장애(Rourke, 1989), 구어장애(Bishop & Clarkson, 2003), ADHD(Barkley, 1997)를 포함하며, 단어 수준 읽기장애가 없이 쓰기표현의 장애만 있는 경우도 있다.

Berninger(2004)는 쓰기표현의 후천적 및 발달적 장애에 대한 연구가 두 가지 처리과정의 분리를 지지하고 있다고 주장했다. 유사하게 Abbott와 Berninger(1993)는 쓰기표현이 단지 구어표현으로 설명될 수 없다는 것을 발견했다. Berninger와 동료들(2006)은 1, 3, 5학년 초등학생을 대상으로 대규모 표집을 하여 듣기 이해, 구어표현, 읽기 이해, 쓰기표현의 상관관계를 비교했다. 그들은 네 영역 간 중간 정도의 상관관계를 발견하였는데, 다양한 신경심리학적 변인들은 각 영역을 차별적으로 예측하였다. 이러한 결과는 그러한 변인들이 서로 분리되었음을 의미한다.

그러나 쓰기표현에 대한 연구에서는 특정 쓰기장애나 다른 학습장애와의 공존 여부에 따라 아동을 분리하지 않는다. 이러한 문제로 인해 쓰기표현장애(Written Expression Disabilities)의 분류는 읽기장애와 수학장애에 비하여 뒤처져 있는 것이다. 여전히 쓰기언어 영역의 모든 구성요소를 다루는 조작적 정의가 없다(Berninger, 2004 참조). 비록 단어 수준 읽기장애와 함께 발생하는 쓰기표현의 문제는 지지받지 못하고 있지만, 최근 연구에서는 학습장애를 지닌 대부분의 아동은 글씨 쓰기(handwriting), 철자, 작문 중 최소한 한 영역에서 어려움을 갖고 있다고 보고하고 있다(Hooper et al., 1994). 쓰기 처리과정이 복합하고 아동 언어 발달의 마지막 영역이라는 점에 비추어 볼 때(Johnson & Myklebust, 1967; Hooper et al., 1994), 쓰기표현의 문제가 구어, 읽기, 수학에서의 결함과 함께 발생할 수 있다는 것은 놀라운 일이 아니다. 그러나 단어 수준 읽기장애를 지닌 아동의 단어 읽기 및 철자 간의 관계처럼 쓰기장애가 기초적인 일반 처리과정의 단순한 표현인지 아니면 독립된 장애 영역인지는 명확하지 않다.

쓰기표현장애의 구체적인 특성을 확인하는 것은 쓰기표현장애의 중요한 이슈가 된다. 특히 독립된 쓰기표현장애의 전형적인 특징은 무엇이고, 글씨 쓰기, 철자, 작문을 포함하는 학업 기술 문제의 전형은 무엇인가라는 것이다. 성인에게 쓰기 문제는 철자, 단어재인에서의 어려움과 아주 밀접히 관련되어 있다(Rourke, 1993). 그리고 특정 수학장애(MD)를 가진 아동들은 운동 능력의 손상으로 인해 글씨 쓰기에 문제를 가지기도 한다.

일단 이러한 두 가지 어려움(철자와 운동 기술)을 고려해 봤을 때, 그들이 지닌 어려움으로 인해 작문의 어려움을 나타내는 아동의 하위 집단이 존재할까? 현재 이러한 가설을 검증하는 데 필요한 연구는 많이 이루어지지 않았지만, 그 가능성에 대한 몇 가지 증거는 있다. 특히 글씨 쓰기에서 특정한 문제를 가지고 있는 아동들이 예방적인 중재에 효과를 나타내기도 하였다(Graham, Harris, & Fink, 2000). 앞으로의 연구는 이러한 전형적인 유형을 판별하기 위한 노력을 통해 가능한 하위 집단을 파악하는 것을 목표로 삼아야 할 것이다.

학업 기술 결함

정의의 어려움이 있음에도 불구하고, 쓰기표현과 관련해 학업 기술 결함을 이해하기 위한 연구가 계속 이루어졌다. 쓰기 문제는 글씨 쓰기, 철자, 작문의 문제를 포함할 수 있다. Berninger(2004)는 쓰기의 '생성적(generational)' 요소와 '전사적(transcription)' 요소를 구분하였다. 전사적 구성요소는 생각을 쓰기 형태로 전환하는 것으로서 글자 및 철자를 쓰는 것을 말한다. 그리고 생성적 구성요소는 생각을 언어의 표현형으로 전환하는 것인데 이것은 생각이 조직되고 저장되며 기억에서 회상되어야 하는 것이다.

지난 10여 년 동안 생성적 구성요소보다 전사적 구성요소에 더 초점을 맞추어 연구가 이루어졌다. 생성적 구성요소는 언어 및 사고 영역에 적용이 가능한 반면, 전사적 요소는 쓰기 처리과정에서만 국한된다. 그리고 이러한 전사적 요소와 생성적 요소는 밀접하게 관련되어 있다. 단어재인 문제가 읽기 이해를 제한하는 것과 같이 글씨 쓰기와 및 철자의 문제는 작문 활동을 제한한다. Graham, Berninger, Abbott, Abbott 그리고 Whitaker (1997)는 1~6학년 아동 600명을 표집하여 다양한 글씨 쓰기, 철자, 작문을 평가하는 연구를 수행했다. 글씨 쓰기의 유창성은 저학년과 중간 학년의 작문 유창성 및 질적인 수준을 예측했고, 글씨 쓰기 및 철자의 유창성은 저학년의 작문 유창성을 예측했다. 연령에 상관없이 이러한 잠재 변인들은 작문 유창성에서 41~66%, 작문의 질적 수준에서 25~42%의 비율을 설명하였다. 연구자들은 쓰기의 전사적 요소가 생성적 요소의 양과 질을 제한한다고 결론지었다.

  비록 구체적인 쓰기 검사가 많이 개발되지는 않았지만 글씨 쓰기, 철자, 작문을 평가하는 방법들이 있다. 글씨 쓰기와 관련하여서는 쓰기 표본에 대한 가독성(legibility)의 질적 평가가 종종 사용되기도 한다. 단일한 단어를 받아쓰는 철자 검사가 일반적으로 사용되지만, 다양한 철자법 측면이나 다양한 쓰기 능력을 측정하는 것에서는 한계점을 가지고 있다. 작문은 보통 학생이 쓴 문장을 대상으로 특정한 구성요소에 대해 판단하는 코딩 시스템(coding system)에 의해 평가된다. 다양한 그림을 통한 쓰기 표본을 사용하는 구어 검사인 쓰기언어 검사(Test of Written Language)(Hammil & Larsen, 2003)는 출판된 검사다. 그리고 학생들의 글을 채점하는 것을 포함한 방법들이 연구에서 사용되었다. 흥미로운 것은 글씨 쓰기의 유창성이 성인들의 작문, 필기, 다른 쓰기언어 과제의 효과적인 예측지표라는 것이다(Peverly, 2006). 초등학교 및 중학교 학생들을 대상으로 하는 연구에서 Berninger와 동료들(Berninger, 2004; Graham et al, 1997)은 15초 동안 빨리 알파벳 소문자를 쓰는 검사가 다양한 쓰기표현의 성과를 예측할 수 있음을 발견했다. 그러므로 전사적 요소와 생성적 요소는 밀접한 관련이 있다고 할 수 있다. 쓰기표현 장애를 정의하기 위해서 사용된 학업적 결함 영역에 따라 달라질 수 있지만, 핵심적인 인지 영역들은 쓰기표현장애와 관련되어 있다.

핵심 인지 처리과정

글씨 쓰기

Berninger와 동료들(Berninger, 1994, 2004; Berninger & Hart, 1993), Graham과 동료들(Graham et al., 2000; Graham, Weintraub, & Berninger, 2001)은 알파벳 글자의 회상 및 산출, 철자 정보의 빠른 입력, 손가락 움직임 속도의 자동성(automaticity)이 글씨 쓰기 기술의 가장 좋은 예측지표라고 보고했다. 그리고 글씨 쓰기의 자동성은 작문의 유창성 및 질적인 수준을 예측한다. 또한 소근육 운동 기술(fine motor skill)에서의 문제도 글씨 쓰기 능력을 제한할 수 있다. 특히 소근육 운동 기술은 쓰기의 초기 단계에서 글씨 쓰기를 제한하며, 이것은 순차적인 움직임이 글자의 생성 및 가독성과 관련되는 이유를 설명하는 것이다(Berninger, 2004). 사실 글씨 쓰기는 근육 운동 이상의 능력이 필요하기 때문에 철자에 대한 지식과 계획 능력 또한 글씨 쓰기와 철자 능력에 영향을 미친다.

철 자

철자(Spelling) 능력은 음운 및 철자의 법칙과 운동 기술을 포함한 언어 기술에 의해 예측될 수 있으며, 특히 시각 운동 통합의 영향력이 크다(Berninger, 2004). 쓰기는 기계적인 운동 능력과 관련되어 있기 때문에 운동 체제의 평가가 철자 능력을 예측한다는 것은 놀라운 일이 아니다. 그리고 음운론 및 철자법의 처리과정이 독립적인지, 철자법 처리과정이 분리된 처리과정으로 신뢰할 수 있게 측정될 수 있는지에 대해서는 논쟁이

이루어지고 있다(Vellutino, Scanlon, & Tanzman, 1994). Romani와 동료들
(2005)은 철자 발달이 두 가지 처리과정을 반영한다고 언급하였다. 하나
는 하위 어휘 수준에서 음운론적 처리과정이고, 다른 하나는 적절한 철자
법 관계를 기억 속에 저장시키는 것과 관련된 것이다. Romani와 동료들
(2005)은 어휘 문제가 ① 시각 처리과정의 문제인지 또는 ② 음운론 또는
철자법 수준의 결함에 의한 문제인지에 대해 질문을 던졌다.

철자를 정확히 알기 위해서는 단어의 음운적 표현을 아는 것이 필요하
다. 특히 영어에서 음운 체계는 단어의 역사적 기원을 이해할 때 단어의
철자를 더 잘 예측하게 된다(Moats, 2005). 알파벳 언어 이외에 중국어와
같은 표의문자(logographic language)를 쓸 때는 철자법 및 구문론 처리과
정의 중요성을 강조하게 된다. Tan과 동료들(2005)은 중국어로 읽기 학습
하는 것이 중국어로 쓰는 능력과 강력한 관계가 있음을 보여 주었다. 그
런데 읽기와 쓰기의 음운 인식 관계는 알파벳 언어에서보다 중국어에서
더 약했다. Tan과 동료들(2005)은 한자를 쓰는 것이 다음의 두 가지 상호
작용적 기제에 의존함을 발견하였다. 하나는 시각적, 음운적, 의미론적
체계와 연결되는 철자법의 인식이고, 다른 하나는 글자를 유지하고 저장
을 가능하게 하는 운동 프로그램이다. 음운과 철자 간의 관계가 명확한
언어일수록 단어 읽기 정확성의 어려움은 적게 나타났지만, 철자와 유창
성의 문제는 더욱 많이 발현된 사실을 고려한다면 철자(와 읽기)의 음운적
요소와 철자적 요소는 분리된 것으로 볼 수 있다(Caravolas, 2005).

음운론 및 철자법의 처리과정 모두를 포함하는 언어 기술은 철자 능력
의 초기 발달에서 중요하다. Apel, Wolter 그리고 Masterson(2006)은 철자
학습에 미치는 음운론과 철자법 처리과정의 영향을 조사했다. 그들은 어
린 아동이 새로운 단어에 적게 노출되어도 글자 패턴에 대한 철자법 정보
를 빠르게 알아차린다는 것을 발견했다. 더 자주 발생하는 음운적 정보가

더 빠르게 인식되는 것과 마찬가지로, 자주 접하는 새로운 단어에서의 글
자 패턴은 더 쉽게 학습된다. 음운론 및 철자법 처리과정 모두가 철자와
관련하여 중요하다고 주장하면서 Apel과 동료들(2006)은 철자법이 단지
음운 표현과 관련된 것임을 주장하는 설명에 반대했다(Treiman & Kessler,
2005).

작 문

Johnson과 Myklebust(1967)는 쓰기 능력이 듣기, 말하기, 읽기의 정상
적인 발달에 의존하므로 언어 기술과 작문(Composition)의 연결을 강조
하는 언어 학습의 발달 모형을 소개했다. 여기에서 결정적인 것으로 여겨
지는 영역은 실행 기능이다. Hooper, Swartz, Wakely, de Kruif 그리고
Montgomery(2002)는 쓰기표현장애에서 실행 기능의 역할에 대해 강조했
다. 이 연구에서는 해독 능력의 수준을 통제하고, 능숙한 쓰기 학습자와
미숙한 쓰기 학습자(서술형 지문의 평가를 통해 판별)들을 비교하였다. 이때
미숙한 쓰기 능력을 가진 학습자는 과제 시작하기와 반응유형의 변경 검
사에서 특정한 어려움을 가지는 것으로 나타났다. De La Paz, Swanson
그리고 Graham(1998)은 쓰기 문제가 있는 고학년(8학년) 학생들의 쓰기
문제가 부분적으로 실행적 조절의 어려움 때문이라는 것을 발견했다. 그
러나 교정에서의 어려움은 단순한 기술적인 어려움과도 관련되어 있다.
Altmeier, Jones, Abbot 그리고 Berninger(2006)는 3학년과 4학년 아동을
대상으로 노트 필기 및 보고서 작성하기에 대한 연구를 실시했다. 이 연
구에서는 억제(inhibition)하기 실행 기능은 노트 필기 수행의 강력한 예측
지표라는 것을 발견했다. 그리고 3학년과 5학년 아동들을 대상으로 하는
다양한 글씨 쓰기 평가에서 Berninger와 동료들(2006)은 억제하기와 세트

전환(set switching)이 효과적인 예측지표임을 발견했다. 전사적 요소와 생성적 요소는 쓰기를 잘하기 위해서 서로 간 상호작용해야만 한다. 그러나 글씨 쓰기와 작문 수준에서 쓰기표현을 계획하고 조직하는 측면에서는 실행 기능의 역할이 아주 중요하고, 쓰기표현의 중재 개발에서 상당한 영향을 미친다고 할 수 있다.

언어 및 실행 기능 영역을 연결하려는 시도로서 Hooper와 동료들(1994)은 쓰기 학습자의 선언적 지식(declarative knowledge), 절차적 지식(procedural knowledge), 조건적 지식(conditional knowledge)을 포함하는 복잡한 문제해결 과정으로 쓰기의 개념을 설명하였다. 그리고 이 모든 지식은 신경심리학적 요인, 개인적 요인, 이외의 다른 조건들(교사–학생 관계, 쓰기 교수의 양, 쓰기 처리과정에 대한 교사의 지식 등)의 연결에 의해 촉진된다고 할 수 있다. 이러한 맥락에서 선언적 지식은 학습자의 특정한 쓰기 및 철자 하위 기술을 일컫는 것이고, 절차적 지식은 쓰기를 하는 과정에서 이러한 지식을 사용하는 학습자의 능력을 가리킨다. 유사하게 Berninger(2004)의 연구에서 신경심리학적, 언어적, 고기능 인지 능력의 통제는 쓰기의 발달과정에서 지속적으로 반복되며, 이러한 개별 통제들은 쓰기 발달 시기에 따라 영향력이 다를 수 있음을 제안하였다.

쓰기표현 학습장애의 하위유형

쓰기 처리과정의 발달적 특징은 생물학적, 유전적, 심리사회학적, 환경적 요인과 같은 다양한 요인에 의해 쓰기언어의 문제가 유추될 수 있다는 것이다. 실제로 글을 통해 생각을 표현하기 위해서는 생각을 조직해야만 하고, 적절한 순서대로 정렬해야 하며, 쓰는 것이 구문론적 및 문법적으로 정확한지를 확인해야 하고, 개별 단어를 정확하게 써야 하며, 글을 쓰는 근육 운동 체제를 통해 단어, 문장, 단락을 표현해야만 한다. 쓰기 처리 과정의 이러한 다양한 측면의 특징으로 인해 쓰기 결함에 대한 복합 원인 (multiple-cause) 모형이 주목받게 되었다. Gregg(1991)는 실행 기능(조직하기, 계획하기, 평가하기 등) 및 시공간 능력에서의 문제처럼, 음운 및 단어 회상에서 다양한 언어 기반의 문제가 쓰기의 여러 측면을 손상시킬 수 있다고 보고했다. 비슷하게 Roeltgen(2003)은 언어, 시공간, 운동 체계의 결함이 다른 방식으로 쓰기 처리과정의 발달을 방해할 수 있다고 제안했다. 그러한 이유로 쓰기의 하위유형은 쓰기의 어려움과 관련된 쓰기과정이나 요인에 근거하여 구분될 수 있다.

최근의 연구에서는 장애 분류의 경험적 접근을 사용하여 쓰기표현의 하위유형을 구체적으로 조사했다(제5장 참조). Sandler와 동료들(1992)은 아동의 인지 기술과 관련한 평가 질문지에 대한 교사 반응을 근거로 하여 하위유형을 판별하는 군집분석(cluster analysis)을 실시했다. 교사는 쓰기의 여러 차원, 즉 가독성, 기술(mechanics), 속도, 철자 등에서 학생의 수행을 평가했다. 이 연구의 대상은 쓰기장애 학생(105명)과 쓰기장애가 없는 통제집단의 학생(56명)으로 이루어졌다. 군집분석은 ① 근육 운동과 언어에서 모두 결함을 가진 쓰기 문제, ② 시공간 결함을 가진 쓰기 문제, ③ 주의력 및 기억에서 결함이 있는 쓰기 문제, ④ 절차적인 문제(sequencing problem)에서 어려움을 가진 쓰기 문제의 하위유형을 도출해 냈다. 이 연구에서 대부분의 아동은 처음의 두 가지 하위유형을 나타내었다.

Wakely, Hooper, de Kruif 그리고 Schwartz(2006)는 4~5학년 학생 262명을 대상으로 평가를 실시했는데, 대부분 학생은 일반적인 성취를 보였고, 약 15%는 학습장애로 판별되었다. 쓰기의 질적 평가를 위해 학생들에게 서술형 쓰기 평가를 실시하였고 군집분석을 실시하였다. 여기에서는 쓰기의 전사적 구성요소가 포함되지 않았지만, 서술형의 쓰기 평가에서 문법, 의미, 철자에 대해 채점이 이루어졌다. 읽기 이해의 측정은 학생들을 범주화할 때 사용되었다. 그리고 외적 타당화를 위해 쓰기에 대한 초인지적 인식, 쓰기에 대한 자기효능감, 자기조절 쓰기에 대한 측정과 같이 세 가지 자기 보고식 검사가 사용되었다. 하위유형의 신뢰도와 타당도를 검증하기 위해 다양한 절차를 사용하면서, 다음의 여섯 가지 하위유형이 발견되었다. ① 평균적인 쓰기 학습자, ② 의미적 지식이 낮은 미숙한 쓰기 학습자, ③ 문법 지식이 낮은 미숙한 쓰기 학습자, ④ 전문적인 쓰기 학습자, ⑤ 낮은 수준의 철자 및 읽기 기술을 가진 미숙한 쓰기 학습자, ⑥ 글의 질적 수준이 낮은 쓰기 학습자. 외적 타당도 연구에서는 대상자 수가 너무 적어서 문법 지식이 낮은 미숙한 쓰기 학습자 및 낮은 수준의 철자 및 읽기 기술을 가진 미숙한 쓰기 학습자 유형을 포함하기 어려웠지만, 나머지 네 가지 주요 하위유형의 분류는 신뢰도가 높게 나타났다. 또한 쓰기 처리과정에서 정상 변이(normal variation)를 나타내며, 전체 표본의 4/1을 이루는 가장 주된 하위유형은 지문의 질이 낮은 쓰기 학습자 유형이었다. 이러한 하위유형에서는 구문론, 의미론, 철자와 관련한 오류의 수가 상대적으로 적게 나타났다. 따라서 이 하위유형은 기술적 수준의 문제를 나타내는 다른 하위유형들과 비교했을 때 상대적으로 작문의 어려움을 갖고 있었다. 앞으로의 연구에서는 이러한 하위유형에 대한 평가를 계속해야 할 것이며, 전사적 구성요소의 구체적인 평가를 통해서도 도움을 얻을 수 있을 것이다.

역 학

출현율

쓰기표현장애에 대한 역학적 연구의 수는 매우 적은데(Hooper et al., 1994), 그 이유는 쓰기 학습장애 유형에서 특정 학업 기술 결함이 잘 입증되지 않아서 어려웠기 때문이다. DSM-IV(American Psychiatric Association, 1994)에서는 "많은 연구가 특정 읽기, 수학, 쓰기표현장애로 분리해서 수행하지 않고 통합적으로 다루면서 학습장애의 출현율(Prevalence)에 초점을 두었다. 그래서 쓰기표현장애는 다른 학습장애와 연관시키지 않고서는 찾아보기 어렵다."(p. 52)라고 설명하면서, 이러한 장애에 대한 출현율을 확인하기 어렵다고 지적하였다.

Basso, Taborelli 그리고 Vignolo(1978)는 쓰기표현에서 후천적 장애가 드물게 발생하며 그 비율은 약 250명 중 1명 정도라고 보고했다. Berninger와 Hart(1992)는 300명의 초등학생을 대상으로 발달적 장애가 글자 쓰기에서 1.3~2.7%, 철자에서 약 4%, 쓰기표현에서 1~3%가 발견되었다고 보고했다. Hooper와 동료들(1993)은 중학생 1,274명의 역학적 표본을 대상으로 작문 문제의 출현율을 평가했는데, 쓰기언어 검사의 서술형 하위 검사에서 평균 이하 1 표준편차(약 15백분위) 점수에서 6~22%가 발견되었다고 보고했다. 이때 다양한 사회인구학적 요인 측면에서는 남자는 더 높은 비율로 장애가 나타났다. 일반적인 모집단에서 발달적 언어장애가 나타나는 비율은 8~15%, 기초 읽기 기술에서의 장애가 나타나는 비율은 10~15%로 보고되는데, 쓰기언어 장애(written language disorder)는 학습장애 정의 준거에 의하여 적어도 학령기 인구의 10%는 될 것이라 예측할 수 있다.

성별 비율

Berninger와 Fuller(1992), Hooper와 동료들(1993)은 여자 아동보다 남자 아동(약 1:1.5)이 쓰기언어 결함을 더 보인다고 보고했다. 대조적으로 Berninger와 Hart(1992)는 지능−성취 불일치 준거가 사용되었을 경우에는 성별 비율에서 차이가 없다고 제시했다. 현재는 역학적 자료의 양과 정확도 모두 부족한 상황이며 특히 구어 및 읽기에 대한 연구와 비교했을 때 더욱 부족하다고 할 수 있다.

발달적 과정

구체적으로 쓰기표현장애로 판별된 아동을 대상으로 장기간 이루어진 연구는 매우 적다. 언어 및 읽기에 문제가 있는 것으로 판별된 아동에 초점을 두는 대부분의 연구에서는 종종 쓰기 문제가 지속적으로 일어난다고 보고하고 있다(Bruck, 1987). 최근에 Connelly, Campbell, Maclean 그리고 Barnes(2006)는 난독증을 지닌 대학생이 글씨 쓰기 속도 및 철자의 문제로 인해 쓰기에 어려움을 가지는 것을 발견하였다. Berninger와 동료들(2006)은 1학년과 3학년 아동을 대상으로 교차 순서(cross-sequential) 설계 연구를 실시하여 쓰기 능력의 개별적 차이가 1~5학년에서도 꾸준히 존재함을 발견하였다. 이후에 구어의 문제가 해결되거나 유의하게 향상되었을 때도 구어장애가 쓰기표현의 장기간 문제와 연관되어 있다는 것은 이미 알려진 사실이다(Bishop & Snowling, 2004). Bishop과 Clarkson(2003)은 둘 중 한 명이나 둘 다 모두 구어장애를 지닌 쌍둥이를 대규모로 표집해서 연구를 실시했다. 이때 대부분의 쌍둥이들이 철자 쓰기를 잘 수행하지 못하는 것을 발견하였다. 표준화 검사에서 구어 손상이 없는 것으로 진단된 쌍둥이도 통제집단에 비하여 서술형 쓰기에서 더욱 어려움을 보이는 것으로 나타났다. 쓰기의 문제가 여러 다양한 집단을 대상으로 지속되고, 읽기 및 구어에서 학습장애로 판별된 아동에게서는 더 확실히 지속됨을 알 수 있다.

신경생물학적 요인

뇌 구조

후천적 쓰기장애

수학 학습장애와 마찬가지로, 쓰기표현의 학습장애를 가진 아동에 초점을 두는 뇌신경 영상 연구는 많지 않았다. 후천적 쓰기장애(실서증)에 대한 연구는 손상된 유형에 따른 다양한 쓰기장애를 선별하였고, 그러한 연구는 해부학적 MRI 연구의 가설에 기반이 되는 기초를 제공하였다. Roeltgen (2003)은 고전적인 신경학적 연구들에서 후천적 쓰기장애를 다섯 가지 유형으로 구분한 것에 주목했다(〈표 9-1〉). 그러나 그는 이러한 손상패턴이 변할 수도 있고 적용 범위가 부적절하다고 언급했다. Roeltgen(2003)은 신경언어학적(neurolinguistic) 모형을 사용하여 언어와 운동 요소를 구별하는 다양한 쓰기 처리과정의 붕괴(disruption)에 근거해 대안적 분류를 주장했다(목록의 일부 및 설명과 관련하여 〈표 9-2〉 참조). 언어학적 관점에서, 어휘 및 음운적 후천적 쓰기장애는 철자의 철자법과 음운론적 요소의 붕괴를 보여 주는 것이다. 어휘적 후천적 쓰기장애(lexical agraphia)는 윤활막 주위의 (perisylvian) 영역을 제외한 좌반구 각이랑(angular gyrus)의 후부(posterior)

〈표 9-1〉 후천적 쓰기장애의 고전적인 분류

1. 순수한 후천적 쓰기장애(pure agraphia): 어떠한 다른 언어 문제가 없는데 쓰기 문제가 있음
2. 실어증적 후천적 쓰기장애(aphasic agraphia): 언어 문제와 관련하여 쓰기 문제가 있음
3. 실독증이 있는 후천적 쓰기장애(agraphia with alexia): 실어증이 없는데 쓰기 및 읽기 문제가 있음
4. 실행 후천적 쓰기장애(apraxic agraphia): 문자소(graphemes) 형성에 어려움이 있는 쓰기 문제가 있음
5. 공간 후천적 쓰기장애(spatial agraphia): 시각 무시(visual neglect), 즉 시각 자극에 반응하지 않는 것과 관련된 쓰기 문제가 있음

출처: Roeltgen (2003).

〈표 9-2〉 후천적 쓰기장애의 신경언어학적 분류

A. 언어적 구성요소
   1. 어휘 후천적 쓰기장애(lexical agraphia): 유사비단어(pseduoword)가 아닌 불규칙한 단어의 철자를 쓰는 능력이 손상됨
   2. 음운 후천적 쓰기장애(phonological agraphia): 친숙한 단어가 아닌 유사 비단어의 철자를 쓰는 능력이 손상됨
   3. 심층 후천적 쓰기장애(deep agraphia): 유사 비단어의 철자를 쓰는 것에서 문제가 있고 명사보다 기능적 단어(function word)를 쓰는 것에서 더 어려움을 지님
   4. 의미 후천적 쓰기장애(semantic agraphia): 의미 있게 쓰는 것에서 문제를 가짐
B. 운동 구성요소
   1. 실행 후천적 쓰기장애(apraxic agraphia): 쓰기에 문제가 있지만 철자를 말하는 것(oral spelling)은 가능함
   2. 공간 후천적 쓰기장애(spatial agraphia): 글자를 명확하게 베껴 쓰는 것에서는 문제가 있지만 철자를 말하는 것은 가능함

출처: Roeltgen (2003).

와 후두측두(occipitotemporal) 영역을 포함하는 손상과 관련된다. 대조적
으로 음운론적 후천적 쓰기장애(phonological agraphia)는 연상회(supra-
marginal gyrus) 및 뇌섬엽(insula)을 포함하여 후부 페리실비안의 손상과
관련된다. 손상 패턴에서 이러한 차이는 단어 읽기에 있어서 음운론 및
철자법 처리과정의 역할 분리와 관련된다(제5장 참조). 그러나 후천적 장
애를 가지게 된 사람을 대상으로 하는 대부분의 연구에서처럼 손상 패턴
은 변할 수 있다.

운동 요소의 문제를 보이는 후천적 쓰기장애의 형태는 철자 말하기가
가능하고 쓰기에 문제를 가지고 있다. 실행 후천적 쓰기장애는 두정엽에
서 쓰기에 사용되는 손에 대한 동측(ipsilateral)이나 대측(contralateral)의 손
상과 관련이 된다. 공간 후천적 쓰기장애는 편측공간 무시와 관련된 우측
두정엽의 손상과 관련되어 있다. 편측공간 무시를 가진 환자들은(우반구
손상 환자들은 환자의 좌측에 위치한 시각 정보를 인지 못함) 손상된 뇌 영역
의 반대에 위치한 시각 정보를 인지할 수 없다. 후천적 장애의 운동적 요
소는 발달적 장애와 그 어떤 명확한 관련성이 없으며, 운동 프로그래밍과
관련된 전두엽의 역할에 더 초점을 두고 있다(Barkley, 1997).

뇌 기능

Berninger(2004)는 쓰기 처리과정의 구성요소를 다룬 워싱턴 대학의 기
능적인 뇌신경 영상(functional neuroimaging) 연구결과를 다음과 같이 요
약했다. 이 연구에서는 소근육 운동 조절 및 언어 생성에 연관된 요소가
전두엽 및 소뇌 영역이라고 보고했다. 이러한 영역들은 운동 조절, 계획
하기, 실행 기능, 언어를 포함해 쓰기의 기초가 되는 핵심 처리과정과 관
련된 것으로 알려져 있다. Barkley(1997)는 이러한 연구결과를 통해

ADHD 아동들이 쓰기 문제를 나타내는 이유에 대해 설명하였다.

최근 연구에서 Richards와 동료들(2005, 2006)은 난독증을 가진 4~6학년 아동을 대상으로 두 가지 다른 중재에 대한 뇌 활성화 반응을 검사했다. 첫 번째 중재는 글자 패턴에 대한 특정한 전략을 가르치는 철자법 중재였다. 두 번째 중재는 철자의 형태학적 요소에 초점을 둔 것으로서, 단어의 부분들을 종합하거나 의미에 따라 단어의 구성요소를 분절하도록 가르치는 것이다. 이러한 중재는 3주 동안 14시간의 회기 동안 수행되었다. 그리고 음운적 변화의 여부에 따라 음운적 매핑(phonological mapping), 철자적 매핑(orthographic mapping), 형태학적 매핑(morphological mapping)을 조작한 네 가지 단어 읽기 과제를 수행하기 전후에 fMRI를 측정하였다. 연구결과, 네 가지 각각 과제의 독특한 활성화 패턴을 발견했다. 좌측하전두회(left inferior frontal gyrus), 양측설회(bilateral lingual gyrus), 양측방추상회(bilateral fusiform gyrus), 좌측하측두회(left inferior temporal gyrus)가 읽기 과제와 관련하여 활성화되는 것으로 나타났다. 그리고 두뇌 피질(cortical) 및 소뇌가 특히 다양한 구조로 활성화되었다. 난독증 아동은 패턴은 다르지만 일반적으로 활성화가 낮게 이루어지는 것으로 나타났으며, 이것은 음운적 매핑을 필요로 하는 과제에서 가장 분명히 나타났다. 그리고 난독증 집단에서 철자적 매핑을 포함한 중재 후에 우측하전두회(right inferior frontal gyrus) 및 우측후두정회(right posterior parietal gyrus)에서 유의하게 큰 활성화가 나타났으며 통제집단에서는 변화가 거의 없었다. 형태학적 중재(morphological treatment)는 활성화에서 유의한 변화를 이끌지 못했다.

이러한 연구에도 불구하고, 쓰기 영역의 특정 학습장애로 판별된 아동에 대한 구조적, 기능적 뇌신경 영상 연구는 매우 부족하다. 따라서 이 영역에서는 앞으로 많은 과제가 남아 있다고 할 수 있다.

유전적 요인

손글씨 쓰기 장애(handwriting disability)의 유전성에 대한 연구는 거의 없다. Ranskind, Hsu, Berninger, Thomson 그리고 Wijsman(2000)은 글씨 쓰기장애가 아닌 철자장애가 가계에서 두드러지게 나타남을 발견했다. 다른 연구들에서도 철자 쓰기의 어려움이 특정 가계에서 나타남을 발견했다(Schulte-Korne, Deimel, Muller, Gutenbrunner, & Remschmidt, 1996). 이러한 발견들은 쌍둥이의 철자 능력의 유전성을 발견한 쌍둥이 연구와도 일관되며 이것은 읽기 능력에서 발견된 사실을 능가하였다(Stevenson, Graham, Fredman, & McLoughlin, 1987).

좀 더 최근에 Bates와 동료들(2004)은 실제 단어(real words), 유사 비단어(pseudowords), 불규칙단어(irregular words)의 읽기와 철자에 대한 유전적 및 환경적 영향을 평가했다. 전체적으로 실제 단어에서는 .61, 유사 비단어에서는 .76, 불규칙단어에서는 .73의 유전성을 지닌다고 보고하고 있다. 그리고 철자는 실제 단어 및 불규칙단어에서 .76, 유사 비단어에서는 .52의 유전성을 지닌다고 보고하였다. 환경적 영향은 가계 이외의 특정한 환경적 영향에 의한 변화를 나타내는 것이기 때문에 중요하다. Johnson, Bouchard, Segal 그리고 Samuels(2005)은 분리되어 양육된 성인 쌍둥이를 대상으로 연구를 실시하였는데, 단어 읽기의 다양한 검사에서 약 .75, 읽기 이해에서는 .51, 철자에서는 .76의 유전성을 발견했다고 보고했다.

Schulte-Korne(2001)은 15번째 염색체와 철자가 연관되어 있다는 증거를 발견했다. Nothen과 동료들(1999)은 15번 염색체가 철자 및 읽기 능력과 연관되어 있으며, 이것은 난독증과 관련이 있다고 보고했다(Grigorenko, 2005). 읽기 및 철자 능력이 서로 높은 상관을 가지고 있고, 유전적으로 공통 요인을 가지고 있기 때문에(Marlow et al., 2001), 이러한 연구결과들이 실제로는 어떤지를 더 살펴봐야 할 것이다. 특히 Grigorenko(2005)는 표현형적 변이(phenotypic variability)가 유전형적 변이(genotypic variability)를 반영하는지에 대한 논쟁이 읽기 영역에서조차 제대로 결정되지 않았다는 사실에 주목했다.

요약: 학업 기술 결함에서 신경생물학적 요인까지

쓰기장애와 관련된 여러 학업 기술 결함은 서로 다른 인지적 요인과 관련되어 있다. 글자 쓰기는 소근육, 운동 계획, 작동기억 기술, 철자는 음운적 분석, 철자적 지식, 시각 운동 기술, 작문은 실행 기능, 다양한 구어 기술들과 관련되어 있다(Berninger, 2004; Hooper, Wakely, & de Kruif, 2006). 실행 기능과 언어의 문제는 일반적인 쓰기 요소들을 제약하는 반면에, 글자 쓰기 및 철자 쓰기와 상관이 있는 운동 기술과 음운적/철자적 문제는 전사(transcription) 요소들을 제약한다. 운동과 실행 기능의 문제는 많은 ADHD 아동이 쓰기표현에 장애를 가지고 있는 이유를 설명하게 해 준다(Barkley, 1997). 쓰기표현 문제는 하위유형이 존재할 수 있지만, 중요한 것은 쓰기 문제가 다른 학습장애, 구어 문제 또는 ADHD가 없을 때도 일어나느냐 하는 것이다. 그리고 신경생물학적 상관에 대한 연구는 많이 부족하다. 철자는 음운 해독과 유전 가능성을 공유하고 있다.

쓰기언어 중재

Lyon과 Cutting(1998)은 학습장애 학생을 대상으로 글씨 쓰기, 철자, 작문에 도움이 되는 중재를 개발하여 읽기장애의 중재들과 비교하였다. 쓰기과정과 관련된 언어 과제들이 복잡하기 때문에, 쓰기 영역에서는 상대적으로 중재 연구가 적다. 쓰기를 위해서는 표현하고자 하는 생각을 형성, 조직하고, 순서대로 나열해야 하며, 구문적으로 정확한 형식에 맞게 생각들을 만들어 내고, 정확한 철자를 사용하며, 읽기 쉽게 내용을 기술해야 한다. 또한 이러한 기초 기술 능력을 갖춘 이후에는 기술들이 좀 더 광범위한 인지적 체제에 통합되어야 한다. 즉, 글을 쓰는 장르의 구조, 지문의 응집성과 일관성, 독자에 대한 고려 등에 대해 구조화된 전략을 사용해야 한다. 여러 변인들이 쓰기언어 중재 연구에서 고려될 수 있지만, 많은 연구가 그 과정의 일부만을 고려하였다. 그런데 최근 10년간, 쓰기언어의 여러 요소들을 다루는 중재 연구가 증가하기 시작했다.

글씨 쓰기

글씨 쓰기는 오랜 시간 동안 발달되는 복잡한 행동들이 모여 이루어진다. 인쇄체와 필기체 쓰기의 어려움은 운동 결함, 시각 운동 협응 문제, 시각 기억 결함, 철자적 과정의 문제를 포함해 다양한 요소들로부터 발생할 수 있다. '난서증(dysgraphia)'이라는 용어는 따라 쓰기에서 명확한 문제로 보이는 것으로서 시각 정보를 운동 체계로 변환하지 못하며(Johnson & Myklebust, 1967), 주로 발달적인 문제로 간주되었다.

Johnson과 Myklebust(1967)는 글씨 쓰기의 문제를 가진 쓰기장애 학생을 대상으로 임상 연구를 실시하였다. 이 연구에서는 포괄적인 과제 분석적 모델을 개발하여 글씨 쓰기 문제에 대한 중재에 적용하였다. 쓰기언어 장애의 치료를 위한 전통적인 방법은 Gillingham과 Stillman(1965)의 접근이다. 이 방법은 학습장애 학생들을 가르치는 많은 교사에 의해 사용되었으며, 다음과 같은 특징을 가지고 있다. ① 교사가 칠판 위에 큰 글씨를 적고, 이름을 말하고 쓰는 시범을 보인다. ② 학생들은 이름을 말하며 글자를 덧쓴다. ③ 학생은 이름을 말하며 글자를 따라 쓴다. ④ 학생은 이름을 말하며 기억하여 글자를 쓴다. 일부 연구들에서는 이러한 종류의 다감각적 중재방법에 더하여 학생들이 언어적인 안내를 스스로 하도록 하는 과정을 가르쳐 글씨 쓰기를 향상시키는 데 효과적이었다고 밝혔다(Hayes & Flower, 1980).

낱자와 단어의 철자를 쓰는 것은 자신의 생각을 쓰는 것으로 표현하기 위해 필요한 기술이다. Graham, Struck, Santoro 그리고 Berninger(2006)는 기억해서 단어 쓰기, 단락에서 단어 따라 쓰기, 특정 주제에 대해 작문하는 과제에서 수행을 잘하는 학생과 그렇지 않은 1~2학년 학생들을 대상으로 연구를 실시하였다. 가독성 평가에서는 글씨 쓰기를 못하는 학생들이 획을 더 긋는 경향이 있었고, 글자를 더 작게 쓰거나 글자의 공간이나 정렬에서 더 다양한 특성을 보였다. 연구결과, 작문의 질을 제약하는 것으로 운동 프로그램의 실행, 시공간의 배치, 글자 형태를 인식하는 문제라는 것을 지적했다. 그래서 글씨 쓰기와 철자의 문제는 쓰기표현에서 다음과 같은 심각한 결과를 초래할 수 있다고 제시했다. ① 글쓴이의 의도를 오해할 수 있게 하며(Graham, Harris, & Chorzempa, 2002; Graham et al., 2000), ② 글쓴이에 대한 부정적인 견해를 만들어 내며, 이로 인해 작문의 전반적인 수준을 낮게 평가할 수 있으며(Hughes, Keeling, & Tuck, 1983), ③ 지나치게 기술적인 영역에 인지적 역량이 할당되어 글을 쓰는 과정을 방해할 수 있으며(Berninger, 2004), ④ 학생이 쓰기를 회피하게 되어 궁극적으로 쓰기 발달에 부정적인 영향을 미칠 수 있다(Graham & Harris, 2003). 이러한 이유들 때문에, 글씨 쓰기와 철자 기술의 발달을 강조하는 것은 중요하고, 특히 이러한 어려움들을 겪을 수 있는 학습장애 학생들에게 더 중요하다. 학습장애 학생의 글씨 쓰기와 철자의 향상을 위한 중요한 교수 요소의 특성을 밝힌 일련의 연구는 다음과 같다.

Berninger와 Amtmann(2003)은 쓰기장애 중재에 대한 일련의 연구들을 분석하였다. 예를 들어, Berninger와 동료들(1997)은 글씨 쓰기의 자동성과 가독성에서 문제를 가진 1학년 학생들을 대상으로 다음의 다섯 가지 유형의 중재 중 하나에 배정하였다. 전통적인 방식으로 글자 따라 쓰기, 글자 형태의 운동적 요소를 전통적인 방식으로 모방하기, 글자 형태에 대한 시각적 단서 제공하기, 지연시간을 증가시키면서 기억해서 글자 쓰기, 시각적 단서와 기억 요소를 결합시키기 전략이었다. 4달 동안 24회기의 수업을 실시한 결과, 시각적 단서와 기억 요소를 결합한 중재가 통제집단이나 다른 중재 조건보다 글씨 쓰기가 매우 향상되었다고 보고하였다. 이러한 결과는 Graham과 동료들(2000)과 Jones와 Christensen(1999)의 연구에서도 반복실험되었다.

Berninger과 동료들(2005)은 1~2학년 학생들을 대상으로 여러 수준의 중재를 평가하는 세 가지 연구를 수행하였다. 그들의 연구결과에 따르면, 철자와 관련된 지원 없이 운동 활동의 연습만 제공하는 중재전략과 운동 활동의 지원 없이 철자 연습만 제공하는 중재전략은 철자의 형성과 가독성에서 어느 정도의 향상을 이끌었다. 그러나 언어적 중재 및 시각적 단서를 포함하면서 운동 및 철자적 요소를 결합한 명시적인 교수는 쓰기의 자동성과 단어재인 기술을 향상시켰다고 보고하였다. 두 번째 연구에서는 운동 훈련이나 철자 훈련이 독립적으로 이루어졌을 때는 자동적인 글쓰기와 작문에서 명시적 교수 이상의 효과가 나타나지 않았다고 제시했다. 세 번째 연구에서는 읽기 교수에 글씨 쓰기에 대한 명시적 교수를 추가하였는데, 이것은 글씨 쓰기를 향상시켰지만 읽기에는 도움이 되지 않았다고 보고하고 있다. 따라서 글씨 쓰기에 대한 명시적 교수는 다른 요소들에 비해 학생들의 글씨 쓰기에 효과적이며, 글자나 단어의 실질적인 사용에 중점을 둔 통합적 접근이 중요함을 알 수 있다.

Graham과 동료들(2000)은 글씨 쓰기와 작문의 문제를 경험하고 있는 초등학교 1학년 학생들을 대상으로 실험적인 중재 연구를 실시하였다. 38명의 학생들은 글씨 쓰기 수업이나 음운 인식 수업에 임의적으로 나뉘어졌다. 글씨 쓰기 수업은 9개의 단원으로 15분씩 27차의 수업이 구성되었다. 수업에서는 교사가 비슷한 형태적 특징을 가진 세 개의 소문자 글자들을 학생들에게 소개하고 이에 대한 연습이 이루어졌다. 각 수업은 네 가지 활동으로 이루어졌다. 첫 번째 활동은 알파벳 준비활동(Alphabet Warm-Up)으로서, 각 글자의 이름을 익히고 이름과 글자를 연결 지으며 글자를 알파벳 순서대로 알게 하는 활동으로 이루어졌다. 두 번째 활동은 알파벳 연습으로서, 각각의 글자를 따라서 쓰는 활동으로 이루어져 있다. 세 번째 활동은 알파벳 로켓(Alphabet Rockets)으로 학생들의 글씨 쓰기 유창성을 증가시키기 위해 고안되었고, 네 번째 활동인 알파벳 놀이(Alphabet Fun)는 학생들이 새로운 방법으로 글자를 사용하여 놀이를 하도록 하는 방식이다. 이 네 가지 활동들에서 수업은 명시적으로 이루어졌으며, 학생이 중요한 글자 형태에 집중할 수 있도록 과제 분석이 이루어졌고, 학생이 독립적으로 과제를 완수할 때까지 즐길 수 있는 적절한 지원을 제공하도록 과제 요구에 따라 활동이 이루어졌다. 그 결과, 학생들의 글씨 쓰기 수행은 사후 검사에서 큰 향상을 보였고(효과 크기 1.39), 이러한 효과는 6개월간 유지되었다(효과 크기 .87). 또한 이러한 효과는 작문의 유창성 검사에서도 관찰되었는데(효과 크기 1.46), 6개월 후의 유지평가에서는 효과 크기가 .45로 떨어졌다. 이러한 패턴은 학습장애 또는 학습장애가 아닌 저성취 학생들에게서도 나타났다. 또한 사후 검사에서 글씨 쓰기 수업 조건에 할당된 학생들은 음운 인식 수업 조건에 있는 또래들보다

질적으로 더 우수한 이야기를 작성하지 못했다. 이러한 결과는 작문과 관련된 요인을 포함하면서, 동시에 쓰기 활동을 강화할 수 있는 추가적인 과제가 필요함을 보여 주고 있다.

철 자

제5장에서 우리는 영어의 철자 체계는 알파벳 시스템을 갖고 있으며, 이러한 알파벳 시스템에서 음소의 단위는 철자와 철자의 결합을 포함하는 문자소(graphemes)가 된다고 언급하였다. 학생들과 초등학교 교사들에게, 이와 같은 구어와 문어의 기본적인 관계는 문해 발달 측면에서 중요하다. 단어 수준 읽기장애 학생들이 적절한 중재를 받았을 때 이들의 부호화 기술은 향상될 수 있지만, 여전히 철자에서는 낮은 수행을 나타내기도 한다(Bruck, 1987). 글자를 정확히 읽을 수는 있지만 글자의 철자를 정확히 모르는 사람들이 많다. 이것은 읽기와 철자 기술이 어느 정도 분리되어 있다고 할 수 있으며, 이 중 한 기술의 이론적 모델이 다른 기술을 설명하는 데 필요하지 않을 수도 있음을 제안할 수 있다(Moats, 2005).

최근의 연구에서 Graham과 동료들(2002)은 철자에서 낮은 수행을 보이는 초등학교 2학년 학생들을 대상으로 철자 수업이나 수학보충 수업을 받도록 임의로 배정하였다. 중재는 약 20분 동안 총 48회기 동안 실시되었다. 수업은 8개의 단원으로 나뉘어졌고, 각각은 두 개 이상의 철자 패턴을 중심으로 구성되었다. 1회기에서는 단어-분류(word-sorting) 활동이 이루어졌는데, 학생들은 해당 단원에 나타난 단어들을 철자 패턴에 따라 분류하는 활동을 실시했다. 이때 교사는 학생들이 단어들 간의 유사점과 차이점을 찾도록 도와주고, 단어를 적합한 범주로 분류하는 과정의 시범을 보여 주었다. 그리고 점차적으로 학생들이 자신이 분류한 글자 모양과 발음

간의 관계를 깨닫게 하였다. 모든 단어가 분류되면, 교사는 분류된 단어들에서 강조할 수 있는 철자 패턴 규칙을 설명하였다. 이후 학생들 스스로 철자 규칙을 단어들에 일반화시킬 수 있도록 하였다. 그리고 교사는 단어를 섞어서 다시 학생들에게 제공하였고, 학생들은 이전보다 시간을 더 단축해서 활동을 수행하였다. 2회기에서는 교사가 각 학생들에게 8개의 단어를 제공하는데, 이것은 학생이 쓰기 활동에서 빈번히 사용하고 사전 검사에서 틀린 단어들로 구성된 것이었다. 2~5회기에서 학생들은 이러한 8개의 단어들을 학습하기 위해 두 가지 학습과정, 즉 몇 단계에 걸친 자율학습과 게임을 이용한 연습을 거친다. 또한 2~5회기의 수업에서는 교사가 학생들에게 명시적 설명을 제공하고, 단원의 내용과 관련된 소리 패턴을 확인하도록 하며, 해당 단원에서 강조된 철자 패턴과 관련된 단어들을 학생들이 짝을 지어 연습하게 된다. 6회기에서 학생들은 8개 단어의 숙련도를 평가하기 위한 시험을 치른다. 학생들은 자신의 시험을 채점하고 그래프에 점수를 기록한다. 그 후 학생들은 다음 단원 시험에서는 몇개 단어의 철자를 정확하게 제시할 것인지 목표를 세워 그래프에 표시한다. 또한 학생들의 단어 분류 활동에서 강조되었던 요소를 포함하여 9개의 단어들의 철자 평가가 이루어진다. 2단원부터는 이전에 배운 내용에 대해 누적적인 검토가 체계적으로 이루어진다. 이 연구의 결과는 체계적이고 명시적인 접근의 철자 수업이 효과적임을 보여 주었다. 연구결과, 수학 수업을 받은 통제집단의 또래와 비교해 볼 때 철자 수업을 받은 학생들은 준거-참조 철자 검사(효과 크기 .64~1.05), 쓰기 유창성 검사(효과 크기 .78), 읽기 단어 검사(reading word attack measure)(효과 크기 .82) 등에서 큰 향상을 보였다. 6개월 후에, 철자 수업을 받은 학생들은 철자 쓰기에서 .70~1.07의 효과 크기를 나타냈지만, 쓰기 유창성(효과 크기 .57)이나 읽기 단어 검사(효과 크기 .47)에서는 낮게 나타났다. 그러나 철자 수업

은 사전 검사 점수가 가장 낮았던 학생들의 읽기 단어재인 기술의 유지에
서는 긍정적인 효과를 나타내었다.

철자 중재 연구는 Berninger와 동료들(1998, 2000)에 의해 기반을 갖추
게 되었으며, Berninger와 동료들(2002b)의 연구에서는 3학년 학생들을
대상으로 철자, 작문, 철자와 작문 훈련 모두를 포함하는 중재를 실시하
였다. 그리고 통제집단에서는 단순한 키보드 훈련이 이루어졌다. 철자 중
재는 형태소적 수준에서 단어의 바른 철자 패턴을 강조하면서 이루어졌
다. 철자를 포함한 모든 중재에서는 작문 훈련만을 실시한 중재 조건에서
보다 철자에서 높은 향상을 보였다. 이후의 연구들에서는 학습장애 학생
들을 대상으로 글자 형태에 대한 명시적 설명에 초점을 둔 수업과 쓰기를
위한 연습 기회가 주어졌을 때 철자에서 향상을 보인다는 것을 강조하고
있다.

보완적 기기

Berninger와 Amtmann(2003)은 키보드 사용(keyboarding), 음성 인식 시
스템(voice recognition system)을 사용한 받아쓰기, 단어 예측 프로그램
(word prediction program) 사용과 같이 글씨 쓰기와 철자 쓰기를 지원하는
다양한 보완적 도구의 효과성에 대해 분석하였다. 키보드를 사용할 때 학
생의 타이핑하는 속도가 느리면 기술적 요소를 향상시키지 못하는 것으로
나타났다. 그리고 지필 형태 글자의 자동화된 표현에 어려움을 보이는 학
생들은 키보드를 사용해도 어려움을 보이는 것으로 나타났다. 궁극적으로
키보드 사용은 쓰기가 어려운 학생들을 위한 효과적인 도구가 될 수 있지
만, 관련 연구에서 효과성은 명확히 제시되지 않았다. 소리 인식 방법론에
기반을 둔 받아쓰기에서, 학습장애 학생을 포함한 모든 학생은 쓰기 대신

받아쓰기를 하기 때문에 더 많은 결과물을 산출할 수 있다. 현재 쓰기 수행을 향상시키는 이러한 프로그램들의 효과성에 대해 일부 연구들에서 제시하고 있으며, 음성 인식 기술을 더 확대해서 개발해야 할 필요성이 있다. 마지막으로 쓰기에 문제를 가진 학생들을 위한 단어 예측 소프트웨어는 학습장애를 가진 학생들에게도 중요한 효과를 보여 주었다. 이것은 작업기억이나 주의력의 공존장애를 반영하는 것이라고 할 수 있다.

쓰기언어 체계에서 글자를 전사하는(그대로 보고 쓰는) 기술에 어려움을 가진 학생들을 위해 이러한 보완적 도구들을 평가할 필요가 있다. 현재 이러한 보완적 도구들에 대한 연구는 부족하며, 쓰기와 읽기의 실제적인 인지 처리과정에서 이러한 보완적 도구를 통합하는 것이 중요함을 연구에서 보고하고 있다.

쓰기표현

쓰기를 이용하여 자신의 생각을 표현하는 능력은 몇 가지 인지 능력이 필요한 복잡한 의사소통의 한 형태다. 문장을 쓸 때 학생들은 주제, 지문, 독자에 대해 지속적으로 주의를 기울여야 한다. 기억과 주의력이 중요한 역할을 하듯, 구어와 읽기에서의 결함도 쓰기과정에서 문제를 일으킬 수 있다(Gregg, 1991). 일부 연구자들(Higgins & Rakind, 2000)은 쓰기 연습을 많이 하는 것은 읽기 능력에도 영향을 미치고 작문 능력을 향상시키는 데도 중요한 역할을 할 수 있다고 주장하였다. 그리고 세부적인 중재를 살펴보면, 학생들에게 관련된 두 개의 문장들을 제공하고 하나로 합쳐서 쓰도록 하는 활동(문장 결합)이 작문에서 중요한 효과를 나타내었다고 보고하였다(O'Hare, 1973).

초기의 연구들은 쓰기표현을 잘하거나 어려움을 겪고 있는 학습자들의 특성을 연구하였다. 이러한 연구들에서, 여러 연구자들(Bereiter, 1980; Berninger, 2004; Heyes & Flower, 1980; Hooper et al., 1994)은 글을 잘 쓰는 학습자들이 목표 지향적이며, 쓰기 과제의 목적을 잘 이해하며, 글의 주제에 대해 많은 지식을 가지고 있고, 생각들을 잘 만들어 내고 이것을 의미 있게 잘 연결하며, 더 응집된 텍스트 구성과 생각의 흐름을 만들어 내고, 정확한 철자와 문법을 위해 결과물을 계속적으로 검토한다고 하였다. 최근에 Hooper와 동료들(1994)과 다른 연구자들(De La Paz et al., 1998; Graham, 2005)은 학습장애를 가진 학생들이 글을 쓸 때 전략을 효과적으로 사용하는 것에서 어려움을 보인다고 설명하였다. 그리고 우수한 쓰기 능력을 지닌 학생들과 비교하여 학습장애를 가진 학생들은 더 짧고, 흥미롭지 않은 글을 쓰며, 단어나 문단 수준에서 조직적이지 못하고, 철자, 문장부호, 문법 등의 측면에서 검토가 부족하다고 언급하였다(Hooper et al., 1994). 이러한 관찰들을 통해서 작문에 어려움이 있는 학생들을 위한 중재들을 도출해 냈다.

앞서 언급한 Berninger과 동료들(200b)의 연구에서 철자, 작문, 철자와 작문 중재를 모두 제공하는 집단들을 대상으로 평가를 실시한 결과, 모든 중재가 작문의 유창성을 증가시켰다고 보고하였다. 철자를 포함하는 중재는 특정 단어 기술을 향상시켰고, 작문을 포함하는 중재는 에세이의 질 향상에서 큰 효과를 보였다. 그리고 철자와 작문 수업이 함께 이루어진 중재에서는 특정 단어 기술과 에세이 기술을 모두 향상시킬 수 있었다.

Hooper와 동료들(2006)은 4~5학년 학생들을 대상으로 초인지적 중재를 제공하였다. 이 학생들 중에서 35% 정도의 학생들은 주(state)의 준거에 의해 학습장애 학생들이었다. 중재는 20일 동안 20~45분 정도 이루어졌는데, 15분 동안 명시적 교수가 제공되고 이후의 시간에 이야기를 구성하는 활동이 이루어졌다. 수업은 계획하기, 변환하기, 사고하기에 필요한 문제해결 과정에 대한 학생들의 인식을 향상시키는 것에 초점을 두었다. 연구결과, 경험적으로 도출된 네 개의 하위 집단에 따라서 전반적인 향상이 다양하게 나타났다. 몇 가지 구체적인 효과들은 문제해결 능력에 약점을 가지고 있으면서 언어 문제를 동반하거나 그렇지 않은 학생들에게 나타났다. 여기에서 언어 문제를 동반하지 않은 후자의 하위유형은 다른 하위유형들에 비하여 철자 측면에서 더 큰 효과를 보였다. 흥미롭게도 문제해결에서의 하위유형 학생들은 이 영역이 중재의 목표였기 때문에 가장 큰 향상을 보일 것으로 예측되었으나 그러한 상호관계는 나타나지 않았다.

몇 가지 인지 행동적 중재 기술도 작문 기술을 향상시키기 위하여 사용되었다. Graham과 Harris(1996)는 작문을 포함하여 높은 수준의 인지 처리과정을 숙달하도록 학생들을 지원하고 이러한 과정들의 자기조절 능력을 발달시키기 위하여 자기조절 전략개발(Self-Regulated Strategy Development: SRSD)을 개발하였다. SRSD를 이용한 결과, 학습장애 학생들의 작문 기술에서 길이의 증가와 질적 향상이 이루어졌고(Graham & Harris, 1993), 이러한 효과들이 오랫동안 유지되었으며, 여러 상황에서 일반화되었다(Graham, Harris, MacArthur, & Schwartz, 1991). 이 연구가 주로 중학교 수준을 대상으로 이루어졌는데(Graham & Harris, 2003 참조), Graham과 동료들은 SRSD를 초등학교 2~3학년의 학습장애 학생이나 저성취 학생들을 위한 중재에 활용하였다. 이와 같이 어린 학생들을 대상으로도 SRSD의 효과성이 확인되었다(Graham, 2005).

Graham, Harris 그리고 Mason(2005)은 쓰기에서 문제를 겪고 있는 3학년 학생들에게 두 가지 특정 장르의 전략(genre-specific strategies)을 가르쳤다. 이러한 특정 장르 전략들은 학생들이 쓰기 주제를 정하고, 쓰기를 위한 생각을 조직하며, 쓰는 동안 계획을 사용하거나 발전시키도록 하는 일반 전략에 기반을 두고 있다. 이러한 일반적 전략(즉, 쓰기 위해 생각을 조직하는 것)의 두 번째 단계에서는 학생들에게 생각을 만드는 두 가지 특정 장르의 전략을 가르치도록 하였다. 첫째는 이야기(story) 쓰기이고, 둘째는 논설문(persuasive essay) 쓰기였다. 그리고 학생들은 이야기와 논설문의 기본적인 부분, 글을 더욱 흥미롭게 만들기 위한 단어 사용의 중요성, 수행을 원활히 하기 위한 자기대화 등을 배웠다. 마지막으로 자기조절 요소는 학생들이 글을 완성하기 위하여 목표를 세우는 동안 교수에 포함되는데, 이 목표를 그래프로 나타내고, 수업을 받기 전후의 학생 수행을 비교하며, 목표 전략을 사용함으로써 성공하도록 하였다. 이 연구는 특히 유지와 일반화에서 또래 중재의 효과를 관찰하였다. 또래 중재 환경에서 또래는 인지적 전략을 사용하도록 서로 촉진하였고, 전략을 적용할 수 있는 서로 다른 상황을 확인하며, 새로운 적용을 위하여 전략을 어떻게 수정할 필요가 있는지 자유롭게 생각을 나누도록 하였다. 학생들은 서로 배운 것을 다른 환경에 적용하도록 했으며, 다음 회기에서 학생들이 어디서, 어떻게, 언제 이러한 전략들을 적용하였는지 확인하였다. 이 연구에서는 다음의 세 가지 실험조건이 구성되었다. 즉, 쓰기 워크숍(Writer's Workshop) 집단(통제집단), 명시적이고 체계적인 SRSD 집단, 또래 중재를 이용한 SRSD 집단이었다. 통제집단은 여러 공립학교에서 쓰기표현을 가르치기 위하여 흔히 쓰이는 방법으로 이루어졌다. 쓰기 문제로 연구에 포함된 72명의 학생들은 적합성 확인을 위해 두 집단으로 나누어졌다. 그리고 학생들은 세 집단에 임의적으로 배정되었다. 교수자들은 주당 3회, 20분씩 두 가지 장르를 교차하여 총 11시간 동안 학생들을 가르쳤다.

연구결과, 이야기와 논설문의 개요를 짜고 글을 쓰는 것에서 SRSD가 효과적이라는 것을 나타내었다. SRSD 조건에 배치된 학생들은 두 가지 장르에서 더 길고, 더 정확하며, 질적으로 더 나은 글을 썼으며, 효과 크기는 .82에서 3.23의 범위를 보였다. 이 효과는 이야기 쓰기에서 오랜 시간 유지 되었고, 직접적으로 가르치지 않은 다른 장르인 설명문(informative writing) 에서도 일반화되었다. 또래 중재 요소는 글쓰기에 대한 일반화를 향상시 켰고, 개요에 대한 학생들의 지식을 증가시킴으로서 SRSD의 효과를 증가 시켰다.

Harris, Graham 그리고 Mason(인쇄 중)은 앞서 언급한 세 가지 실험조 건과 동일하게 2학년 학생들을 대상으로 실시하였는데, 이 연구결과도 매우 효과적으로 나타났다. 쓰기에 문제를 가진 학생들을 대상으로 실험 에서 가르친 두 가지 장르(이야기 글과 논설문)에서의 쓰기뿐만 아니라 가 르치지 않은 두 가지 장르(개인적 이야기와 설명문)에서도 쓰기에 대한 지 식이 향상되었고 높은 수행을 나타냈다. 효과 크기는 비슷하게 높았다. 또래 지원을 통해서도 가르치거나 가르치지 않은 장르들에서 학생 수행 이 향상되었다. 두 연구를 통해 다음과 같은 결과를 밝혀냈다. ① 빈곤 지 역에서 연구가 계속적으로 수행되더라도, 어린 학생들의 쓰기 수행 능력 은 상대적으로 증가했다. ② 또래 지원 요소는 중재에서 목표한 장르에서 가르치지 않은 장르로의 일반화에 효과가 있다. ③ 인기 있는 쓰기 워크 숍(Writer's Workshop) 집단보다 구조화되고, 명시적이며, 체계적인 접근 의 쓰기 교수방법이 더 우월하다.

Saddler, Moran, Graham 그리고 Harris(2004)는 쓰기표현에 문제를 가 진 2학년 학생들에게 보충적인 전략 교수를 제공하였다. 이 연구에서는 이야기를 계획하고 작성하는 전략의 사용을 학습하는 것이 학생의 작문 의 질과 유창성에 유의한 결과를 가져왔다고 보고하고 있다. 이를 통해 글의 완성도가 더 높았고, 질이 더 높게 평가되었다고 설명하고 있다. 개 별적 수준에서, 쓰기의 다른 영역에서도 일반화의 효과는 한 학생을 제외하고 모든 학생이 명확한 향상을 보였다. 이러한 효과는 후속 연구에서도 계속 유지되었으며, 이것은 쓰기 능력의 지속적인 향상의 증거를 보여 주는 것이라고 할 수 있다.

쓰기에서 SRSD에 대한 연구는 장기간의 포괄적인 연구 프로그램이다. Graham과 Harris(2003)는 쓰기에서 전략 기반의 교수들을 다룬 26개의 연구들에 대한 메타분석을 실시하였다(Graham, 2005 참조). 많은 연구가 학습장애로 확인된 학생들을 포함하고 있지만, 다른 공존장애뿐 아니라 다양한 성취 수준의 학생들도 포함하고 있었다. 전반적으로 쓰기 교수에 대한 전략적 접근들은 학습장애를 포함하여 다양한 학생들에게 있어서 쓰기의 다양한 범위의 요소들(질, 요소, 길이, 문법)에서 효과 크기를 가지는 것으로 나타났다. 학습장애 학생들의 경우 글의 질에 관한 효과 크기인 1.14부터 문법 요소의 효과 크기인 2.0까지 인지 전략은 다양한 효과 크기의 범위를 가지는 것으로 나타났다. 학습장애를 가지지 않은 보통의 학생들에게서도 인지 전략은 비슷한 효과 크기를 나타냈다. 이 연구에서는 여러 교수 환경에서 나이가 더 어리거나 더 많은 학생에게서 효과 크기가 컸으며, 이러한 효과의 유지와 일반화가 이루어지는 것을 보고하고 있다.

쓰기 영역에서 전략 교수의 요인을 평가한 결과, 학습장애 학승들에게는 자기조절 전략이 가장 유의한 방법임을 확인하였다. 이러한 발견은 SRSD가 일반적으로 학급 수준에서 제공되기 때문에 의미가 있다. 많은 교사는 쓰기 전략을 계획하는 데 어려움을 갖고 있지만, 쓰기 전략의 명시적 교수가 학급의 모든 학생에게 효과가 있다는 것은 놀라운 일이 아니다.

결 론

학습장애 학생들의 구어장애와 읽기장애에 대한 최근의 견해들과 비교해서 쓰기표현장애에 대한 병인, 발달적 과정, 예후, 중재들은 잘 알려지지 않았다. 쓰기의 전사적 요소와 생성적 요소를 구분하는 것은 매우 중요하며, 이것은 글씨 쓰기, 철자, 작문을 포함하는 학업 기술 결함을 판별할 수 있게 해 준다. 핵심 인지 처리과정이 알려져 있지만, 이것은 다른 장애들과 공유되는 경향이 있으며 신경생물학적 연구는 아직 초기 단계에 머물러 있다.

앞으로는 다른 언어 기반 장애들과는 독립적인 쓰기표현장애의 하위유형을 판별하려는 시도가 필요하다. 여기에서 공존장애에 대한 이슈는 적절하게 다루어지지 않았고, ADHD와 글씨 쓰기 장애를 여전히 잘 구분하지 못했다(Barkley, 1997). 글의 전사와 생성이 적절히 구분될 수는 있지만, 상호 간에 의존적이라는 것은 명백하다. 특히 전사하는 기술은 생성된 글의 질을 제한하게 된다. 그리고 읽기 또는 구어 장애를 가진 많은 학습장애 아동은 철자를 잘 모르기 때문에 서술적인 글을 잘 쓸 수가 없다(Bishop & Clarkson, 2003).

글씨 쓰기와 철자에 대한 중재 연구들은 체계적이고 명시적인 교수가 학습장애 학생들의 쓰기표현 기술에 효과적이라고 보고하고 있다. 또한 연구결과들은 이러한 기초적인 쓰기 기술들을 목표로 한 중재들이 단어와 관련된 기술뿐 아니라 작문과 관련된 고차적인 과정을 동시에 향상시킬 수 있는지를 설명하고 있다. 전사적 요소에 중점을 맞춘 많은 선행연구에서는 읽기와 작문의 관련성과 전이에 대해 명확한 증거들을 보이고 있다.

작문의 어려움을 개선하기 위한 많은 중재방법이 제시되고 있다. 작문에서 어려움을 가지는 학생들의 특성인 실행 기능의 인지적 결함을 고려하여, 쓰기 맥락에서 문제해결, 계획하기, 자기조절에 초점을 맞춘 명시적인 전략들이 쓰기표현의 향상을 이끌었다.

다른 내용 영역에서와 마찬가지로, 임상 전문가와 교사들은 쓰기언어가 구어, 문어, 인지적, 운동적 기술들의 통합을 요구하는 복잡한 영역임을 인식해야 한다. 이러한 맥락에서 학습장애 학생들의 쓰기 기술 향상을 위하여 다양한 중재방법의 적용이 논의되어야 할 것이다. 가장 중요한 점은 쓰기 영역(글씨 쓰기, 철자, 쓰기표현)에서 문제를 판별하는 것이고, 이 장에서 다루어진 증거 기반의 명시적인 교수를 제공하는 것에 있다.

Chapter 10

결론, 미래의 방향

이 책에서 우리는 학습장애와 관련된 연구들을 선택적으로 분석하였다. 우리는 특히 제1장에서 제시된 모형들에 근거하여 연구 영역 간의 통합을 시도하였다(그림 1-1). 이러한 통합접 접근의 가치는 제5장에서 명확히 제시하였으며, 단어 수준 읽기장애(WLRD)를 포함해서 학습장애에 대한 연구 영역이 가장 발전되었다. 학업 기술 결함과 핵심 인지 처리과정의 상관관계는 과학적인 검증 연구를 통해 확인되었고, 난독증의 역학, 발달적 과정, 신경생물학적 상관의 연구를 촉진시키는 통합적인 정의를 이끌게 했다. 그 결과, 중재에 대한 연구들이 풍부하게 이루어졌고, 다수의 중재 연구결과들이 실제적이고 교육적인 정책들에 반영되고 있다.

이와 동시에 유창성과 읽기 이해와 관련된 읽기장애, 수학장애, 쓰기표현장애에 대한 우리의 지식은 여전히 간극이 존재하고 있다. 연구 기금이 늘어나면서 이러한 격차는 좁아졌다. 단어 수준 읽기장애 분야의 과학적 연구들은 특정한 학업 기술 결함과 핵심 인지 처리과정의 명확한 구분을 가능하게 해 줄 것이다. 장애 판별에서 신뢰도와 타당도가 명확하게 확립 된다면, 이러한 접근은 통합적인 정의를 발달시키고 전형적인 특성을 판 별할 수 있게 할 것이다. 그리고 신경생물학적 연구들은 특히 읽기 유창 성, 이해, 쓰기표현 영역의 학습장애 아동들에 대한 연구를 통하여 발전 될 것이다. 특별히 읽기 유창성과 읽기 이해 영역의 학습장애와 관련된 중재와 쓰기표현과 수학 학습장애를 포함한 다양한 범위의 학업 문제를 평가할 수 있는 중재가 필요하다.

   학습장애에 관한 연구들이 발전하였지만, 이러한 연구결과는 교육 실 제와 관련 정책에 통합되지 못하고 있다. 여러 문헌들을 살펴보면, 방법 론적인 문제를 통합하려는 연구들이 계속 이루어지고 있다. 따라서 이 마 지막 장에서는 최근의 연구들이 왜 학습장애 학생들에게 충분한 영향력 을 미치지 못하고 있는지를 살펴볼 것이다. 그리고 우리는 현재 교육 실 제의 기반을 확립하기 위하여 계속 이루어져야 하는 높은 수준의 중재 연 구를 설계하는 원칙들을 살펴볼 것이다. 마지막으로 학습장애를 가진 학 생들을 가르치는 데 필요한 열 가지의 일반적인 원칙들에 대해 종합적으 로 제시할 것이다.

연구와 실제의 차이: 교육 연구결과의 비교측정

   학습장애 학생의 학습 수준을 의미 있게 향상시키기 위한 교수와 평가 설계에 상당한 진전이 이뤄졌다. 최선의 교육적 실제가 무엇인지를 밝히 는 연구에서는 진전이 있었지만, 학습장애를 가지고 있는 많은 학생은 여 전히 읽기, 쓰기, 수학에서 심각한 문제를 가지고 있다. 이러한 발전된 연구들이 교육의 실제에 영향을 끼치지 못한 일곱 가지 가능성은 다음과 같다. ① 부적합한 실행, ② 선별과 진전도 모니터링의 불충분함, ③ 예방에 대한 불충분한 관심, ④ 여러 교수 요소들 간의 통합 필요, ⑤ 다차원적 문제에 대한 불충분한 고려, ⑥ 충분한 참여와 연습의 부족, ⑦ 과학적 증거를 넘어선 임상적 경험과 기술적 지식에 대한 의존.

실 행

최선의 실제 교수적 요소들이 왜 오늘날 학교에서 학습장애 학생들의 요구에 부합되지 못하는가에 대한 첫 번째 이유는 부적합한 실행이라고 할 수 있다. 많은 중재는 통제된 환경에서 실행될 때 효과를 나타낸다. 그러나 일상적인 상황에서는 복잡한 학교 환경과 학급 환경, 충실도의 문제, 교사의 준비와 중재에 대한 참여, 학생들의 구성, 자원의 적절성 등과 같은 여러 가지 상황적 변인들이 있기 때문에 중재가 적용될 때 통제된 연구 환경에 비해 그 효과가 희석될 수 있다(Denton, Vaughn, & Fletcher, 2003). 중재는 당연히 실행의 충실도에 따라 효과가 달라질 수밖에 없다. 연구자들은 교육 현장에서 실행이 쉽게 이루어질 수 있도록 중재방법을 보급해야 할 것이며, 정책입안자, 관리자, 교사들은 교육 적용을 지원할 수 있는 교수 환경을 만들어 주어야 할 것이다(Vaughn & Fuchs, 2003).

대부분의 학교에서 학습장애 학생들이 일반학급으로 완전 통합되어 가는 상황임을 고려할 때 이러한 실행은 특히 중요하다. 통합의 목적은 이상적이며, 일반 교육 환경에서 학습장애 학생들이 의미 있는 학업 향상을 보였다는 증거는 매우 드문 편이다(Vaughn, Moody, & Schumm, 1998; Zigmond, 2003).

이러한 비관적인 결과는 이 책에서 제시한 통합 환경의 학급 기반 중재들의 결과와는 명확하게 대조되는 것이다. 게다가 모든 학생에게 효과적인 유일한 접근방법은 없다. 심지어 성공적인 학급 중재방법도 30%나 그 이상의 학생들에게는 적합하지 않았다. 따라서 중재전략의 범위가 고려될 필요가 있다(Zigmond, 2003). 이러한 요구는 다층적인 중재 체계가 잠재적으로 필요하다는 것을 보여 주는 것이다.

중재에 대한 앞으로의 연구는 일상적인 교육 환경에서 중재가 실행되고 측정될 수 있는지에 대해 신중하게 다루어야 한다. 증거 기반의 중재들이 실제 학교와 교사에게 수용되기 위한 전략을 제시해야 한다. 교육현장에서 효과적인 중재의 실행을 방해하는 장애물을 확인하고 이를 최소화시켜야 한다. 그리고 일반교육과 특수교육 상황에서 교육 서비스의 효과를 향상시키기 위해서는 학교 담당자들이 준비되어야 할 필요가 있다. 중재반응(RTI)의 실행, 연구 기반의 교수와 평가방법을 실행하는 교사들을 준비시키는 것은 쉽지 않을 것이다.

선별과 진전도 모니터링

아쉽게도 자료실(resource class) 같은 다른 실제 교육 현장에서의 연구결과들은 그리 긍정적이지는 않다. Bentum과 Aaron(2003; Foorman et al., 1997 참조)은 3~6년 동안 자료실에서 교육을 받은 수백 명의 학습장애 학생들의 읽기에 대해 연구를 수행하였다. 이 연구에서는 철자 기술에서 감소를 보였고 단어재인이나 읽기 이해력 기술에서 향상을 보이지 않았다. 언어성 지능 점수는 실제적으로 시간이 경과함에 따라 감소되었다. 이러한 연구결과들은 학습장애 학생들의 특수교육 배치 효과를 조사한 대규모 연구결과와 유사한데, 이러한 대규모 연구에서 초등학교 3~6학년 학생들의 경우, 읽기의 향상은 거의 없었으며, 대신 수학에서는 약간의 향상이 나타났을 뿐이다(Hanushek, Kain, & Rivkin, 1998).

조기중재나 중재반응 이론에 기반을 둔 모형을 실행하기 위해서는 다음과 같은 여러 종류의 진단이 학교에서 정기적으로 실시될 필요가 있다. 첫 번째 유형은 학습과 행동 문제에 관한 대규모의 선별과정이다. Donovan과 Cross(2002)가 말하듯이, 선별은 읽기와 행동 문제를 예측하는 데 유용하다. 선별은 의뢰 기반 모형에서 실시했던 것보다 좀 더 조기에 위험을 보이는 학생들을 판별할 수 있도록 모든 학생을 대상으로 빠른 평가가 가능하다. 선별에는 다양한 도구들이 유용하다. 또한 낙오학생방지법(No Child Left Behind)의 Reading First 프로그램 요소에서 유치원, 1학년, 2학년, 3학년의 모든 학생을 대상으로 보편적인 선별을 필요하다고 요구하고 있는 것은 매우 중요하다.

선별과 함께 위험 특성을 보이거나 장애를 보이는 학생들의 진전도를 모니터링하는 것은 중요하다. 진전도 모니터링 기술은 초등학교부터 중학교까지 읽기와 수학에서 잘 개발되었다(Stecker et al., 2005). 반복적인 모니터링을 통해서 교사는 학생의 진전도나 부족한 점을 평가할 수 있게 해 주고, 특수교육에서처럼 집중적인 중재를 필요로 하는 학생에 대한 유용한 자료를 제공해 준다(Fuchs & Fuchs, 1998). 학습장애 위험군 혹은 학습장애로 판별된 학생을 대상으로 한 정기적인 진전도 모니터링은 단일한 측정도구보다 더 효과적이다. 왜냐하면 더 차별화된 교수를 할 수 있도록 학생 진전도에 대한 즉각적이고 지속적인 피드백을 제공하기 때문이다. 이와 같이 선별과 진전도 모니터링은 중재 서비스에서 평가를 가능하게 하고, 학교 내에서 검사에 관한 관점을 변화시킬 수 있다.

예 방

일반교육에서 조기중재 프로그램이 광범위하게 실행되지 않는 것은 실망스럽다. 학생들은 교수적 요구가 다양하다. 유치원에서 초등학교 2학년까지 초기의 요구에 적합한 교수를 제공받지 않은 학생들은 학습장애 학생에게서 전형적으로 보이는 학업 문제를 동일하게 나타낸다. 이러한 학생들의 요구가 초등학교에서 다루어지지 않았을 때 대부분 '실패를 기다리는(wait to fail)' 모형을 적용하게 되어, ① 조기 예방의 노력으로 인해 정상적인 발달이 이루어졌을 수도 있는 학생들의 문제를 악화시킬 수 있으며, ② 실제 학습장애를 가진 학생들의 경우에도 문제가 더 악화될 수 있다. 특수교육은 이 책의 중재 영역에서 제시된 것과 마찬가지로 특수화되고 집중적인 중재를 제공해야 한다. 조기중재 프로그램을 광범위하게 실행하게 되면, 이후에 특수교육 대상자로 판별되는 학생 수를 잠재적으로 감소시킬 수 있다. 특수교육에서 체계적인 진전도 모니터링을 사용하여 집중적이고 개별화된 교수 프로그램을 사용하게 되면, 특수교육의 효과성은 증가될 수 있다. 이 모든 것은 학업적 및 행동적 문제에 대한 보편적 선별, 위험 특성을 보이는 학생들의 진전도 모니터링, 일반교육의 교수에서 부적합한 반응을 보이는 학생들을 위한 예방, 특수교육의 요구가 있는 학생에게 특별한 중재를 제공함으로써 실현될 수 있다(Donovan & Cross, 2002; Vaughn & Fuchs, 2003).

중요한 것은 가능한 한 예방을 포함시키는 것이고, 예방적 노력이 효과적이지 않을 때 집중적이고 특별한 중재를 제공하는 것이다. 특히 예방적 노력이 미리 이루어진다면, 특수교육의 중재는 효과적일 것이다. 이 책에서 우리는 예방 연구의 효과 크기와 유사한 치료적 중재의 효과 크기를 보고하였다. 그러나 연구에서 실행된 중재들은 일반적으로 학교에서 사용되는 것보다 더 집중적으로 이루어진 반면에, 치료적 중재는 더 큰 집단에서 자주 수행되어서 학업 기술을 향상시키는 데 필요한 만큼의 높은 강도로 이루어지기는 어렵다. 특히 낮은 학업성취를 나타낸 연구결과를 고려했을 때, 특수교육이 이러한 학교 환경에서 제공되고 있는 상황은 개선이 요구된다(Bentum & Aaron, 2003; Hanushek et al., 1998).

장애인교육법(IDEA) 2004는 이러한 개혁을 위한 기반을 제공하였다. 학생들은 적절한 교육 기회를 받지 못했을 때 학습장애로 판별되어서는 안 된다고 법에 규정되어 있다. 중재반응 모형에 따라 학생들은 일반 교실에서 시작하는 다층적 과정에서 교수 기회를 거쳐야 한다. 그러나 이것은 학습장애 학생에게 특수교육 서비스를 제공하기 위한 판별과정의 일부가 될 수 있거나 혹은 단순히 일반교육에서 더 집중적인 중재를 받는 단순한 노력일 수도 있다. 중재반응 모형(RTI)을 통해 학생들은 초기에 학습장애 위험군으로 판별될 수도 있고, 점점 더 집중적인 중재를 제공받으며, 교육과정 기반의 진전도 평가를 통해 모니터링된다. 질 높은 교수에 대해 적절한 반응을 보이지 않는 학생들은 특수교육의 특별한 중재의 대상자가 될 수 있다. 중재반응의 개념이 연구에서 교육의 실제로 이동하기 위해서는 여러 가지 평가들과 타당화된 중재의 실행을 필요로 한다. 그리고 이것은 장기간의 어려운 과정이 될 것이지만, 예방을 강조하면서 더 손쉽게 중재를 제공하는 것을 가능하게 할 것이다.

교수 요소

선별, 진전도 모니터링, 예방에 강력한 초점을 두는 것뿐 아니라 적절한 수준의 실행과 높은 충실도를 갖고 있는 타당화된 교수 요소도 심지어 일부 학습장애 학생들의 요구를 충족시키는 데 실패할 수 있다. 높은 처치 충실도로 수행된 연구에서 증명된 것처럼, 상당수의 학습장애 학생들은 학업성취를 향상시키는 데 실패하고 있다. 예를 들어, Fuchs와 동료들(1997)은 PALS 사용이 다양한 읽기 측정에서 학습장애 학생에게 미치는 효과를 통계적으로 검증하였다. 이 연구에서 10명의 학습장애 학생당 2명 정도는 중재 후반에 적절한 진전도를 보이는 것에서 실패하였다. Foorman과 동료들(1998)의 연구에서 효과적인 읽기 교육과정을 제공받은 학습자의 하위 20% 학생들 중 대략 30%는 어려움을 계속 경험하였고, 교실 기반의 교수 후에도 25퍼센타일 이하의 낮은 단어 읽기 점수를 보였다.

일반적으로 효과적인 프로그램이 모든 학습장애 학생들의 요구에 부합되지 않을 수 있다는 것은 놀라운 일은 아니다. 학습장애 학생들은 다양한 측면의 문제들을 가지고 있으며, 이러한 문제점은 숙달되고 일반화된 수행을 어렵게 하는 처리과정의 결함, 특정 영역과 관련된 배경지식의 부족 그리고 자기조절, 초인지, 과제 지속, 동기화의 부족과 연관되어 있을 수 있다(Gersten, White, Falco, & Carnine, 1982). 비록 각각의 효과적인 교수 요소가 하나 혹은 그 이상의 문제를 다루도록 고안되었을지라도, 일부 아동들이 보이는 특정 집단의 문제와 심각성을 다룰 정도로 충분히 포괄적이지는 않다. 특히 읽기, 이해, 쓰기, 수학 등의 영역에서 아직 적합하지 않은 교수 요소들이 있을 수 있다.

마지막으로 현재 많은 교수 요소가 개발되었을지라도, 이것을 포괄적인 교수패키지로 통합하는 것은 앞으로 남아 있는 과제다. 단어재인 영역에서 개발된 학습장애 학생을 위한 포괄적이고 통합적인 읽기 프로그램에 이어서 다른 영역에서도 최근 이러한 프로그램의 사례를 개발하고 있다. 이러한 기술과 전략을 포함하는 교수의 통합이 좀 더 필요하며, 이것은 수학(Fuchs et al., 2003a, 2003b), 읽기 이해(Williams et al., 2005), 쓰기표현(Berninger & Amtmann, 2003; Graham & Harris, 2003) 영역에서 시작되고 있다. 사회 및 경제적인 요인으로 인해 장애위험군에 속할 수 있는 유아들에게 가능한 한 빠른 시기에 중재전략을 제공하기 위한 목적으로 이러한 통합된 프로그램은 유치원 아동에게로 제공되어야 한다.

다차원적 문제

학습장애 학생들은 특정 학업 영역에서 문제가 확인되었을지라도 이질적이라고 할 수 있다. 대부분의 학습장애 학생들은 한 영역 이외의 영역에서도 문제를 가지고 있다. 심지어 이들은 학업 영역 내에서 다양한 인지적 문제와 공존장애를 보이기도 한다. 다양한 예를 통해서 알 수 있듯이, 공존장애를 다루지 않으면 학습 문제를 전체적으로 설명하지 못한다. 비록 주요한 장애 영역(예, 지적, 학업적, 행동적)의 차이는 학습장애 학생들의 이질성을 대부분 설명하지만, 여전히 상당 부분의 개인 간 차이는 존재한다. 왜냐하면 대부분의 학습장애 학생들은 다양한 영역에서 문제를 지니고 있기 때문이다.

그 동안 진행된 중재전략 연구들은 상이한 중재전략의 효과성에 영향을 미칠 수 있는 요인을 충분히 밝히지 못하고 있다. 예를 들어, 자기조절을 강조하는 전략 교수가 효과적일 수 있는 이유는 학습장애를 가진 많은 학생이 '실행 기능'과 관련된 영역에서 어려움을 갖기 때문이다. 그러나 실행 기능은 단어재인보다 수학과 읽기 영역에서 더 심각한 결함을 나타낸다. 유사하게 학업 영역에서 문제가 없는 ADHD 학생의 인지적 상태(morbidity)는 학업적 손상을 가진 ADHD 학생의 인지적 상태보다 더 중요하지는 않다(Fletcher et al., 1999b).

다양한 아동 상황에 따른 중재 설계의 다음 단계는 중재의 성과를 이질성의 관점으로 이해하는 것이다. 예를 들어, 주의력 문제와 학업 문제가 존재할 때 치료방법이 다르기 때문에, ADHD 학생의 학습 문제에 관해서 체계적으로 평가하는 것이 바람직하다. 비슷하게 ADHD의 공존을 고려하지 않고 학습장애 학생들에게 중재를 제공하는 것은 중재의 효과성을 약화시킬 수 있다.

참여와 연습

우리는 이 책에서 제시한 교수방법과 중재를 적용함으로써 예방과 치료적 노력을 좀 더 효과적으로 수행할 수 있다. 그러나 적정한 진전도를 성취하기 위해서는 많은 학생이 과제에 좀 더 많은 시간을 할애하는 것이 필요하다. 따라서 예방이나 치료적 중재 형태에서 학업 발달을 촉진시키기 위한 첫 단계는 학생이 어려움을 겪는 영역에서 교수 시간을 증가시키는 것이다. 학생의 발달을 증진시키기 위해서는 학교 밖에서도 학생들이 학업적 과제를 수행할 시간을 확보할 필요가 있다. 물론 이것은 학생들이 동기화되어야만 하는 것이다. 또한 학교에서 좀 더 많은 교수 및 연습 시간이 필요하다. 특히 중학교에서 이러한 추가적인 시간이 다른 중요한 교육적 활동으로 인해 확보되지 못한다면, 전반적인 학업의 성취가 어려울 수 있다. 또한 초등학교에서도 학생들이 읽기, 쓰기, 수학을 배우고 이 영역에서 능숙해지기 위해서는 많은 시간이 필요하다. 제6장에서 제시된 읽기 유창성 연구에서 증명된 것처럼, 학교 밖에서 읽기에 할애한 시간은 연습을 촉진시키며, 이러한 연습은 어휘력 발달과 함께 읽기 이해와 관련된 능력을 향상시킨다. 또한 추가적인 참여는 배운 내용을 연습하고 기술을 숙달시키기 위한 기회를 제공하게 된다. 중재 프로그램들은 이러한 연습과 참여에 대해 좀 더 체계적으로 고찰하여야 할 것이다.

임상적 직관

여러 교육 분야처럼 학습장애 영역에서도 임상적 직관(cinical intuition) 과 경험에 기반을 둔 학문에서 과학적 연구에 기반을 둔 전문 분야로 변화하고 있다. 비록 직관과 경험이 교수 실제에 영향을 줄지라도, 개별 학생의 교수전략은 연구를 통해서 효과성이 증명될 필요가 있다. 전략에 대한 효과성의 증거와 기제에 대한 지식이 부족함에도 불구하고, 일시적 유행에 따른 중재전략에 의존하고 있으며, 이로 인하여 교육은 지속적인 발전을 이루지 못했다. 학습유형에 근거한 중재, 지각과 운동 훈련 기반 중재, 청각 혹은 시각 학습자를 위한 맞춤형 교수, 다감각 통합에 대한 요구 그리고 특수 색안경, 메트로놈, 신경망 패턴 등과 관련된 비합리적 중재들은 인지 처리과정과 뇌 기능에 관한 과학적 이해와 일치하지 않으며, 효과에 관한 증거도 부족하지만 학습장애 학생에게 지속적으로 사용되고 있다. 일부 연구자들은 이러한 중재가 효과적인지를 검증할 것이다. 그러나 과학적 조사가 없다면, 개별 학생들에게 적합한 특정한 중재와 그 효과성을 분류하는 것은 불가능할 것이다. 중재를 결정하는 소비자들은 정확한 선택을 하는 데 필요한 정보가 있어야 한다. 따라서 임상가들은 연구에 기반을 둔 교수 실제를 수정하고 최신의 것으로 만들어야 하며, 전통적 신념을 반박하는 연구의 결점을 확인할 수 있어야 한다.

학습장애의 처치

연구 기반 중재를 통해서 학습장애나 위험군의 학생들의 발달과정이 변화하고 있음을 지속적으로 증명하는 것은 효과적인 연구의 결과를 학교 현장에 적용시킬 수 있는 최선의 방법이다. 학습장애 학생을 위한 중재전략의 효과성을 검증하기 위해서는 아직 멀고도 긴 과정이 남아 있다. 지난 10년 동안 주요 학습장애 유형의 핵심적인 임상적 특성과 진단적 특성에 관한 발전은 매우 미약했다. 심지어 요즘의 이러한 학습장애의 이해는 학습장애의 유형에 따라 일정하지 않다. 학습장애 학생에 관한 최근의 지식은 읽기 발달, 특히 단어 수준의 기술에서 가장 진전되었다.

다른 읽기 영역과 쓰기언어, 수학에서의 결함을 가진 학생에 관한 지식의 발달에서는 큰 진전이 없었다. 부분적으로 그 이유를 살펴보면, 우리는 장애로 정의되는 학업 기술 결함을 예측하는 요인과 이러한 유형의 학습장애와 연관된 발달적 과정에 대해 잘 알지 못하기 때문이다. 이 영역에서 여러 가지 유형의 학습장애에 관한 중재 연구는 앞으로 증가되어야할 것이다.

비록 중재 연구의 질이 향상되었을지라도, 최근 처치/중재에 대한 연구들은 방법론적인 문제 때문에 여전히 해석하기 어려운 부분이 있다. 중재연구의 해석과 연구결과의 실행을 어렵게 만드는 방법론적인 단점을 최소화하는 것은 중재 개발자의 책임이라고 할 수 있다. 다음 내용에서 우리는 소비자가 스스로 평가하는 데 도움이 되는 연구 설계의 지침을 제시하였다.

적절한 실험 설계

많은 교육연구에서처럼 인과 관계를 추론하기 위해 가장 적절한 실험 설계인 무선 통제 실험(RCEs)과 회귀 불연속성 설계(regression discontinuity designs: RDE)와 같은 질 높은 연구 설계를 가진 연구가 부족한 실정이다 (Shadish, Cook, & Campbell, 2002). RCEs에서는 중재효과가 객관적으로 평가되도록 하기 위해 대상자가 하나 혹은 그 이상의 중재집단과 비교집단에 무선으로 할당된다. RCEs의 가치는 중재집단은 처치를 받고 통제집단은 그렇지 않다는 것 이외에, 관찰된 혹은 관찰되지 않은 특성에서 집단간 체계적인 차이가 없다는 높은 확신감을 소비자에게 제공할 수 있는 장점을 지니고 있다(Shadish et al., 2002). 반대로 통제집단이 없거나 적절한 통계적인 통제가 없는 사전-사후 중재 설계에서는 중재가 제공되지 않은 조건에서 시간이 경과함에 따라 향상이 되었는지를 판단할 수 없다. 게다가 이 설계는 중재의 인과적 역할에 관한 추론을 가능하게 하지 않는다. 현재 다양한 연구 설계들이 중재의 인과적 영향에 대해 추론을 제공할지라도, RCEs는 최소한의 가정을 요구하고 있기 때문에, 인과적 추론을 가장 강력히 지지할 수 있다(Shavelson & Towne, 2002).

회귀 불연속성 실험(RDE)은 무선 할당이 실행될 수 없는 상황에 대안적인 연구방법으로 사용된다(Shadish et al., 2002). RDE는 집단을 비교하는 준실험 방법이고, 이것은 참여자를 할당하기 위해 사용하는 방법이다. 일반적으로 절단점은 연속적으로 분포된 측정에서 확인된다. 이 절단점은 관심 있는 속성의 결정적 수준(예, 읽기 측정에서 25퍼센타일), 서비스의 요구를 나타내는 기준점(예, 1학년 말에 1분당 35개 단어보다 더 적게 읽는 것) 아니면, 생년월일과 같은 기준점을 의미한다. 이러한 결정적인 수준은 자연현상에서 흔히 존재하는 분포의 특성을 지니지 않고 있으며 그러한 분포는 자연적으로 구분되지 않는 특성을 지니고 있다. 실험대상의 할당에 관해, 절단점의 한쪽 측면에 있는 사람은 처치를 받고 다른 쪽에 있는 사람은 처치를 받지 않는다. 읽기의 사전 검사를 이용하여 읽기 문제에 대한 처치를 실시할 경우에, 절단점 이하의 학생을 처치집단으로 할당하고 절단점 이상의 학생들은 통제집단으로 할당한다. 집단을 할당하기 위해 사용된 독립변수(사전 검사 점수)와 주된 관심인 종족변수는 모두 연속분포를 이루고 있기 때문에, 실험처치에 대한 효과가 없을 경우 집단을 할당하기 위해 사용된 독립변수와 종속변수의 이변량 분포는 분절되지 않은 연속분포를 나타낼 것이다. 이처럼 이변량 분포는 연속분포를 나타내고 있기 때문에 두 집단 간 동일한 단일 회귀선만으로 이변량 분포를 설명할 수 있다. 반대로 처치가 효과적이었다면, 처치집단의 회귀선은 위로 이동하게 되며, 결국 두 개의 회귀선으로 집단을 할당하기 위해 사용된 독립변수와 종속변수의 이변량 분포를 적절하게 설명할 수 있다. 즉, 두 개의 회귀선이란 절단점 이하의 사례를 위한 한 개의 직선(즉, 치료된 사례)과 절단점 이상의 사례에 대한 한 개의 직선(즉, 비치료 사례)을 말한다. 원래 두 개의 직선이 동일한 기울기를 갖고 있다는 가정을 한다면, 두 개의 회귀선에서 나타난 절편의 차이는 처치효과를 측정하는 지표가 된다.

RDE의 내적 타당도는 RCE의 내적 타당도만큼 높을 수 있다. 왜냐하면 RDE는 처치가 제공된 집단과 동일한 표집으로부터 나온 통제집단을 포함하기 때문이다. 더욱 중요한 사실은 연구자가 실험대상의 할당을 통제할 수 있다는 점이다. 실험대상자의 할당이 덜 엄격하게 통제된 사전-사후 설계나 준실험 설계에서는 대상자의 선정이나 개인력의 편향과 통계적인 문제(예, 평균으로의 회귀)로 인하여 인과적인 추론이 어려운 제한점이 있는 반면에, RDE는 통제된 실험집단의 할당을 사용하고 있기 때문에 그러한 제한점을 극복할 수 있다. RCEs와 RDEs 사이의 주된 차이점(집단을 구분하는 방법을 제외한 차이점)은 RDEs는 검정력(power)이 높지 않으며, RCEs보다 더 많은 대상자들을 필요로 한다는 것이다. 이 책 전반에서 학습장애의 다차원 특성을 강조하였고, 특히 무선화(randomization)의 적절성에 대한 윤리적 혹은 논리적 관점을 고려한다면 RDEs는 더욱 유용한 설계방법일 것이다.

우리는 한 가지 유형의 RDE를 기술하였지만, 절단점 이상의 학생들이 비처치집단으로 할당되고 절단점 이하 학생들이 2개 이상의 처치에 무선 할당된다는 점에서 RDE와 RCE 결합과 같은 좀 더 복잡한 예를 생각해 볼 수 있다. 이러한 설계는 RDE를 통해 비처치집단에 대한 처치의 효과를 검증할 수 있도록 하고, 처치들 간의 차이를 측정하도록 한다. RDE나 RCE 없이 프로그램 실행을 결정하는 상황에서조차 몇몇 평가를 실시하는 것은 전혀 실시하지 않는 것보다 더 낫다. 학교 혹은 교육구 전체에 실행한 중재전략의 효과성은 지역적으로 평가되어야만 한다. 물론 단순히 사전-사후 혹은 준실험 결과를 통한 인과적 추론은 강력하지 않다. 전통적인 사전-사후 설계를 사용하고 단지 두 번의 측정만으로 자료를 수집하며, 비교집단이 없을 경우, 아무리 효과적인 중재전략을 사용하더라도 신뢰로운 효과를 산출할 수 없다. 알려지지 않은 여러 요인들로 인하여 '무엇이 효과적인지'에 관한 추론을 어렵게 한다.

학습장애의 이질성

여러 중재방법의 효과에 대한 많은 연구에서는 모호한 불일치 준거로 학습장애를 판별하고, 인구통계(예, 사회경제적 지위, 인종, 민족) 측면에서 차이를 보이며, 행동과 학업 장애의 심각성 측면에서 차이가 있고, 공존장애의 여부로 설명되지 않는 차이를 보이는 이질적인 학습장애 학생들을 다루고 있다. 이러한 이유로 인하여 반복 연구가 어려웠고, 특히 RCE 혹은 RDE를 사용하지 않아 통제되지 않은 변인들의 영향으로 인해 특정 처치효과와 연구결과를 결정하는 것이 어려웠다. 게다가 학생들의 인구통계적, 학업적, 행동적 특성에 대한 명료한 설명이 부족해서 어떤 중재방법이 어떤 특정 상황의 학생들에게 가장 효과적인지를 결정하는 것을 어렵게 만들었다(Lyon & Moats, 1997).

효과적인 중재의 분석

여러 가지 처치요소나 절차를 갖고 있는 중재 연구는 종종 어떠한 구성요소나 절차 혹은 어떠한 절차들의 조합이나 순서가 학습 성과를 촉진시키는 데 결정적이었는지에 대한 질문을 다루지 않는다(Zigmond, 1993). 마찬가지로 다양한 방법을 사용한 중재 연구들에서는 여러 중재들이 선정된 방법과 근거 혹은 여러 중재들이 처치 성과에 미친 역할에 대해 구체적으로 제시하지 않고 있다. 이와 같은 정보는 중요하다. 왜냐하면 학습장애 학생들은 더 강도 높은 중재나 다른 순서로 구성된 중재 혹은 장기간의 중재를 요구할 수 있기 때문이다(Lyon & Moats, 1997).

중재의 기간

학습장애 학생들을 대상으로 수행한 많은 중재 연구는 비교적 짧은 기간 동안 수행되었다(Berninger, 2004; Lyon & Moats, 1997). 그래서 중재의 제한된 효과가 보고되었을 때 이러한 효과가 중재전략 때문인지 아니면 장기적인 변화를 이끌기에는 너무 짧은 기간이 소요되었기 때문인지가 명확하지 않다. 극히 일부의 연구들만이 이러한 처치효과의 유지를 향상시킬 수 있는 요인들을 조사하였다.

이전 중재의 효과

중재의 효과를 다루는 몇몇 연구들은 이전 중재와 현재의 중재 효과를 구분하지 못하고 있다. 특정 유형의 중재 이력이 현재 진행 중인 중재에 대한 효과성에 유의한 영향을 미쳤는지는 명확하지 않다. 마찬가지로 당시에 정규 학급이나 특수학급 상황에서 사용된 중재 혹은 교수방법들이 진행 중인 실험중재에 대한 반응에 영향을 주었는지도 확실히 알 수는 없다. 이와 같이 이전 중재 혹은 동시 중재에 의해 나타날 수 있는 부가적인 영향이나 억제 효과로부터 특정 처치효과를 분리해 내는 것은 신중하게 다루어져야 한다. 다시 말해서, 어떤 중재에 학생을 할당하는 데 RCEs와 RDEs를 사용하는 것은 이러한 유형의 편향을 설명하는 데 도움이 될 것이다.

교사 및 상황적 변인

학습장애 학생들과 관련된 많은 중재 연구에서는 특정 처치효과와 임상가나 교사의 효과를 분리하지 않았다. 즉, 교사와 상황적 변인들(예, 교사경험과 준비도, 교사와 학생의 관계 등)이 처치 프로그램에 영향을 줄 수 있다는 것에 관심을 기울이지 않았다(Lyon & Moats, 1997). 이것은 다른 상황에서 중재를 사용하는 데 필수적인 실행의 충실도와 관련된다. 많은 중재 연구가 중재를 실행하는 데 필요한 충실도 정도를 분석하지 않고 있다(Berninger, 2004). 심지어 비슷한 준비도를 갖춘 교사들조차도 연구 상황 밖에서 사용하는 교수방법 간에는 유의한 차이가 있는 것으로 확인되었다(Vaughn & Fuchs, 2003).

일반화와 유지

높은 수준으로 통제된 중재 조건에서 산출된 학업 기술의 성과가 덜 통제된 자연적 상황에서 일반화되는지의 여부는 여러 중재 연구들에서 명확히 제시하지 않고 있다. 게다가 효과의 유지 측면에서 일부 추후 연구

들에서는 중재 성과의 감소를 일반적으로 보였으며, 특히 원래 중재 연구
에서 사용된 것과 다른 상황에서 측정이 이루어질 때 감소를 보였다(Lyon
& Moats, 1997). 따라서 중재 연구들은 덜 통제된 상황에서 사용될 수 있는
중재전략을 고안할 필요가 있다(Denton et al., 2003).

학습장애 학생을 교수하기 위한 열 가지 일반적인 원칙

읽기, 쓰기표현, 수학교과와 기초 기술 및 높은 수준의 인지적 처리과
정에 관한 연구를 우리는 이 책에서 검토하였으며, 이러한 연구결과를 바
탕으로 다음의 열 가지 결론을 도출하였다. 이러한 결론들은 학습장애 학
생들의 학업 증진을 위한 교수설계 방법과 관련되어 있다.

1. 어떠한 중재든 첫 단계에서는 과제의 수행 시간을 증가시켜야 한다.
   학습장애 학생들을 위한 중재에서는 추가적인 교수 기회를 제공해
   야 한다.
2. 학습장애 학생들은 명시적으로 구조화된 교수적 접근이 필요하고,
   이전에 학습한 내용을 계속적으로 복습할 수 있는 기회를 제공할 필
   요가 있다. 이러한 결과들은 교사가 전이와 일반화에 중요한 기본적
   기술 및 고차적 처리과정을 다룰 때 적용된다.
3. 학생들이 자신의 학업 진전도를 모니터링하고 자신의 학업 수행에
   대한 목표를 설정하도록 하는 자기조절 전략을 통해 추가적인 이득
   을 얻을 수 있다.
4. 또래 중재는 지식 획득을 증대시키고 학습내용의 전이를 확장시키
   는 구조화된 연습 기회를 제공하는 효과적 방법이다.

5. 심지어 학생들의 기본적 학업 기술이 부족할 때도 고차적 처리과정을 습득할 수 있다. 교사들은 이러한 두 가지 측면을 고려한 체계적인 교수방법을 통합할 필요가 있으며, 이러한 노력으로 인하여 교사는 기초 기술을 향상시킬 수 있으며, 동시에 지문의 이해 능력, 쓰기 표현, 수학적 문제해결과 같은 능력을 향상시킬 수 있다.

6. 교육의 성과는 무엇을 가르쳤는지에 따라 달라질 수 있다. 만약 중재전략이 학업내용을 가르치지 않았다면 어떠한 학업의 전이도 일어나지 않았을 것이다. 비슷하게 한 영역에서 학업 내용을 명시적으로 가르치지 않았다면 다른 영역에서 학업적 향상을 가져오지 않는다. 이 책에서 제시한 연구들에서 알 수 있듯이, 학업적 치료들은 학습장애 학생에게 가장 효과적이었다. 다른 중재 접근들은 연구에 의한 기반이 잘 확립되지 않아서 체계적인 효과를 보이지는 않았다. 특정 학업 기술과 내용에 관심을 두지 않고 처리과정 결함, 뇌 기능 이론, 시청각 처리, 지각 기술 등에 관한 중재를 기초로 하는 중재전략은 향상된 결과를 가져오지 못한다. 이것은 중재의 혼돈 상태를 이끌고, 부모와 교사를 단순히 현혹시킬 뿐이다.

7. 교수 프로그램들은 통합될 필요가 있다. 단순히 '기술'을 가르치는 것은 충분하지 않다. 학습장애 학생의 역량에 초점을 두어야 한다. 예를 들어, 읽기 영역에서 중재 프로그램은 단어 수준 읽기, 유창성, 이해력을 모두 포함해야 한다. 모든 읽기 중재전략의 목적은 유창한 이해력을 발달시키는 것이다. 그렇기 때문에 유창성이나 단어 수준 읽기만 지도하는 것은 적합하지 않다. 유창한 읽기 능력을 습득하기 위해서는 참여와 연습의 기회가 중재전략에 포함되어야 한다.

8. 향후 진행될 연구는 학습장애 학생의 이질성에 대해 더 많이 고려해야 한다. 특히 학업 문제와 행동 문제와 관련되는 주요 공존장애 수

준의 이질성에 초점을 두어야 한다. 이와 함께 학습장애의 다차원적 특성도 고려될 필요가 있다.

9. 진전도는 자주 모니터링되어야 하고, 모든 수준의 중재에서 교수에 대한 정보를 제공하기 위해 사용되어야 한다. 모든 평가는 중재전략을 위해 실시되어야 한다. 학습장애 분야는 진단 목적으로 검사들이 이루어져서 시대에 뒤처져 있었다. 학습장애 혹은 학업 곤란을 보이는 위험군 학생들은 가능한 한 빠르고 효과적으로 처치를 제공받아야 할 필요가 있다. 그래서 검사에서 처치로 체계적으로 전환될 수 있도록 연구기금이 지원되어야 한다.

10. 학습장애 학생을 위해 고안된 중재들은 일반교육 현장으로 체계적으로 통합되어야 한다. 교육의 실제는 과학적 증거를 기반으로 수정되고 기반이 다져져야 하고, 경험과 판단에 의해 조절되어야만 할 것이다.

결론적으로 읽기, 구어, 수학 영역에서 학습장애 학생을 위한 체계적이며 경험적인 중재 연구가 급격히 증가하였고, 특수교육과 일반교육 전반으로 이러한 교수 설계를 통합할 필요가 있다. 학습장애에 관한 판별 절차의 주된 변화로 인해 특수교육과 일반교육의 좀 더 밀접한 관계가 필요하다. 학습장애로 판별하기 전에 학생이 실패하기를 기다리는 현재의 교육 실제와 교육 환경의 배치는 점점 변화되기 시작할 것이고, 효과적인 일반교육의 다층적 중재과정을 통해 장애를 예방하는 것을 좀 더 강조하게 될 것이다.

이러한 변화 때문에 일반교육과 특수교육은 항상 학업 문제를 예방하는 것에 대한 책임을 공유해야 한다(President's Commission on Excellence in Special Education, 2002). 어려움을 경험할 수 있는 학생들은 초기에 판별되어 교육을 받아야만 하고, 일반교육과 특수교육 양쪽 모두에서 좀 더 체계적인 선별과 평가가 이루어져야 할 것이다. 교사들은 연구 기반 평가와 중재들을 실행하는 데 숙련되어야 할 필요가 있다. 학습장애 학생들을 판별하는 궁극적인 목적은 학습장애와 관련된 문제를 극복하는 데 도움이 되는 교수를 제공하는 것이다. 따라서 특수교육은 개혁될 필요가 있고, 좀 더 작은 집단의 학생 요구를 다루도록 하고, 특수교육 입법 제정으로 인해 일반교육에서 소집단 교수를 통해서 제공될 수 없는 좀 더 집중적인 중재를 개별적으로 고안하고 전달하는 데 집중해야 한다.

　이 책에서 제시된 연구들에서는 많은 중재가 이미 존재하고 있다고 언급한다. 게다가 이러한 중재전략은 성취에 기반을 둔 명백한 증거를 갖고 있다. 확실히 지난 십년 동안 우리는 어떻게 학습장애를 다루고 일반교육과 특수교육을 설계해야 하는지에 대한 혁신적인 가능성의 과학적 증거들을 수집하였다. 연구는 실행만큼이나 중요하다. 교육에서 처음으로, 이러한 과학적 증거는 교수를 위한 정보로 활용될 뿐 아니라 주정부 교육입법 제정에 주요한 역할을 하였다. 이러한 연구들은 학습장애 학생들에게 낙관적인 미래를 제공하고, 과학, 교육의 실제, 정책의 통합이 이루어지는 미래를 이끌 것이다.

참고문헌

Aaron, P. G. (1997). The impending demise of the discrepancy formula. *Review of Educational Research, 67,* 461–502.

Aaron, P. G., Joshi, M., & Williams, K. A. (1999). Not all reading disabilities are alike. *Journal of Learning Disabilities, 32,* 120–137.

Aaron, P. G., Kuchta, S., & Grapenthin, C. T. (1988). Is there a thing called dyslexia? *Annals of Dyslexia, 38,* 33–49.

Abbott, R. D., & Berninger, V. W. (1993). Structural equation modeling of relationships among developmental skills and writing skills in primary- and intermediate-grade writers. *Journal of Educational Psychology, 85,* 478–508.

Ackerman, P. T., Anhalt, J. M., & Dykman, R. A. (1986). Arithmetic automatization failure in children with attention and reading disorders: Associations and sequelae. *Journal of Learning Disabilities, 19,* 222–232.

Ackerman, P. T., & Dykman, R. A. (1995). Reading disabled adolescents with and without comorbid arithmetic disability. *Developmental Neuropsychology, 11,* 351–371.

Adams, G., & Carnine, D. (2003). Direct Instruction. In H. L. Swanson, K. R. Harris, & S. Graham (Eds.), *Handbook of learning disabilities* (pp. 403–416). New York: Guilford Press.

Adams, G. L., & Engelmann, S. (1996). *Research on Direct Instruction: 25 years beyond DISTAR.* Portland, OR: Educational Achievement Systems.

Alarcon, M., DeFries J. C., Light, J. C., & Pennington, B. F. (1997). A twin study of mathematics disability. *Journal of Learning Disabilities, 30,* 617–623.

Al Otaiba, S. D. (2000). Children who do not respond to early literacy intervention: A longitudinal study across kindergarten and first grade. *Dissertation Abstracts International, 61*(04), 1354A. (UMI No. 9970028)

Altemeier, L., Jones, J., Abbott, R. D., & Berninger, V. W. (2006). Executive functions in becoming writing readers and reading writers: Note taking and report writing in third and fifth graders. *Developmental*

Neuropsychology, 29, 161-173.

American Psychiatric Association. (1980). *Diagnostic and statistical manual of mental disorders* (3rd ed.). New York: Author.

American Psychiatric Association. (1994). *Diagnostic and statistical manual of mental disorders* (4th ed.). Washington, DC: Author.

Amitay, S., Ben-Yehudah, G., Banai, K., & Ahissar, M. (2002). Disabled readers suffer from visual and auditory impairments but not from a specific magnocellular deficit. *Brain, 125,* 2272-2285.

Apel, K., Wolter, J. A., & Masterson, J. J. (2006). Effects of phonotactic and orthotactic probabilities during fast mapping on 5-year-olds' learning to spell. *Developmental Neuropsychology, 29,* 21-42.

Aro, M., & Wimmer, H. (2003). Learning to read: English in comparison to six more regular orthographies. *Applied Psycholinguistics, 24,* 621-635.

Aylward, E. H., Richards, T. L., Berninger, V. W., Nagy, W. E., Field, K. M., Grimme, A. C., et al. (2003). Instructional treatment associated with changes in brain activation in children with dyslexia. *Neurology, 22,* 212-219.

Badian, N. A. (1999). Reading disability defined as a discrepancy between listening and reading comprehension: A longitudinal study of stability, gender differences, and prevalence. *Journal of Learning Disabilities, 32,* 138-148.

Badian, N. A., & Ghublikian, M. (1983). The personal-social characteristics of children with poor mathematical computation skills. *Journal of Learning Disabilities, 16,* 154-157.

Baker, S., Gersten, R., & Lee, D. (2002). A synthesis of empirical research on teaching mathematics to low-achieving students. *Elementary School Journal, 103,* 51-73.

Barbaresi, W. J., Katusic, S. K., Colligan, R. C., Weaver, A. L., & Jacobsen, S. J. (2005). Math learning disorder: Incidence in a population-based birth cohort, 1976-82, Rochester, Minn. *Ambulatory Pediatrics, 5,* 281-289.

Barkley, R. A. (1997). *ADHD and the nature of self-control.* New York: Guilford Press.

Barkley, R. A. (2006). *Attention-deficit hyperactivity disorder: A handbook for diagnosis and treatment* (3rd ed.). New York: Guilford Press.

Barnes, M. A., & Dennis, M. (1996). Reading comprehension deficits arise from diverse sources: Evidence from readers with and without developmental brain pathology. In C. Cornoldi & J. Oakhill (Eds.), *Reading comprehension difficulties* (pp. 251-278). Hillsdale, NJ: Erlbaum.

Barnes, M. A., & Dennis, M. (2001). Knowledge-based inferencing after childhood head injury. *Brain and Language, 76,* 253-265.

Barnes, M. A., Dennis, M., & Haefele-Kalvaitis, J. (1996). The effects of knowledge availability and knowledge accessibility on coherence and elaborative inferencing from six to fifteen years of age. *Journal of Experimental Child Psychology, 61,* 216-241.

Barnes, M. A., Dennis, M., & Wilkinson, M. (1999). Reading after closed head injury in childhood: Effects on accuracy, fluency, and comprehension. *Developmental Neuropsychology, 15,* 1-24.

Barnes, M. A., Johnston, A., & Dennis, M. (in press). Text comprehension in a neurodevelopmental disorder, spina bifida myelomeningocele. In K. Cain & J. Oakhill (Eds.), *Cognitive bases of children's language comprehension difficulties.* New York: Guilford Press.

Barnes, M. A., Pengelly, S., Dennis, M., Wilkinson, M., Rogers, T., & Faulkner, H. (2002). Mathematics skills in good readers with hydrocephalus. *Journal of the International Neuropsychological Society, 8,* 72-82.

Barnes, M. A., Wilkinson, M., Khemani, E., Boudousquie, A., Dennis, M., & Fletcher, J. M. (2006). Arithmetic processing in children with spina bifida: Calculation accuracy, strategy use, and fact retrieval fluency. *Journal of Learning Disabilities, 39,* 174-187.

Basso, A., Taborelli, A., & Vignolo, L. A. (1978). Dissociated disorders of speaking and writing in aphasia. *Journal of Neurology, Neurosurgery, and Psychiatry, 41,* 556-563.

Bastian, H. C. (1898). *Aphasia and other speech defects.* London: Lewis.

Bates, T. C., Castles, A., Coltheart, M., Gillespie, N., Wright, M., & Martin, N. G. (2004). Behaviour genetic analyses of reading and spelling: A component processes approach. *Australian Journal of Psychology, 56,* 115-126.

Bear, D. R., & Barone, D. (1991). The relationship between rapid automatized naming and orthographic knowledge. *National Reading Conference Yearbook, 40,* 179-184.

Beaton, A. A. (2002). Dyslexia and the cerebellar deficit hypothesis. *Cortex, 38,* 479-490.

Beaulieu, C., Plewes, C., Pauson, L. A., Roy, D., Snook, L., Concha, L., et al. (2005). Imaging brain connectivity in children with diverse reading ability. *NeuroImage, 25,* 1266-1271.

Bennett, D. E., & Clarizio, H. F. (1988). A comparison of methods for calculating a severe discrepancy. *Journal of School Psychology, 26,* 359-369.

Benton, A. L., & Pearl, D. (Eds.). (1978). *Dyslexia.* New York: Oxford University Press.

Bentum, K. E., & Aaron, P. G. (2003). Does reading instruction in learning disability resource rooms really work?: A longitudinal study. *Reading Psychology, 24,* 361-382.

Bereiter, C. (1967). Some persisting dilemmas in the measurement of change. In C. W. Harris (Ed.), *Problems in the measurement of change.* Madison: University of Wisconsin Press.

Bereiter, C. (1980). Toward a developmental theory of writing. In L. W. Gregg & E. R. Steinberg (Eds.), *Cognitive processes in writing* (pp. 73-93). Hillsdale, NJ: Erlbaum.

Berninger, V. W. (1994). *Reading and writing acquisition: A developmental neuropsychological perspective.* Madison, WI: Brown & Benchmark.

Berninger, V. W. (2004). Understanding the graphia in developmental dysgraphia: A developmental neuropsychological perspective for disorders in producing written language. In D. Dewey & D. Tupper (Eds.), *Developmental motor disorders: A neuropsychological perspective* (pp. 189-233). New York: Guilford Press.

Berninger, V. W., Abbott, R. D., Brooksher, R., Lemos, Z., Ogier, S., Zook, D., et al. (2000). A connectionist approach to making the predictability of English orthography explicit to at-risk beginning readers: Evidence for alternative, effective strategies. *Developmental Neuropsychology, 17,* 241-271.

Berninger, V. W., Abbott, R. D., Jones, J., Wolf, B. J., Gould, L., Anderson-Youngstrom, M., et al. (2006). Early development of language by hand: Composing, reading, listening and speaking connections; three letter-writing modes; and fast mapping in spelling. *Developmental Neuropsychology, 29,* 61-92.

Berninger, V. W., Abbott, R. D., Vermeulen, K., Ogier, S., Brooksher, R., Zook, D., et al. (2002a). Comparison of faster and slower responders to early intervention in reading: Differentiating features of their language profiles. *Learning Disability Quarterly, 25,* 59-76.

Berninger, V. W., Abbott, R. D., Zook, D., Ogier, S., Lemons-Britton, Z., & Brooksher, R. (1999). Early intervention for reading disabilities: Teaching the alphabet principle in a connectionist framework. *Journal of Learning Disabilities, 32,* 491-503.

Berninger, V. W., & Amtmann, D. (2003). Preventing written expression disabilities through early and continuing assessment and intervention for handwriting and/or spelling problems: Research into practice. In H. L. Swanson, K. R. Harris, & S. Graham (Eds.), *Handbook of learning disabilities* (pp. 345-363). New York: Guilford Press.

Berninger, V. W., & Fuller, F. (1992). Gender differences in orthographic, verbal, and compositional fluency: Implications for assessing writing disabilities in primary grade children. *Journal of School Psychology, 30,* 363-382.

Berninger, V. W., & Hart, T. (1992). A developmental neuropsychological perspective for reading and writing acquisition. *Educational Psychologist, 27,* 415-434.

Berninger, V. W., & Hart, T. (1993). From research to clinical assessment of reading and writing disorders:

The unit of analysis problem. In R. M. Joshi & C. K. Leong (Eds.), *Reading disabilities: Diagnosis and component processes* (pp. 33–61). Dordrecht, the Netherlands: Kluwer Academic.

Berninger, V. W., Judith, V., Rutberg, E., Abbott, R. D., Garcia, N., Anderson-Youngstrom, M., et al. (2005). Tier 1 and Tier 2 early intervention for handwriting and composing. *Journal of School Psychology, 44,* 3–30.

Berninger, V. W., Nagy, W. E., Carlisle, J., Thomson, J., Hoffer, D., Abbott, S., et al. (2003a). Effective treatment for children with dyslexia in grades 4–6: Behavioral and brain evidence. In B. R. Foorman (Ed.), *Preventing and remediating reading difficulties* (pp. 381–418). Baltimore: York Press.

Berninger, V. W., Vaughan, K., Abbott, R. D., Begay, K., Coleman, K. B., Curtin, G, et al. (2002b). Teaching spelling and composition alone and together: Implications for the simple view of writing. *Journal of Educational Psychology, 94,* 291–304.

Berninger, V. W., Vaughan, K., Abbott, R., Abbott, S., Brooks, A., Rogan, L., et al. (1997). Treatment of handwriting fluency problems in beginning writing: Transfer from handwriting to composition. *Journal of Educational Psychology, 89,* 652–666.

Berninger, V. W., Vaughan, K., Abbott, R. D., Brooks, A., Abbott, S. P., Rogan, L. et al. (1998). Early intervention for spelling problems: Teaching functional spelling units of varying size with a multiple-connections framework. *Journal of Educational Psychology, 90,* 587–605.

Berninger, V. W., Vermeulen, K., Abbott, R. D., McCutchen, D., Cotton, S., Cude, J., et al. (2003b). Comparison of three approaches to supplementary reading instruction for low-achieving second-grade readers. *Language, Speech, and Hearing Services in Schools, 34,* 101–116.

Biancarosa, G., & Snow, C. E. (2004). *Reading Next—A vision for action and research in middle and high school literacy: A report to Carnegie Corporation of New York.* Washington, DC: Alliance for Excellent Education.

Birsh, J. (Ed.). (1999). *Multi-sensory teaching of basic language skills.* Baltimore: Brooks.

Bishop, D. V. M., & Clarkson, B. (2003). Written language as a window into residual language deficits: A study of children with persistent and residual speech and language impairments. *Cortex, 39,* 215–237.

Bishop, D. V. M., & Snowling, M. J. (2004). Developmental dyslexia and specific language impairment: Same or different? *Psychological Bulletin, 130,* 858–886.

Blachman, B. A. (1997). Early intervention and phonological awareness: A cautionary tale. In B. Blachman (Ed.), *Foundations of reading acquisition and dyslexia* (pp. 408–430). Mahwah, NJ: Erlbaum.

Blachman, B. A., Ball, E. W., Black, R. S., & Tangel, D. M. (1994). Kindergarten teachers develop phoneme awareness in low-income, inner-city classrooms: Does it make a difference? *Reading and Writing: An Interdisciplinary Journal, 6,* 1-18.

Blachman, B. A., Schatschneider, C., Fletcher, J. M., Francis, D. J., Clonan, S., Shaywitz, B., et al. (2004). Effects of intensive reading remediation for second and third graders. *Journal of Educational Psychology, 96,* 444-461.

Blashfield, R. K. (1993). Models of classification as related to a taxonomy of learning disabilities. In G. R. Lyon, D. B. Gray, J. F. Kavanagh, & N. A. Krasnegor (Eds.), *Better understanding learning disabilities: New views from research and their implications for education and public policies* (pp. 17-26). Baltimore: Brookes.

Bos, C. S., & Anders, P. L. (1990). Interactive teaching and learning: Instructional practices for teaching content and strategic knowledge. In T. E. Scruggs & B. Y. L. Wong (Eds.), *Intervention research in learning disabilities* (pp. 161-185). New York: Springer-Verlag.

Bowers, P. G., & Wolf, M. (1993). Theoretical links among naming speed, precise timing mechanisms, and orthographic skill in dyslexia. *Reading and Writing, 5,* 69-86.

Bradley, R., Danielson, L., & Hallahan, D. P. (Eds.). (2002). *Identification of learning disabilities: Research to practice.* Mahwah, NJ: Erlbaum.

Brambati, S. M., Termine, C., Ruffino, M., Stella, G., Fazio, F., Cappa, S. F., et al. (2004). Regional reductions of gray matter volume in familial dyslexia. *Neurology, 63,* 742-745.

Breier, J. I., Fletcher, J. M., Denton, C., & Gray, L. C. (2004). Categorical perception of speech stimuli in children at risk for reading difficulty. *Journal of Experimental Child Psychology, 88,* 152-170.

Breier, J. I., Fletcher, J. M., Foorman, B. R., & Gray, L. C. (2002). Perception of speech and nonspeech stimuli by children with and without reading disability and attention deficit hyperactivity disorder. *Journal of Experimental Child Psychology, 82,* 226-250.

Breier, J. I., Simos, P. G., Fletcher, J. M., Castillo, E. M., Zhang, W., & Papanicolaou, A. C. (2003). Abnormal activation of temporoparietal language areas during phonetic analysis in children with dyslexia. *Neuropsychology, 17,* 610-621.

Broca, P. P. (1865). Sur la siége du faculté de langage articule. *Bulletin de la Société d'Anthropologie de Paris, 6,* 377-393.

Bruandet, M., Molko, N., Cohen, L., & Dehaene, S. (2004). A cognitive characterization of dyscalculia in Turner syndrome. *Neuropsychologia, 42,* 288-298.

Bruck, M. (1987). The adult outcomes of children with learning disabilities. *Annals of Dyslexia, 37,* 252-

263.

Bryan, T., Burstein, K., & Ergul, C. (2004). The social-emotional side of learning disabilities: A science-based presentation of the state of the art. *Learning Disability Quarterly, 27,* 45-51.

Bull, R., & Johnston, R. S. (1997). Children's arithmetical difficulties: Contributions from processing speed, item identification, and short-term memory. *Journal of Experimental Child Psychology, 65,* 1-24.

Burns, M. K., Appleton, J. J., & Stehouwer, J. D. (2005). Meta-analytic review of responsiveness-to-intervention research: Examining field-based and research-implemented models. *Journal of Psychoeducational Assessment, 23,* 381-394.

Burt, C. (1937). *The backward child.* London: University of London Press.

Butterworth, B. (2005). Developmental dyscalculia. In J. I. D. Campbell (Ed.), *Handbook of mathematical cognition* (pp. 455-467). New York: Psychology Press.

Byrne, B., Delaland, C., Fielding-Barnsley, R., Quain, P., Samuelsson, S., Hoien, T., et al. (2002). Longitudinal twin study of early reading development in three countries: Preliminary results. *Annals of Dyslexia, 52,* 49-74.

Byrne, B., Samuelsson, S., Wadsworth, S., Hulslander, J., Corley, R., DeFries, J. C., et al. (in press). Longitudinal twin study of early literacy development: Preschool through Grade 1. *Reading and Writing.*

Cain, K., & Oakhill, J. V. (1999). Inference making and its relation to comprehension failure in young children. *Reading and Writing: An Interdisciplinary Journal, 11,* 489-503.

Cain, K., Oakhill, J. V., Barnes, M. A., & Bryant, P. E. (2001). Comprehension skill, inference-making ability, and the relation to knowledge. *Memory and Cognition, 29,* 850-859.

Cain, K., Oakhill, J. V., & Bryant, P. (2000). Phonological skills and comprehension failures: A test of the phonological processing deficits hypothesis. *Reading and Writing, 13,* 31-56.

Cain, K., Oakhill, J. V., & Bryant, P. (2004a). Children's reading comprehension ability: Concurrent prediction by working memory, verbal ability, and component skills. *Journal of Educational Psychology, 96,* 31-42.

Cain, K., Oakhill, J. V., & Lemmon, K. (2004b). Individual differences in the inference of word meanings from context: The influence of reading comprehension, vocabulary knowledge, and memory capacity. *Journal of Educational Psychology, 96,* 671-681.

Canning, P. M., Orr, R. R., & Rourke, B. P. (1980). Sex differences in the perceptual, visual-motor, linguistic and concept-formation abilities of retarded readers? *Journal of Learning Disabilities, 13,* 563-567.

Caplan, D. (2004). Functional neuroimaging studies of written sentence comprehension. *Scientific Studies of Reading, 8,* 225-240.

Caravolas, M. (2005). The nature and causes of dyslexia in different languages. *The science of reading: A handbook* (pp. 336-356). Oxford, UK: Blackwell.

Caravolas, M., Volin, J., & Hulme, C. (2005). Phoneme awareness is a key component of alphabetic literacy skills in consistent and inconsistent orthographies: Evidence from Czech and English children. *Journal of Experimental Child Psychology, 92,* 107-139.

Carey, S. (2004). Bootstrapping and the origin of concepts. *Daedalus, 133,* 59-68.

Carlson, C. D., & Francis, D. J. (2002). Increasing the reading achievement of at-risk children through Direct Instruction: Evaluation of the Rodeo Institute for Teacher Excellence (RITE). *Journal of Education for Students Placed at Risk, 7,* 141-166.

Carnine, D. (1991). Reforming mathematics instruction: The role of curriculum materials. *Journal of Behavioral Education, 1,* 37-57.

Casby, M. W. (1992). The cognitive hypothesis and its influence on speech-language services in schools. *Language, Speech, and Hearing Services in Schools, 23,* 198-202.

Case, L. P., Harris, K. R., & Graham, S. (1992). Improving the mathematical problem solving skills of students with learning disabilities: Self-regulated strategy development. *Journal of Special Education, 26,* 1-19.

Castles, A., & Coltheart, M. (1993). Varieties of developmental dyslexia. *Cognition, 47,* 149-180.

Castles, A., & Coltheart, M. (2004). Is there a causal link from phonological awareness to success in learning to read? *Cognition, 91,* 77-111.

Cataldo, M. G., & Cornoldi, C. (1998). Self-monitoring in poor and good reading comprehenders and their use of strategy. *British Journal of Developmental Psychology, 16,* 155-165.

Catrambone, R., & Holyoak, K. J. (1989). Overcoming contextual limitations on problem-solving transfer. *Journal of Experimental Psychology: Learning, Memory, and Cognition, 15,* 1127-1156.

Catts, H., Hogan, T., & Adlof, S. M. (2005). Developmental changes in reading and reading disabilities. In H. Catts & A. Kamhi (Eds.), *Connections between language and reading disabilities* (pp. 25-40). Mahwah, NJ: Erlbaum.

Catts, H. W., Adlof, S. M., Hogan, T. P., & Weismer, S. E. (2005). Are specific language impairment and dyslexia distinct disorders? *Journal of Speech, Language, and Hearing Research, 48,* 1378-1396.

Catts, H. W., Fey, M. E., Tomblin, J. B., & Zhang, X. (2002a). A longitudinal investigation of reading outcomes in children with language impairments. *Journal of Speech, Language, and Hearing*

Research, 45, 1142-1155.

Catts, H. W., Gillispie, M., Leonard, L. B., Kail, R. V., & Miller, C. A. (2002b). The role of speed processing, rapid naming, and phonological awareness in reading achievement. *Journal of Learning Disabilities, 35,* 510-525.

Catts, H. W., & Hogan, T. P. (2003). Language basis of reading disabilities and implications for early identification and remediation. *Reading Psychology, 24,* 223-246.

Catts, H. W., Hogan, T. P., & Fey, M. E. (2003). Subgrouping poor readers on the basis of individual differences in reading-related abilities. *Journal of Learning Disabilities, 36,* 151-164.

Catts, H., Taylor, P., & Zhang, X. (2006, February 4). *Individual differences in reading achievement: Application of growth mixture modeling and latent profile analyses.* Paper presented at the annual Pacific Coast Research Conference, San Diego, CA.

Cawley, J. F., Parmar, R. S., Yan, W., & Miller, J. H. (1998). Arithmetic computation performance of students with learning disabilities: Implications for curriculum. *Learning Disabilities Research and Practice, 13,* 68-74.

Chapman, J. W., Tunmer, W. E., & Prochnow, J. E. (2001). Does success in the Reading Recovery program depend on developing proficiency in phonological processing skills?: A longitudinal study in a whole language instruction context. *Scientific Studies of Reading, 5,* 141-176.

Chard, D. J., Vaughn, S., & Tyler, B. (2002). A synthesis of research on effective interventions for building reading fluency with elementary students with learning disabilities. *Journal of Learning Disabilities, 35,* 386-406.

Cirino, P. T., Israelian, M. K., Morris, M. K., & Morris, R. D. (2005). Evaluation of the double-deficit hypothesis in college students referred for learning difficulties. *Journal of Learning Disabilities, 38,* 29-44.

Cirino, P. T., Morris, M. K., & Morris, R. D. (2006). Neuropsychological concomitants of calculation skills in college students referred for learning disabilities. *Developmental Neuropsychology, 21,* 201-218.

Cisek, G. J. (2001). Conjectures on the rise and call of standard setting: An introduction to context and practice. In G. J. Cisek (Ed.), *Setting performance standards: Concepts, methods, and perspectives* (pp. 3-18). Mahwah, NJ: Erlbaum.

Clairborne, J. H. (1906). Types of congenital symbol amblyopia. *Journal of the American Medical Association, 47,* 1813-1816.

Clark, D. B., Hulme, C., & Snowling, M. (2005). Individual differences in RAN and reading: A response timing analysis. *Journal of Research in Reading, 28,* 73-86.

Clark, D. B., & Uhry, J. K. (1995). *Dyslexia: Theory and practice of remedial instruction.* Baltimore, MD: York Press.

Clay, M. M. (1993). *Reading Recovery: A guidebook for teachers in training.* Portsmouth, NH: Heinemann.

Clay, M. M. (2002). *An observation survey of early literacy achievement* (2nd ed.). Portsmouth, NH: Heinemann.

Clements, S. D. (1966). *Minimal brain dysfunction in children* (NINDB Monograph No. 3). Washington, DC: U.S. Department of Health, Education and Welfare.

Cohen, J. (1983). The cost of dichotomization. *Applied Psychological Measurement, 7,* 249–253.

Cohen, L. D., & Marks, K. S. (2002). How infants process addition and subtraction events. *Developmental Science, 5,* 186–201.

Coltheart, M. (2005a). Modeling reading: The dual-route approach. In M. J. Snowling & C. Hulme (Eds.), *The science of reading: A handbook* (pp. 6–23). Oxford, UK: Blackwell.

Coltheart, M. (2005b). Analyzing developmental disorders of reading. *Advances in Speech Language Pathology, 7,* 49–57.

Compton, D. L., DeFries, J. C., & Olson, R. K. (2001). Are RAN and phonological awareness deficits additive in children with reading disabilities? *Dyslexia, 3,* 125–149.

Connelly, V., Campbell, S., MacLean, M., & Barnes, J. (2006). Contribution of lower order skills to the written composition of college students with and without dyslexia. *Developmental Neuropsychology, 29,* 175–196.

Cooley, E. J., & Ayers, R. R. (1988). Self-concept and success-failure attributions of nonhandicapped students and students with learning disabilities. *Journal of Learning Disabilities, 21,* 174–178.

Cooper. G., & Sweller, J. (1987). Effects of schema acquisition and rule automation on mathematical problem solving transfer. *Journal of Educational Psychology, 79,* 347–362.

Cornoldi, C., DeBeni, R., & Pazzaglia, F. (1996). Profiles of reading comprehension difficulties: An analysis of single cases. In C. Cornoldi & J. Oakhill (Eds.), *Reading comprehension difficulties: Processes and intervention* (pp. 113–136). Mahwah, NJ: Erlbaum.

Coyne, M. D., Kame'enui, E. J., Simmons, D. C., & Harn, B. A. (2004). Beginning reading intervention as inoculation or insulin: First-grade reading performance of strong responders to kindergarten intervention. *Journal of Learning Disabilities, 37,* 90–104.

Critchley, M. (1970). *The dyslexic child.* Springfield, IL: Charles C Thomas.

Cruickshank, W. M., Bice, H. V., & Wallen, N. E. (1957). *Perception and cerebral palsy.* Syracuse, NY:

Syracuse University Press.

Cunningham, A. E., & Stanovich, K. E. (1999). What reading does for the mind. *American Educator, 4,* 8-15.

D'Agostino, J. V., & Murphy, J. A. (2004). A meta-analysis of Reading Recovery in United States schools. *Educational Evaluation and Policy Analysis, 26,* 23-38.

Davis, C. J., Gayan, J., Knopik, V. S., Smith, S. D., Cardon, L. R., Pennington, B. F., et al. (2001). Etiology of reading difficulties and rapid naming: The Colorado Twin Study of Reading Disability. *Behavior Genetics, 31,* 625-635.

DeFries, J. C., & Fulker, D. W. (1985). Multiple regression analysis of twin data. *Behavior Genetics, 15,* 467-478.

DeFries, J. C., & Gillis, J. J. (1991). Etiology of reading deficits in learning disabilities: Quantitative genetic analyses. In J. E. Obrzut & G. W. Hynd (Eds.), *Neuropsychological foundations of learning disabilities: A handbook of issues, methods, and practice* (pp. 29-48). San Diego, CA: Academic Press.

Dehaene, S., & Cohen, L. (1997). Cerebral pathways for calculation: Double disassociation between rote verbal and quantitative knowledge of arithmetic. *Cortex, 33,* 219-250.

Dehaene, S., Cohen, L., Sigman, M., & Vinckier, F. (2005). The neural code for written words: A proposal. *Trends in Cognitive Science, 9,* 335-341.

Dehaene, S., Molko, N., Cohen, L., & Wilson, A. L. (2004). Arithmetic and the brain. *Current Opinion in Neurobiology, 14,* 218-224.

Dehaene, S., Spelke, E., Pinel, P., Stanescu, R., & Tsiukin, S. (1999). Sources of mathematical thinking: Behavioral and brain-injury evidence. *Science, 284,* 970-974.

de Jong, P. F., & van der Leij, A. (2003). Developmental changes in the manifestation of a phonological deficit in dyslexic children learning to read a regular orthography. *Journal of Educational Psychology, 95,* 22-40.

de Jong, P. F., & Vrielink, L. O. (2004). Rapid automatic naming: Easy to measure, hard to improve (quickly). *Annals of Dyslexia, 54,* 65-88.

De La Paz, S., Swanson, P. M., & Graham, S. (1998). The contribution of executive control to the revising by students with writing and learning difficulties. *Journal of Educational Psychology, 90,* 448-460.

Denckla, M. B., & Cutting, L. E. (1999). Historical significance of rapid automatized naming. *Annals of Dyslexia, 49,* 29-42.

Dennis, M. (1988). Language and the young damaged brain. In T. Boll & B. K. Bryant (Eds.), *Clinical neuropsychology and brain function: Research, measurement and practice* (Vol. 7, pp. 85–123). Washington DC: American Psychological Association.

Deno, S. L., & Marston, D. (2001). *Test of Oral Reading Fluency.* Minneapolis, MN: Educators Testing Service.

Denton, C. A., Ciancio, D. J., & Fletcher, J. M. (2006). Validity, reliability, and utility of the Observation Survey of Early Literacy Achievement. *Reading Research Quarterly, 41,* 8–34.

Denton, C. A., Fletcher, J. M., Anthony, J. L., & Francis, D. J. (in press). An evaluation of intensive intervention for students with persistent reading difficulties. *Journal of Learning Disabilities.*

Denton, C. A., & Mathes, P. G. (2003). Intervention for struggling readers: Possibilities and challenges. In B. R. Foorman (Ed.), *Preventing and remediating reading difficulties* (pp. 229–252). Baltimore: York Press.

Denton, C. A., Vaughn, S., & Fletcher, J. M. (2003). Bringing research–based practice in reading intervention to scale. *Learning Disabilities Research and Practice, 18,* 201–211.

Desoete, A., & Roeyers, H. (2005). Cognitive skills in mathematical problem solving in grade 3. *British Journal of Educational Psychology, 75,* 119–138.

Deutsch, G. K., Doughtery, R. F., Bammer, R., Siok, W. T., Gabrieli, J. D. E., & Wandell, B. (2005). Children's reading performance is correlated with white matter structure measured by diffusion tensor imaging. *Cortex, 41,* 354–363.

Doehring, D. G. (1978). The tangled web of behavioral research on developmental dyslexia. In A. L. Benton & D. Pearl (Eds.), *Dyslexia* (pp. 123–137). New York: Oxford University Press.

Donovan, M. S., & Cross, C. T. (2002). *Minority students in special and gifted education.* Washington, DC: National Academy Press.

Doris, J. L. (1993). Defining learning disabilities: A history of the search for consensus. In G. R. Lyon, D. B. Gray, J. F. Kavanagh & N. A. Krasnegor (Eds.), *Better understanding learning disabilities: New views from research and their implications for education and public policies* (pp. 97–116). Baltimore: Brookes.

Duara, R., Kuslch, A., Gross–Glenn, K., Barker, W., Jallad, B., Pascal, S., et al. (1991). Neuroanatomic differences between dyslexic and normal readers on magnetic resonance imaging scans. *Archives of Neurology, 48,* 410–416.

Dykman, R. A., Ackerman, P., Clements, S. D., & Peters, J. E. (1971). Specific learning disabilities: An attentional deficit syndrome. In H. R. Myklebust (Ed.), *Progress in learning disabilities* (Vol. 2, pp. 56–93). New York: Grune & Stratton.

Eckert, M. A., Leonard, C. M., Richards, T. L, Aylward, E. H., Thomson, J., & Berninger, V. W. (2003). Anatomical correlates of dyslexia: Frontal and cerebellar findings. *Brain, 126,* 482-494.

Eden, G. F., Jones, K. M., Cappell, K., Gareau, L., Wood, F. B., Zeffiro, T. A., et al. (2004). Neural changes following remediation in adult developmental dyslexia. *Neuron, 44,* 411-422.

Eden, G. F., Stern, J. F., Wood, M. H., & Wood, F. B. (1995). Verbal and visual problems in dyslexia. *Journal of Learning Disabilities, 28,* 282-290.

Eden, G. F., & Zeffiro, T. A. (1998). Neural systems affected in developmental dyslexia revealed by functional neuroimaging. *Neuron, 21,* 279-282.

Elbaum, B., & Vaughn, S. (2003). For which students with learning disabilities are self-concept interventions effective? *Journal of Learning Disabilities, 36,* 101-108.

Elbaum, B., Vaughn, S., Hughes, M. T., & Moody, S. W. (2000). How effective are one-to-one tutoring programs in reading for elementary students at risk for reading failure?: A meta-analysis of the intervention research. *Journal of Educational Psychology, 92,* 605-619.

Ellis, A. W. (1984). The cognitive neuropsychology of developmental (and acquired) dyslexia: A critical survey. *Cognitive Neuropsychology, 2,* 169-205.

Engelmann, S., Becker, W. C., Hanner, S., & Johnson, G. (1978). *Corrective Reading Program: Series guide.* Chicago: Science Research Associates.

Engelmann, S., Carnine, D. W., Engelmann, O., & Kelly, B. (1991). *Connecting math concepts.* Chicago: Science Research Associates.

Feigenson, L., Dehaene, S., & Spelke, E. (2004). Core systems of numbers. *Trends in Cognitive Sciences, 8,* 307-314.

Fernald, G. (1943). *Remedial techniques in basic school subjects.* New York: McGraw-Hill.

Filipek, P. (1996). Structural variations in measures in the developmental disorders. In R. Thatcher, G. Lyon, J. Rumsey, & N. Krasnegor (Eds.), *Developmental neuroimaging: Mapping the development of brain and behavior* (pp. 169-186). San Diego: Academic Press.

Finch, A. J., Nicolson, R. I., & Fawcett, A. J. (2002). Evidence for a neuroanatomical difference within the olivo-cerebellar pathway of adults with dyslexia. *Cortex, 38,* 529-539.

Fisher, S. E., & DeFries, J. C. (2002). Developmental dyslexia: Genetic dissection of a complex cognitive trait. *Neuroscience, 3,* 767-780.

Fleishner, J. E. (1994). Diagnosis and assessment of mathematics learning disabilities. In G. R. Lyon (Ed.), *Frames of reference for the assessment of learning disabilities: New views on measurement issues* (pp. 441-458). Baltimore: Brookes.

Fletcher, J. M. (2005). Predicting math outcomes: Reading predictors and comorbidity. *Journal of Learning Disabilities, 38,* 308-312.

Fletcher, J. M., Denton, C., & Francis, D. J. (2005a). Validity of alternative approaches for the identification of LD: Operationalizing unexpected underachievement. *Journal of Learning Disabilities, 38,* 545-552.

Fletcher, J. M., Foorman, B. R., Boudousquie, A. B., Barnes, M. A., Schatschneider, C. & Francis, D. J. (2002). Assessment of reading and learning disabilities: A research-based, interventions-oriented approach. *Journal of School Psychology, 40,* 27-63.

Fletcher, J. M., Foorman, B. R., Shaywitz, S. E., & Shaywitz, B. A. (1999a). Conceptual and methodological issues in dyslexia research: A lesson for developmental disorders. In H. Tager-Flusberg (Ed.), *Neurodevelopmental disorders* (pp. 271-306). Cambridge, MA: MIT Press.

Fletcher, J. M., Francis, D. J., Morris, R. D., & Lyon, G. R. (2005b). Evidence-based assessment of learning disabilities in children and adolescents. *Journal of Clinical Child and Adolescent Psychology, 34,* 506-522.

Fletcher, J. M., Francis, D. J., Stuebing, K. K., Shaywitz, B. A., Shaywitz, S. E., Shankweiler, D. P., et al. (1996a). Conceptual and methodological issues in construct definition. In G. R. Lyon & N. A. Krasnegor (Eds.), *Attention, memory, and executive functions* (pp. 17-42). Baltimore: Brookes.

Fletcher, J. M., Lyon, G. R., Barnes, M., Stuebing, K. K., Francis, D. J., Olson, R., et al. (2002). Classification of learning disabilities: An evidence-based evaluation. In R. Bradley, L. Danielson, & D. P. Hallahan (Eds.), *Identification of learning disabilities: Research to practice* (pp. 185-250). Mahwah, NJ: Erlbaum.

Fletcher, J. M., Morris, R. D., & Lyon, G. R. (2003). Classification and definition of learning disabilities: An integrative perspective. In H. L. Swanson, K. R. Harris, & S. Graham (Eds.), *Handbook of learning disabilities* (pp. 30-56). New York: Guilford Press.

Fletcher, J. M., Shaywitz, S. E., Shankweiler, D., Katz, L., Liberman, I. Y., Stuebing, K. K., et al. (1994). Cognitive profiles of reading disability: Comparisons of discrepancy and low achievement definitions. *Journal of Educational Psychology, 86,* 6-23.

Fletcher, J. M. Shaywitz, S. E., & Shaywitz, B. A. (1999b). Comorbidity of learning and attention disorders: Separate but equal. *Pediatric Clinics of North America, 46,* 885-897.

Fletcher, J. M., Simos, P. G., Papanicolaou, A. C., & Denton, C. (2004). Neuroimaging in reading research. In N. Duke & M. Mallette (Eds.), *Literacy research methods* (pp. 252-286). New York: Guilford Press.

Fletcher, J. M., Stuebing, K. K., Shaywitz, B. A., Brandt, M. E., Francis, D. J., & Shaywitz, S. E. (1996b). Measurement issues in the interpretation of behavior-brain relationships. In R. W. Thatcher, G. R. Lyon, J. Rumsey, & N. Krasnegor (Eds.), *Developmental neuroimaging: Mapping the development of brain and behavior* (pp. 255-262). San Diego: Academic Press.

Florida Center for Reading Research. (2005). Spell Read P.A.T. Retrieved May 29, 2006, from http://www.fcrr.org/FCRRReports/PDF/spell_read_pat.pdf.

Florida Center for Reading Research. Retrieved June 5, 2006, from http://www.fcrr.org/.

Flowers, L., Meyer, M., Lovato, J., Wood, F., & Felton, R. (2001). Does third grade discrepancy status predict the course of reading development? *Annals of Dyslexia, 51,* 49-71.

Flynn, J. M., & Rahbar, M. H. (1993). The effects of age and gender on reading achievement: Implications for pediatric counseling. *Journal of Developmental and Behavioral Pediatrics, 14,* 304-307.

Flynn, J. M., & Rahbar, M. H. (1994). Prevalence of reading failure in boys compared with girls. *Psychology in the Schools, 31,* 66-70.

Foorman, B. R. (1994). The relevance of a connectionist model of reading for "the great debate." *Educational Psychology Review, 16,* 25-47.

Foorman, B. R., Fletcher, J. M., & Francis, D. J. (2004). Early reading assessment. In W. Evans & H. J. Walberg (Eds.), *Student learning, evaluating teaching effectiveness* (pp. 81-125). Stanford, CA: Hoover Press.

Foorman, B. R., Francis, D. J., Fletcher, J. M., Schatschneider, C., & Mehta, P. (1998). The role of instruction in learning to read: Preventing reading failure in at-risk children. *Journal of Educational Psychology, 90,* 37-55.

Foorman, B. R., Francis, D. J., Winikates, D., Mehta, P., Schatschneider, C., & Fletcher, J. M. (1997). Early interventions for children with reading disabilities. *Scientific Studies of Reading, 1,* 255-276.

Francis, D. J., Fletcher, J. M., Catts, H., & Tomblin, B. (2005b). Dimensions affecting the assessment of reading comprehension. In S. G. Paris & S. A. Stahl (Eds.), *Current issues in reading comprehension and assessment* (pp. 369-394). Mahwah, NJ: Erlbaum.

Francis, D. J., Fletcher, J. M., Stuebing, K. K., Lyon, G. R., Shaywitz, B. A., & Shaywitz, S. E. (2005a). Psychometric approaches to the identification of learning disabilities: IQ and achievement scores are not sufficient. *Journal of Learning Disabilities, 38,* 98-110.

Francis, D. J., Shaywitz, S. E., Stuebing, K. K., Shaywitz, B. A., & Fletcher, J. M. (1996). Developmental lag versus deficit models of reading disability: A longitudinal, individual growth curves analysis. *Journal of Educational Psychology, 88,* 3-17.

Frith, U. (Ed.). (1980). *Cognitive processes in spelling*. New York: Academic Press.

Fuchs, D., & Fuchs, L. S. (2005). Peer-Assisted Learning Strategies: Promoting word recognition, fluency, and reading comprehension in young children. *Journal of Special Education, 39*, 34–44.

Fuchs, D., & Fuchs, L. S. (2006). Introduction to response to intervention: What, why, and how valid is it? *Reading Research Quarterly, 41*, 93–99.

Fuchs, D., Fuchs, L. S., Mathes, P., & Simmons, D. (1997). Peer-Assisted Learning Strategies: Making classrooms more responsive to student diversity. *American Educational Research Journal, 34*, 174–206.

Fuchs, D., Fuchs, L. S., Thompson, A., Al Otaiba, S., Yen, L., Yang, N. Y., et al. (2001a). Is reading important in reading-readiness programs?: A randomized field trial with teachers as field implementers. *Journal of Educational Psychology, 93*, 251–267.

Fuchs, L. S., Bahr, C. M., & Rieth, H. J. (1989a). Effects of goal structures and performance contingencies on the math performance of adolescents with learning disabilities. *Journal of Learning Disabilities, 22*, 554–560.

Fuchs, L. S., Compton, D. L., Fuchs, D., Hamlett, C. L., & Bryant, J. (2006a). *Modeling the development of math competence in first grade*. Paper presented at the annual meeting of the Pacific Coast Research Conference.

Fuchs, L. S., Compton, D. L., Fuchs, D., Paulsen, K., Bryant, J. D., & Hamlett, C. L. (2005). The prevention, identification, and cognitive determinants of math difficulty. *Journal of Educational Psychology, 97*, 493–513.

Fuchs, L. S., Deno, S. L., & Mirkin, P. K. (1984). The effects of frequent curriculum-based measurement and evaluation on student achievement, pedagogy, and student awareness of learning. *American Educational Research Journal, 21*, 449–460.

Fuchs, L. S., & Fuchs, D. (1998). Treatment validity: A simplifying concept for reconceptualizing the identification of learning disabilities. *Learning Disabilities Research and Practice, 4*, 204–219.

Fuchs, L. S., & Fuchs, D. (2000). Building student capacity to work productively during peer-assisted reading activities. In B. Taylor, M. Graves, & P. van den Broek (Eds.), *Reading for meaning: Fostering comprehension in the middle grades* (pp. 95–115). New York: Teachers College Press.

Fuchs, L. S., Fuchs, D., Compton, D. L., Powell, S. R., Seethaler, P. M., Capizzi, A. M., et al. (2006b). The cognitive correlates of third-grade skill in arithmetic, algorithmic computation, and arithmetic word problems. *Journal of Educational Psychology, 98*, 29–43.

Fuchs, L. S., Fuchs, D., & Hamlett, C. L. (1989b). Effects of alternative goal structures within curriculum-based measurement. *Exceptional Children, 55,* 429–438.

Fuchs, L. S., Fuchs, D., & Hamlett, C. L. (1989c). Effects of instrumental use of curriculum-based measurement to enhance instructional programs. *Remedial and Special Education, 102,* 43-52.

Fuchs, L. S., Fuchs, D., & Hamlett, C. L. (1989d). Monitoring reading growth using student recalls: Effects of two teacher feedback systems. *Journal of Educational Research, 83,* 103-111.

Fuchs, L. S., Fuchs, D., Hamlett, C. L., & Allinder, R. M. (1991a). Effects of expert system advice within curriculum-based measurement on teacher planning and student achievement in spelling. *School Psychology Review, 20,* 49-66.

Fuchs, L. S., Fuchs, D., Hamlett, C. L., & Appleton, A. C. (2002a). Explicitly teaching for transfer: Effects on the mathematical problem solving performance of students with disabilities. *Learning Disabilities Research and Practice, 17,* 90-106.

Fuchs, L. S., Fuchs, D., Hamlett, C. L., & Stecker, P. M. (1991b). Effects of curriculum-based measurement and consultation on teacher planning and student achievement in mathematics operations. *American Educational Research Journal, 28,* 617-641.

Fuchs, L. S., Fuchs, D., Hamlett, C. L., & Whinnery, K. (1991c). Effects of goal line feedback on level, slope, and stability of performance within curriculum-based measurement. *Learning Disabilities Research and Practice, 6,* 65-73.

Fuchs, L. S., Fuchs, D., & Karns, K. (2001b). Enhancing kindergartners' mathematical development: Effects of Peer-Assisted Learning Strategies. *Elementary School Journal, 101,* 495-510.

Fuchs, L. S., Fuchs, D., Phillips, N. B., Hamlett, C. L., & Karns, K. (1995). Acquisition and transfer effects of class wide Peer-Assisted Learning Strategies in mathematics for students with varying learning histories. *School Psychology Review, 24,* 604-620.

Fuchs, L. S., Fuchs, D., & Prentice, K. (2004). Responsiveness to mathematical-problem-solving treatment among students with risk for mathematics disability, with and without risk for reading disability. *Journal of Learning Disabilities, 27,* 273-306.

Fuchs, L. S., Fuchs, D., Prentice, K., Burch, M., Hamlett, C. L., Owen, R., et al. (2003a). Explicitly teaching for transfer: Effects on third-grade students' mathematical problem solving. *Journal of Educational Psychology, 95,* 293-305.

Fuchs., L. S., Fuchs, D., Prentice, K., Burch, M., Hamlett, C. L., Owen, R. et al. (2003b). Enhancing third-grade students' mathematical problem solving with self-regulated learning strategies. *Journal of Educational Psychology, 95,* 306-326.

Fuchs, L. S., Fuchs, D., Yazdian, L., & Powell, S. R. (2002b). Enhancing first-grade children's mathematical development with peer-assisted learning strategies. *School Psychology Review, 31,* 569-584.

Galaburda, A. M. (1993). The planum temporale. *Archives of Neurology, 50,* 457.

Galaburda, A. M., Sherman, G. P., Rosen, G. D., Aboitiz, F., & Geschwind, N. (1985). Developmental dyslexia: Four consecutive patients with cortical anomalies. *Annals of Neurology, 18,* 222-233.

Gayan, J., & Olson, R. K. (2001). Genetic and environmental influences on orthographic and phonological skills in children with reading disabilities. *Developmental Neuropsychology, 20,* 483-507.

Geary, D. C. (1993). Mathematical disabilities: Cognitive, neuropsychological, and genetic components. *Psychological Bulletin, 114,* 345-362.

Geary, D. C. (2004). Mathematics and learning disabilities. *Journal of Learning Disabilities, 37,* 4-15.

Geary, D. C. (2005). Role of cognitive theory in the study of learning disability in mathematics. *Journal of Learning Disabilities, 38,* 305-307.

Geary, D. C., Hamson, C. O., & Hoard, M. K. (2000). Numerical and arithmetical cognition: A longitudinal study of process and concept deficits in children with learning disability. *Journal of Experimental Child Psychology, 77,* 236-263.

Geary, D. C., Hoard, M. K., Byrd-Craven, J., & DeSoto, M. C. (2004). Strategy choices in simple and complex addition: Contributions of working memory and counting knowledge for children with mathematical disability. *Journal of Experimental Child Psychology, 88,* 121-151.

Geary, D. C., Hoard, M. K., & Hamson, C. O. (1999). Numerical and arithmetical cognition: Patterns of functions and deficits in children at risk for a mathematical disability. *Journal of Experimental Child Psychology, 74,* 213-239.

Gelman, R., & Butterworth, B. (2005). Number and language: How are they related? *Trends in Cognitive Sciences, 9,* 6-10.

Gernsbacher, M. A., & Kaschak, M. P. (2003). Neuroimaging studies of language production and comprehension. *Annual Reviews of Psychology, 54,* 91-114.

Gersten, R., Jordan, N. C., Flojo, J. R. (2005). Early identification and interventions for students with mathematics difficulties. *Journal of Learning Disabilities, 38,* 293-304.

Gersten, R. M., White, W. A., Falco, R., & Carnine, D. (1982). Teaching basic discriminations to handicapped and non-handicapped individuals through a dynamic presentation of instructional stimuli. *Analysis and Intervention in Developmental Disabilities, 2,* 305-317.

Geschwind, N., & Levitsky, W. (1968). Human brain: Left-right asymmetries in temporal speech region.

Science, 161, 186-187.

Gick, M. L., & Holyoak, K. J. (1980). Analogical problem solving. *Cognitive Psychologist, 12,* 306-355.

Gillingham, A., & Stillman, B. (1965). *Remedial training for children with specific disability in reading, spelling and penmanship* (7th ed.). Cambridge, MA: Educators.

Ginsburg, H. P., Klein, A., & Starkey, P. (1998). The development of children's mathematical thinking: Connecting research with practice. In W. Damon (Series Ed.), & I. E. Siegal & K. A. Renninger (Vol. Eds.), *Handbook of child psychology: Vol. 4. Child psychology in practice* (5th ed., pp. 401-476). New York: Wiley.

Gleitman, L. R., & Rosen, P. (1973). Teaching reading by use of a syllabary. *Reading Research Quarterly, 8,* 447-483.

Goldstein, K. (1948). *Language and language disorders.* New York: Grune & Stratton.

Good, R. H., III, Simmons, D. C., & Kame'enui, E. J. (2001). The importance and decision-making utility of a continuum of fluency-based indicators of foundational reading skills for third-grade high-stakes outcomes. *Scientific Studies of Reading, 5,* 257-288.

Goswami, U. (2002). Phonology, reading development and dyslexia: A cross-linguistic perspective. *Annals of Dyslexia, 52,* 141-163.

Gough, P. B. (1984). Word recognition. In P. D. Pearson, R. Barr, M. L. Kamil, & P. Mosenthal (Eds.), *Handbook of reading research* (pp. 225-253). New York: Longman.

Gough, P. B., & Tunmer, W. E. (1986). Decoding, reading and reading disability. *Remedial and Special Education, 7,* 6-10.

Graham, S. (2005). Strategy instruction and the teaching of writing: A meta-analysis. In C. MacArthur, S. Graham, & J. Fitzgerald (Eds.), *Handbook of writing research.* New York: Guilford Press.

Graham, S., Berninger, V. W., Abbott, R. D., Abbott, S. P., & Whitaker, D. (1997). Role of mechanics in composing of elementary school students: A new methodological approach. *Journal of Educational Psychology, 89,* 170-182.

Graham, S., & Harris, K. R. (1993). Self-regulated strategy development: Helping students with learning problems develop as writers. *Elementary School Journal, 94,* 169-181.

Graham, S., & Harris, K. R. (1996). Addressing problems in attention, memory, and executive function. In G. R. Lyon & N. A. Krasnegor (Eds.), *Attention, memory, and executive function* (pp. 349-366). Baltimore: Brookes.

Graham, S., & Harris, K. R. (2003). Students with learning disabilities and the process of writing: A metal-analysis of SRSD studies. In H. L. Swanson, K. R. Harris, & S. Graham (Eds.), *Handbook of learning disabilities* (pp. 323-344). New York: Guilford Press.

Graham, S., Harris, K. R., & Chorzempa, B. F. (2002). Contribution of spelling instruction to the spelling, writing, and reading of poor spellers. *Journal of Educational Psychology, 94,* 669-686.

Graham, S., Harris, K. R., & Fink, B. (2000). Is handwriting causally related to learning to write?: Treatment of handwriting problems in beginning writers. *Journal of Educational Psychology, 92,* 620-633.

Graham, S., Harris, K. R., MacArthur, C., & Schwartz, S. (1991). Writing and writing instruction with students with learning disabilities: A review of a program of research. *Learning Disability Quarterly, 14,* 89-114.

Graham, S., Harris, K. R., & Mason, L. (2005). Improving the writing performance, knowledge, and motivation of struggling young writers: The effects of self-regulated strategy development. *Contemporary Educational Psychology, 30,* 207-241.

Graham, S., Struck, M., Santoro, J., & Berninger, V. W. (2006). Dimensions of good and poor handwriting legibility in first and second graders: Motor programs, visual-spatial arrangement, and letter formation parameter setting. *Developmental Neuropsychology, 29,* 43-60.

Graham, S., Weintraub, N., & Berninger, V. (2001). Which manuscript letters do primary grade children write legibly? *Journal of Educational Psychology, 93,* 488-497.

Gregg, N. (1991). Disorders of written expression. In A. Bain, L. Bailet, & L. Moats (Eds), *Written language disorders: Theory into practice* (pp. 65-97). Austin, TX: PRO-ED.

Gresham, F. M. (2002). Response to treatment. In R. Bradley, L. Danielson, & D. Hallahan (Eds.), *Identification of learning disabilities: Research to practice* (pp. 467-519). Mahwah, NJ: Erlbaum.

Griffiths, Y. M., Hill, N. I., Bailey, P. J., & Snowling, M. J. (2003). Auditory temporal order discrimination and backward recognition masking in adults with dyslexia. *Journal of Speech, Language, and Hearing Research, 46,* 1352-1366.

Griffiths, Y. M., & Snowling, M. J. (2002). Predictors of exception word and nonword reading in dyslexic children: The severity hypothesis. *Journal of Educational Psychology, 94,* 34-43.

Grigorenko, E. L. (2001). Developmental dyslexia: An update on genes, brains, and environments. *Journal of Child Psychology and Psychiatry, 42,* 91-125.

Grigorenko, E. L. (2005). A conservative meta-analysis of linkage and linkage-association studies of developmental dyslexia. *Scientific Studies of Reading, 9,* 285-316.

Gross-Tsur, V., Manor, O., & Shalev, R. S. (1996). Developmental dyscalculia: Prevalence and demographic features. *Developmental Medicine and Child Neurology, 38,* 25-33.

Hale, J. B., Naglieri, J. A., Kaufman, A. S., & Kavale, K. A. (2004). Specific learning disability classification in the new Individuals with Disabilities Education Act: The danger of good ideas. *School Psychologist, 58,* 6-13, 29.

Hallahan, D. P., Kauffman, J., & Lloyd, J. (1996). *Introduction to learning disabilities.* Needham Heights, MA: Allyn & Bacon.

Hammill, D. D. (1993). A brief look at the learning disabilities movement in the United States. *Journal of Learning Disabilities, 26,* 295-310.

Hammill, D. D., & Larsen, S. (2003). *Test of Written Language-III.* Austin, TX: PRO-ED.

Hanich, L. B., Jordan, N. C., Kaplan, D., & Dick, J. (2001). Performance across different areas of mathematical cognition in children with learning difficulties. *Journal of Educational Psychology, 93,* 615-626.

Hanley, J. R. (2005). Learning to read in Chinese. In M. J. Snowling & C. Hulme (Eds.), *The science of reading: A handbook* (pp. 316-335). Oxford, UK: Blackwell.

Hanushek, E. A., Kain, J. F., & Rivkin, S. G. (1998). *Does special education raise academic achievement for students with disabilities?* Cambridge, MA: National Bureau of Economic Research, Working Paper No. 6690.

Harcourt Assessment. (2002). *Stanford Achievement Test* (10th ed.). New York: Author.

Harris, C. A., Miller, S. P., & Mercer, C. D. (1995). Teaching initial multiplication skills to students with disabilities in general education classrooms. *Learning Disabilities Research and Practice, 10,* 190-195.

Harris, K. R., Graham, S., & Mason, L. (in press). Improving the writing performance, knowledge, and self-efficacy of struggling writers in second grade: The effects of self-regulated strategy development. *American Educational Research Journal.*

Hart, B., & Risley, T. R. (1995). *Meaningful differences in the everyday experience of young American children.* Baltimore: Brookes.

Hasbrouck, J. E., Ihnot, C., & Rogers, G. (1999). Read Naturally: A strategy to increase oral reading fluency. *Reading Research and Instruction, 39,* 27-37.

Hatcher, P., & Hulme, C. (1999). Phonemes, rhymes, and intelligence as predictors of children's responsiveness to remedial reading instruction. *Journal of Experimental Child Psychology, 72,* 130-153.

Hayes, J. R., & Flower, L. S. (1980). Identifying the organization of the writing process. In L. W. Gregg & E. R. Steinbery (Eds.), *Cognitive processes in writing* (pp. 3-30). Hillsdale, NJ: Erlbaum.

Head, H. (1926). *Aphasia and kindred disorders of speech.* London: Cambridge University Press.

Hecht, S. A., Torgesen, J. K., Wagner, R. K., & Rashotte, C. A. (2001). The relations between phonological processing abilities and emerging individual differences in mathematical computation skills: A longitudinal study from second to fifth grades. *Journal of Experimental Child Psychology, 79*, 192-227.

Hessler, G. L. (1987). Educational issues surrounding severe discrepancy. *Learning Disabilities Research, 3*, 43-49.

Hiebert, E. H. (1994). Reading Recovery in the United States: What difference does it make to an age cohort? *Educational Researcher, 23*, 15-25.

Hiebert, E. H., Colt, J. M., Catto, S. L., & Gury, E. C. (1992). Reading and writing of first grade students in a restructured Chapter I program. *American Educational Research Journal, 29*, 545-572.

Higgins, E., & Raskind, M. (2000). Speaking to read: A comparison of continuous vs. discrete speech recognition in the remediation of learning disabilities. *Journal of Special Education Technology, 15*, 19-30.

Hinshelwood, J. (1895). Word-blindness and visual memory. *Lancet, ii*, 1564-1570.

Hinshelwood, J. (1917). *Congenital word-blindness.* London: Lewis.

Hodent, C., Bryant, P., & Houde, O. (2005). Language-specific effects on number computation in toddlers. *Developmental Science, 8*, 420-423.

Holland, J., McIntosh, D., & Huffman, L. (2004). The role of phonological awareness, rapid automatized naming, and orthographic processing in word reading. *Journal of Psychoeducational Assessment, 22*, 233-260.

Hooper, S. R., Montgomery, J., Swartz, C., Reed, M., Sandler, A., Levine, M., et al. (1994). Measurement of written language expression. In G. R. Lyon (Ed.), *Frames of reference for the assessment of learning disabilities: New views on measurement issues* (pp. 375-418). Baltimore: Brookes.

Hooper, S. R., Swartz, C. W., Montgomery, J., Reed, M. S., Brown, T. T., Wasileski, T. J., et al. (1993). Prevalence of writing problems across three middle school samples. *School Psychology Review, 22*, 610-622.

Hooper, S. R., Swartz, C. W., Wakely, M. B., de Kruif, R. E. L., & Montgomery, J. W. (2002). Executive functions in elementary school children with and without problems in written expression. *Journal of Learning Disabilities, 35*, 57-68.

Hooper, S. R., Wakely, M. B., de Kruif, R. E. L., & Swartz, C. W. (2006). Aptitude-treatment interactions revisited: Effect of meta-cognitive intervention on subtypes of written expression in elementary school students. *Developmental Neuropsychology, 29,* 217-241.

Hooper, S. R., & Willis, W. G. (1989). *Learning disability subtyping: Neuropsychological foundations, conceptual models, and issues in clinical differentiation.* New York: Springer-Verlag.

Hoover, A. N., Hieronymous, A. N., Frisbie, D. A., & Dunbar, S. B. (2001). *Iowa Test of Basic Skill.* Itasca, IL: Riverside Press.

Horwitz, B., Rumsey, J. M., & Donohue, B. C. (1998). Functional connectivity of the angular gyrus in normal reading and dyslexia. *Proceedings of the National Academy of Sciences USA, 95,* 8939-8944.

Hoskyn, M., & Swanson, H. L. (2000). Cognitive processing of low achievers and children with reading disabilities: A selective meta-analytic review of the published literature. *School Psychology Review, 29,* 102-119.

Hugdahl, K., Heiervang, E., Ersland, L., Lundervold, A., Steinmetz, H., & Smievoll, A. I. (2003). Significant relation between MR measures of planum temporal area and dichotic processing of syllables in dyslexic children. *Neuropsychologia, 41,* 666-675.

Hughes, C. A., Ruhl, K. L., Schumaker, J. B., & Deshler, D. D. (2002). Effects of instruction in an assignment completion strategy on the homework performance of students with learning disabilities in general education classes. *Learning Disabilities Research, 17,* 1-18.

Hughes, D. C., Keeling, B., & Tuck, B. F. (1983). Effects of achievement expectations and handwriting quality on scoring essays. *Journal of Educational Measurement, 20,* 65-70.

Hulme, C. (1988). The implausibility of low-level visual deficits as a cause of children's reading difficulties. *Cognitive Neuropsychology, 5,* 369-374.

Hulme, C., Snowling, M., Caravolas, M., & Carroll, J. (2005). Phonological skills are (probably) one cause of success in learning to read: A comment on Castles and Coltheart. *Scientific Studies of Reading, 9,* 351-365.

Humphreys, P., Kaufmann, W. E., & Galaburda, A. M. (1990). Developmental dyslexia in women: Neuropathological findings in three patients. *Annals of Neurology, 28,* 727-738.

Hunter, J. V., & Wang, Z. J. (2001). MR spectroscopy in pediatric neuroradiology. *MRI Clinics of North America, 9,* 165-189.

Hutchinson, N. L. (1993). Effects of cognitive strategy instruction on algebra problem solving of adolescents with learning disabilities. *Learning Disability Quarterly, 16,* 34-63.

Hynd, G. W., Hall, J., Novey, E. S., Etiopulos, D., Black, K., Gonzales, J. J., et al. (1995). Dyslexia and corpus callosum morphology. *Archives of Neurology, 52,* 32-38.

Hynd, G. W., & Semrud-Clikeman, M. (1989). Dyslexia and brain morphology. *Psychological Bulletin,*

106, 447-482.

Hynd, G. W., Semrud-Clikeman, M., Lorys, A. R., Novey, E. S., & Eliopulos, D. (1990). Brain morphology in developmental dyslexia and attention deficit disorder/hyperactivity. *Archives of Neurology, 47*, 919-926.

Hynd, G. W., & Willis, W. G. (1988). *Pediatric neuropsychology*. Orelando, FL: Grune & Stratton.

Ihnot, C. (2000). *Read Naturally*. St. Paul, MN: Read Naturally.

Iovino, I., Fletcher, J. M., Breitmeyer, B. G., & Foorman, B. R. (1999). Colored overlays for visual perceptual deficits in children with reading disability and attention deficit/hyperactivity disorder: Are they differentially effective? *Journal of Clinical and Experimental Neuropsychology, 20*, 791-806.

Isaacs, E. B., Edmonds, C. J., Lucas, A., & Gadian, D. G. (2001). Calculation difficulties in children of very low birth weight: A neural correlate. *Brain, 124*, 1701-1707.

Iverson, S., & Tunmer, W. (1993). Phonological processing skills and the Reading Recovery program. *Journal of Educational Psychology, 85*, 112-120.

Iverson, S., Tunmer, W. E., & Chapman, J. W. (2005). The effects of varying group size on the Reading Recovery approach to preventive early intervention. *Journal of Learning Disabilities, 38*, 456-472.

Jenkins, J. R., Fuchs, L. S., van den Broek, P., Espin, C., & Deno, S. L. (2003). Accuracy and fluency in list and context reading of skilled and RD groups: Absolute and relative performance levels. *Learning Disabilities Research and Practice, 18*, 237-245.

Jenkins, J. R., & O'Connor, R. E. (2003). Cooperative learning for students with learning disabilities: Evidence from experiments, observations, and interviews. In H. L. Swanson, K. R. Harris, & S. Graham (Eds.), *Handbook of learning disabilities* (pp. 417-430). New York: Guilford Press.

Jitendra, A. K., Griffin, C. C., McGoey, K., Gardill, M. C., Bhat, P., & Riley, T. (1998). Effects of mathematical word problem-solving by students at risk or with mild disabilities. *Journal of Educational Research, 91*, 345-355.

Jitendra, A. K., & Hoff, K. (1996). The effects of schema-based instruction on the mathematical problem solving performance of students with learning disabilities. *Journal of Learning Disabilities, 29*, 422-431.

Joanisse, M. F., Manis, F. R., Keating, P., & Seidenberg, M. S. (2000). Language deficits in dyslexic children: Speech perception, phonology, and morphology. *Journal of Experimental Child Psychology, 77*, 30-60.

Johnson, D. J., & Blalock, J. (Eds.). (1987). *Adults with learning disabilities*. Orlando, FL: Grune & Stratton.

Johnson, D. J., & Myklebust, H. (1967). *Learning disabilities.* New York: Grune & Stratton.

Johnson, W., Bouchard, T. J., Jr., Segal, N. L., & Samuels, J. (2005). General intelligence and reading performance in adults: Is the genetic factor structure the same as for children? *Personality and Individual Differences, 38,* 1413-1428.

Jones, D., & Christensen, C. (1999). The relationship between automaticity in handwriting and students' ability to generate written text. *Journal of Educational Psychology, 91,* 44-49.

Jordan, N. C., & Hanich, L. B. (2000). Mathematical thinking in second-grade children with different forms of LD. *Journal of Learning Disabilities, 33,* 567-578.

Jordan, N. C., Hanich, L. B., & Kaplan, D. (2003a). A longitudinal study of mathematical competencies in children with specific mathematics difficulties versus children with comorbid mathematics and reading difficulties. *Child Development, 74,* 834-850.

Jordan, N. C., Hanich, L. B., & Kaplan, D. (2003b). Arithmetic fact mastery in young children: A longitudinal investigation. *Journal of Experimental Child Psychology, 85,* 103-119.

Jordan, N. C., Kaplan, D., Olah, L. N., & Locuniak, M. N. (2006). Number sense growth in kindergarten: A longitudinal investigation of children at risk for mathematics difficulties. *Child Development, 77,* 153-175.

Jorm, A. F., Share, D. L., Matthews, M., & Matthews, R. (1986). Cognitive factors at school entry predictive of specific reading retardation and general reading backwardness: A research note. *Journal of Child Psychology, 27,* 45-54.

Joshi, R. M. (2003). Misconceptions about the assessment and diagnosis of reading disability. *Reading Psychology, 24,* 247-266.

Joshi, R. M., & Aaron, P. G. (2000). The component model of reading: Simple view of reading made a little more complex. *Reading Psychology, 21,* 85-97.

Kamin, L. J. (1974). *The science and politics of I. Q.* Potomac, MD: Erlbaum.

Kavale, K. A. (1988). Learning disability and cultural disadvantage: The case for a relationship. *Learning Disability Quarterly, 11,* 195-210.

Kavale, K., & Forness, S. (1985). *The science of learning disabilities.* San Diego: College-Hill Press.

Kavale, K. A., & Forness, S. R. (2000). What definitions of learning disability say and don't say: A critical analysis. *Journal of Learning Disabilities, 33,* 239-256.

Kavale, K. A., & Mostert, M. P. (2004). Social skills interventions for individuals with learning disabilities. *Learning Disability Quarterly, 27,* 31-43.

Kavale, K. A., & Reese, L. (1992). The character of learning disabilities: An Iowa profile. *Learning*

Disability Quarterly, 15, 74-94.

Keeler, M. L., & Swanson, H. L. (2001). Does strategy knowledge influence working memory in children with mathematical disabilities? *Journal of Learning Disabilities, 34,* 418-434.

Keenan, J. M., Betjemann, R. S., Wadsworth, S. J., DeFries, J. C., & Olson, R. K. (2006). Genetic and environmental influences on reading and listening comprehension. *Journal of Research on Reading, 29,* 75-91.

Kellam, S. G., Rebok, G. W., Mayer, L. S., Ialongo, N., & Kalodner, C. R. (1994). Depressive symptoms over first grade and their response to a developmental epidemiologically based preventive trial aimed at improving achievement. *Development and Psychopathology, 6,* 463-481.

Keller, C. E., & Sutton, J. P. (1991). Specific mathematics disorders. In J. E. Obrzut & G. W. Hynd (Eds.), *Neuropsychological foundations of learning disabilities: A handbook of issues, methods, and practice* (pp. 549-572). New York: Academic Press.

Keysor, C. S., & Mazzocco, M. M. (2002). A developmental approach to understanding fragile X syndrome in females. *Microscopy Research and Technique, 57,* 179-186.

Khemani, E., & Barnes, M. A. (2005). Calculation and estimation in typically developing children from grades 3 to 8. *Canadian Psychology, 46,* 219.

Kibby, M. Y., Francher, J. B., Markanen, R., Lewandowski, A., & Hynd, G. W. (2003). A test of the cerebellar deficit hypothesis of dyslexia. *Journal of the International Neuropsychological Society, 9,* 219.

Kim, A., Vaughn, S. R., Wanzek, J., & Wei, S. (2004). Graphic organizers and their effects on the reading comprehension of students with LD: A synthesis of research. *Journal of Learning Disabilities, 37,* 105-118.

Kirk, S. A. (1963). Behavioral diagnosis and remediation of learning disabilities. *Conference on Exploring Problems of the Perceptually Handicapped Child, 1,* 1-23.

Klingberg, T., Hedehus, M., Temple, E., Salz, T., Gabrieli, J. D., Moseley, M. E., et al. (2000). Microstructure of temporo-parietal white matter as a basis for reading ability: Evidence from diffusion tensor magnetic resonance imaging. *Neuron, 25,* 493-500.

Knapp, M. S. (1995). *Teaching for meaning in high-poverty classrooms.* New York: Teachers College Press.

Knopik, V. S., & DeFries, J. C. (1999). Etiology of covariation between reading and mathematics performance: A twin study. *Twin Research, 2,* 226-234.

Kovas, Y., Harlaar, N., Petrill, S. A., & Plomin, R. (2005). "Generalist genes" and mathematics in 7-year-old twins. *Intelligence, 33,* 473–489.

Kriss, I., & Evans, B. J. W. (2005). The relationship between dyslexia and Meares-Irlen syndrome. *Journal of Research in Reading, 28,* 350–365.

Kroesbergen, E. H., Van Luit, J. E. H., & Naglieri, J. A. (2003). Mathematical learning difficulties and PASS cognitive processes. *Journal of Learning Disabilities, 36,* 574–562.

Kuhn, M. R., & Stahl, S. A. (2003). Fluency: A review of developmental and remedial practices. *Journal of Educational Psychology, 95,* 3–21.

Kussmaul, A. (1877). Disturbance of speech. *Cyclopedia of Practical Medicine, 14,* 581–875.

Lambe, E. K. (1999). Dyslexia, gender, and brain imaging. *Neuropsychologia, 37,* 521–536.

Larsen, J. P., Hoien, T., Lundberg, I., & Ödegaard, H. (1990). MRI evaluation of the size and symmetry of the planum temporale in adolescents with developmental dyslexia. *Brain and Language, 39,* 289–301.

Leach, J. M., Scarborough, H. S., & Rescorla, L. (2003). Late-emerging reading disabilities. *Journal of Educational Psychology, 95,* 211–224.

Lemer, C., Dehaene, S., Spelke, E., & Cohen, L. (2003). Approximate quantities and exact number words: Dissociable systems. *Neuropsychologia, 41,* 1942–1958.

Leonard, C. M., Eckert, M. A., Lombardino, L. J., Oakland, T., Franzier, J., Mohr, C. M., et al. (2001). Anatomical risk factors for phonological dyslexia. *Cerebral Cortex, 11,* 148–157.

Leonard, C. M., Lombardino, L. J., Mercado, L. R., Browd, S. R., Breier, J. I., & Agee, O. F. (1996). Cerebral asymmetry and cognitive development in children: A magnetic resonance imaging study. *Psychological Science, 7,* 89–95.

Lerner, J. (1989). Educational intervention in learning disabilities. *Journal of the American Academy of Child and Adolescent Psychiatry, 28,* 326–331.

Levy, B. A. (2001). Moving the bottom: Improving reading fluency. In M. Wolf (Ed.), *Dyslexia, fluency, and the brain* (pp. 357–382). Timonium, MD: York Press.

Lewis, C., Hitch, G. J., & Walker, P. (1994). The prevalence of specific arithmetic difficulties and specific reading difficulties in 9- to 10-year-old boys and girls. *Journal of Child Psychology and Psychiatry, 35,* 283–292.

Liberman, I. Y. (1971). Basic research in speech and lateralization of language. *Bulletin of the Orton Society, 21,* 72–87.

Liberman, I. Y., & Shankweiler, D. (1991). Phonology and beginning reading: A tutorial. In L. Rieben & C. A. Perfetti (Eds.), *Learning to read: Basic research and its implications* (pp. 3–17). Hillsdale, NJ:

Erlbaum.

Lindamood, P., & Lindamood, P. (1998). *The Lindamood Phoneme Sequencing Program for Reading, Spelling, and Speech*. Austin, TX: PRO-ED.

Lindsay, R. L., Tomazic, T., Levine, M. D., & Accardo, P. J. (1999). Impact of attentional dysfunction in dyscalculia. *Developmental Medicine and Child Neurology, 41*, 639-642.

Livingstone, M. S., Rosen, G. D., Drislane, F. W., & Galaburda, A. M. (1991). Physiological and anatomical evidence for a magnocellular defect in developmental dyslexia. *Proceedings of the National Academy of Sciences USA, 88*, 7943-7947.

Lloyd, J. W. (1980). Academic instruction and cognitive-behavior modification. *Exceptional Education Quarterly, 1*, 53-63.

Logan, G. D. (1997). Automaticity and reading: Perspectives from the instance theory of automatization. *Reading and Writing Quarterly, 13*, 123-146.

Lonigan, C. J. (2003). Development and promotion of emergent literacy skills in children at-risk of reading difficulties. In B. R. Foorman (Ed.), *Preventing and remediating reading difficulties* (pp. 23-50). Baltimore: York Press.

Lovegrove, W., Martin, F., & Slaghuis, W. (1986). A theoretical and experimental case for a visual deficit in specific reading disability. *Cognitive Neuropsychology, 3*, 225-267

Lovett, M. W. (1987). A developmental approach to reading disability: Accuracy and speed criteria of normal and deficient reading skill. *Child Development, 58*, 234-260.

Lovett, M. W., Barron, R. W., & Benson, N. J. (2003). Effective remediation of word identification and decoding difficulties in school-age children with reading disabilities. In H. L. Swanson, K. Harris, & S. Graham (Eds.), *Handbook of learning disabilities* (pp. 273-292). New York: Guilford Press.

Lovett, M. W., Lacerenza, L., Borden, S. L., Frijters, J. C., Steinbach, K. A., & DePalma, M. (2000a). Components of effective remediation for developmental reading disabilities: Combining phonological and strategy-based instruction to improve outcomes. *Journal of Educational Psychology, 92*, 263-283.

Lovett, M. W., Ransby, M. J., Harwick, N., & Johns, M. S. (1989). Can dyslexia be treated? Treatment-specific and generalized treatment effects in dyslexic children's response to remediation. *Brain and Language, 37*, 90-121.

Lovett, M. W., Steinbach, K. A., & Frijters, J. C. (2000b). Remediating the core deficits of reading disability: A double-deficit perspective. *Journal of Learning Disabilities, 33*, 334-358.

Lovett, M. W., Warren-Chaplin, P., Ransby, M., & Borden, S. (1990). Training the word recognition skills of reading disabled children: Treatment and transfer effects. *Journal of Educational Psychology, 82,* 769-780.

Lovitt, T. C., & Curtiss, K. A. (1968). Effects of manipulating an antecedent event on mathematics response rate. *Journal of Applied Behavior Analysis, 1,* 329-333.

Lukatela, G., & Turvey, M. T. (1998). Reading in two alphabets. *American Psychologist, 53,* 1057-1072.

Lyon, G. R. (1983). Learning-disabled readers: Identification of subgroups. In H. R. Myklebust (Ed.), *Progress in learning disabilities* (Vol. 5, pp. 103-134). New York: Grune & Stratton.

Lyon, G. R. (1987). Learning disabilities research: False starts and broken promises. In S. Vaughn & C. Bos (Eds.), *Research in learning disabilities: Issues and future directions* (pp. 69-85). Boston: College-Hill Press.

Lyon, G. R. (1995). Toward a definition of dyslexia. *Annals of Dyslexia, 45,* 3-27.

Lyon, G. R. (1996). Learning disabilities. In E. J. Mash & R. A. Barkley (Eds.), *Child psychopathology* (pp. 390-435). New York: Guilford Press.

Lyon, G. R., & Cutting, L. E. (1998). Treatment of learning disabilities. In E. J. Mash & R. A. Barkley (Eds.), *Treatment of childhood disorders* (pp. 468-500). New York: Guilford Press.

Lyon, G. R., Fletcher, J. M., & Barnes, M. C. (2003a). Learning disabilities. In E. J. Mash & R. A. Barkley (Eds.), *Child psychopathology* (2nd ed., pp. 520-588). New York: Guilford Press.

Lyon, G. R., Fletcher, J. M., Fuchs, L., & Chhabra, V. (2006). Treatment of learning disabilities. In E. J. Mash & R. A. Barkley (Eds.), *Treatment of childhood disorders* (3rd ed., pp. 512-591). New York: Guilford Press.

Lyon, G. R., Fletcher, J. M., Shaywitz, S. E., Shaywitz, B. A., Torgesen, J. K., Wood, F. B., et al. (2001). Rethinking learning disabilities. In C. E. Finn, Jr., R. A. J. Rotherham, & C. R. Hokanson, Jr. (Eds.), *Rethinking special education for a new century* (pp. 259-287). Washington, DC: Thomas B. Fordham Foundation and Progressive Policy Institute.

Lyon, G. R., & Moats, L. C. (1997). Critical conceptual and methodological considerations in reading intervention research. *Journal of Learning Disabilities, 30,* 578-588.

Lyon, G. R., Shaywitz, S. E., & Shaywitz, B. A. (2003b). A definition of dyslexia. *Annals of Dyslexia, 53,* 1-14.

MacMillan, D. L., & Siperstein, G. N. (2002). *Learning disabilities as operationally defined by schools.* In R. Bradley, L. Danielson, & D. Hallahan (Eds.), *Identification of learning disabilities: Research to practice* (pp. 287-340). Mahwah, NJ: Erlbaum.

Manis, F. R., Doi, L. M., & Bhadha, B. (2000). Naming speed, phonological awareness, and orthographic knowledge in second grades. *Journal of Learning Disabilities, 33,* 325-333.

Manis, F. R., Seidenberg, M. S., Doi, L. M., McBride-Chang, C., & Peterson, A. (1996). On the basis of two subtypes of developmental dyslexia. *Cognition, 58,* 157-195.

Maria, K. (1990). *Reading comprehension insturction: Issues and strategies.* Parkton, MD: York Press.

Marlow, A. J., Fisher, S. E., Richardson, A. J., Talcott, J. B., Monaco, A. P., Stein, J. F., et al. (2001). Investigation of quantitative measures related to reading disability in a large sample of sib-pairs from the UK. *Behavior Genetics, 31,* 219-230.

Mastropieri, M. A., & Scruggs, T. E. (1997). Best practices in promoting reading comprehension in students with learning disabilities: 1976 to 1996. *Remedial and Special Education, 18,* 197-214.

Mathes, P. G., Denton, C. A., Flethcer, J. M., Anthony, J. L., Francis, D. J., & Schatschneider, C. (2005). An evaluation of two reading interventions derived from diverse models. *Reading Research Quarterly, 40,* 148-183.

Mathes, P. G., Howard, J. K., Allen, S., & Fuchs, D. (1998). Peer-assisted learning strategies for first-grade readers: Making early reading instruction responsive to the needs of diverse learners. *Reading Research Quarterly, 33,* 62-94.

Mazzocco, M. M. (2001). Math learning disability and math LD subtypes: Evidence from studies of Turner syndrome, fragile X syndrome, and neurofibromatosis type 1. *Journal of Learning Disabilities, 34,* 520-533.

Mazzocco, M. M., & Myers, G. F. (2003). Complexities in identifying and defining mathematics learning disability in the primary school-age years. *Annals of Dyslexia, 53,* 218-253.

McBride-Chang, C., & Manis, F. R. (1996). Structural invariance in the associations of naming speed, phonological awareness, and verbal reasoning in good and poor readers: A test of the double-deficit hypothesis. *Reading and Writing, 8,* 323-339.

McCloskey, M., & Caramazza, A. (1985). Cognitive mechanisms in number processing and calculation: Evidence from dyscalculia. *Brain and Cognition, 4,* 171-196.

McCrory, E., Frith, U., Brunswick, N., & Price, C. (2000). Abnormal functional activation during a simple word repetition task: A PET study of adult dyslexics. *Journal of Cognitive Neuroscience, 12,* 753-762.

McCrory, E., Mechelli, A., Frith, U., & Price, C. J. (2005). More than words: A common neural basis for reading and naming deficits in developmental dyslexia? *Brain, 128,* 261-267.

McGuiness, C., McGuiness, D., & McGuiness, G. (1996). Phono-Graphix: A new method for remediating reading difficulties. *Annals of Dyslexia, 46,* 73-96.

McMaster, K. L., Fuchs, D., Fuchs, L. S., & Compton, D. L. (2005). Responding to nonresponders: An experimental field trial of identification and intervention methods. *Exceptional Children, 71*, 445–463.

Mercer, C. D., & Miller, S. P. (1992). Teaching students with learning problems in math to acquire, understand, and apply basic math facts. *Remedial and Special Education, 13*, 19–35, 61.

Meyer, M. S. (2002). Repeated reading: An old standard is revisited and renovated. *Perspectives, 28*, 15–18.

Miles, T. R., & Haslum, M. N. (1986). Dyslexia: Anomaly or normal variation. *Annals of Dyslexia, 36*, 103–117.

Misra, M., Katzir, T., Wolf, M., & Poldrack, R. A. (2004). Neural systems for rapid automatized naming in skilled readers: Unraveling the RAN–reading relationship. *Scientific Studies of Reading, 8*, 241–256.

Mix, K. S., Huttenlocher, J., & Levine, S. C. (2002). Multiple cues for quantification in infancy: Is number one of them? *Psychological Bulletin, 128*, 278–294.

Moats, L. C. (2005). How spelling supports reading: And why it is more regular and predictable than you many think. *American Educator, 29*, 12–43.

Moats, L. C., & Farrell, M. L. (1999). Multi-sensory instruction. In J. Birsh (Ed.), *Mutli-sensory teaching of basic language skills* (pp. 1–18). Baltimore: Brookes.

Mody, M., Studdert-Kennedy, M., & Brady, S. (1997). Speech perception deficits in poor readers: Auditory processing or phonological coding? *Journal of Experimental Child Psychology, 64*, 199–231.

Molko, N. Cachia, A., Riviere, D., Mangin, J. F., Bruandet, M., LeBihan, D., et al. (2004). Brain anatomy in Turner syndrome: Evidence for impaired social and spatial–numerical networks. *Cerebral Cortex, 14*, 840–850.

Montague, M., Applegate, B., & Marquard, K. (1993). Cognitive strategy instruction and mathematical problem-solving performance of students with learning disabilities. *Learning Disabilities Research and Practice, 8*, 223–232.

Monuteaux, M. C., Faraone, S. V., Herzig, K., Navsaria, N., & Biederman, J. (2005). ADHD and dyscalculia: Evidence for independent familial transmission. *Journal of Learning Disabilities, 38*, 86–93.

Morgan, W. P. (1896). A case of congenital word blindness. *British Medical Journal, ii*, 1378.

Morris, R. D., & Fletcher, J. M. (1988). Classification in neuropsychology: A theoretical framework and research paradigm. *Journal of Clinical and Experimental Neuropsychology, 10*, 640–658.

Morris, R. D., Fletcher, J. M., & Francis, D. J. (1993). Conceptual and psychometric issues in the neuropsychological assessment of children: Measurement of ability discrepancy and change. In I. Rapin & S. Segalovitz (Eds.), *Handbook of neuropsychology* (Vol. 7, pp. 341–352). Amsterdam: Elsevier.

Morris, R. D., Lovett, M. W., Wolf, M., Sevcik, R. A., Steinbach, K. A., Frijters, J. C., et al. (2006). *Multiple component remediation of developmental reading disabilities: A controlled factorial evaluation of the influence of IQ, socioeconomic statues, and race on outcomes.* Manuscript under review.

Morris, R. D., Stuebing, K. K., Fletcher, J. M., Shaywitz, S. E., Lyon, G. R., Shankweiler, D. P., et al. (1998). Subtypes of reading disability: Variability around a phonological core. *Journal of Educational Psychology, 90,* 347-373.

Morrison, S. R., & Siegel, L. S. (1991). Learning disabilities: A critical review of definitional and assessment issues. In J. E. Obrzut & G. W. Hynd (Eds.), *Neuropsychological foundations of learning disabilities: A handbook of issues, methods, and practice* (pp. 79-98). New York: Academic Press.

Murphy, L., & Pollatsek, A. (1994). Developmental dyslexia: Heterogeneity without discrete subgroups. *Annals of Dyslexia, 44,* 120-146.

Myers, C. A. (1978). Reviewing the literature on Fernald's technique of remedial reading. *Reading Teacher, 31,* 614-619.

Naglieri, J. A., & Das, J. P. (1997). *Cognitive Assessment System interpretive handbook.* Itasca, IL: Riverside.

Naglieri, J. A., & Johnson, D. (2000). Effectiveness of a cognitive strategy intervention in improving arithmetic computation based on the PASS theory. *Journal of Learning Disabilities, 33,* 591-597.

Nation, K. (1999). Reading skills in hyperlexia: A developmental perspective. *Psychological Bulletin, 125,* 338-355.

Nation, K. (2005). Children's reading comprehension difficulties. In M. J. Snowling & C. Hulme (Eds.), *The science of reading: A handbook* (pp. 248-266). Oxford, UK: Blackwell.

Nation, K., Adams, J. W., Bowyer-Crane, A., & Snowling, M. J. (1999). Working memory deficits in poor comprehenders reflect underlying language impairments. *Journal of Experimental Child Psychology, 73,* 139-158.

Nation, K., Clarke, P., Marshall, C. M., & Durand, M. (2004). Hidden language impairments in children: Parallels between poor reading comprehension and specific language impairment? *Journal of Speech, Language, and Hearing Research, 47,* 199-211.

Nation, K., Clarke, P., & Snowling, M. J. (2002). General cognitive ability in children with reading comprehension difficulties. *British Journal of Educational Psychology, 72,* 549-560.

Nation, K., & Snowling, M. J. (1998). Semantic processing and the development of word-recognition skills: Evidence from children with reading comprehension difficulties. *Journal of Memory and Language, 37,* 85-101.

National Center for Educational Statistics (NCES). (2003). *National Assessment of Educational Progress: The nation's report card.* Washington, DC: U.S. Department of Education.

National Center for Student Progress Monitoring. Retrieved June 5, 2006, from http://www.studentprogress.org/.

National Joint Committee on Learning Disabilities (NJCLD). (1988). *Letter to NJCLD member organizations.* Author.

National Reading Panel (NRP). (2000). *Report of the National Reading Panel. Teaching children to read: An evidence-based assessment of the scientific research literature on reading and its implications for reading instruction* (NIH Publication No. 00-4754). Washington, DC: U.S. Government Printing Office.

Neuhaus, G., Foorman, B. R., Francis, D. J., & Carlson, C. D. (2001). Measures of information processing in rapid automatized naming (RAN) and their relation to reading. *Journal of Experimental Child Psychology, 78,* 359-373.

Nicolson, R. I., Fawcett, A. J., & Dean, P. (2001). Developmental dyslexia: The cerebellar hypothesis. *Trends in Neuroscience, 24,* 508-511.

Norman, C. A., & Zigmond, N. (1980). Characteristics of children labeled and served as learning disabled in school systems affiliated with Child Service Demonstration Cneters. *Journal of Learning Disabilities, 13,* 542-547.

Nothen, M. M., Schulte-Korne, G., Grimm, T., Cichon, S., Vogt, I. R., Muller-Myhsok, B., et al. (1999). Genetic linkage analysis with dyslexia: Evidence for linkage of spelling disability to chromosome 15. *European Child and Adolescent Psychiatry, 3,* 56-59.

Oakhill, J. (1993). Children's difficulties in reading comprehension. *Educational Psychology Review, 5,* 1-15.

Oakhill, J. V., Cain, K., & Bryant, P. E. (2003). The dissociation of word reading and text comprehension: Evidence from component skills. *Language and Cognitive Processes, 18,* 443-468.

Oakhill, J., & Kyle, F. (2000). The relation between phonological awareness and working memory. *Journal of Experimental Psychology, 75,* 152-164.

Oakhill, J. V., Yuill, N., & Parkin, A. (1996). On the nature of the difference between skilled and less-skilled comprehenders. *Journal of Research and Reading, 9,* 80-91.

Oakland, T., Black, J., Stanford, G., Nussbaum, N., & Balise, R. (1998). An evaluation of the dyslexia training program: A multi-sensory method for promoting reading in students with reading disabilities. *Journal of Learning Disabilities, 31,* 140-147.

O'Connor, R. E. (2000). Increasing the intensity of intervention in kindergarten and first grade. *Learning Disabilities Research and Practice, 15,* 43-54.

O'Connor, R. E., Fulmer, D., Harty, K., & Bell, K. (2001). *Total awareness: Reducing the severity of reading disability.* Paper presented at the American Educational Research Conference, Seattle, WA.

O'Connor, R. E., Fulmer, D., Harty, K., & Bell, K. (2005). Layers of reading intervention in kindergarten through third grade: Changes in teaching and student outcomes. *Journal of Learning Disabilities, 38,* 440-455.

O'Connor, R. E., Notari-Syverson, N., & Vadasy, P. (1998). *Ladders to Literacy: A kindergarten activity book.* Baltimore: Brookes.

Ogle, J. W. (1867). Aphasia and agraphia. *Report of the Medical Research Council of Saint George's Hospital, 2,* 83-122.

O'Hare, F. (1973). *Sentence-combining: Improving student writing without formal grammar instruction.* Urbana, IL: National Council of Teachers of English.

Olson, R. K., Forsberg, H., Gayan, J., & DeFries, J. C. (1999). A behavioral-genetic analysis of reading disabilities and component processes. In R. M. Klein & P. A. McMullen (Eds.), *Converging methods for understanding reading and dyslexia* (pp. 133-153). Cambridge MA: MIT Press.

Olson, R. K., Forsberg, H., Wise, B., & Rack, J. (1994). Measurement of word recognition, orthographic, and phonological skills. In G. R. Lyon (Ed.), *Frames of reference for the assessment of learning disabilities* (pp. 243-278). Baltimore: Brookes.

Olson, R. K., & Wise, B. (2006). Computer-based rememdiation for reading and related phonological disabilities. In M. McKenna, L. Labbo, R. Kieffer, & D. Reinking (Eds.), *Handbook of literacy and technology* (Vol. 2, pp. 57-74). Mahwah, NJ: Erlbaum.

Olson, R. K., & Wise, B. W. (1992). Reading on the computer with orthographic and speech feedback: An overview of the Colorado Remedial Reading Project. *Reading and Writing: An Interdisciplinary Journal, 4,* 107-144.

Open Court Reading. (1995). *Collections for young scholars.* Peru, IL: Science Research Associates/McGraw-Hill.

Orton, S. (1928). Specific reading disability—strephosymbolia. *Journal of the American Medical Association, 90,* 1095-1099.

Orton, S. (1937). *Reading, writing and speech problems in children: A presentation of certain types of disorders in the development of the language faculty.* New York: Norton.

Palinscar, A., & Brown, A. (1985). Reciprocal teaching: A means to a meaningful end. In J. Osborn, P. T.

Wilson, & R. C. Anderson (Eds.), *Reading education: Foundations for a literate America* (pp. 66–87). Lexington, MA: Heath.

Papanicolaou, A. C. (1998). *Fundamentals of functional brain imaging.* Lisse, the Netherlands: Swets & Zeitlinger.

Papanicolaou, A. C., Simos, P. G., Breier, J. I., Fletcher, J. M., Foorman, B. R., Francis, D. J., et al. (2003). Brain mechanism for reading in children with and without dyslexia: a review of studies of normal development and plasticity. *Developmental Neuropsychology, 24,* 593–612.

Paulesu, E., Demonet, J. -F., McCrory, E., Chanoine, V., Brunswick, N., Cappa, S. F., et al. (2001). Dyslexia: Cltural diversity and biological unity. *Science, 291,* 2165–2167.

Pearson, P. D. (1998). Standards and assessment: Tools for crafting effective instruction? In F. Lehr & J. Osborn (Eds.), *Literacy for all: Issues in teaching and learning* (pp. 264–288). New York: Guilford Press.

Pelletier, P. M., Ahmad, S. A., & Rourke, B. P. (2001). Classification rules for basic phonological processing disabilities and nonverbal learning disabilities: Formulation and external validity. *Child Neuropsychology, 7,* 84–98.

Pennington, B. F., Filipek, P. A., Churchwell, J., Kennedy, D. N., Lefley, D., Simon, J. H., et al. (1999). Brain morphometry in reading-disabled twins. *Neurology, 53,* 723–729.

Pennington, B. F., Gilger, J. W., Olson, R. K., & DeFries, J. C. (1992). The external validity of age-versus IQ-discrepancy definitions of reading disability: Lessons from a twin study. *Journal of Learning Disability, 25,* 562–573.

Pennington, B. F., & Olson, R. K. (2005). Genetics of dyslexia. *The science of reading: A handbook* (pp. 453–472). Oxford, UK: Blackwell.

Perfetti, C. A. (1985). *Reading ability.* New York: Oxford University Press.

Perfetti, C. A., Landi, N., & Oakhill, J. (2005). The acquisition of reading comprehension skill. *The science of reading: A handbook* (pp. 227–247). Oxford, UK: Blackwell.

Peters, J. E., Davis, J. J., Goolsby, C. M., & Clements, S. D. (1973). *Physician's handbook: Screening for MBD.* New York: CIBA Medical Horizons.

Petrill, S. A., Deater-Deckard, K., Thompson, L. A., DeThorne, L. S., & Schatschneider, C. (2006a). Reading skills in early readers: Genetic and shared environmental influences. *Journal of Learning Disabilities, 39,* 48–55.

Petrill, S. A., Deater-Deckard, K., Thompson, L. A., DeThorne, L. S., & Schatschneider, C. (2006b). Genetic and shared environmental effects of serial naming and phonological awareness on early reading outcomes. *Journal of Educational Psychology, 98,* 112–121.

Petrill, S. A., Deater-Deckard, K., Thompson, L. A., Schatschneider, C., & DeThorne, L. S. (in press). Longitudinal genetic analysis of early reading: The Western Reserve Reading Project. *Reading and Writing.*

Peverly, S. T. (2006). The importance of handwriting speed in adult writing. *Developmental Neuropsychology, 29,* 197–216.

Phillips, B. M., & Lonigan, C. J. (2005). Social correlates of emergent literacy. In M. J. Snowling & C. Hulme (Eds.), *The science of reading handbook* (pp. 173–204). Oxford, UK: Blackwell.

Plomin, R., & Kovas, Y. (2005). Generalist genes and learning disabilities. *Psychological Bulletin, 131,* 592–617.

Poeppel, D. (1996). A critical review of PET studies of phonological processing. *Brain and Language, 55,* 317–351.

Pokorni, J. I., Worthington, C. K., & Jamison, P. J. (2004). Phonological awareness intervention: Comparison of Fast ForWord, Earobics, and LiPS. *Journal of Educational Research, 97,* 147–157.

President's Commission on Excellence in Special Education. (2002). *A new era: Revitalizing special education for children and their families.* Washington, DC: U.S. Department of Education.

Pressley, M. (2006). *Reading instruction that works* (3rd ed.). New York: Guilford Press.

Price, C. J., & McCrory, E. (2005). *The science of reading: A handbook* (pp. 473–496). Oxford, UK: Blackwell.

Pugh, K. R., Mencl, W. E., Shaywitz, B. A., Shaywitz, S. E., Fulbright, R. K., Constable, R. T., et al. (2000). The angular gyrus in developmental dyslexia: Task-specific differences in functional connectivity within posterior cortex. *Psychological Science, 11,* 51–56.

Raberger, T., & Wimmer, H. (2003). On the automaticity/cerebellar deficit hypothesis of dyslexia: Balancing and continuous rapid naming in dyslexic and ADHD children. *Neuropsychologia, 41,* 1493–1497.

Rae, C., Harasty, J. A., Dzendrowskyj, T. E., Talcott, J. B., Simpson, J. M., Blarmire, A. M., et al. (2002). Cerebellar morphology in developmental dyslexia. *Neurpsychologia, 40,* 1285–1292.

Ralph, M. A. L., & Patterson, K. (2005). Acquired disorders of reading. In M. J. Snowling and C. Hulme (Eds.), *The science of reading: A handbook* (pp. 413–430). Oxford, UK: Blackwell.

Ramus, D. (2003). Developmental dyslexia: Specific phonological deficit or general sensorimotor dysfunction. *Current Opinion in Neurobiology, 13,* 212–218.

Ramus, F. (2001). Talk of two theories. *Nature, 412,* 393–395.

Ramus, F., Pidgeon, E., & Frith, U. (2003a). The relationship between motor control and phonology in dyslexic children. *Journal of Child Psychology and Psychiatry, 44,* 712-722.

Ramus, F., Rosen, S., Dakin, S., Day, B. L., Castellote, J. M., White, S., et al. (2003b). Theories of developmental dyslexia: Insights from a multiple case study of dyslexic adults. *Brain, 126,* 841-865.

Ransby, M. J., & Swanson, H. L. (2003). Reading comprehension skills of young adults with childhood diagnosis of dyslexia. *Journal of Learning Disabilities, 36,* 538-555.

Rashotte, C. A., MacPhee, K., & Torgesen, J. K. (2001). The effectiveness of a group reading instruction program with poor readers in multiple grades. *Learning Disability Quarterly, 24,* 119-134.

Raskind, W. H., Hsu, L., Berninger, V. W., Thomson, J. B., & Wijsman, E. M. (2000). Familial aggregation of dyslexia phenotypes. *Behavior Genetics, 30,* 385-396.

Raskind, W. H., Igo, R. P., Jr., Chapman, N. H., Berninger, V. W., Thomson, J. B., Matsushita, M., et al. (2005). A genome scan in multigenerational families with dyslexia: Identification of a novel locus on chromosome 2q that contributes to phonological decoding efficiency. *Molecular Psychiatry, 10,* 699-711.

Rayner, K., Foorman, B. R., Perfetti, C. A., Pesetsky, D., & Seidenberg, M. S. (2002). How psychological science informs the teaching of reading. *Psychological Science in the Public Interest, 2,* 31-74.

Reed, M. A. (1989). Speech perception and the discrimination of brief auditory cues in reading disabled children. *Journal of Experimental Child Psychology, 48,* 270-292.

Reschly, D. J., & Tilly, W. D. (1999). Reform trends and system design alternatives. In D. Reschly, W. Tilly, & J. Grimes (Eds.), *Special education in transition* (pp. 19-48). Longmont, CO: Sopris West.

Reynolds, C. (1984-1985). Critical measurement issues in learning disabilities. *Journal of Special Education, 18,* 451-476.

Richards, T. L., Aylward, E. H., Berninger, V. W., Field, K. M., Grimme, A. C., Richards, A. L., et al. (2006). Individual fMRI activation in orthographic mapping and morpheme mapping after orthographic or morphological spelling treatment in child dyslexics. *Journal of Neurolinguistics, 19,* 56-86.

Richards, T. L., Berninger, V., Nagy, W., Parsons, A., Field, K., & Richards, A. (2005). Brain activation during language task contrasts in children with and without dyslexia: Inferring mapping processes and assessing response to spelling instruction. *Educational and Child Psychology, 22,* 62-80.

Richards, T. L., Berninger, V., Sylward, E., Richards, A., Thomson, J., Nagy, W., et al. (2002). Reproducibility of proton MR spectroscopic imaging (PEPSI): Comparison of dyslexic and normal reading children and effects of treatmenton brain lactate levels during language tasks. *American*

Journal of Neuroradiology, 23, 1678-1685.

Richards, T. L., Corina, D., Serafini, S., Steury, K., Echelard, D. R., Dager, S. R., et al. (2000). The effects of a phonologically driven treatment for dyslexia on lactate levels as measured by proton MRSI. *American Journal of Neuroradiology, 21,* 916-922.

Rittle-Johnson, B., Siegler, R. S., & Alibali, M. W. (2001). Developing conceptual understanding and procedural skill in mathematics: An iterative process. *Journal of Educational Psychology, 93,* 346-362.

Rivera, D., & Smith, D. D. (1987). Influence of modeling on acquisition and maintenance of computational skills: A summary of research findings from three sites. *Learning Disability Quarterly, 10,* 69-80.

Rivera, S. M., Menon, V., White, C. D., Glaser, B., & Reiss, A. L. (2002). Functional brain activation during arithmetic processing in females with fragile X syndrome is related to FMRI protein expression. *Human Brain Mapping, 16,* 206-218.

Roberts, J. E., Schaaf, J. M., Skinner, M., Wheeler, A., Hooper, S., Hatton, D. D., et al. (2005). Academic skills of boys with fragile X syndrome: Profiles and predictors. *Americal Journal of Mental Retardation, 110,* 107-120.

Robinson, C. S., Menshetti, B. M., & Torgesen, J. K. (2002). Toward a two-factor theory of one type of mathematics disabilities. *Learning Disabilities Research and Practice, 17,* 81-89.

Rodgers, B. (1983). The identification and prevalence of specific reading retardation. *British Journal of Educational Psychology, 53,* 369-373.

Roeltgen, D. (2003). Agraphia. In K. M. Heilman & E. Valenstein (Eds.), *Clinical neuropsychology* (Vol. 4, pp. 75-96). New York: Oxford University Press.

Rogosa, D. (1995). Myths and methods: "Myths about longitudinal research" (plus supplemental questions). In J. M. Gottman (Ed.), *The analysis of change* (pp. 3-66). Mahwah, NJ: Erlbaum.

Romani, C., Olson, A., & Di Betta, A. M. (2005). Spelling disorders. In M. J. Snowling and C. Hulme (Eds.), *The science of reading: A handbook* (pp. 431-448). Oxford, UK: Blackwell.

Rourke, B. P. (1975). Brain-behavior relationships in children with learning disabilities: A research programme. *American Psychologist, 30,* 911-920.

Rourke, B. P. (Ed.). (1985). *Neuropsychology of learning disabilities: Essentials of subtype analysis.* New York: Guilford Press.

Rourke, B. P. (1989). *Nonverbal learning disabilities: The syndrome and the model.* New York: Guilford Press.

Rourke, B. P. (1993). Arithmetic disabilities specific and otherwise: A neuropsychological perspective. *Journal of Learning Disabilities, 26,* 214-226.

Rourke, B. P., & Finlayson, M. A. J. (1978). Neuropsychological significance of variations in patterns of academic performance: Verbal and visual-spatial abilities. *Journal of Pediatric Psychology, 3,* 62-66.

Rouse, C. E., & Krueger, A. B. (2004). Putting computerized instruction to the test: A randomized evaluation of a "scientifically based" reading program. *Economics of Education Review, 23,* 323-338.

Rovet, J., Szekely, C., & Hockenberry, M. N. (1994). Specific arithmetic calculation deficits in children with Turner syndrome. *Journal of Clinical Experimental Neuropsychology, 16,* 820-839.

Rumsey, J. M., Andreason, P., Zametkin, A. J., Aquino, T., King, A., Hamburger, S., et al. (1992). Failure to activate the left temporoparietal cortex in dyslexia. An oxygen 15 positron emission tomographic study. *Archives of Neurology, 49,* 527-534.

Rumsey, J. M., Nace, K., Donohue, B., Wise, D., Maisog, J. M., & Andreason, P. (1997). A positron emission tomographic study of impaired word recognition and phonological processing in dyslexic men. *Archives of Neurology, 54,* 562-573.

Rumsey, J. M., Zametkin, A. J., Andreason, P., Hanchan, A. P., Hamburger, S. D., Aquino, T., et al. (1994). Normal activation of frontotemporal language cortex in dyslexia, as measured with oxygen 15 positron emission tomography. *Archives of Neurology, 51,* 27-38.

Rutter, M. (1982). Syndromes attributed to "minimal brain dysfunction" in childhood. *American Journal of Psychiatry, 139,* 21-33.

Rutter, M., Caspi, A., Fergusson, D., Horwood, L. J., Goodman, R., Maughn, B., et al. (2004). Sex differences in developmental reading disability. New findings from 4 epidemiological studies. *Journal of the American Medical Association, 291,* 2007-2012.

Rutter, M., & Yule, W. (1975). The concept of specific reading retardation. *Journal of Child Psychology and Psychiatry, 16,* 181-197.

Saddler, S., Moran, S., Graham, S., & Harris, K. R. (2004). Preventing writing difficulties: The effects of planning strategy instruction on the writing performance of struggling writers. *Exceptionality, 12,* 3-17.

Saenz, L., Fuchs, L. S., & Fuchs, D. (2005). Effects of peer-assisted learning strategies on English language learners: A randomized controlled study. *Exceptional Children, 71,* 231-247.

Salomon, G., & Perkins, D. N. (1989). Rocky roads to transfer: Rethinking mechanisms of a neglected phenomenon. *Educational Psychologist, 24,* 113-142.

Sandler, A. D., Watson, T. E., Footo, M., Levine, M. D., Coleman, W. L., & Hooper, S. R. (1992). Neurodevelopmental study of writing disorders in middle childhood. *Developmental and Behavioral Pediatrics, 13,* 17-23.

Sattler, J. M. (1993). *Assessment of children's intelligence and special abilities.* New York: Allyn & Bacon.

Satz, P., Buka, S., Lipsitt, L., & Seidman, L. (1998). The long-term prognosis of learning disabled children: A review of studies (1954-1993). In B. K. Shapiro, P. J. Accardo, & A. J. Capute (Eds.), *Specific reading disability: A view of the spectrum* (pp. 223-250). Parkton, MD: York Press.

Satz, P., & Fletcher, J. M. (1980). Minimal brain dysfunctions: An appraisal of research concepts and methods. In H. Rie & E. Rie (Eds.), *Handbook of minimal brain dysfunctions: A critical view* (pp. 669-715). New York: Wiley-Interscience.

Savage, R. (2004). Motor skills, automaticity and developmental dyslexia: A review of the research literature. *Reading and Writing, 17,* 301-324.

Savage, R. S., Frederickson, N., Goodwin, R., Patni, U., Smith, N., & Tuersley, L. (2005). Relationships among rapid digit naming, phonological processing, motor automaticity, and speech perception in poor, average, and good readers and spellers. *Journal of Learning Disabilities, 38,* 12-28.

Schatschneider, C., Carlson, C. D., Francis, D. J., Foorman, B. R., & Fletcher, J. M. (2002). Relationships of rapid automatized naming and phonological awareness in early reading development: Implications for the double-deficit hypothesis. *Journal of Learning Disabilities, 35,* 245-256.

Schatschneider, C., Fletcher, J. M., Francis, D. J., Carlson, C. D., & Foorman, B. R. (2004). Kindergarten prediction of reading skills: A longitudinal comparative analysis. *Journal of Educational Psychology, 96,* 265-282.

Schulte-Korne, G. (2001). Genetics of reading and spelling disorder. *Journal of Child Psychology and Psychiatry, 42,* 985-997.

Schulte-Korne, G., Deimel, W., Muller, K., Gutenbrunner, C., & Remschmidt, H. (1996). Familial aggregation of spelling disability. *Journal of Child Psychology and Psychiatry, 37,* 817-822.

Schultz, R. T., Cho, N. K., Staib, L. H., Kier, L. E., Fletcher, J. M., Shaywitz, S. E., et al. (1994). Brain morphology in normal and dyslexic children: The influence of sex and age. *Annals of Neurology, 35,* 732-742.

Schumaker, J. B., Deshler, D. D., & McKnight, P. (2002). Ensuring success in the secondary general education curriculum through the use of teaching routines. In M. A. Shinn, H. M. Walker, & G. Stoner (Eds.), *Interventions for academic and behavior problems II: Preventive and remedial approaches* (pp. 791-823). Bethesda, MD: National Association of School Psychologists.

Scientific Learning Corporation. (1999). *Fast For Word companion: A comprehensive guide to the training exercises.* Berkeley, CA: Author.

Seabaugh, G. O., & Schumaker, J. B. (1993). The effects of self-regulation training on the academic productivity of secondary students with learning problems. *Journal of Behavioral Education, 4,* 109–133.

Seidenberg, M. S., & McClelland, J. L. (1989). A distributed, developmental model of word recognition. *Psychological Review, 96,* 523–568.

Semrud-Clikeman, M., Guy, K., Griffin, J. D., & Hynd G. W. (2000). Rapid naming deficits in children and adolescents with reading disabilities and attention deficit hyperactivity disorder. *Brain and Language, 74,* 70–83.

Senf, G. M. (1987). Learning disabilities as sociological sponge: Wiping up life's spills. In S. Vaughn & C. Bos (Eds.), *Research in learning disabilities: Issues and future directions* (pp. 87–101). Boston: Little, Brown.

Seymour, P. H. (2005). Early reading development in European orthographies. In M. J. Snowling and C. Hulme (Eds.), *The science of reading: A handbook* (pp. 296–315). Oxford, UK: Blackwell.

Shadish, W., Cook, T., & Campbell, D. (2002). *Experimental and quasi-experimental designs for generalized causal inference.* Boston: Houghton Mifflin.

Shalev, R. S., Auerbach, J., Manor, O., & Gross-Tsur, V. (2000). Developmental dyscalculia: Prevalence and prognosis. *European Child and Adolescent Psychiatry, 9,* 58–64.

Shalev, R. S., Manor, O., Auerbach, J., & Gross-Tsur, V. (1998). Persistence of developmental dyscalculia: What counts? Results from a 3-year prospective follow-up study. *Journal of Pediatrics, 133,* 358–362.

Shalev, R. S., Manor, O., & Gross-Tsur, V. (2005). Developmental dyscalculia: A prospective six-year follow-up. *Developmental Medicine and Child Neurology, 47,* 121–125.

Shalev, R. S., Manor, O., Kerem, B., Ayali, M., Badichi, N., Friedlander, Y., et al. (2001). Developmental dyscalculia is a familial learning disability. *Journal of Learning Disabilities, 34,* 59–65.

Shanahan, T., & Barr, R. (1995). Reading Recovery: An independent evaluation of the effects of an early instructional intervention for at-risk learners. *Reading Research Quarterly, 30,* 958–996.

Shankweiler, D., & Crain, S. (1986). Language mechanisms and reading disorder: A modular approach. *Cognition, 24,* 139–168.

Shankweiler, D., Lundquist, E., Katz, L., Stuebing, K., Fletcher, J. M., Brady, S., et al. (1999). Comprehension and decoding: Patterns of association in children with reading difficulties. *Scientific Studies of Reading, 3,* 69–94.

Shapiro, E. S., Edwards, L., & Zigmond, N. (2005). Progress monitoring of mathematics among students with learning disabilities. *Assessment for Effective Intervention, 30,* 15–32.

Share, D., & Stanovich, K. (1995). Cognitive processes in early reading development: Accommodating individual difference into a model of acquisition. *Issues in Education: Contributions to Educational Psychology, 1,* 1-57.

Share, D. J., Jorm, A. F., MacLean, R., & Matthews, R. (1984). Sources of individual differences in reading achievement. *Journal of Educational Psychology, 76,* 466-477.

Share, D. L., McGee, R., & Silva, P. D. (1989). I.Q. and reading progress: A test of the capacity notion of I.Q. *Journal of the American Academy of Child and Adolescent Psychiatry, 28,* 97-100.

Shavelson, R., & Towne, L. (2002). *Science and education.* Washington, DC: National Academy of Sciences.

Shaywitz, B. A., Shaywitz, S. E., Blachman, B., Pugh, K. R., Fulbright, R. K., Skudlarski, P., et al. (2004). Development of left occipitotemporal systems for skilled reading in children after a phonologically based intervention. *Biological Psychiatry, 55,* 926-933.

Shaywitz, B. A., Shaywitz, S. E., Pugh, K. R., Mencl, W. E., Fulbright, R. K., Constable, R. T., et al. (2002). Disruption of the neural circuitry for reading in children with developmental dyslexia. *Biological Psychiatry, 52,* 101-110.

Shaywitz, S. E. (2004). *Overcoming dyslexia.* New York: Knopf.

Shaywitz, S. E., Escobar, M. D., Shaywitz, B. A., Fletcher, J. M., & Makuch, R. (1992). Evidence that dyslexia may represent the lower tail of a normal distribution of reading ability. *New England Journal of Medicine, 326,* 145-150.

Shaywitz, S. E., Fletcher, J. M., Holahan, J. M., Schneider, A. E., Marchione, K. E., Stuebing, K. K., et al. (1999). Persistence of dyslexia: The Connecticut Longitudinal Study at adolescence. *Pediatrics, 104,* 1351-1359.

Shaywitz, S. E., Pugh, K. R., Jenner, A. R., Fulbright, R. K., Fletcher, J. M., Gore, J. C., et al. (2000). The neurobiology of reading and reading disability (dyslexia). In M. L. Kamil, P. B. Mosenthal, P. D. Pearson, & R. Barr (Eds.), *Handbook of reading research* (Vol. 3, pp. 229-249). Mahwah, NJ: Erlbaum.

Shaywitz, S. E., & Shaywitz, B. A. (2005). Dyslexia (specific reading disability). *Biological Psychiatry, 57,* 1301-1309.

Shaywitz, S. E., Shaywitz, B. A., Fletcher, J. M., & Escobar, M. D. (1990). Prevalence of reading disability in boys and girls: Results of the Connecticut Longitudinal Study. *Journal of the American Medical Association, 264,* 998-1002.

Shaywitz, S. E., Shaywitz, B. A., Pugh, K. R., Fulbright, R. K., Constable, R. T., Mencl, W. E., et al. (1998). Functional disruption in the organization of the brain for reading in dyslexia. *Proceedings of the*

National Academy of Sciences, 95, 2636-2641.

Shepard, L. (1980). An evaluation of the regression discrepancy method for identifying children with learning disabilities. Journal of Special Education, 14, 79-91.

Siegel, L. S. (1992). An evaluation of the discrepancy definition of dyslexia. Journal of Learning Disabilities, 25, 618-629.

Siegel, L. S. (2003). Basic cognitive processes and reading disabilities. In H. L. Swanson, K. R. Harris, & S. Graham (Eds.), Handbook of learning disabilities (pp. 158-181). New York: Guilford Press.

Siegel, L. S., & Ryan, E. B. (1989). The development of working memory in normally achieving and subtypes of learning disabled. Child Development, 60, 973-980.

Sikora, M. D., Haley, P., Edwards, J., & Butler, R. W. (2002). Tower of London test performance in children with poor arithmetic skills. Developmental Neuropsychology, 21, 243-254.

Silani, G., Frith, U., Demonet, J. R., Fazio, F., Perani, D., Price, C., et al. (2005). Brain abnormalities underlying altered activation in dyslexia: A voxel-based morphometry study. Brain, 128, 2453-2461.

Silva, P. A., McGee, R., & Williams, S. (1985). Some characteristics of 9-year-old boys with general reading backwardness or specific reading retardation. Journal of Child Psychology and Psychiatry, 26, 407-421.

Simmons, D. C., Kame'enui, E. J., Stoolmiller, M., Coyne, M. D., & Harn, B. (2003). Accelerating growth and maintaining proficiency: A two-year intervention study of kindergarten and first-grade children at-risk for reading difficulties. In B. R. Foorman (Ed.), Preventing and remediating reading difficulties (pp. 197-228). Baltimore: York Press.

Simon, T. J., Bearden, C. E., Mc-Ginn, D. M., & Zackai, E. (2005a). Visuospatial and numerical cognitive deficits in children with chromosome 22q11. 2 deletion syndrome. Cortex, 41, 145-155.

Simon, T. J., Bish, J. P., Bearden, C. E., Ding, L., Ferrante, S., Nguyen, V., et al. (2005b). A multilevel analysis of cognitive dysfunction and psychopathology associated with chromosome 22q11. 2 deletion syndrome in children. Development and Psychopathology, 17, 753-784.

Simos, P. G., Breier, J. I., Fletcher, J. M., Bergman, E., & Papanicolaou, A. C. (2000a). Cerebral mechanisms involved in word reading in dyslexia children: A magnetic source imaging approach. Cerebral Cortex, 10, 809-816.

Simos, P. G., Breier, J. I., Fletcher, J. M., Foorman, B. R., Bergman, E., Fishbeck, K., et al. (2000b). Brain activation profiles in dyslexic children during nonword reading: A magnetic source imaging study. Neuroscience Reports, 29, 61-65.

Simos, P. G., Fletcher, J. M., Bergman, E., Breier, J. I., Foorman, B. R., Castillo, E. M., et al. (2002a).

Dyslexia-specific brain activation profile becomes normal following successful remedial training. *Neurology, 58*, 1–10.

Simos, P. G., Fletcher, J. M., Foorman, B. R., Francis, D. J., Castillo, E. M., Davis, R. N., et al. (2002b). Brain activation profiles during the early stages of reading acquisition. *Journal of Child Neurology, 17*, 159–163.

Simos, P. G., Fletcher, J. M., Sarkari, S., Billingsley, R. L., Francis, D. J., Castillo, E. M., et al. (2005). Early development of neurophysiological processes involved in normal reading and reading disability. *Neuropsychology, 19*, 787–798.

Simos, P. G., Fletcher, J. M., Sarkari, S., Billingsley-Marshall, R., Denton, C., & Papanicolaou, A. C. (in press). Intensive instruction affects brain magnetic activity associated with reading fluency in children with persistent reading disabilities. *Journal of Learning Disabilities.*

Simos, P. G., Papanicolaou, A. C., Breier, J. I., Fletcher, J. M., Wheless, J. W., Maggio, W. W., et al. (2000c). Insights into brain function and neural plasticity using magnetic source imaging. *Journal of Clinical Neurophysiology, 17*, 143–162.

Skinner, H. (1981). Toward the integration of classification theory and methods. *Journal of Abnormal Psychology, 90*, 68–87.

Snow, C. (2002). RAND Reading Study Group. *Reading for understanding.* Santa Monica, CA: RAND.

Snow, C., Burns, M. S., & Griffin, P. (Eds.). (1998). *Preventing reading difficulties in young children.* Washington, DC: National Academy Press.

Solan, H. A., & Richman, J. (1990). Irlen lenses: A critical appraisal. *Journal of the American Optometric Association, 61*, 789–796.

Spector, J. E. (2005). Instability of double-deficit subtypes among at-risk first grade readers. *Reading Psychology, 26*, 285–312.

Speece, D. L., & Case, L. P. (2001). Classification in context: An alternative approach to identifying early reading disability. *Journal of Educational Psychology, 93*, 735–749.

Spelke, E. A. (2005). Sex differences in intrinsic aptitude for mathematics and science? *American Psychologist, 60*, 950–958.

Spelke, E. S., & Tsivkin, S. (2001). Initial knowledge and conceptual change: Space and number. In M. Bowerman & S. Levinson (Eds.), *Language acquisition and conceptual development.* Cambridge, UK: Cambridge University Press.

Spreen, O. (1989). Learning disability, neurology, and long-term outcomes: Some implications for the individual and for society. *Journal of Clinical and Experimental Neuropsychology, 11*, 389–408.

Spring, C., & French, L. (1990). Identifying reading-disabled children from listening and reading discrepancy scores. *Journal of Learning Disabilities, 23,* 53-58.

Stage, S. A., Abbott, R. D., Jenkins, J. R., & Berninger, V. W. (2003). Predicting response to early reading intervention from verbal IQ, reading-related language abilities, attention ratings, and verbal IQ-word reading discrepancy: Failure to validate the discrepancy method. *Journal of Learning Disabilities, 36,* 24-33.

Stahl, S. A. (2004). What do we know about fluency? Findings of the National Reading Panel. In P. McCardle & V. Chhabra (Eds.), *The voice of evidence in reading research* (pp. 187-212). Baltimore: Brookes.

Stahl, S. A., Heubach, K., & Cramond, B. (1997). *Fluency-oriented reading instruction.* Athens, GA/Washington, DC: National Reading Research Center/U.S. Department of Education, Office of Educational Research and Improvement, Educational Resources Information Center.

Stanovich, K. E. (1986). Matthew effects in reading: Some consequences of individual differences in the acquisition of literacy. *Reading Research Quarterly, 21,* 360-407.

Stanovich, K. E. (1988). Explaining the differences between the dyslexic and the garden-variety poor reader: The phonological-core variable-difference model. *Journal of Learning Disabilities, 21,* 590-604.

Stanovich, K. E. (1991). Discrepancy definitions of reading disability: Has intelligence led us astray? *Reading Research Quarterly, 26,* 7-29.

Stanovich, K. E. (1993). The construct validity of discrepancy definitions of reading disability. In G. R. Lyon, D. B. Gray, J. F. Kavanagh, & N. A. Krasnegor (Eds.), *Better understanding learning disabilities: New views on research and their implications for education and public policies* (pp. 273-307). Baltimore: Brookes.

Stanovich, K. E. (1994). Romance and reality. *Reading Teacher, 47,* 280-291.

Stanovich, K. E. (2000). *Progress in understanding reading.* New York: Guilford Press.

Stanovich, K. E., & Siegel, L. S. (1994). Phenotypic performance profile of children with reading disabilities: A regression-based test of the phonological-core variable-difference model. *Journal of Educational Psychology, 86,* 24-53.

Stanovich, K. E., Siegel, L. S., & Gottardo, A. (1997). Converging evidence for phonological and surface subtypes of reading disability. *Journal of Educational Psychology, 89,* 114-127.

Starkey, P., Spelke, E. S., & Gelman, R. (1991). Toward a comparative psychology of number. *Cognition, 39,* 171-172.

Stecker, P. M., Fuchs, L. S., & Fuchs, D. (2005). Using curriculum-based measurement to improve student achievement: Review of research. *Psychology in the Schools, 42,* 795-819.

Stein, J. (2001). The sensory basis of reading problems. *Developmental Neuropsychology, 20,* 509-534.

Sternberg, R. J. (1991). Are we reading too much into reading comprehension tests? *Journal of Reading, 34,* 540-545.

Sternberg, R. J., & Grigorenko, E. L. (2002). Difference scores in the identification of children with learning disabilities: It's time to use a different method. *Journal of School Psychology, 40,* 65-84.

Stevens, R., & Rosenshine, B. (1981). Advances in research on teaching. *Exceptional Education Quarterly, 2,* 1-9.

Stevenson, J., Graham, P., Fredman, G., & McLoughlin, V. (1987). A twin study of genetic influences on reading and spelling ability and disability. *Journal of Child Psychology and Psychiatry, 28,* 229-247.

Stothard, S. E., & Hulme, C. (1992). Reading comprehension difficulties in children: The role of language comprehension and working memory skills. *Reading and Writing, 4,* 245-256.

Stothard, S. E., & Hulme, C. (1996). A comparison of reading comprehension and decoding difficulties in children. In C. Cornoldi and J. Oakhill (Eds.), *Reading comprehension difficulties: Processes and intervention* (pp. 93-112). Mahwah, NJ: Erlbaum.

Strang, J. D., & Rourke, B. P. (1985). Arithmetic disability subtypes: The neuropsychological significance of specific arithmetic impairment in childhood. In B. P. Rourke (Ed.), *Neuropsychology of learning disabilities: Essentials of subtype analysis.* (pp. 167-186). New York: Guilford Press.

Strauss, A. A., & Lehtinen, L. E. (1947). *Psychopathology and education of the brain-injured child: Vol. 2. Progress in theory and clinic.* New York: Grune & Stratton.

Strauss, A. A., & Werner, H. (1943). Comparative psychopathology of the brain-injured child and the traumatic brain-injured adult. *American Journal of Psychiatry, 19,* 835-838.

Stuebing, K. K., Fletcher, J. M., LeDoux, J. M., Lyon, G. R., Shaywitz, S. E., & Shaywitz, B. A. (2002). Validity of IQ-discrepancy classifications of reading disabilities: A meta-analysis. *American Educational Research Journal, 39,* 469-518.

Swanson, H. L., & Beebe-Frankenberger, M. (2004). The relationship between working memory and mathematical problem solving in children at risk and not at risk for serious math difficulties. *Journal of Educational Psychology, 96,* 471-491.

Swanson, H. L., Harris, K., & Graham, S. (Eds.). (2003). *Handbook of learning disabilities.* New York: Guilford Press.

Swanson, H. L. (with Hoskyn, M., & Lee, C.). (1999). *Interventions for students with learning disabilities: A meta-analysis of treatment outcomes.* New York: Guilford Press.

Swanson, H. L., & Sachse-Lee, C. (2001). A subgroup analysis of working memory in children with reading disabilities: Domain-general or domain-specific deficiency? *Journal of Learning Disabilities, 34,* 249-263.

Swanson, H. L., & Siegel, L. (2001). Learning disabilities as a working memory deficit. *Issues in Education, 7,* 1-48.

Tager-Flusberg, H., & Cooper, J. (1999). Present and future possibilities for defining a phenotype for specific language impairment. *Journal of Speech, Language, and Hearing Research, 42,* 1275-1278.

Talcott, J. B., Witton, C., McClean, M., Hansen, P. C., Rees, A., Green, G. G. R., et al. (2000). Visual and auditory transient sensitivity determines word decoding skills. *Proceedings of the Natural Academy of Sciences USA, 97,* 2952-2958.

Tallal, P. (1980). Auditory temporal perception, phonics, and reading disabilities in children. *Brain and Language, 9,* 182-198.

Tallal, P. (2004). Improving language and literacy is a matter of time. *Perspectives, 5,* 721-728.

Tan, L. H., Spinks, J. A., Eden, G. F., Perfetti, C. A., & Siok, W. T. (2005). Reading depends on writing, in Chinese. *Proceedings of the National Academy of Sciences USA, 102,* 8781-8785.

Tannock, R., Martinussen, R., & Frijters, J. (2000). Naming speed performance and stimulant effects indicate effortful, semantic processing deficits in attention-deficit/hyperactivity disorder. *Journal of Abnormal Child Psychology, 28,* 237-252.

Taylor, H. G., & Fletcher, J. M. (1983). Biological foundations of specific developmental disorders. Methods, findings, and future directions. *Journal of Child Clinical Psychology, 12,* 46-65.

Temple, E., Deutsch, G. K., Poldrack, R. A., Miller, S. L., Tallal, P., Merzenich, M. M., et al. (2003). Neural deficits in children with dyslexia ameliorated by behavioral remediation: Evidence from functional MRI. *Proceedings of the National Academy of Science, 100,* 2860-2865.

Thaler, V., Ebner, E. M., Wimmer, H., & Landerl, K. (2004). Training reading fluency in dysfluent readers with high reading accuracy: Word specific effects but low transfer to untrained words. *Annals of Dyslexia, 54,* 89-113.

Tiu, R. D., Jr., Wadsworth, S. J., Olson, R. K., & DeFries, J. C. (2004). Causal models of reading disability: A twin study. *Twin Research, 7,* 275-283.

Tomblin, J. B., & Zhang, X. (1999). Language patterns and etiology in children with specific language impairment. In H. Tager-Flusberg (Ed.), *Neurodevelopmental disorders* (pp. 361-382). Cambridge, MA: MIT Press.

Torgesen, J. K. (1991). Learning disabilities: Historical and conceptual issues. In B. Wong (Ed.), *Learning about learning disabilities* (pp. 3-39). San Diego: Academic Press.

Torgesen, J. K. (2000). Individual responses in response to early interventions in reading: The lingering problem of treatment resisters. *Learning Disabilities Research and Practice, 15,* 55-64.

Torgesen, J. K. (2002). Empirical and theoretical support for direct diagnosis of learning disabilities by assessment of intrinsic processing weaknesses. In R. Bradley, L. Danielson, & D. Hallahan (Eds.), *Identification of learning disabilities: Research to practice* (pp. 565-650). Mahwah, NJ: Erlbaum.

Torgesen, J. K. (2004). Lessons learned from research on interventions for students who have difficulty learning to read. In P. McCardle & V. Chhabra (Eds.), *The voice of evidence in reading research* (pp. 355-382). Baltimore: Brookes.

Torgesen, J. K., Alexander, A. W., Wagner, R. K., Rashott, C. A., Voeller, K. K. S., & Conway, T. (2001). Intensive remedial instruction for children with severe reading disabilities: Immediate and long-term outcomes from two instructional approaches. *Journal of Learning Disabilities, 34,* 33-58.

Torgesen, J. K., Wagner, R. K., & Rashotte, C. (1999a). *Test of Word Reading Efficiency.* Austin, TX: PRO-ED.

Torgesen, J. K., Wagner, R. K., Rashotte, C. A., Rose, E., Lindamood, P., Conway, J., et al. (1999b). Preventing reading failure in young children with phonological processing disabilities: Group and individual responses to instruction. *Journal of Educational Psychology, 91,* 579-594.

Treiman, R., & Kessler, B. (2005). Writing systems and spelling development. *The science of reading: A handbook* (pp. 120-134). Oxford, UK: Blackwell.

Tunmer, W. E., Chapman, J. W., & Prochnow, J. E. (2003). Preventing negative Matthew effects in at-risk readers: A retrospective study. In B. R. Foorman (Ed.), *Preventing and remediating reading difficulties* (pp. 121-164). Baltimore: York Press.

U.S. Department of Education. (1999). 34 CFR Parts 300 and 303: Assistance to the states for the education of children with disabilities and the early intervention program for infants and toddlers with disabilities. Final regulations. *Federal Register, 64,* 12406-12672.

U.S. Department of Education. (2006). 34 CFR Parts 300 and 301: Assistance to states for the education of children with disabilities and preschool grants for children with disabilities. Final rules. *Federal Register, 71,* 46540-46845.

U.S. Office of Education. (1968). *First annual report of the National Advisory Committee on Handicapped Children.* Washington, DC: U.S. Department of Health, Education and Welfare.

U.S. Office of Education. (1977). Assistance to states for education for handicapped children: Procedures for evaluating specific learning disabilities. *Federal Register, 42,* G1082-G1085.

Vadasy, P. F., Sanders, E. A., Peyton, J. A., & Jenkins, J. R. (2002). Timing and intensity of tutoring: A closer look at the conditions for effective early literacy tutoring. *Learning Disabilities Research and Practice, 17,* 227-241.

Van den Broek, P., Rapp, D. N., & Kendeou, P. (2005). Integrating memory-based and constructional processes in accounts of reading comprehension. *Discourse Processes, 39,* 299-316.

VanDerHeyden, A. M., & Burns, M. K. (2005). Using curriculum-based assessment and curriculum-based measurement to guide elementary mathematics instruction: Effect on individual and group accountability scores. *Assessment for Effective Intervention, 30,* 15-31.

van der Wissell, A., & Zegers, F. E. (1985). Reading retardation revisited. *British Journal of Developmental Psychology, 3,* 3-9.

Vaughn, S., & Fuchs, L. S. (2003). Redefining learning disabilities as inadequate response to instruction: The promise and potential problems. *Learning Disabilities Research and Practice, 18,* 137-146.

Vaughn, S., & Klingner, J. K. (2004). Teaching reading comprehension to students with learning disabilities. In C. A. Stone, E. R. Silliman, B. J. Ehren, & K. Apel (Eds.), *Handbook of language and literacy: Development and disorders* (pp. 541-555). New York: Guilford Press.

Vaughn, S., Klingner, J. K., & Bryant, D. P. (2001). Collaborative strategic reading as a means to enhance peer-mediated instruction for reading comprehension and content-area learning. *Remedial and Special Education, 22,* 66-74.

Vaughn, S., Linan-Thompson, S., & Hickman, P. (2003a). Response to treatment as a means of identifying students with reading/learning disabilities. *Exceptional Children, 69,* 391-409.

Vaughn, S., Linan-Thompson, S., Kouzekanani, K., Bryant, D. P., Dickson, S., & Blozis, S. A. (2003b). Reading instruction grouping for students with reading difficulties. *Remedial and Special Education, 24,* 301-315.

Vaughn, S. R., Moody, S. W., & Schumm, J. S. (1998). Broken promises: Reading instruction in the resource room. *Exceptional Children, 64,* 211-225.

Vaughn, S. R., Wanzek, J., Woodruff, A. L., & Linan-Thompson, S. (in press). A threetier model for preventing reading difficulties and early identification of students with reading disabilities. In D. H. Haager, S. R. Vaughn, & J. K. Klingner (Eds.), *Validated reading practices for three tiers of intervention.* Baltimore: Brookes.

Vellutino, F. R. (1979). *Dyslexia: Theory and research.* Cambridge, MA: MIT Press.

Vellutino, F. R., Fletcher, J. M., Scanlon, D. M., & Snowling, M. J. (2004). Specific reading disability (dyslexia): What have we learned in the past four decades? *Journal of Psychiatry and Psychology, 45,* 2-40.

Vellutino, F. R., Scanlon, D. M., & Jaccard, J. (2003). Toward distinguishing between cognitive and experiential deficits as primary sources of difficulty in learning to read: A two-year follow-up to difficult to remediate and readily remediated poor readers. In B. R. Foorman (Ed.), *Preventing and remediating reading difficulties* (pp. 73-120). Baltimore: York Press.

Vellutino, F. R., Scanlon, D. M., & Lyon, G. R. (2000). Differentiating between difficult-to-remediate and readily remediated poor readers: More evidence against the IQ-achievement discrepancy definition for reading disability. *Journal of Learning Disabilities, 33,* 223-238.

Vellutino, F. R., Scanlon, D. M., Sipay, E. R., Small, S. G., Pratt, A., Chen, R., et al. (1996). Cognitive profiles of difficult-to-remediate and readily remediated poor readers: Early intervention as a vehicle for distinguishing between cognitive and experimental deficits as basic causes of specific reading disability. *Journal of Educational Psychology, 88,* 601-638.

Vellutino, F. R., Scanlon, D. M., Small, S., & Fanuele, D. P. (2006). Response to intervention as a vehicle for distinguishing between children with and without reading disabilities: Evidence for the role of kindergarten and first-grade interventions. *Journal of Learning Disabilities, 39,* 157-169.

Vellutino, F. R., Scanlon, D. M., & Tanzman, M. S. (1994). Components of reading ability: Issues and problems in operationalizing word identification, phonological coding, and orthographic coding. In G. R. Lyon (Ed.), *Frames of reference for the assessment of learning disabilities: New views on measurement issues* (pp. 279-329). Baltimore: Brookes.

Vukovic, R. K., & Siegel, L. S. (2006). The double-deficit hypothesis: A comprehensive analysis of the evidence. *Journal of Learning Disabilities, 39,* 25-47.

Waber, D. P., Forbes, P. W., Wolff, P. H., & Weiler, M. D. (2004). Neurodevelopmental characteristics of children with learning impairments classified according to the double-deficit hypothesis. *Journal of Learning Disabilities, 37,* 451-461.

Waber, D. P., Weiler, M. D., Wolff, P. H., Bellinger, D., Marcus, D. J., Ariel, R., et al. (2001). Processing of rapid auditory stimuli in school-age children referred for evaluation of learning disorders. *Chlild Development, 72,* 37-49.

Waber, D. P., Wolff, P. H., Forbes, P. W., & Weiler, M. D. (2000). Rapid automatized naming in children referred for evaluation of heterogeneous learning problems: How specific are naming speed deficits to reading disability? *Child Neuropsychology, 6,* 251-261.

Wadsworth, S. J., Olson, R. K., Pennington, B. F., & DeFries, J. C. (2000). Differential genetic etiology of reading disability as a function of IQ. *Journal of Learning Disabilities, 33,* 192-199.

Wagner, R. K., Torgesen, J. K., & Rashotte, C. A. (1994). The development of reading-related phonological processing abilities: New evidence of bi-directional causality from a latent variable longitudinal study. *Developmental Psychology, 30,* 73-87.

Wagner, R. K., Torgesen, J. K., Rashotte, C. A., & Hecht, S. A. (1997). Changing relations between phonological processing abilities and word-level reading as children develop from beginning to skilled readers: A 5-year longitudinal study. *Developmental Psychology, 33,* 468-479.

Wakely, M. B., Hooper, S. R., de Kruif, R. E. L., & Swartz, C. (2006). Subtypes of written expression in elementary school children: A linguistic-based model. *Developmental Neuropsychology, 29,* 125-159.

Wechsler, D. (2001). *Wechsler Individual Achievement Test* (2nd ed.). San Antonio, TX: Psychological Corporation.

Wernicke, C. (1894). *Grundriss der psychiatrie in Klinischen vorlesungen.* Leipzig, Germany: G. Thieme.

Wesson, C. L. (1991). Curriculum-bsed measurement and two models of follow-up consultation. *Exceptional Children, 57,* 246-257.

Wiederholt, J. L. (1974). Historical perspectives on the education of the learning disabled. In L. Mann & D. A. Sabatino (Eds.), *The second review of special education* (pp. 103-152). Austin TX: PRO-ED.

Wiederholt, J. L., & Bryant, B. R. (2001). *Gray Oral Reading Tests* (4th ed.). Austin, TX: PRO-ED.

Wiig, E. H., Neilsen, N. P., Minthon, L., McPeek, D., Said, K., & Warkentin, S. (2002). Parietal lobe activation in rapid, automatized naming by adults. *Perceptual and Motor Skills, 94,* 1230-1244.

Wilder, A. A., & Williams, J. P. (2001). Students with severe learning disabilities can learn higher-order comprehension skills. *Journal of Educational Psychology, 93,* 268-278.

Wilkinson, G. (1993). *Wide Range Achievement Test-3.* Wilmington, DE: Wide Range.

Willcutt, E. G., & Pennington, B. F. (2000). Psychiatric comorbidity in children and adolescents with reading disability. *Journal of Child Psychology and Psychiatry, 41,* 1039-1048.

Williams, K. T., Cassidy, J., & Samuels, S. J. (2001). *Group Reading Assessment and Diagnostic Education.* Circle Pines, MN: American Guidance Services.

Williams, J. P. (2002). Using the Theme Scheme to improve story comprehension. In C. C. Block & M. Pressley (Eds.), *Comprehension instruction: Research-based best practices* (pp. 126-139). New York: Guilford Press.

Williams, J. P. (2003). Teaching text structure to improve reading comprehension. In H. L. Swanson, K. R. Harris, & S. Graham (Eds.), *Handbook of learning disabilities* (pp. 293-305). New York: Guilford

Press.

Williams, J. P., Hall, K. M., Lauer, K. D., Stafford, B., DeSisto, L. A., & deCani, J. S. (2005). Expository text comprehension in the primary grade classroom. *Journal of Educational Psychology, 97*, 538-550.

Williams, J. P., Lauer, K. D., Hall, K. M., Lord, K. M., Gugga, S. S., Bak, S. J., et al. (2002). Teaching elementary students to identify story themes. *Journal of Educational Psychology, 94*, 235-248.

Wilson, K. M., & Swanson, H. L. (2001). Are mathematics disabilities due to a domain-general or a domain-specific working memory deficit? *Journal of Learning Disabilities, 34*, 237-248.

Wimmer, H., & Mayringer, H. (2002). Dysfluent reading in the absence of spelling difficulties: A specific disability in regular orthographies. *Journal of Educational Psychology, 94*, 272-277.

Wimmer, H., Mayringer, H., & Landerl, K. (2000). The double-deficit hypothesis and difficulties in learning to read a regular orthography. *Journal of Educational Psychology, 92*, 668-680.

Wimmer, H., Mayringer, H., & Raberger, T. (1999). Reading and dual-task balancing: Evidence against the automatization deficit explanation of developmental dyslexia. *Journal of Learning Disabilities, 32*, 473-478.

Wise, B., Ring, J., & Olson, R. K. (1999). Training phonological awareness with and without attention to articulation. *Journal of Experimental Child Psychology, 72*, 271-304.

Wise, B., Ring, J., & Olson, R. K. (2000). Individual differences in gains from computer-assisted remedial reading with more emphasis on phonological analysis or accurate reading in context. *Journal of Experimental Child Psychology, 77*, 197-235.

Wolf, M., & Bowers, P. G. (1999). The double-deficit hypothesis for the developmental dyslexias. *Journal of Educational Psychology, 91*, 415-438.

Wolf, M., Miller, L., & Donnelly, K. (2002). Retrieval, Automaticity, Vocabulary Elaboration, Orthography (RAVE-O): A comprehensive, fluency-based reading intervention program. *Journal of Learning Disabilities, 33*, 375-386.

Wolf, M., & Obregon, M. (1992). Early naming deficits, developmental dyslexia, and a specific deficit hypothesis. *Brain and Language, 42*, 19-47.

Wolf, M., O'Brien, B., Adams, K. D., Joffe, T., Jeffrey, J., Lovett, M., et al. (2003). Working for time: Reflections on naming speed, reading fluency, and intervention. In B. R. Foorman (Ed.), *Preventing and remediating reading difficulties* (pp. 355-380). Baltimore: York Press.

Wolff, P. (1993). Impaired temporal resolution in developmental dyslexia: Temporal information processing in the nervous system. In P. Tallal, A. Galaburda, R. Llinas, & C. von Euler (Eds.), *Annals of the New York Academy of Sciences, 682*, 87-103.

Wong, B. Y. L. (1991). The relevance of metacognition to learning disabilities. In B. Y. L. Wong (Ed.), *Learning about learning disabilities* (pp. 231-258). San Diego: Academic Press.

Wood, F. B., & Felton, R. H. (1994). Separate linguistic and attentional factors in the development of reading. *Topics in Language Disorders, 14,* 42-57.

Wood, F. B., Felton, R. H., Flowers, L., & Naylor, C. (1991). Neurobehavioral definition of dyslexia. In D. D. Duane & D. B. Gray (Eds.), *The reading brain: The biological basis of dyslexia* (pp. 1-26). Parkton, MD: York Press.

Wood, F. B., & Grigorenko, E. L. (2001). Emerging issues in the genetics of dyslexia: A methodological preview. *Journal of Learning Disabilities, 34,* 503-512.

Woodcock, R., McGrew, K., & Mather, N. (2001). *Woodcock-Johnson III Tests of Achievement.* Itasca, IL: Riverside.

World Health Organization. (1992). *The ICD-10 classification of mental and behavioral disorders: Clinical descriptions and diagnostic guidelines.* Geneva: Author.

Wristers, K. J., Francis, D. J., Foorman, B. R., Fletcher, J. M., & Swank, P. R. (2002). Growth in precursor reading skills: Do low-achieving and IQ-discrepant readers develop differently? *Learning Disability Research and Practice, 17,* 19-34.

Wynn, K. (1992). Addition and subtraction by human infants. *Nature, 358,* 749-750.

Wynn, K. (2002). Do infants have numerical expectations or just perceptual preferences? *Developmental Science, 5,* 207-209.

Ysseldyke, J. E., & Marston, D. (1999). Origins of categorical special education services in schools and a rationale for changing them. In D. Reschly, W. Tilly, & J. Grimes (Eds.), *Special education in transition* (pp. 1-18). Longmont, CO: Sopris West.

Zabell, C., & Everatt, J. (2002). Surface and phonological subtypes of adult developmental dyslexia. *Dyslexia, 8,* 160-177.

Zeleke, S. (2004). Self-concepts of students with learning disabilities and their normally achieving peers: A review. *European Journal of Special Needs Education, 19,* 145-170.

Ziegler, J. C., & Goswami, U. (2005). Reading acquisition, developmental dyslexia, and skilled reading across languages: A psycholinguistic grain size theory. *Psychological Bulletin, 131,* 3-29.

Ziegler, J. C., Perry, C., Ma-Wyatt, A., Ladner, D., & Schulte-Korne, G. (2003). Developmental dyslexia in different languages: Language-specific or universal? *Journal of Experimental Child Psychology, 86,* 169-193.

Zigmond, N. (1993). Learning disabilities from an educational perspective. In G. R. Lyon, D. B. Gray, J. F.

Kavanagh, & N. A. Krasnegor (Eds.), *Better understanding learning disabilities: New views from research and their implications for education and public policies* (pp. 27-56). Baltimore: Brookes.

Zigmond, N. (2003). Searching for the most effective service delivery model for students with learning disabilities. In H. L. Swanson, K. R. Harris, & S. Graham (Eds.), *Handbook of learning disabilities* (pp. 110-124). New York: Guilford Press.

Zinkstok, J., & van Amelsvoort, T. (2005). Neuropsychological profile and neuroimaging in patients with 22Q11. 2 deletion syndrome: A review. *Child Neuropsychology, 11,* 21-37.

찾아보기

인 명

Aaron, P. G. 287, 398

Adams, G. 209, 210

Adlof, S. M. 308

Amtmann, D. 382, 386

Apel, K. 367

Aro, M. 268

Auerbach, J. 338

Aylward, E. H. 190, 191

Bahr, C. M. 352

Baker, S. 348

Barbaresi, W. J. 337

Barkley, R. A. 376

Barnes, M. A. 264, 373

Barr, M. 216

Basso, A. 372

Bates, T. C. 378

Bearden, C. E. 343

Beebe-Frankenberger, M. 329

Bell, K. 226

Bentum, K. E. 398

Berninger, V. W. 362, 364, 365, 366, 376, 381, 382, 386

Birsh, J. 236

Blachman, B. 195, 221, 245

Bouchard, T. J. 378

Bowers, P. G. 253

Bradley, R. 105

Brambati, S. M. 178

Broca, P. P. 33

Brown, T. T. 306

Bruandet, M. 342

Butterworth, B. 322

Cain, K. 294, 296

Campbell, J. I. D. 373

Caplan, D. 302

Carlson, C. D. 148

Carnine, D. 210

Case, L. P. 123, 353

Castles, A. 151

Catts, H. 288, 291, 308

Chapman, J. W. 218

Clark, D. B. 262

Cohen, J. 322, 340, 342

Coltheart, M. 151

Compton, D. L. 230, 259, 272

Connelly, V. 373

Cooper, G. 356

Coyne, M. D. 226

Cramond, B. 277

Cross, C. T. 399

Cruickshank, W. M. 39

Cutting, L. E. 379

D'Agostino, J. V. 217

Davis, C. J. 272

de Kruif, R. E. L. 370

De Thorne, L. S. 302

Deater-Deckard, K. 302

DeFries, J. C. 72, 196, 272, 346

Dehaene, S. 322, 339, 340, 342

Dennis, M. 264

Deno, S. L. 255

Deutsch, G. K. 180

Donovan, M. S. 399

Eckert, M. A. 178

Edmonds, C. J. 344

Elbaum, B. 217, 218

Engelmann, S. 209

Espin, C. 255

Feigenson, L. 339

Fernald, G. 235

Fey, M. E. 288

Finlayson, M. A. J. 126

Fleishner, J. E. 320

Fletcher, J. M. 112, 126, 148

Flynn, J. M. 171

Foorman, B. R. 148, 211, 212

Forsberg, H. 196

Francis, D. J. 148

Frijters, J. 253

Frith, U. 159

Fuchs, D. 230, 255, 329, 347, 352, 356, 402

Fulmer, D. 226

Gadian, D. G. 344

Galaburda, A. M. 175

Gayan, J. 196

Geary, D. C. 322, 323, 334

Gernsbacher, M. A. 301

Gersten, R. 348

Gilger, J. W. 72

Gillingham, A. 236, 380

Graham, S. 353, 366, 383, 381, 384, 389, 391, 392

Griffiths, Y. M. 163

Grigorenko, E. L. 196, 198, 199

Gross-Tsur, V. 338

Hale, J. B. 86

Hamlett, C. L. 352

Hammill, D. D. 33

Hanich, L. B. 328

Harn, B. 226

Harris, K. R. 353, 389, 391, 392

Harty, K. 226

Hecht, S. A. 329

Hinshelwood, J. 34

Hogan, T. 288, 308

Hooper, S. R. 369, 370

Hoskyn, M. 65, 67

Hughes, D. C. 217

Hulme, C. 126, 262

Jaccard, J. 93

Jenkins, J. R. 255

Jitendra, A. K. 353

Johnson, D. J. 39, 87, 368, 378, 380

Johnston, A. 329

Jordan, N. C. 328

Kame'enui, E. J. 226

Kaschak, M. P. 301

Kavale, K. A. 170

Keeler, M. L. 327

Kirk, S. A. 39

Klingberg, T. 180

Klingner, J. K. 311

Knopik, V. S. 346

Kovas, Y. 201

Kuhn, M. R. 274

Ladner, D. 268

Landerl, K. 268

Leach, J. M. 299

Lee, C. 348

Lerner, J. 170

Levy, B. A. 281

Liberman, I. Y. 145

Linan-Thompson, S. 302

Lovett, M. W. 238, 239, 240, 253, 256

Lucas, A. 344

Lyon, G. R. 379

Maclean, R. 373

Manor, O. 338

Marston, D. 91

Mason, L. 389, 391

Masterson, J. J. 367

Mathes, P. G. 192, 228

Ma-Wyatt, A. 268

Mayringer, H. 158, 253, 268, 269

Mazzocco, M. M. 342

Mc-Ginn, D. M. 343

McMaster, K. L. 230

Molko, N. 342

Moody, S. W. 217

Moran, S. 391

Morris, M. K. 240, 265
Murphy, J. A. 217
Myklebust, H. R. 39, 368, 380

Naglieri, J. A. 87

O'Connor, R. E. 226
Oakhill, J. 294
Ogle, J. W. 361
Olson, R. K. 72, 196, 203, 241, 272
Orton, S. 235

Palinscar, A. 306
Paulesu, E. 186
Pennington, B. F. 72, 203
Perkins, D. N. 355, 356
Perry, C. 268
Petrill, S. A. 200, 302
Pidgeon, E. 159
Pinel, P. 339
Plomin, R. 201
Prochnow, J. E. 218

Raberger, T. 158
Rahbar, M. H. 171
Ramus, D. 159
Rashotte, C. A. 329
Raskind, W. H. 199, 272
Reed, M. A. 156
Reese, L. 170
Richards, A. J. 189

Rieth, H. J. 352
Roeltgen, D. 374
Rourke, B. P. 26, 114, 126, 332
Rutter, M. 59, 69
Ryan, E. B. 126

Saddler, S. 391
Salomon, G. 355, 356
Samuel, S. J. 235, 378
Santoro, J. 381
Scanlon, D. M. 93
Schatschneider, C. 148, 302
Schulte-Karne, G. 268, 378
Schultz, R. T. 179
Schwartz, S. 370
Segal, N. L. 378
Semrud-Clikeman, M. 175
Shalev, R. S. 338
Shanahan, T. 216
Shankweiler, D. 145, 299
Shaywitz, S. A. 171, 195
Siegel, L. S. 126
Silani, G. 186
Simmons, D. C. 226
Simon, T. J. 343
Simos, P. G. 190, 191, 192
Snowling, M. J. 163, 262
Spector, J. E. 259
Speece, D. L. 123
Spelke, E. A. 339
Stage, S. A. 93
Stahl, S. A. 274, 277

Stanovich, K. E. 47, 59, 114, 163
Steinbach, K. A. 253
Stillman, B. 236, 380
Stoolmiller, M. 226
Stothard, S. E. 126
Strauss, A. A. 36, 37, 38
Struck, M. 381
Swanson, H. L. 65, 67, 327, 329
Sweller, J. 356

Taborelli, A. 372
Tallal, P. 155, 156
Taylor, H. G. 308
Temple, E. 195
Tiu, R. D. 272
Tomblin, J. B. 77
Torgesen, J. K. 32, 220, 246, 247, 276, 329
Tsiukin, S. 339
Tunmer, W. E. 218

van den Broek, P. 255
Vaughn, S. R. 93, 217, 228, 311
Vellutino, F. R. 71, 93, 151, 222, 232
Vignolo, L. A. 372

Waber, D. P. 156
Wadsworth, S. J. 272
Wagner, R. K. 329
Wakely, M. B. 370

Werner, H. 36, 37

Wernicke, C. 33, 34

Whinnery, K. 352

Wilkinson, G. 264

Williams, J. P. 314, 315

Wilson, K. M. 327

Wimmer, H. 158, 253, 268, 269

Wolf, M. 240, 253, 279

Wolter, A. J. 367

Wood, F. B. 101

Woodcock, R. 302

Ysseldyke, J. E. 91

Yule, W. 59, 69

Zackai, E. 343

Zhang, X. 77, 308

Ziegler, J. C. 268

Zigmond, N. 41

내 용

ADHD 97, 98, 99, 114, 136, 139

Broca 영역 184

CBM 105, 111, 113, 114, 115, 117, 118, 119, 120, 121, 122, 123, 138

IQ-성취 불일치 45, 48, 49

IQ-성취 불일치 모형 45, 49

IQ-성취 불일치의 영향 45

IQ와 성취 간의 불일치 45

MRI 176

Orton-Gillingham식 235, 237

PALS 312

PALS 중재전략 228

RTI 105

가족 집적성 196

간단한 읽기 모형 287

개인내차 54, 62, 105

개인내차 모형 85, 137

검사 기반 모형 77

검사-진단 모형 91

경제적 결손 101, 102

공존된 연합 99

교류 전략 307

교류적 전략교수 312

교육과정중심측정 91, 109

구어장애 136

규준-참조 검사 117

규준-참조 평가 105

기능성 자기 공명 영상 73, 181

기능적 뇌신경 영상 340

낙오학생방지법 399

난독증 168

난산증 320

난서증 380

뇌전도 182

능력-성취 불일치 54, 62

능력-성취 불일치 모형 109

다감각중심 방법 235

다차원적인 속성 95

다층 중재전략 224

단어 수준 읽기장애 142

단어 수준의 어려움 103

단어 읽기 정확성 115

단어 읽기 효율성 118

단어-읽기 장애 112

단어재인 128, 138

도식 이론 355

또래지원학습전략 208, 213, 313

말-언어 장애 76

명시적 교수 접근 305

미국정신의학협회 43

미소 뇌 기능 손상 37

미소뇌기능장애 37, 41, 53

발현 27

배제 요인 96, 105
비언어적 학습장애 26, 133
빨리 자동화 이름 대기 147

상호적 교수 306, 312
상황적 요인들 110
소뇌 가설 158
소아 뇌손상 341
수학 130, 138
수학 개념 113
수학장애 319
실어증 361
실어증학 361
실행 기능 98, 318
실행 기능 과제 326
실행 기능 처리 326
쓰기표현 131
쓰기표현 능력 138

양전자 방사 단층 촬영법 181, 340
언어적 학습장애 26
예기치 못한 저성취 57
유전적 연관 연구 198
음운기억 150
음운론 144
음운성 난독증 162
음운-철자적 범주화 266
이소증 175
이중 결함 모형 167, 257, 258

이중경로 모형 162
이중불일치 124
읽기 요소 모형 288
읽기 유창성 113, 128
읽기 이해 129
읽기 회복 216

자기 근원 영상 73, 181
자기 공명 분광법 181
자기조절 전략개발 389
자동성 254
자동화된 빠른 이름 대기 259, 260
작동기억 292
작업기억 150, 326
작업기억 과제 326
잠재 구인 57
저성취 54, 62, 137
저성취 모형 82
적성(능력)-성취 불일치 62
전략교수 305
전장애아동교육법 40
절단점 79
정자법 144
종합적인 모형 18
주변 시각 가설 159
주제 찾기 프로그램 313
중재반응 49, 54, 62
중재반응 모형 89, 137
지능-성취 불일치 77

지능-성취 불일치 학생 83
직접교수 208, 209, 211
진전도 모니터링 115, 117

차이점수 78
처치와 검사 111
철자적 범주화 265

컴퓨터 뇌 단층 촬영법 174

튜터링 모형 216
특정 기술 교수 305
특정 읽기장애 142
특정 학습장애 43, 48

평균으로 회귀 78
표층성 162
표현적 27
프레자일 엑스 증후군 342

하위유형의 가설 256
학습장애 43, 46
학습장애의 이질성 112
해부학적 자기 공명 영상 174
협력적 전략 읽기 312
협력학습 306, 311
혼합 모형 111
후천적 쓰기장애 361

저자 소개

Jack M. Fletcher, Pd.D.는 미국 휴스턴 대학교(University of Houston)에서 심리학을 가르치는 교수다. 그는 아동 신경심리학자로서 지난 30여 년 동안 학습장애와 관련된 다양한 주제에 대해 연구를 수행해 왔다. 구체적으로는 학습장애의 정의, 분류, 신경생물학적 연관성, 중재에 대한 연구를 수행했으며, 200편 이상의 논문을 저명한 학술지에 게재했다. 현재 그는 미국 국립아동건강인간개발연구소(National Institute of Child Health and Human Development: NICHD)의 기금을 받은 학습장애연구센터(Learning Disability Research Center)와 수학장애에 대한 NICHD 프로젝트의 총괄 책임자다. Fletcher 박사는 NICHD의 정신지체/발달장애 연구 분과의 회장을 맡고 있으며, NICHD 국립자문위원회의 위원이었다. 국제난독증협회(International Dyslexia Association)에서 Samuel T. Orton 상을 2003년에 수상했으며, 2006년에는 국제읽기협회(International Reading Association)에서 Albert J. Harris 상을 공동 수상했다.

G. Reid Lyon, Pd.D.는 미국 텍사스 댈러스에 있는 휘트니 국제대학교(Whitney International University)에 본부를 두고 있는 우수한 연합회(Best Associates)의 연구평가센터(Research and Evaluation)에서 부총장을 맡고 있다. Lyon 박사는 우수한 연합회에 있기 전에 연구심리학자로서 미국 국립보건원의 NICHD 내에 있는 아동발달행동부서(Child Development and Behavior Branch)에서 책임자로 있었다. 그는 이곳에서 발달적 심리학, 인지적 신경과학, 행동적 소아과학, 읽기, 학습장애와 관련된 연구 프로그램을 이끌었다. 또한 그는 뉴멕시코, 노스캐롤라이나, 버몬트에 있는 공립학교에서 3학년 학급 교사와 학교 심리학자로 재직하면서 학습장애 학생들을 가르쳤다. Lyon 박사는 증거 기반 교육, 학습차이, 아동의 장애와 관련된 120편 이상의 학술지 논문과 책을 저술하거나 공동 집필하였다.

Lynn S. Fuchs, Ph.D.는 캐나다 밴더빌트 대학교(Vanderbilt University)의 특수교육 인간개발학과의 교수(Nicholas Hobbs professor)이고, 케네디 센터의 읽기 클리닉(Kennedy Center Reading Clinic)의 공동 책임자를 맡고 있다. 그녀는 저명한 학술지에 200개 이상의 논문을 게재하였으며, *Journal of Educational Psychology, Scientific Studies of Reading, Elementary School Journal, Journal of Learning Disabilities, Exceptional Children* 등과 같은 다수의 학술지의 편집위원을 맡고 있다. Fuchs 박사는 학급 기반의 진단, 읽기 및 수학 장애 학생들을 위한 교수방법에 대한 연구에 관심이 있다. 그리고 교수계획을 향상시킬 수 있는 진단방법, 학습장애 학생들의 읽기 및 수학 성취도 향상을 위한 교수방법에 대한 체계적인 연구를 수행해 왔다.

Marcia A. Barnes, Ph.D.는 캐나다 구엘프 대학교(University of Guelph)의 심리학과 부교수이고, 대학연구처장(University Research Chair)을 맡고 있다. 또한 토론토 대학교(Universdity of Toronto)에서 소아학과 부교수, 토론토 소아병원(Toronto Hospital for Sick Children)에서 겸임 연구원을 맡고 있다. Barnes 박사는 뇌손상 아동이나 뇌손상이 없는 아동의 수학과 읽기 이해 장애에 대한 연구에 관심이 있다. 또한 읽기 이해력 기술의 전형적인 발달에 대해 연구를 수행해 왔으며, 60편 이상의 논문을 발표하였다. 그녀는 *Journal of the International Neuropsychology Society*의 편집위원이고, 미국과 캐나다에서 국립 연구비검토패널(grant review panels)에 속해 있다. Barnes 박사는 최근에 캐나다 온타리오 주 교육부(Ontario Ministry of Education)의 특수교육요구 학생을 위한 문해 및 수리 교육 전문가 패널에서 위원직을 맡고 있다.

역자 소개

여승수(Yeo Seungsoo)
미국 미네소타 대학교 대학원 특수교육(학습장애 전공) 철학 박사
전 안산 고잔초등학교 특수교사
　　안산 성포초등학교 특수교사
　　한국교육개발원 부연구위원
　　인제대학교 특수교육과 교수
　　인제대학교 인문사회과학대학 부학장
현 부산교육대학교 유아교육과 교수

홍성두(Hong Sungdoo)
서울대학교 대학원 특수교육(학습장애 전공) 교육학 박사
전 홀트학교 교사
　　서울대학교 교육연구소 연구원
　　광주여자대학교 초등특수교육과 교수
　　대전대학교 중등특수교육과 교수
현 서울교육대학교 유아특수교육과 교수

손지영(Son Jiyoung)
서울대학교 대학원 특수교육(학습장애 전공) 철학 박사
전 서울대학교 교수학습개발센터 연구원
　　서울대학교 장애학생지원센터 전문위원
　　가톨릭대학교 의과대학 BK21사업단 연구교수
　　청주대학교 교직과 교수
현 대전대학교 중등특수교육과 교수

과학적 근거에 기반을 둔
학습장애 교육
Learning Disabilities: From Identification to Intervention

2014년 9월 5일 1판 1쇄 인쇄
2014년 9월 15일 1판 1쇄 발행

지은이 • Jack M. Fletcher · G. Reid Lyon
　　　　　Lynn S. Fuchs · Marcia A. Barnes
옮긴이 • 여승수 · 홍성두 · 손지영
펴낸이 • 김진환
펴낸곳 • (주) **학지사**
　　　　　121-838 서울특별시 마포구 양화로 15길 20 마인드월드빌딩
대표전화 • 02-330-5114　　팩스 • 02-324-2345
등록번호 • 제313-2006-000265호

홈페이지 • http://www.hakjisa.co.kr
커뮤니티 • http://cafe.naver.com/hakjisa

ISBN 978-89-997-0448-2 93370

Korean Translation Copyright © 2014 by Hakjisa Publisher, Inc.

정가 19,000원

인터넷 학술논문 원문 서비스 뉴논문 www.newnonmun.com

이 도서의 국립중앙도서관 출판시도서목록(CIP)은 서지정보유통지원
시스템 홈페이지(http://seoji.nl.go.kr)와 국가자료공동목록시스템
(http://www.nl.go.kr/kolisnet)에서 이용하실 수 있습니다.
(CIP 제어번호: CIP2014021754)